治国"体要"与王安石变法

张佐 著

中国出版集团有限公司

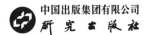

研究出版社

图书在版编目（CIP）数据

治国"体要"与王安石变法 / 张佐著 . -- 北京：
研究出版社，2024.5
ISBN 978-7-5199-1675-6

Ⅰ . ①治… Ⅱ . ①张… Ⅲ . ①王安石变法 – 研究
Ⅳ . ① K244.05

中国国家版本馆 CIP 数据核字（2024）第 086485 号

治国"体要"与王安石变法

ZHIGUO TIYAO YU WANGANSHI BIANFA

张佐　著

研究出版社 出版发行

（100006　北京市东城区灯市口大街 100 号华腾商务楼）

北京云浩印刷有限公司印刷　新华书店经销

2024 年 5 月第 1 版　2024 年 5 月第 1 次印刷

开本：710 毫米 ×1000 毫米　1/16　印张：17.25

字数：276 千字

ISBN 978-7-5199-1675-6　定价：78.00 元

电话（010）64217619　64217652（发行部）

目录
CONTENTS

第四章　对农民生产、生活的常态化治理　　/ 153

第五章　对基层农村社会的制度化重建　　/ 184

第六章　对商贸、商人的一体化统筹　　/ 208

第一章

导　论

第一节 引论:《宋朝诸臣奏议》、治国"体要"之争与 王安石变法

一、变法与反变法:双方在争论什么?

王安石变法是数千年中国国家治理史上的重大事件,变法所涉范围之广、程度之深,在传统社会独树一帜。历史上围绕王安石变法的解读与评议层出不穷,每种意见均折射出当时当世的价值与思潮,为这件历史大事平添了许多色彩,却也致使其本来面目在后世的演绎中愈发捉摸不透。要真正接近古人的治国智慧,我们不应局限于今人的眼光与既有的理论范式,而应尽力回归王安石的时代,从历史情境的话语和争论中探寻变法本来的意义。

在卷帙浩繁的王安石变法研究中,变法派与反变法派的争论一直是其中的经典课题,也是回归历史情境的必由之路。这出于两方面原因:一方面,这场大论战具有极大的包容性。自熙宁二年(1069)变法兴起直至靖康二年(1127)北宋灭亡,在北宋中后期近60年的时间里,变法派与反变法派的争论反映出历史情境中政局动荡与社会变迁的主题,因而全面涵盖并揭示出当时政治、社会、经济、文化等诸方面的矛盾与冲突,其丰富内涵也与后世文学多元的问题意识密切相连,充分反映出王安石变法在传统中国历史进程中的重要节点作用。另一方面,这场大论战具有极大的思想张力。王安石与司马光等同时代精英在认知现实政治与历史趋势上存在巨大分歧,双方基于各自的思想理论将11世纪北宋王朝治理的诸方面问题、资源有序地编织起来,并形成现实治理中的总方案。换句话说,变法派与反变法派的多重争论均具有各自明确的思想基础,甚至从属于思想体系的不同维度或不同层次。

围绕变法派与反变法派的争论，既有研究主要呈现出四重解读①，并在此基础上形成了分析王安石变法的不同视角。以下稍作说明。

第一类关注财政政策和经济思想维度的争论，这一争论发端于变法初期反变法派对新法具体政策的攻击和变法派的反驳。双方最初聚焦于青苗法、免役法等新法政策在实施过程中是否损害了民众利益、是否正当地扩大了财政收入等具体问题。②之后这些异见凝练为"开源"和"节流"两种理财之道的分歧，并进一步延伸出经济思想维度的"义利之争"③。然而，基于"开源－节流"之争和"义利之争"的分析暗含一个预设，即北宋王朝的财政危机是王安石变法兴起的主因。但从变法范围来看，财政、经济只是宏大新法方略的一个方面或一个环节，新法仍涉及基层社会、官僚政治、军事、科举教育等多方面改革。④显然，仅从解决财政危机出发并不足以概括整个新法制度设计的内在理路，而对这类争论及其视角的过分拔高也不利于发掘当时争论的深层次冲突。

第二类涉及学术派别与士人思想维度的争论，这类研究把变法派和反变法派的冲突解读为新法的指导思想"荆公新学"与儒家其他学派的冲突。后世学人往往追踪、对照诸项新法政策的思想渊源、新党门人的学术背景、新学经典的文本注疏，

---

① 此处"四重解读"的概括专指变法派与反变法派的争论，并引出本书所论"体要"概念；后续第二章"文献综述"是对近代以来王安石变法研究总的梳理，指出王安石变法及其治国思想研究的发展脉络与前沿。二者虽然均涉及既有文献的评估，但目的不同，特此说明。参见张佐：《治国"体要"之争——〈宋朝诸臣奏议〉与王安石变法研究的新视角》，《开放时代》2020年第5期，第142-145页。

② 变法派与反变法派争论具体政策的研究，如何林陶：《关于王安石免役法的几个问题》，《史学集刊》，1956年第1期；王曾瑜：《王安石变法简论》，《中国社会科学》1980年第3期；季平：《论司马光反对青苗法》，《西南师范学院学报》1985年第4期；蒙文通：《北宋变法论稿》，载于《蒙文通文集（第五卷）》，巴蜀书社，1999，第428-452页。

③ 财政政策与经济思想维度的争论的主要研究，如谷霁光：《王安石经济思想若干问题试析》，《中国史研究》，1980年第1期，第88-98页；叶坦：《大变法》，生活·读书·新知三联书店，1996，第73-108页；钱穆：《国史大纲》，商务印书馆，1996，第569页；赵益：《王霸义利——北宋王安石改革批判》，南京大学出版社，2000，第128-133页；孙文学：《中国财政思想史》，上海交通大学出版社，2008，第294-309页；胡寄窗、谈敏：《中国财政思想史》，中国财政经济出版社，2015，第356页；刘守刚：《中国财政史十讲——基于财政政治学的历史重撰》，复旦大学出版社，2017，第157-177页。

④ 近年来，一些研究避免以"富国强兵""独于利兵刑为汲汲"等侧重财政、经济传统范式来解读王安石变法，指出就王安石本人而言青苗法等财政措施或许不如后世认为的重要，并力图以更为全面的"变风俗、立法度"等说法重新解读王安石变法，如李国强：《论北宋熙宁变法的性质》，《史林》2011年第2期，第66-71页；古丽巍：《变革下的日常：北宋熙宁时期的理政之道》，《文史》2016年第3期，第209-211页。

不断修正新学在传统中国学术系谱中的坐标，并主要形成了强调宋明理学正统地位的“新学”“理学”之争和强调新学法家色彩的“儒家”“法家”之争①，但总体上均把新学视为儒家思想异端而予以批判。在这一分析视角中，北宋中期士大夫集团的崛起和对理想社会秩序的实践是变法兴起的主因，而王安石与同时代精英的争论则反映出士大夫这一学术性集团在政治实践过程中的分化，其中既有不同学派的学理分歧，又有学术政治化导致的新的士人分化。然而，以学术思想概括士大夫集体意志的做法难以体现出双方在政治实践中的主要冲突。这一方面是由于新学思想并未完整流传下来，因而很难构建新法政策与新学思想的直接对应关系。②另一方面，反变法派既有司马光等政治家，又有程颢、程颐等理学家。前者主要批判新法实际政策，后者及其门人主要批判新学学术思想，二者的批判并不完全对应，难以形成对反变法派学术思想及其政治实践的系统认识，亦难以揭示不同学术思想转化为政治实践的内在张力。

第三类强调政治派系与施政理念维度的争论，这类研究聚焦于士大夫官僚集团内部的党争。传统士人分析“新旧党争”时基本秉持着“是元祐非熙宁”的意识形态判断，而近代以来，对“新旧党争”的分析侧重于双方面对北宋王朝政治体制的

---

① 学术派别与士人思想维度争论主要研究，如程仰之：《王安石与司马光》，《文史杂志》，1942 年，第二卷第 1 期；R. Hartwell, Historical Analogism, Public Policy, and Social Science in Eleventh and Twelfth Century China. *American Historical Review* 76, No. 3, 1971, pp. 690-727；季平：《王安石和司马光的政治思想探源》，《四川师院学报》1985 年第 3 期，第 9-15 页；邓广铭：《王安石在北宋儒家学派中的地位》，《北京大学学报（哲学社会科学版）》1991 年第 2 期，第 23-28 页；葛兆光：《中国思想史（第二卷）》，复旦大学出版社，2001，第 185-217 页；［美］包弼德：《斯文：唐宋思想的转型》，江苏人民出版社，2001，第 222-265 页；刘成国：《尊经卑史——王安石的史学思想与北宋后期史学命运》，《四川大学学报（哲学社会科学版）》2006 年第 1 期，第 109 页；夏长朴：《介父之学，大抵支离”——二程论王安石新学》，《东方文化》2009 年第 42 卷第 1、2 期合刊，第 123-148 页；余英时：《朱熹的历史世界（自序二）》，生活·读书·新知三联书店，2011，第 8-15 页；侯外庐、张岂之主编：《侯外庐著作与思想研究（第十四卷）》，长春出版社，2016，第 439-443、451-452 页。

② 俞菁慧和雷博的多篇研究试图把“经术”与“政治”对应起来，如俞菁慧：《〈周礼·泉府〉与熙宁市易法——〈泉府〉职细读与王安石的经世理路》，《首都师范大学学报（社会科学版）》2014 年第 4 期，第 23-33 页；俞菁慧：《〈周礼〉“比闾什伍”与王安石保甲经制研究》，《中国史研究》2016 年第 2 期，第 111-131 页；俞菁慧、雷博：《北宋熙宁青苗借贷及其经义论辩》，《历史研究》2016 年第 2 期，第 20-39 页。但这些研究主要是对单一新法政策理论渊源的整理，并未形成对王安石治国方略的体系性认识。

改革态度及其施政理念，并主要表现为"改革"和"保守"之争。[①] 这种"改革-保守"的划分方式虽有其合理之处，但也失于粗糙：其一，反变法派并非完全以旧为是，其施政理念也具有改革的一面；其二，由于变法主要在政策法规层面展开，并未直接触及北宋王朝的政治体制。[②] 事实上，新法在北宋中后期的推行和沿革可以说明新法适应，甚至在一定程度上强化了北宋王朝政治体制，而这些历史情境中相对模糊的政治取向和复杂的施政措施往往被"改革-保守"的二分法所简化。

第四类是20世纪初兴起的社会结构维度的分析，这类研究把变法派与反变法派的争论解读为代表各自经济利益与社会诉求的不同利益团体的冲突。比如农民与地主、中小地主与大地主、非身份性的庶族地主与身份性的豪族地主和皇族地主之间的冲突。[③] 这类针对社会结构性冲突的分析强调王安石变法的事实基础和历史背景，如中国历史上社会结构大规模变革的"唐宋变革期"[④]。在这一历史阶段，"士、农、工、商"等不同阶级的利益团体取得较自由的发展[⑤]，因而也造成社会经济诸方面的多重矛盾，为应对矛盾激化，变法派与反变法派的争论分别代表着不同阶级团体主导的利益分配方案。然而，社会阶级分析在两方面值得商榷：其一，这种解读

---

① 政治派系与施政理念维度的争论主要研究，如王曾瑜：《王安石变法简论》，《中国社会科学》1980年第3期，第152页；顾全芳：《司马光与王安石变法》，《晋阳学刊》1984年第2期，第67-74页；[美]刘子健：《王安石、曾布与北宋晚期官僚的类型》，载于刘子健：《两宋史研究汇编》，联经出版事业公司，1987，第117-142页；罗家祥：《熙丰变法之初两派纷争缘起新探》，《华中师范大学学报》1993年第3期，第96-101页；罗家祥：《朋党之争与北宋政治》，华中师范大学出版社，2002，第84-89页；钱穆：《新旧党争与南北人才》，载于钱穆：《国史大纲》，商务印书馆，1996，第581-599页；[美]包弼德：《政府、社会与国家——关于司马光和王安石的政治观点》，载于田浩编：《宋代思想史论》，社会科学文献出版社，2003，第111-183页；邓小南：《创新与因循——"祖宗之法"与宋代的政治变革》，《河北学刊》2008年第5期，第62页；李华瑞：《王安石变法的再思考》，《河北学刊》2008年第5期，第70-73页；陶希圣：《中国政治思想史》，中国大百科全书出版社，2011，第815-827页。

② 邓小南：《祖宗之法：北宋前期政治述略》，生活·读书·新知三联书店，2006，第434-436页。

③ 社会阶级分析占据20世纪王安石变法研究的主流，我们主要列出其中的经典研究，如吕振羽：《简明中国通史》，人民出版社，1955；谷霁光：《王安石与商品经济》，载于谷霁光：《谷霁光史学文集经济史论》，江西教育出版社，1996，第232-234页；邓广铭：《北宋政治改革家王安石》，河北教育出版社，2000，第94、137-143、154-213页；漆侠：《王安石变法》，河北人民出版社，2001，第122-160页；侯外庐、张岂之主编：《中国古代的变法运动》，载于张岂之主编：《侯外庐著作与思想研究（第五卷）》，长春出版社，2016，第292-293页。

此外，在20世纪，上述其他三种维度争论的研究也较多采用社会阶级分析的理论范式，但本书主要按照其研究主题分类，故未编入本类。

④ [日]宫崎市定：《东洋的近世》，黄约瑟译，载刘俊文主编：《日本学者研究中国史论著选译（第一卷）》，中华书局，1992，第153-241页。

⑤ 李治安：《中近古"士农工商"较自由发展政策模式探研》，《文史哲》2019年第1期，第23-39页。

往往把阶级团体的利益诉求和力量对比作为变法兴起、转折与失败的直接原因[①]，忽略了不同利益团体之间的妥协以及王安石变法中的社会集体利益的内涵；其二，暗含一种历史目的论的假定，即以西方近代化进程中的社会结构变迁为理论范式，套用于王安石变法，并以此解释北宋时期社会、经济、文化诸方面条件，评价王安石变法等政治运动的历史意义[②]，反而忽略了变法派与反变法派本来的话语与争论。

综上所述，尽管既有研究为这场大论战提供了多元解读，也极大丰富了王安石变法的内涵与意义，但这些解读及其分析视角仍然存在各异的限度。延续这些视角固然有助于研究的深化与精细化，但也可能遮掩了历史与观念语境中的一些本来的争论，进而使人尤从把握这些争论中王安石与其同时代精英始终无法调和矛盾的深层次原因。

那么回归历史情境，王安石与同时代精英究竟在争论什么？如何理解他们之间的核心冲突？就此，我们把目光聚焦于南宋名臣赵汝愚编纂的《宋朝诸臣奏议》[③]。在这本收录北宋大臣朝政奏议的重要文本中，变法派与反变法派的争论沿着一种"体要"之争的脉络展开。

二、《宋朝诸臣奏议》与治国"体要"之争的缘起

《宋朝诸臣奏议》成书于南宋中期的孝宗淳熙十三年（1186）。从南宋一朝，北宋的灭亡一直刺痛着朝野的政治神经，因而"北宋何以灭亡"和"南宋何以避免重蹈覆辙"构成了南宋士人思考如何治国理政的基本问题。南宋初期，受南宋高宗赵构"是元祐非熙宁"的政治指引，大多数南宋士人都把北宋灭亡归咎于蔡京等新党大臣及王安石，并率先从意识形态上对新法、新党、新学予以否定。但由于新法、新党、新学在北宋晚期 60 年间居于主流，新法的治理逻辑业已嵌入王朝治理体系

---

① 罗祎楠：《中国国家治理"内生性演化"的学理探索——以宋元明历史为例》，《中国社会科学》2019 年第 1 期，第 123-125 页。

② 相关讨论与反思参见罗祎楠：《模式及其变迁——史学史视野中的唐宋变革问题》，《中国文化研究》2003 年第 2 期，第 30-31 页；李华瑞：《"唐宋变革"论的由来与发展》，天津古籍出版社，2010，第 10-17、24-25 页。

③ 赵汝愚：《宋朝诸臣奏议》，北京大学中国中古史研究中心校点整理本，上海古籍出版社，1999。由于本书所引北宋朝名臣的具体奏议均出自该版本，因而下文不再专门介绍版本，仅标注作者、篇目、具体页码。

之中，对当时社会影响仍大。所以，时至南宋中期，朝野亟须更为彻底而全面的历史反省，从而清除新法影响，重建政治秩序。正是在这一历史背景下，赵汝愚的《宋朝诸臣奏议》应运而生。

赵汝愚（1140—1196）在编纂《宋朝诸臣奏议》前，长期担任秘书省正字、校书郎、著作佐郎和秘书少监等职务，并参与修撰过北宋中后期神、哲、徽、钦宗的《四朝会要》，因而得以大量接触王安石变法相关的内廷档案资料。[①] 不同于简单的意识形态批判，熟稔神、哲、徽、钦四朝国史的赵汝愚对北宋中后期政局动荡的认识更为系统而具体。他认为，避免重蹈北宋覆辙的奥秘就藏在新法期间反变法派的朝政奏议中，只需把握其基本精神并加以整理当时的治理经验，就能明确符合南宋王朝现实需要的治国方案。[②]

通过分析《宋朝诸臣奏议》的选录依据，我们发现赵汝愚对新法、新党保持高度警惕并对司马光等元祐党人极尽褒扬。《宋朝诸臣奏议》共收录了 241 位北宋大臣的 1630 篇奏议，其中大多采用北宋中后期反变法派的意见。反观重要的变法派人物，除王安石外有 6 篇奏议被收录在书中较为次要、内容局限的部分，无法完全体现王安石的治理思想和变法精神，而吕惠卿、曾布、章惇、蔡京等新党名臣的奏议更是一概未予采用。[③] 在成书之后的《进皇朝名臣奏议序》中，赵汝愚指出："臣伏睹建隆以来诸臣章奏，考寻岁月，盖最盛于庆历、元祐之际，而渐弊于熙宁、绍圣之时。"[④] 在他看来，北宋开国以来，最符合宋朝现实需要的"正确"做法是庆历年间（1041—1048）范仲淹改善、澄清吏治的政治抱负和元祐年间（1086—1094）司马光等大臣力主罢废新法的一系列举措。《宋史》记载，赵汝愚"常以司马光、富弼、韩琦、范仲淹自期"[⑤]，亦证明他力求发扬庆历、元祐名臣治理思想并加以继承的政治主张。

① 有关赵汝愚生平业绩的介绍，参见赵汝愚：《宋朝诸臣奏议》，上海古籍出版社，1999。另参见脱脱等：《宋史·赵汝愚传（卷三九二）》，中华书局，1977，第 11981-11993 页；徐自明：《宋宰辅编年录校补（卷一九）》，王瑞来校补，中华书局，1986，第 1280-1287 页。

② 赵汝愚：《乞进皇朝名臣奏议札子》，参见赵汝愚：《宋朝诸臣奏议》，第 1724 页；史季温：《跋》，参见赵汝愚：《宋朝诸臣奏议》，第 1726 页。

③ 邓广铭：《校点本〈宋朝诸臣奏议〉弁言》，载于邓广铭：《邓广铭治史丛稿》，北京大学出版社，1997，第 381 页。

④ 赵汝愚：《进皇朝名臣奏议序》，参见赵汝愚：《宋朝诸臣奏议》，第 1725 页。

⑤ 脱脱等：《宋史·赵汝愚传（卷三九二）》，中华书局，1977，第 11981 页。

结合编选篇目的数量和重要程度来看，在诸多庆历、元祐名臣中，赵汝愚主要继承了司马光的治理思想。在 1630 篇奏议中，司马光独占 146 篇，居于诸臣首位，而富弼、韩琦、范仲淹则分别占 40 篇、32 篇、19 篇。在全书 150 卷中，司马光的奏议也大多被安排在比较重要的部分，不仅篇幅较长，而且往往起到统领全卷的作用。其中，第八卷《君道门·政体》中的《上神宗论体要》则是唯一直接阐述"体要"思想的奏议，也是全书纲要的重要依据。由此，我们得以概观赵汝愚编纂《宋朝诸臣奏议》的主体思路，即以司马光的"体要"思想为基本纲领，将北宋 100 多年的治理经验——尤其是反变法派的政见——统合起来，重新明确符合宋朝现实需要的治国方略，以彻底规避新法的复辟可能。

那么，何为"体要"？赵汝愚如何继承并发展司马光的"体要"思想？这一思想为何符合宋王朝治国的现实需要？相比之下，王安石变法又"错"在哪里？接下来，我们将通过《宋朝诸臣奏议》的篇章布局逐步展现"治国之体要"的脉络与内涵。①

三、"体要"：反变法派治理思想的集成与发展

首先，在司马光和赵汝愚看来，治国理政的首要任务在于明确"君道"。《宋朝诸臣奏议》中针对"君道"存在狭义与广义两种意涵。狭义的"君道"指的是君主正确的政治品质与行动纲要。对此，赵汝愚在全书的第一卷至第二十四卷均设《君道门》，并在第一卷首三篇全部选取司马光的奏议以具体说明。② 其中，《论人君之大德有三》（以下简称《三德》）指出君主应具备"仁、明、武"——宽仁、明辨和决断——三种政治品质。《论人君之道有三》（以下简称《三道》）将君主的政治行

---

① 目前并无专文探讨司马光与王安石的治国"体要"之争以及《宋朝诸臣奏议》中的"体要"问题。一些学者在分析司马光的政治思想时引述了《上神宗论体要》一文，由于并非研究重点，具体解读较少，但他们对司马光政治思想的一些观点对本书仍有一定启发。参见李昌宪：《司马光评传》，南京大学出版社，1998，第 279-314 页；[美]包弼德：《斯文：唐宋思想的转型》（第 7 章），刘宁译，江苏人民出版社，2001，第 232-233 页；[美]包弼德：《政府、社会与国家——关于司马光和王安石的政治观点》，载于田浩编：《宋代思想史论》，社会科学文献出版社，2003，第 133 页；方诚峰：《北宋晚期的政治体制与政治文化》，北京大学出版社，2015，第 14-17、21-25 页；方诚峰：《司马光〈潜虚〉的世界》，《清华大学学报（哲学社会科学版）》2017 年第 1 期，第 180-181 页。

② 赵汝愚：《君道门·君道一》，载于赵汝愚：《宋朝诸臣奏议》，第 1-8 页。

动限定在"任官""信赏""必罚"三个环节。《上仁宗五规》（以下简称《五规》）则相对具体地提出了治国方略，其主体逻辑为：治国重在维持既有基业——"保业"，并加紧巩固既有成果——"惜时"，巩固既要基于长远谋划精选人才以应对潜在危机——"远谋"，又要谨防既有秩序从内部遭到破坏——"重微"，最后落脚到对具体问题的慎重应对——"务实"。[①]

结合历史背景来看，司马光对"君主应该如何治国"的思考立足于一个基本判断，即 11 世纪中叶的北宋正处于国家隆盛的历史形势下[②]，因而治国方略应从保持隆盛出发，抓紧巩固祖宗基业并力求奠定长治久安的政治秩序，这就需要君主率先以祖宗法度的"君道"自我约束。只有当君主合乎"君道"的情况下，对治国方略的其他方面、其他环节的巩固与调适才能有条不紊地展开。在这个意义上，我们可以把"君道"视为司马光治国方略的思想起点。与之相对的是，王安石"变法改制"的方略则建立在北宋政治正在走向衰败的时势判断上，需要对以"祖宗之法"为核心的既有政治秩序进行颠覆性改革才能挽救危局，因而以合乎"君道"约束君主反而不利于新法推行。[③]从赵汝愚推古追责的立场看，王安石错判了历史形势、夸大了宋朝的治理危机，新法非但没有达到王安石的预期，反倒极大破坏了北宋开国以来奠定的"祖宗基业"。所以，要避免重蹈王安石的错误，就必须在治国方略的思想起点上拨乱反正。

然而，仅仅君主合乎"君道"并不足以治国，君主的政治行动尚需置于更为广义的政治体运作中来通盘考虑，亦即更深层次的"体要"问题。对此，赵汝愚在《君道门》中专门安排了《政体》一卷。其中，司马光的《上神宗论体要》较为系统地论述了"体要"思想：

> 臣闻为政有体，治事有要。自古圣帝明王，垂拱无为而天下大治者，凡用此道也。何谓为政有体？君为元首，臣为股肱，上下相维，内外相制，若网之有纲，丝之有纪……古之王者，设三公九卿，二十七大夫，八十一元士，以纲纪其内；设方伯、州长、卒正、连帅、属长，以纲纪其外。尊卑有

---

① 有关司马光"君道"和"政体"的思想历程，参见方诚峰：《北宋晚期的政治体制与政治文化》，北京大学出版社，2015，第 14-17、21-25 页。

② 司马光：《上仁宗五规》，载于赵汝愚：《宋朝诸臣奏议》，第 4 页。

③ 有关王安石与司马光在宋神宗即位后对"祖宗之法"的态度和治国方略的选择，参见邓小南：《祖宗之法：北宋前期政治述略》，生活·读书·新知三联书店，2006，第 433-439 页。

序，若身之使臂，臂之使指，莫不率从。此为政之体也。何谓治事有要？夫人智有分而力有涯，以一人之智力兼天下之众务，欲物物而知之，日亦不给矣。是故尊者治众，卑者治寡；治众者事不得不约，治寡者事不得不详。约则举其大，详则尽其细。此自然之势也。是故王者之职，在于量材任人、赏功、罚罪而已。苟能择公卿牧伯而属任之，则其余不待择而精矣；谨察公卿牧伯之贤愚善恶而进退诛赏之，则其余不待进退诛赏而治矣。然则王者所择之人不为多，所察之事不为烦，此治事之要也。①

在这段话中，"体要"分为"为政有体"和"治事有要"两部分。"为政有体"描绘了一个政治等级体结构，其结构内部层级井然有序，君主和百官群臣均具有明确的上下、内外之分。在"为政有体"的基础上，司马光提出"治事有要"，他指出人与人之间先天智力不一，因此尊卑有序的政治等级体结构具有天然的合理性，而君主、百官——等级体各层级的行动主体——也因此具有特定的权责范围与行动纲要。

值得注意的是，无论是司马光还是赵汝愚，他们论述"治事有要"的重点不是强调具体某一层级行动纲要的内容，而是强调行动纲要的范围，特别是在君主的"治事之要"上，其重点不再是对君主权责的承认与规范，而是对君主介入百官权责的否定与警告。《政体》的其他 10 篇奏议均围绕"君主有违体要"现象提出了更具警示性的劝诫，如"论治必有为而后无为""论不宜下行有司事""论人君之职不当详察细务""论亲决庶政""论圣人处晦而观明处静而观动"②。这些劝诫各有侧重但主旨统一，都指出君主应遵循"垂拱而治""与士大夫共治天下"的君臣共识，并竭力避免超出君主的权责范围而干预"庶政"和"细务"，即便君主意图振作有为，他的"有为"也必须受到约束。

历史上，北宋神宗皇帝以"有为"和"勤政"闻名，但在《政体》卷的劝诫中，他的"有为"既不合乎"君道"，又破坏了"体要"结构，他深度介入内、外

---

① 司马光：《上神宗论体要》，载于赵汝愚：《宋朝诸臣奏议》，第 69 页。
② 文彦博：《上仁宗论治必有为而后无为》，范镇：《上仁宗论不宜下行有司事》，司马光：《上神宗论人君之职不当详察细务》，范纯仁：《上神宗论亲决庶政》，苏轼：《上哲宗论圣人处晦而观明处静而观动》，以及其他相关篇目，均载于赵汝愚：《宋朝诸臣奏议》，第 64-75 页。

官员政事的做法对各级政府部门的权责造成扰乱和侵夺。^①事实上，单单君主意图"有为"并不足以破坏政治体运作，只要百官一致消极应对，君主的"有为"就难以施展。但是，当百官无法达成一致或者其中冒出王安石式的人物积极劝诱宋神宗"有为"时，那么各级大臣将被裹挟其中而不得不做出应对，整个政治等级体的秩序与稳定性也将受到冲击。所以，在司马光和后世的赵汝愚看来，真正对宋王朝具有颠覆性危险的绝非任意一个意图"有为"的君主，而是百官中的王安石式的人物，他们对君主的诱导和响应才是国家祸乱的根源。

就这一问题，赵汝愚在司马光的"体要"思想上更进一步，他意识到：在一个等级分明的政治体中，仅仅逐层级地规范君主与百官的"治事之要"难以将整个政治体有机整合起来，还需要明确一种君臣互动机制，使君臣在各自"治事有要"的基础上达成某种共识或默契——既能使君主不介入百官政事，又能使百官相互制约，避免大臣劝诱君主"有为"的"王安石现象"。在接下来的《用人》和《广言路》两目，赵汝愚将这一君臣互动机制和盘托出。

《用人》前后56篇奏议集中探讨了君主如何选用、赏罚官员，以及如何明辨君子与小人、能否决断善恶，结合《政体》卷对君主避免介入百官政事的要求，一个合乎"体要"的君主本质上是一个远离具体事务又明辨百官德行的最高仲裁者。^②而在《广言路》的31篇奏议中，一部分奏议要求百官群臣"勇于谏议"并能够"条陈利害"——基于自身职责、经历分析所在层级的利害关系。^③另一部分奏议则指向一种制衡原则，即君臣双方必须共同维护"异论相搅"的朝政格局。其中，百官"勇于谏议"是为了使朝政始终充盈多元意见，君主广开言路则是为了保障多元意见的畅通，避免陷入偏听偏信的危险境地。^④正所谓"人臣以率职（直）为忠，人君以纳谏为美"^⑤。在这个意义上，君主能否"用人得人"不再以各级官员的行政能

---

① 孙觉：《上神宗论所急者近效所勤者小数》，范纯仁：《上神宗论亲决庶政》，司马光：《上神宗论体要》，均载于赵汝愚：《宋朝诸臣奏议》，第 67-72 页。

② 赵汝愚：《君道门·用人》，载于赵汝愚：《宋朝诸臣奏议》，第 125-145 页。

③ 赵汝愚在《宋朝诸臣奏议》中专门设立《百官门》，以说明政治等级体中各级官员、部门的行动准则与具体人事建议等"治事之要"，其中包括《宰执》《侍从》《学士待制》《经筵》等 33 卷，因其涉及政务细节较多，故本书不作专门讨论。

④ 赵汝愚：《君道门·广言路》，载于赵汝愚：《宋朝诸臣奏议》，第 164-190 页。

⑤ 范纯仁：《上神宗论刘琦等责降》，载于赵汝愚：《宋朝诸臣奏议》，第 189 页。

力是否出众为标准,而是看官员的政治行为是维护还是破坏了"异论相搅"的多元格局。

综合《用人》和《广言路》两部分来看,一个合乎"体要"的君臣互动机制应同时满足三方面条件:君主明辨百官德行,百官勇于谏议,君臣共同维护"异论相搅"的朝政格局。三者互为一体、不可缺一。这既是司马光的"体要"思想需要系统完善的主要部分,也是赵汝愚对北宋中后期反变法派的斗争经验与政治探索的总结。

四、"庶政":王安石变法改造"体要"的重点

如果说赵汝愚对司马光"体要"思想的继承与发展是贯穿《宋朝诸臣奏议》的一条主线,那么赵汝愚对王安石治理思想的否定与掩盖则是一条暗线。尽管书中并未收录体现王安石治理思想的奏议,但随着"体要"思想的深入展开,王安石变法与"体要"的诸方面龃龉也逐渐显现出来。而正是透过这些龃龉,我们得以分辨王安石与司马光等同时代精英在治国方略上的根本性差异,进而窥视另一种王安石式的"体要"。

纵观全书,无论是司马光对"体要"问题的提出还是赵汝愚对"体要"内容的完善,一切有关"体要"的论述均基于一个必要前提,即政治等级体结构长久不变,亦即"为政有体"的"体"长久不变。只要政治等级体结构保持稳定,即便其中部分层级有违相应的"治事之要",也能通过其他层级的制衡与调适使之重新合乎"体要"。然而,一旦整个政治等级体结构遭受冲击,那么其中所有层级、所有环节的行动纲要都将随之变化。

在这个意义上,《政体》《用人》《广言路》各卷中反变法派对王安石变法期间君主"有为"、新党专权、驱逐谏官破坏"异论相搅"的批判仅仅流于表面,并未点出王安石变法对北宋王朝最根本性的挑战。变法的实质问题是对"体"——北宋王朝政治等级体结构——的冲击和改造。这一冲击由"体"及"要",逐步扩展至政治等级体结构中的各个方面,既包括皇帝后宫、百官群臣、庶民百姓等不同层级,又涵盖军政、财政、礼乐、刑法等不同政务环节。随着新法推行,原有政治

等级体中几乎所有层级、环节的"治事之要"都被赋予了新的内涵，并在新的"体要"结构中，按照新的治国方略重新运转起来。

那么，如何理解王安石变法对政治等级体的改造？改造前后的新旧"体要"的核心冲突是什么？在《宋朝诸臣奏议》有限的记录中，我们可以看到反变法派对新法的批判主要集中在熙宁二年（1069）至三年（1070）的"制置三司条例司"和"青苗法"二事上。体现出新法在"侵夺州、县"和"深入庶政"两方面与旧"体要"的冲突。①

"制置三司条例司"是变法初期商议、酝酿、颁布新法的过渡性枢纽机构，围绕这一新设机构的争议，主要聚焦于它在官僚体系中的权责范围。比如，吕海指出这一机构的目标是为了侵占同为中枢机构的三司所主管的财权和枢密院所主管的兵权②，而吕公著指出这一机构开始管控类似"仓场库务琐细利害"等远非朝廷中枢权责范围内的琐碎事务③，两种说法分别从横向和纵向上说明"制置三司条例司"扰乱了原有政治等级体的层级结构及其行动纲要。④此外，韩琦、李常、刘琦等大臣基于既有各层级对官员的政治品质和行动纲要的要求，纷纷批判条例司所提拔的新晋官员在行政过程中的种种不当，进而否定这一机构的正当性。⑤

在大多数大臣质疑"制置三司条例司"权责不明、用人不当的同时，仍有少部分温和派从"本出权宜"的角度包容和肯定这一机构及其所行新法的现实作用。比如陈襄认为，"制置三司条例司"派遣常平提举官实地调查各地经济水平的做法"无

---

① 赵汝愚把北宋大臣直接批驳新法内容与针砭新党人事的奏议集中于《财赋门·新法》。前后共编选11卷98篇，置于全书偏后部分。如此编排体现出两点：

其一，新法归入财赋一门的做法，这基本延续了北宋以来新法反对者对王安石变法"理财""兴利"的认识，将诸项新法解释为"与民争利"、将变法局为一场财政维度的改革。

其二，《财赋门·新法》批驳新法内容的奏议主要集中在熙宁二年至三年的"制置三司条例司"和"青苗法"二事上，前后共涉及47篇奏议。这两件事是变法期间的争议重点，体现出两种治国方略关于政治等级体结构的基本分歧。

有关赵汝愚在《宋朝诸臣奏议》中对王安石及新党奏议的处理，参见张佐：《治国"体要"之争——〈宋朝诸臣奏议〉与王安石变法研究的新视角》，《开放时代》2020年第5期，第142-145页。

② 吕海：《上神宗论王安石奸诈十事》，载于赵汝愚：《宋朝诸臣奏议》，第1181页。

③ 吕公著：《上神宗乞罢制置三司条例司》，载于赵汝愚：《宋朝诸臣奏议》，第1193页。

④ 吕公著：《上神宗乞罢制置三司条例司》，载于赵汝愚：《宋朝诸臣奏议》，第1192页。

⑤ 刘琦等：《上神宗论王安石专权谋利及引薛向领均输非便》，李常：《上神宗论王广渊和买抑配取息、上神宗论王广廉青苗取息》，韩琦：《上神宗乞罢青苗及诸路提举官》，均载于赵汝愚：《宋朝诸臣奏议》，第1187、1204-1205、1208-1209页。

害于公私"①。又比如范纯仁认为，只要用人得当、罢免薛向等均输法主官，发挥均输法"买贱卖贵、用近易远"的基本精神确实能够起到平抑物价的作用。② 值得玩味的是，陈襄和范纯仁等人并非直接肯定"制置三司条例司"和诸项新法本身，而是寄希望于一个过渡机构对政治等级体中各层级的激活作用。换句话说，这些温和派对新法的有限包容基于一个前提，即新法派生的所有政治行动都必须保持在既有的政治等级体以内，一旦诸项新法超出边界，那么这种包容将不复存在。

如果说"制置三司条例司"一事仍属于政治等级体内部的权责调整，那么，随着"青苗法"等新法推行到基层社会以后，王安石变法的"出界"状况则全面暴露。于是我们看到，自熙宁二年（1069）九月起，在诸多驳难"青苗法"等新法的奏议中，围绕政治等级体结构的边界之争凸显出来。

首先，作为推行"青苗法"和后续诸项新法的中央派出机构，提举常平司和常平官被认为侵夺了原有政治等级体中地方州、县的权责。比如，苏轼就直接把"不责成于守令、监司而专用青苗使者"的潜在危害上升到"吏始解体"州、县官僚体系解体的层面上。③ 类似的言论还有范镇，他指出设立"制置三司条例司"和提举常平司分别破坏了"君与士"和"士与民"的上下结构的纲纪。④ 司马光则认为"天下之事""当委之转运使、知州、知县，不当别遣使者扰乱其间"⑤。显然，司马光等大臣在这一问题上具有一种默契，即"天下之事"属于中央朝廷以外地方州、县的权责范围。在政治等级体运作中，皇帝、中央朝廷应避免干预、扰乱，但提举常平司和新法使者的出现打破了这种默契，将整个朝野的目光与行动引向州、县。

除了"侵夺州、县"，"青苗法"等新法带来的第二个问题是深入"庶政"引发的政治等级体结构扩张。变法以前，由于北宋王朝强调"祖宗之法""重微防弊"的精神，州、县各级地方政府的权责长期受到约束和限制⑥，这也为北宋诸臣所共识。比如范镇就指出："祖宗之规模在于州、县，州委之生杀，县委之赋役。虑其

---

① 陈襄：《上神宗乞罢均输》，载于赵汝愚：《宋朝诸臣奏议》，第1184页。
② 范纯仁：《上神宗乞罢均输》，载于赵汝愚：《宋朝诸臣奏议》，第1185页。
③ 范镇：《上神宗论新法》，载于赵汝愚：《宋朝诸臣奏议》，第1217页。
④ 范镇：《上神宗论新法》，载于赵汝愚：《宋朝诸臣奏议》，第1218页。
⑤ 司马光：《上神宗乞罢条例司及常平使者》，载于赵汝愚：《宋朝诸臣奏议》，第1211页。
⑥ 邓小南：《祖宗之法：北宋前期政治述略》，生活·读书·新知三联书店，2006，第265-280页。

或失于中也，为之转运使、提点刑狱以按察而纠举之[①]。"从范镇这段话可知，州级政府的主要权责在于州域刑事判案，县级政府的主要权责在于县域征税派役，另设有转运使和提点刑狱负责州、县政务的巡回督察，从而使这些州、县政府机构的权责尽可能简要、有序。

但除了这些"祖宗之法"所强调的州、县权责，仍有大量基层社会事务——"庶政"——需要地方官员以相对自主的方式予以运作。[②] 所以，诸如组织开荒、治水、治旱以及编户齐民等人身控制事务能否有效实施，基本上依凭州、县"父母官"自身的治理素质。这种基层治理生态造成两种政治后果：一是州、县官员治理"庶政"缺乏来自中央直接的政治资源和财力支持，往往疲软被动，必须与地方富民等势力寻求合作才能维持必要的治理，因而对基层社会贫富分化、土地兼并等现象缺乏制约；二是由于北宋王朝并不直接治理"庶政"而是强调"得人"，委托合适的州、县官员征税派役[③]，所以王朝权力对于全国疆域内的复杂治理情况缺乏常态化与规范化的管理。长此以往，地方州、县以下复杂的"庶政"则逐渐淡出了北宋王朝的"治国之体要"。

不过，在当时许多重臣看来，"庶政"淡出不足为虑。他们或保守于"仁政"等儒家传统观念，避免王朝权力过度干预基层乡村社会，或认为基层赋役负担较重所以"必予生民休息"，或坚持北宋"祖宗之法""内重外轻"的政治传统。但都趋同于州、县各级政府的政治行动应"从简从宽""不应为国生事"等潜规则[④]，并把"庶政"淡出视为自然之态势。

而王安石颁布青苗法、农田水利法、免役法、保甲法等新法，反倒恢复并重新规范了国家对"庶政"的管理，把已收缩甚至定型的政治等级体重新扩张到基层社会中去，这与既有"体要"相悖并引发了多重冲突。比如免役法（助役法）方面，

①　范镇：《上神宗论新法》，载于赵汝愚：《宋朝诸臣奏议》，第 1208 页。

②　有关北宋前中期地方州、县官员治理基层社会的形态及其矛盾，参见刁培俊、张国勇：《宋代国家权力渗透乡村的努力》，《江苏社会科学》2005 年第 4 期，第 206-207 页；虞云国：《对王安石县政思想的历史思考》，《杭州学刊》2017 年第 4 期，第 165-166 页。

③　虞云国：《对王安石县政思想的历史思考》，《杭州学刊》2017 年第 4 期，第 167 页。

④　苏轼：《上神宗论新法》，陈襄：《上神宗论青苗》，韩琦：《上神宗乞罢青苗及诸路提举官》，司马光：《上神宗乞罢条例司及常平使者》，孙觉：《上神宗论青苗》，吕公著：《上神宗论不宜轻失人心》，均载于赵汝愚：《宋朝诸臣奏议》，第 1200、1206、1209、1213、1231、1233 页。

刘挚指出，按照五等户簿收敛助役钱的方式过于强制，无法兼顾各地、各户的差异性。[1] 而杨绘批评在规定助役钱的各等定额时，没有如常采用州、县上报的数据，而是绕过州、县直接定数，其做法不易对标基层实际情况，导致超等摊派现象丛生。[2] 又如青苗法方面，范镇和苏轼都指出，青苗法是以公家借贷取代富民对贫民的私家借贷，然而私贷"人情相通"、还贷灵活，公贷名义上虽取利不多，却立法严苛、不易还贷，造成基层社会民怨鼎沸。[3] 类似的批评也见于保甲法、五等户簿等方面。总体而言，这些新法深入"庶政"严重冲击了基层社会以"富民"为核心的民间自治的组织形式，客观上造成政治等级体结构扩张。"庶政"的兴起也迫使地方州、县、转运使乃至中央朝廷不得不面对并参与运作，整个政治等级体的治理重心随之下沉，北宋王朝的"治国之体要"也得以重塑。

第二节　研究问题

一、研究材料与分析方法

本书是对王安石国家治理思想的研究，属于国家治理思想史或行政思想史范畴。在思想史研究中，研究对象的分析资料主要指的是个人的思想集、诗文集以及年谱等生平记载。但由于体现王安石个人治理思想的文章多在变法之前所作，变法期间的思想记录留存较少，多为政务论议，故而本书的分析资料也包括一部分新法史料。因此，在本书对王安石的"体要"思想的论述中，主要用到以下三类资料和文献。第一类是王安石个人的文章、思想，包括《王文公文集》[4]、《临川先

---

① 刘挚：《上神宗论助役》，载于赵汝愚：《宋朝诸臣奏议》，第 1263 页。

② 杨绘：《上神宗论助役》，载于赵汝愚：《宋朝诸臣奏议》，第 1262 页。

③ 范镇：《上神宗论新法》，苏辙：《上神宗论新法划一》，载于赵汝愚：《宋朝诸臣奏议》，第 1207、1279-1281 页。

④ 王安石：《王文公文集》，上海人民出版社，1974。

生文集》①和《王安石全集》②等文本；第二类是王安石的年谱，现有《王安石年谱三种》③和《王安石年谱长编》④；第三类是涉及王安石变法的历史记载，如《续资治通鉴长编》⑤、《宋史》⑥、《皇朝编年纲目备要》⑦和《文献通考》⑧等史书。其中，刘成国近年所著的《王安石年谱长编》对王安石的生平、文章、政事进行了详细编年，基于新的编年成果对既有研究的不少争议之处提出补充或修订，是本书分析王安石思想的重要参考。此外，本书还参考了北京大学编辑的《宋朝诸臣奏议》⑨、程元敏编辑的《三经新义辑考彚评》⑩、杨小召校点的《周官新义》⑪、孔学辑校的《王安石日录辑校》⑫、罗家湘辑校的《王安石老子注辑佚会钞》⑬等单行本。上述文献中虽然并未显现出王安石对"体要"概念的直接表达，但仍有助于我们把握王安石广义上的"体要"观，既包括他对北宋王朝旧有"体要"的体认与反思，也包括他对新"体要"的设想与构造。

在分析方法方面，目前传统中国治理思想史的分析方法方兴未艾，成体系的分析方法仍在探索，所以本书对王安石变法及其治理智慧的挖掘是对本领域内的一次新的尝试。本书部分采用类似昆汀·斯金纳主张的"历史语境主义"⑭的政治思想史研究方法⑮，"追踪经典作家写作的语境，观念史家察知经典作家的书写意图是可能

① 王安石：《临川先生文集》，中华书局，1959。
② 王安石：《王安石全集》，王水照主编，复旦大学出版社，2016。
③ 詹大和、顾栋高、蔡上翔：《王安石年谱三种》，裴汝诚译，中华书局，1994。
④ 刘成国：《王安石年谱长编》，中华书局，2018。
⑤ 李焘：《续资治通鉴长编》，中华书局，1979-1990 年。
⑥ 脱脱等：《宋史》，中华书局，1985。
⑦ 陈均：《皇朝编年纲目备要》，中华书局，2007。
⑧ 马端临：《文献通考》，中华书局，2006。
⑨ 赵汝愚：《宋朝诸臣奏议》，北京大学中国中古史研究中心校点整理本，上海古籍出版社，1999。
⑩ 程元敏：《三经新义辑考彚评》，华东师范大学出版社，2011。
⑪ 王安石：《周官新义》，杨小召整理，四川大学出版社，2016。
⑫ 王安石：《王安石日录辑校》，孔学辑校，四川大学出版社，2015。
⑬ 王安石：《王安石老子注辑佚会钞》，罗家湘辑校，华东师范大学出版社，2013。
⑭ 李强：《斯金纳的"语境"》，《读书》2018 年第 10 期，第 97 页。
⑮ 关于斯金纳主张的政治思想史研究，论著和评论文章，已有不少，代表论著和文章参见斯金纳：《霍布斯与共和主义自由》，管可秋译，生活·读书·新知三联书店，2011，序第 3-7、19 页；[英] 斯金纳：《观念史中的意涵与理解》，任军锋译，载于丁耘等主编：《思想史研究（第 1 卷）》，广西师范大学出版社，2005，第 61-76 页；李强：《斯金纳的"语境"》，《读书》2018 年第 10 期，第 97-106 页；刘海川：《语境主义的文本解释观念以及斯金纳的滥用》，《现代哲学》2019 年第 4 期，第 92-100 页。

的"①，即以文本为主、史料为辅阐释历史人物的政治思想。但由于王安石的大量传世作品发生在变法前，并不直接对应新法，而王安石设计新法的记载并不多见，他本人对新法的直接思考也未见于后世，显然，以斯金纳的研究方法并不能很好地把握王安石的治国思想，仍应将重点放在王安石变法本身。

所以，本书首先回到《宋朝诸臣奏议》这一历史文本，挖掘王安石与司马光等同时代精英在历史情境下围绕王安石变法的深层次冲突：治国"体要"，尽管这一概念源自司马光等反变法派，但准确把握住了王安石变法的实质是对北宋治国"体要"的改造。其次，在明确治国"体要"这一核心概念后，本书综合北宋治国"体要"变迁的历史背景、王安石在地方治理过程中的体认和反思、王安石对重点经学文本的阐发和他在变法过程中"建立庶政""以中人为制"等概括性表述，逐步分析并充实王安石的"体要"观。最后，本书基于王安石的"体要"观论述诸项新法的实践展开，以此从现实政治和国家治理出发，呈现王安石"体要"观的不同维度，并将王安石的"体要"观和他的变法紧密联系起来。

本书的分析方法呈现出以下几个步骤：提炼历史语境中的重点概念——以重点概念统合历史人物的治理思想——以现实层面的政治实践系统呈现历史人物治理思想的不同维度。这种兼顾重点文本与现实实践的分析方法，较适用于揭示传统中国政治家的治理思想，传统中国的官僚士大夫往往既阐发对社会伦理、政治规范的意见，又处理具体的国家、地方事务。如果单从文本出发，并不能展现他们治理思想的全貌，因此有必要抓住他们的核心关切和主要矛盾，从而理解他们对治国理政的整体性思考。当然，本书仅仅是一种尝试，希望不断磨勘，从而形成适合分析传统中国治理思想的研究方法，真正揭示出传统中国治理智慧的要义所在。

二、研究问题：王安石对北宋王朝治国"体要"的改造

通过揭示《宋朝诸臣奏议》中隐含的治国"体要"之争，我们看到，王安石与司马光等人当时争论的深层次问题是"治国之体要"，亦即双方关于北宋王朝治理体系的政治等级体结构、各层级行动纲要、核心机制等主要问题的不同构想及其治

---

① 刘海川：《语境主义的文本解释观念以及斯金纳的滥用》，《现代哲学》2019 年第 4 期，第 100 页。

国方略。遗憾的是，受限于体裁和政治取向，《宋朝诸臣奏议》所推崇的治国"体要"主要展现的是司马光等反变法派对宋朝王朝治理体系的思考，而王安石变法试图构造的新"体要"则很大程度上被掩盖了，仅在"庶政"等问题上露出冰山一角。那么，什么是王安石的治国"体要"？具体而言，他怎么理解和看待北宋王朝的旧有"体要"？他试图通过变法实现怎样的新"体要"？二者之间的核心变化体现在何处？带着这些问题，我们进入王安石的历史世界，希望能从有限的史料中撷取王安石对治国"体要"的思考，并对变法形成一种新的解读。

对此，本书将接续从《宋朝诸臣奏议》形成的初步认识[①]，即王安石变法的核心问题在于改造北宋王朝的治国"体要"。并沿着两个方向追问，充实王安石改造治国"体要"的基本内涵。

一是追溯王安石在变法前对北宋王朝旧"体要"的体认与反思。我们将首先梳理王安石在北宋官僚体系中各级政府的任职经历和思想变化，通过梳理，发掘王安石对旧"体要"中不同层级"治事之要"的体认与反思。其次，我们将从王安石对旧"体要"的多重反思中找出他心目中的根本隐患和应对方略，从而理解王安石力主变法、改造"体要"的思想动因。接下来，我们将介绍王安石涉及"为政之体"和"治事之要"的一些思想性文章，进一步展示王安石之于治国"体要"的思想纵深。

二是分析诸项新法在王安石的新"体要"中的实践展开及其内在理路。我们将首先说明新"体要"与旧"体要"的内在关系，即新"体要"是在旧"体要"基础上拓展与重构的结果。其次，我们将按照诸项新法的推行顺序及其所对应的不同层级，说明新法实践展开的内在理路。接下来，我们将从新法首先深入基层社会，"建立庶政"开始，具体分析诸项新法在新"体要"中的意义：既包括诸项新法的现实意图，又包括诸项新法之间的联动效应，还包括诸项新法在"建立庶政"总体目标下的特定功用，系统说明王安石之于治国"体要"的实践展开。

---

① 从《宋朝诸臣奏议》中争议集中的"深入庶政"和"侵夺州、县"等内容，我们可以概观王安石变法的"体要"问题：变法推行之初的重点是"深入庶政"，将"为政之体"拓展到基层乡村社会，并将旧有的政治等级体中各层级充分调动起来，客观上改变了各层级的"治事之要"，从而完成了对"体要"的改造和重构，但在变法过程中也遭到诸如"侵夺州、县"的批判。然而，上述推论仅仅是个开始，若要检验并全面揭示王安石的治国"体要"，仍有大量工作需要开展。

三、对研究问题的廓清

在上述两个研究方向的基础上，我们有必要讨论和排除一些研究过程中的干扰因素，进一步廓清治国"体要"在王安石变法中的内涵，并明确研究问题。

本书要廓清的第一个问题是新"体要"与旧"体要"的关系，这一问题涉及新"体要"中"为政之体"的主体结构。

"体要"一词来自司马光和赵汝愚，被用来概述宋朝以"祖宗之法"为内核的政治等级体以及其中各层级的行动纲要，而王安石并没有直接论及"体要"的说法和文章。那么，这是否说明王安石并不具备治国"体要"的思想和意识？或者说，新法是否并不适用于治国"体要"的解读？廓清这一问题的关键在于新法与北宋王朝既有的治理体系的内在关系，即二者是断裂的还是连续的？

历史上，王安石变法以"天变不足畏，祖宗不足法，人言不足恤"的"三不足"精神闻名遐迩，似乎与遵循"祖宗之法"的传统政治路线形成一种断裂。但这种"三不足"之说暗含一种误导，即王安石变法完全脱离北宋政治现实或依据某种"理想国"式的理论体系而形成。这种说法过度强调了历史进程的断裂性而忽视了连续性，遮蔽了王安石在旧"体要"基础上的思考与行动。

事实上，新法并非凭空创造，而是形成于对旧"体要"诸多问题的纠弊。变法前，王安石始终身处旧"体要"的官僚体系之中，他所有的思考与行动始终针对的是北宋王朝的政治现实，其中最大的政治现实就是已运行近百年的旧"体要"。这一旧"体要"在持续解决治理难题的同时，也遗留下来许多隐患。部分隐患是具有政权威胁的偶发事件，需要始终保持必要的应急能力，比如农民起义，比如宋辽对峙、宋夏战争等；部分隐患则是不具直接政权威胁的体制顽疾，但极大约束着统治能力和治理行动，比如"三冗""两积"，比如土地兼并等，这些隐患可能使北宋王朝无法应对更大规模的政权威胁。与这些隐患长期共存，还是通过结构性改革来革除体制顽疾？这几乎是所有北宋士大夫政治生涯中要面对的共同问题，王安石也不例外。他们之间的主要分歧在于对旧"体要"核心隐患的性质和程度体认不一，并在此基础上形成了不同的应对方略，但始终没有脱离旧"体要"而另起炉灶。

因此，我们不能以"三不足"之说或者现代国家理论否定王安石变法之于旧"体要"的连续性。正是由于长期在地方任职的经历，王安石一方面看到了北宋王朝治理的种种隐患，而另一方面也不断充实并形成了自己的"体要"观，亦即变法以改造"体要"的思想基础与制度准备。这使王安石变法直接从"庶政"等旧"体要"薄弱处入手，在阻力很大、牵涉很广的情况下依然进展得很快，体现出新法对北宋王朝治理体系的适用性。在这个意义上，王安石变法不应被视为对旧"体要"的丢弃和旁落，而是对旧"体要"的扩张与重构。

基于这一认识，本书对王安石改造"体要"的论述将揭示出历史情境中的连续性，并深入挖掘：王安石为什么认为旧"体要"难以为继？具体而言，王安石认为，在旧的"为政之体"中，哪些层级存在颠覆性隐患？王安石如何处理这些隐患？他的处理又将如何影响其他层级以及整个"体要"？通过回答这些问题，我们将形成一个新"体要"脱胎于旧"体要"的"新陈代谢"的主脉络，从中可以看出二者之间的结构性变化，形成王安石扩张旧的"为政之体"、重构新的"为政之体"的基本认识。

本书要廓清的第二个问题是诸项新法在新"体要"结构中的特定功用和不同侧重，亦即明确"治事之要"的现实指向。

新法内容丰富，大大小小的法令多达数十种，并且在熙宁二年（1069）到熙宁八年（1075）的推行过程中屡有调适，其职能和实施力度均有不同程度的变化。所以，我们难以直接判断某项新法在"体要"中的对应层级与相应功用。针对这一难题，我们将着意分析诸项新法推行的时间序列，包括诸项新法在哪些时段试点、引发争议、正式推行？哪些新法在某个时段内集中推行，并在朝堂奏议中体现出相互关联？哪些新法推行时间相仿，但并未体现出相互关联？在部分新法正式推行后，王安石又着手安排哪些新法？这些新法为什么会在推行过程中表现出先后之别？

实际上，推行时序上的差别很大程度上意味着诸项新法在整个变法方略所对应的不同制度设计，亦即在"体要"上侧重于不同的特定功用，体现出不同新法对应同一"治事之要"，或者单一新法在"为政之体""治事之要"的多重意义。比如青苗法、农田水利法于熙宁二年（1069）、熙宁三年（1070）集中推行，而免役法、方田均税法在青苗法、农田水利法基本定型后于熙宁四年（1071）、熙宁五年（1072）迅速展开。这四项法令经常在涉及基层农村"庶政"的朝堂论辩中同时出现，显然四者之间在"庶政"问题上具有一定的内在关联。又比如保甲法在熙宁三年（1070）、熙宁五年（1072）、熙宁八年（1075）引发多次争议，但熙宁五年（1072）的争议与免役法相关，而熙宁三年（1070）和熙宁八年（1075）并没有涉及免役法，这可能说明保甲法的职能发生了阶段性变化，这些变化使保甲法形成多重的治理内涵。还比如熙宁二年（1069）在东南六路均输法推行，但熙宁五年（1072）以后均输法的相关记载消失，有关东南六路财物运输的记载主要涉及市易法，而市易法的理念也与均输法部分相合，熙宁五年（1072）至熙宁十年（1077），市易法超出东南六路。并在全国疆域内广泛设置，显然市易法与均输法之间存在着深刻的联系。

所谓"时间"问题不仅体现在推行新法的先后顺序上，也体现为诸项新法实施的时节和相应的周期。比如青苗法、免役法在传统的"夏税、秋粮"基础上的制度安排，比如农田水利法、保甲法在秋收以后的集中实施，再比如方田均税法一年核查、五年更新的制度周期。根据法令依循"农时"的程度，我们也能够看出诸项新法政策与乡村社会、地方州、县、路级使者、中央朝廷等不同层级政府的对应关系。那些依循"农时"程度越高的法令显然更接近基层社会，如农田水利法，而并没有明显的制度周期和农事安排的法令距离基层社会或者从事农业生产的乡村社会更远，如市易法。

由此可见，通过梳理诸项新法推行、实施以及引发争议过程中的时间性因素，我们能够概观单项新法或者多项新法的分类与侧重，进而有助于我们理解不同新法在王安石构建新的"为政之体"和"治事之要"的特定功用。

本书要廓清的第三个问题是诸项新法在新"体要"结构中制度设计的内在理路，亦即明确诸项新法在改造"为政之体"与"治事之要"背后的思想内涵。

如何理解和评价诸项新法向来是王安石变法研究的难点，而在本书治国"体要"的分析框架中，这一问题将具体转为诸项新法对改造"为政之体"和"治事之要"的作用与内涵。对此，我们除了论述新法政策的铺陈展开，还应该关注王安石个人的思想特征，特别是他以经学主导的思想体系。

以往王安石变法常被解读为理财兴利、富国强兵，这实际上是基于"三冗两积"等宋代治理难题的解读，反映出当时反变法派的批评和后世史书中的普遍观点。但这些解读未必符合王安石的本意，对其过分强调将使我们忽视王安石个人思想对新法制度设计的重要影响。实际上，无论是变法前还是变法过程中，王安石往往援引、解读传统经典来阐释他对事物的认识。他在变法前重释《尚书·洪范》，形成《洪范传》，他在其中重点阐发了先王（皇帝）与庶民的理想关系，虽然此时王安石并未迎来变法机会，《洪范传》也偏向一般性的理论注解，但已经初现"皇帝—庶民"贯通的"为政之体"的雏形。王安石在变法后重注《周礼》，形成《周官新义》，并组织编修《周官新义》在内的《三经新义》作为国家科举的官学文本。这是因为《周礼》中隐含着"皇帝—庶民"贯通的"为政之体"，是诸项新法政策作为一个一致的整体而彼此适应的重要基础，这也是王安石在与皇帝、百官论议新法时频频引据《周礼》、编写《周官新义》教育士人继承新法精神的深层原因。显然，我们不能把王安石以经学主导的思想倾向简单归结为反变法派口中的"附会经典"，而应综合他对社会现实的体认和对经学文本的阐发来理解新法的制度设计。

这是否意味着我们要通过解经来分析新法呢？答案是并非如此。王安石强调经学不是要照搬《周礼》等经典，而是在其中看出了其中"皇帝—庶民"贯通的"为政之体"，更重要的是，王安石从《周礼》中对世间万物形成了一种一致性的认识，因而诸项新法在制度设计之初也是作为一个一致的整体而彼此适应、内在互通。正是在这个一致性的基础上，我们注意到，王安石在变法前对新法"以中人为制"的概括性表述，王安石和他的助手吕惠卿在变法取得阶段性成果后具有"建立庶政"的概括性表述。因此在分析中，我们不仅要理解诸项新法的现实意图，更要思考诸项新法与"建立庶政""以中人为制"等重要概念的逻辑联系。在此基础上考察诸项新法在庶民的日常生活生产方式、对基层社会的组织形态、对地方政府职能、对经济运行体系等一系列问题上的意义，从而更全面地把握诸项新法在王安石"体要"结构中的思想内涵。这恰恰是王安石系统性的经学思想的现实延伸。

第三节　研究意义

现代人为何研究古人的思想？古人的思想又于现代人有何意义？

除去满足现代人基本的求知欲和猎奇心理，出于学以致用的现实目的，无外乎两种研究进路：①以今人的眼光出发，基于现代社会诸多成就的重要因素，向历史中寻找潜在的共性，进而专注这些共性的演变过程，梳理并解释为历史变迁中一种普遍的主流或一种隐秘的"暗流"，指出其中某种必然或者突变的历史意义。②承认现代社会发展历程较短、经验较片面，存在一些无法有效解决的现实问题，因而尽力用古人的眼光，了解古人在前现代长期的社会变迁中如何认识和处理这些问题，通过体会他们的方案，予以扬弃与升华。简言之，或依据现代人的认知和理性来解读古代，论证并强化某种现代合理性，或回归古代人的认知和理性来解读古代，把握古代智慧的要点以觉察现代道路所忽略的潜在问题。①

---

① 第一种进路多见于历史导向的社会科学研究，第二种进路源自思想史学者对第一种进路的反思。如法国学者雷蒙·阿隆（Raymond Aron）称现代人论史具有"后见之明"（retrospective mediation）——可就已知之"果"（effects）推见未现之"因"（causes）。"后见之明"有一个好处：能开前人所未开之新局面，有利于后人以新知识使古今融会贯通，但"后见之明"也常被后来累积的偏见与成见所蒙蔽、所歪曲。阿隆的观点转引自：汪荣祖：《康章合论》，新星出版社，2006，第 1-2 页。

两种研究进路既互有龃龉，又互为补充。既有研究中，两种进路在古今思想、理性上的张力已有充分体现，以下列举几例。

以前现代与现代的经济体系关系为例，罗斯托以促成现代经济体系及其理性的政治、贸易与工业、科技与革新等因素为标准，倒推"为何传统社会未能产生自我维持的增长"；萨林斯则反思这一研究路径，他认为前现代或非西方的经济体系具有自身的经济理性，并自然生成与现代西方截然不同的价值标准。

在传统中国经济史研究方面，刘志伟着眼于认识与市场经济体制并列的非市场经济体制，指出传统中国以"食货"为核心的经济原理及其理性，纠正和补充了诸如希克斯（John Hicks）《经济史理论》等西方经济史著作中对传统中国经济体系的解读，如指令／岁入经济等。

在一些比较政治研究中也体现出不同的理性张力，如财政社会学下的财政国家概念。王绍光、马骏的研究指出：根据收入来源的不同，历史上就有六种类型的财政国家，在这些国家的历史进程中，主要收入来源的变化深刻塑造了新的理性与社会价值标准。

以上文献参见罗斯托（Walt W. Rostow）：《这一切是怎么开始的：现代经济的起源》，黄其祥、纪坚博译，商务印书馆，2014，第 5-7 页；［美］萨林斯（Marshall Sahlins）：《石器时代经济学》，张经纬、郑少雄、张帆译，生活·读书·新知三联书店，2009 年，导论第 1-5 页；［英］希克斯：《经济史理论》，厉以平译，商务印书馆，1998，第 11-24 页；刘志伟：《贡赋体制与市场：明清社会经济史论稿》，中华书局，2019，代序：中国王朝的贡赋体制与经济史，第 2-19 页；王绍光、马骏：《走向"预算国家"——财政转型与国家建设》，《公共行政评论》2008 年第 1 期，第 5-8 页。

近代以来，距今 900 多年的王安石变法成为理解传统中国的重要课题，很大程度上是因为"今人的眼光"使其重获新生。在这条研究之路上，王安石变法被视为传统中国极具代表性的"现代化"动力或"理性化"因素，往往被用来对标西方近代化进程中的社会、政治、经济、文化诸方面条件，进而被赋予"进步"的历史意义。[①] 然而随着研究的深入，变法的一些细节被发现并不合乎近代化的历史解读，学者们对一些新法政策的历史作用也出现了截然相反的认知与评价。显然，"今人眼光"中的王安石变法并不完全贴合这一历史大事的本来面貌。不仅如此，如果只把王安石变法作为历史案例来论证某种现代理念或制度的合理性，则很可能掩盖了当时历史情境下的古人智慧及其致力所在。

出于对第一种研究进路的纠正，近年来，一部分王安石变法研究尝试"回归历史情境"、回归"古人的眼光"，并取得一定进展，廓清了一些历史情境中的基本问题。然而这类研究方兴未艾，较多强调的是对当代误读的纠补，而较少系统阐释古代智慧的核心及其实践展开的内在理路。特别是王安石作为一个传统中国的政治家、治国者，在北宋政局较稳定的情形下，他为何极力坚持变法？他又为何选取那些极具争议的新法政策？他所拼命要处理的问题究竟是什么？只有深入这些问题，我们才能管窥王安石治国理政时的轻重缓急，理解王安石铺陈诸项新法背后的制度内涵，从而为我们深思当下提供思想养分与历史经验。

因此，本书经由第二种研究进路进入王安石变法，以治国"体要"的新视角将既有研究的成果予以统合，进而呈现一种新的解读。尽管王安石变法研究已经蔚为大观，但本书所论述的王安石变法中的治国"体要"问题，以及治国"体要"视角对王安石变法的重释，仍对传统中国治理思想史、现代公共行政学、当代中国国家治理具有一定的启示和较强的研究意义。以下进行说明。

1. 本书为王安石变法研究提供了一个新的分析视角。相较于财政政策、经济思想、士大夫文化、党争、社会阶级冲突等传统分析视角，治国"体要"视角着眼于北宋王朝治理的政治等级体结构及其各层级的行动纲要，因而更关注全局性和整体性的问题。具体而言，这一视角首先有助于纠正传统社会基于"义利之辨"对王安

---

① 本节仅对既有研究进行简述，具体的研究综述见于第二章"文献综述：百年来王安石变法研究中的三种解读"，此处不再专门说明。

石变法意识形态的曲解,并具体引介了"体要"这一在北宋中期至南宋前期历史语境中的重要概念,以避免陷入南宋中后期以宋明理学主导的历史语境及其否定性评议。其次,这一视角不再过度纠缠于现代学术体系所强调的经济、社会因素,使研究回归历史情境中核心的政治因素,进而分析王安石变法改制的深层次动因。第三,这一视角也有助于我们摆脱对单一政策、单一区域、单一环节精细化分析的研究惯性,而从政治体有序运行的整体性出发,来理解诸项新法在"体要"中的特定功用、现实意图与设计的内在理路。

2. 通过治国"体要"视角,本书对王安石变法的动机、思想纲领、诸项新法的制度内涵等一些基本问题提出新的看法。本书抓住王安石在变法前的根本关切:北宋王朝旧有"体要"逐渐简化、退出基层社会治理后基层资源流失的政治安全危机。以此作为理解王安石变法的基础,不仅分析了诸项新法的政策目标,而且也说明了王安石的"以中人为制""资之天地""理天下之财"等概念的现实意义。此外,本书指出变法的核心在于"建立庶政",在过往研究对王安石变法是国家权力渗透基层社会的观点的基础上,本书系统阐述这一观点的理论依据以及诸项新法在"建立庶政"维度上的不同治理功用,丰富了"庶政"的思想内涵。

3. 在传统中国国家治理思想史方面,本书提出了一个新的分析框架。

过往涉及传统中国国家治理思想的研究主要分析历史断代特征或者历史人物、经典文本中的治理思想内涵。比如钱穆的《中国历代政治得失》[1]、陶希圣的《中国政治思想史》[2]和萧公权的《中国政治思想史》[3]就根据一定的历史脉络梳理历朝历代的阶段性特征,从而归纳传统中国治理思想。而这些历史脉络或过于突出断代特征,或暗含着某种历史发展的必然性,难以展现历史人物在当时的具体关切及其内在理路。比如安乐哲(Roger T. Ames)的《中国古代的统治艺术》[4]从经典文本入手,完整透视《淮南子》中有关政治、法律、道德、哲学等各种思想理念在内的整个中国古代统治哲学的理论架构,希望对先秦儒家、道家和法家的政治哲学和治理

---

[1] 钱穆:《中国历代政治得失》,九州出版社,2012。
[2] 陶希圣:《中国政治思想史》,中国大百科全书出版社,2011。
[3] 萧公权:《中国政治思想史》,商务印书馆,2011。
[4] [美]安乐哲:《中国古代的统治艺术:〈淮南子·主术〉研究》,滕复译,江苏凤凰文艺出版社,2018。

思想做出完整的归纳和论述。而南京大学出版社出版的"中国思想家评传图书"①也是从历史人物入手的典型代表。但无论是从历史人物还是从经典文本入手，都可能过于强调个体而忽视历史进程中的核心矛盾。此外，还有一种以贯通历史的一般性动因和规律所形成的分析框架。如刘泽华的《中国政治思想史》②，他以"王权主义"这一重要特征统领传统中国政治家与政治思想家的主要思想，以"王权主义"的发展、变化和内在冲突来梳理传统中国国家治理思想史和治理史的内在动因。

与刘泽华先生的"王权主义说"分析框架相似，本书指出的治国"体要"问题也具备贯通传统中国国家治理思想史的潜力。虽然治国"体要"问题最初是司马光、赵汝愚一脉批判王安石变法的思想阵地，但"体要"问题不只局限于王安石与司马光，也不只局限于两宋时期，而是贯通中国历史的重要问题。如果沿着治国"体要"变迁的思路来梳理整个传统中国国家治理思想史，我们可以观察到不同历史阶段"为政之体"与"治事之要"的发展、变化与冲突，在"体要"的张力中体会传统政治智慧对治国理政的认知与应对，从而对历史进程的动力与阻力形成一种新的结构性评价。

4. 在分析方法方面，本书借鉴昆汀·斯金纳主张的"历史语境主义"的政治思想史研究方法，结合王安石变法的历史现实，形成了传统中国国家治理思想史的一种新的分析方法。本书的分析方法呈现出以下几个步骤：提炼历史语境中的重点概念—以重点概念统合历史人物的治理思想—以现实层面的政治实践系统呈现历史人物治理思想的不同维度。这种兼顾重点文本与现实实践的分析方法较适于揭示传统中国政治家的治理思想，这是因为传统中国的官僚士大夫往往既阐发对社会伦理、政治规范的意见，又要处理国家、地方的具体事务。如果单从文本出发并不能展现他们治理思想的全貌，因此，有必要抓住他们的核心关切和主要矛盾，从而理解他们对治国理政的整体性思考。

5. 在公共行政理论和更大的社会科学领域，本书提供了一个"广土众民"的中

---

① 由著名教育家、中国思想史专家、南京大学原名誉校长匡亚明教授生前发起并主编，南京大学中国思想家研究中心组织编撰，总计200部、6000余万言的大型学术丛书。北宋中后期部分即包括范仲淹、李觏、欧阳修、周敦颐、邵雍、张载、司马光、王安石、沈括等。其中王安石部分参见张祥浩、魏福明：《王安石评传》，南京大学出版社，2011。

② 刘泽华：《中国政治思想史》，浙江人民出版社，2020。

国语境下的大型王朝治理①的经典案例。公共行政学者关于王安石变法以及传统中国国家治理的理论建构目前较少，其他社会科学学者讨论的一个重点是官僚制。②但王安石变法作为传统中国国家治理中的“异类”，变法程度之深、范围之广远超官僚制层面的改革与调适，而是深入到基层社会，即同时从“治官”与“理民”两方面进行改革③，并试图贯通皇帝与庶民之间的政治等级体结构，随即引发了如何将“广土众民”囊括于王朝治理体系并施以有效治理的问题。在这个意义上，王安石改造北宋王朝“体要”的实质是构造长期有效应对“广土众民”等复杂治理条件的王朝治理体系，其成果并非中断于政治斗争与价值判断层面的“变法失败”，而是内化于后世对王朝治理体系的“渐进改进”之中。④

此外，在公共行政学的治理思想研究方面，本书提供了一个治理思想、政治价值理念向实践转化的经典案例。作为人类治理思想的富矿，传统中国的治理思想长期局限于价值理念层面，在现实实践层面缺乏与之贯通的对应内涵，因而难以对传统中国治理思想形成体系性的认知。目前，中国公共行政学者对传统中国治理思想的关注不够，也缺乏对传统治理内涵向现实的创造性转化。⑤一些国外公共行政学者，如韩国学者李文永从《论语》《孟子》等儒家经典出发，美国学者弗里德里克森（Frederickson）从儒家官僚体系出发，都指出传统中国的治理智慧有其独到之

---

① 关于“广土众民”的大型王朝治理的研究近年不断涌现并引发关注，代表研究参见黄仁宇：《中国大历史》，生活·读书·新知三联书店，1997；周黎安：《转型中的地方政府：官员激励与治理》，格致出版社，2008；曹正汉：《中国上下分治的治理体制及其稳定机制》，《社会学研究》2011年第1期，第1-40页；周雪光：《从“黄宗羲定律”到帝国的逻辑：中国国家治理逻辑的历史线索》，《开放时代》2014年第4期，第108-132页；泮伟江：《如何理解中国的超大规模性》，《读书》2019年第5期，第3-11页。另有王国斌：《中国的人口和空间规模对中国历史的意义》，厦门大学讲座公开记录，2018年4月17日。

② 韦伯对王安石变法在内的传统中国官僚制的研究影响深远，其中王安石变法部分参见马克斯·韦伯（Max Weber）：《世界宗教的经济伦理·儒教与道教》，王容芬译，广西师范大学出版社，2008，第121-124页。

③ “中央治官-地方理民”的上下分治体制是分析传统中国王朝治理体系及其官僚制的重点，描述这种治理形态的“皇权不下县”“天高皇帝远”的俗语流传千年，费孝通先生的《乡土中国》亦点出这种上下分治现象。曹正汉是近年论述中国上下分治治理体制的代表人物。以上文献参见费孝通：《乡土中国》，生活·读书·新知三联书店，2013，第73-85页；曹正汉：《统治风险与地方分权：关于中国国家治理的三种理论及其比较》，《社会》2014年第6期，第52-69页。

④ 罗祎楠：《中国国家治理“内生性演化”的学理探索——以宋元明历史为例》，《中国社会科学》2019年第1期，第123-136页。

⑤ 马骏老师主要举了行政伦理的例子，说明中国公共行政学缺乏历史维度的想象力和创造性。参见马骏：《公共行政学的想象力》，《中国社会科学评价》2015年第1期，第35页。

处①，但这些外国学者对传统中国治理智慧的挖掘也局限于价值理念层面的某些点上，比如伦理，未能深入具体制度。②本研究则将王安石的价值理念与他具体的制度建设融合起来，并指出：王安石在变法以前的任职经历中，始终保持对人间基本秩序和理想生活方式等价值理念的思考；王安石变法内含"以中人为制"的人性基点；青苗法等四项新法政策也内含"为政之体"在乡村社会的"治事之要"——对农户生产、生活重要环节的常态化治理的制度内涵。这些观察有助于公共行政学者进一步理解传统中国治理智慧向实践转化的过程与纵深，从而构建符合数千年中国治理情态的经典规范理论。

此外，笔者在研究中也思考一个问题，即中国作为一个几千年的治理大国，具有相当的治理经验并且仍然具有现代意义，那么，作为现代人，如何真正挖掘传统智慧的深层次治理内涵与价值，而不是流于形式和表面？在这方面，王沪宁对中国传统文化"创造性再生"③的思考以及贝淡宁的"贤能政治"④等当代研究是沟通传统与现代的典型代表。而王安石变法作为传统中国（或封建时代）的历史节点和治国理政"百科全书"式的重要事件，它对于我们沟通传统与现代、不断发展中国人挖掘治国理政的"真知""新知"具有深刻意义。

---

① ［韩］李文永：《〈论语〉〈孟子〉与行政学》，宣德五等译，东方出版社，2000；Frederickson, H. George. Confucius and The Moral Basis of Bureaucracy. *Administration & Society*，2002，Vol. 33，no. 4，pp. 610-628.

② 少数公共行政学者已经注意到王安石变法的公共行政意义，但研究仅触及《万言书》（《上仁宗皇帝言事书》）等文本，分析也较表面，没能深入王安石变法的具体政策或行政伦理等问题。有关王安石《万言书》的讨论参见：Wolfgang Drechsler, Wang Anshi and The Origins of Modern Public Management in Song Dynasty China. Public Money & Management，2013，no. 5，pp. 353-360. Xu，Yunxiao，Caichen Ma，and James L. Chan，New development: Wang Anshi's Wanyanshu as the Origins of Modern Public Management? *Public Money & Management* 34，2014，no. 3，pp. 221-226.

③ 王沪宁：《创造性再生：中国传统文化的未来地位》，《复旦大学学报（社会科学版）》1991年第3期，第67-72页。

④ 贝淡宁：《贤能政治是个好东西》，《当代世界》2012年第8期，第5-8页；贝淡宁、李扬眉：《从"亚洲价值观"到"贤能政治"》，《文史哲》2013年第3期，第5-11页。

第四节　研究思路与章节安排

通过上述对"为政之体""治事之要"等重点问题的廓清，我们对王安石如何改造"体要"和新"体要"的主体内容形成较为清晰的认识。本书也将在此基础上对王安石变法展开系统分析。

除了导论、文献综述和结论，研究将分为两个主要部分。

第一部分为本书的第三章，论述王安石"体要"观的形成过程，包括实践体认和理论构想。

第二部分为本书的第四章、第五章、第六章，围绕讨论王安石改造治国"体要"的实践展开，并体现出对"庶政"的深入、制度化和延伸的内在理路。第四章说明新法的切入点在于"庶政"，通过深入"庶政"将治国"体要"扩张至基层乡村社会，并分析青苗法、农田水利法、免役法和方田均税法作为"庶政"四法的具体展开；第五章说明新法对"庶政"的制度化，通过强制编排保甲重建基层社会，并分析保甲制度作为基层制度单元对乡村社会的冲击与调适；第六章说明在恢复"庶政"基础上，王朝权力管控、调节大量基层财富资源的制度需求，而相关法令（如均输法和市易法）的施设服从于王安石自然财富观的思想内涵，体现了王安石"理天下之财"的重点在于"理天下"，即统筹、引导自然财富以实现对天下广土众民的有效治理。以下具体说明。

一、王安石"体要"观的形成过程

第三章是全文重点，系统阐述了王安石"体要"观的形成过程和主要的思想基础。其中，我们将首先梳理北宋立国以来的"体要"变迁，并概述三个主要阶段。一是宋太祖、宋太宗朝的创法立制。在平稳实现中央集权的目标下，北宋统治者通过调整政治权力结构而"先其大纲"，初步奠定了王朝治理体系的基础，体现出矫枉防弊的治理内核。二是宋真宗、宋仁宗朝的保业守成。在国内局势安定、士大夫兴起的背景下，统治者充分肯定前期治理经验，并进一步概括为"祖宗之法"，形成了以"皇帝与士大夫共治天下"为主体的"体要"结构。三是王安石与司马光关于改革还是深化"体要"的路线分歧。时值宋英宗、宋神宗朝，君臣均对朝政昏沉感到忧虑，并形成了王安石的激进主义与司马光的保守主义的两种治国路线。其中，司马光的保守路线形成于对王安石变法的警惕和反弹，他警惕王安石变法对"祖宗之法"和北宋王朝的颠覆性和系统性风险，从而意识到强化旧有"体要"和"祖宗之法"的现实必要性，并形成改回王安石的激进改革并深化旧有"体要"的基本方略。这三个阶段构成了以继承和发展"祖宗之法"为主线的"体要"变迁脉络。

由于长期在地方任职，王安石对北宋既有"体要"中各层级的治理现状及其根本隐患有更深入的体认和反思，这是他之后改革"体要"的经验与思想的重要来源。我们按照时间和任职层级的顺序，将王安石变法前的经历分为四个主要阶段。一是担任鄞县知县期间。王安石从治旱、防旱入手，亲自组织乡民兴修水利、建设学校、整顿保伍，取得了较成功的治县效果，形成了以"政教相合"为核心的基层社会治理经验。二是担任通判舒州期间。王安石同样处理灾情，但主要职责在于应急赈济。他一方面积极处理与州内富民的关系，说服富民参与赈济；另一方面，认识到州级政府应发挥更重要的治理职能，不仅要抵御灾祸与青黄不接对百姓的危害，而且形成"资之天地"的重要启示，即在平时就按照农时规律、依凭各地自然禀赋来引导百姓的生产、生活，并予以严格的规范和管理。三是辗转诸路使者期间。王安石任职多地，但时间均比较短，遭遇的挫折也比较多。本书选取了"河役之罢""江东治吏罪""配兵不习水事"三事，集中说明王安石处理路级政务过程中"杂多一体"的治理挑战。北宋王朝的路级行政区划难以统筹各州、县的复杂条件，亦即难以有效治理"广土众民"，这促使王安石开始以治国者心态，从天下全局思考治国理政。四是接触中央财政事务的三司度支判官期间。王安石首次接触财政事务，虽然未有建树，但参列三司的经历使他对北宋王朝治理现状形成了更为系统的认识。他意识到北宋王朝的深刻危机，即简化基层社会治理后基层资源流失、管理弱化的政治安全问题，从而形成了"理天下之财"的思考，既整顿财政、调节国家经济体系，又完善王朝治理体系，从根本上加强对基层社会的控制和引导。此时，王安石对北宋王朝危机的认识和思考开始触及"体要"问题，并与司马光逐渐形成分歧。

在意识到北宋王朝治理的核心隐患是结构性的政治安全问题后，王安石从《尚书·洪范》和《尚书·周官》等经学典籍中找到了"皇帝—庶民"贯通的"为政之体"的理论，予以解释、发挥，形成了整个变法的指导纲领，并以此为基础弥补"体要"、设计变法。我们将从三个部分说明这一构想的基本内容。一是作为理论雏形的《洪范传》。我们将说明王安石重注《尚书·洪范》形成《洪范传》的多重原因，其中最主要的原因是《尚书·洪范》内含以"皇帝—庶民"为主体的"为政之体"，并在此基础上逐层展开、安排政事。在王安石的注解中，我们可以看出他对全面治理"庶政"、规避基层资源流失的政治安全问题的深刻关切，也可以看出他的"庶民服从皇帝的直接统治和教化、引导，皇帝掌控天下万物成就庶民好的命运"的皇帝与庶民互动机制的基本思考。二是作为制度依据的《周官新义》。《尚书·周官》同样符合"皇帝—庶民"贯通的"为政之体"构想，并内含"以为民极"的内在理路，即皇权介入"士、农、工、商"不同职业的庶民的生产、生活，并切实统御和管控基层资源。相较《洪范传》，成书于变法期间的《周官新义》更体现出青苗法、保甲法、免役法、市易法这些新法在"皇帝—庶民"贯通的"为政之体"中各自对应的"治事之要"，以及共同服务于"建立庶政"的总体目标。三是"孰与皇帝治天下"的著名廷议。新法推行一段时间后，王安石变法改造"体要"的意图逐渐被文彦博等老臣注意到，双方围绕"孰与皇帝治天下"的问题产生争执。这场著名廷议体现出"皇帝—庶民"贯通的"为政之体"构想及其制度施设与"皇帝与士大夫共治天下"的治理结构之间的深刻冲突。

从具体的变法过程来看，王安石改造"体要"的核心是"建立庶政"，这既是变法开启的切入点，又是诸项新法政策共同服务的整体性目标。王安石、范纯仁、吕惠卿这些同时代士大夫精英都点出"庶政"在王安石变法中的重要性，吕惠卿更是把"建立庶政"作为统领诸项新法的基本精神。通过梳理变法前两年的新法铺陈过程，我们可概观青苗法、农田水利法等新法政策和相关配套政策共同深入"为政之体"的庶民一端，并达成阶段性成果。其主要表现为：①皇帝代表国家权力向基层社会的垂直下贯。②地方州、县深入"庶民"，全面扩大职能范围。③政府引导农民发展生产，创造更多财富，既加强了对基层社会的治理，又扩大了税基。这些实际成果奠定了"建立庶政"的变法格局，为后续诸项新法的推行并在"庶政"之维上发挥不同的治理功用打下了很好的基础。综合来看,"建立庶政"既包括对"治事之要"的扩展,即扩展地方政府的多重治理职能,从而加强对天下庶民生产、生活重要环节的规范与引导,又包括对"为政之体"的延伸,即对基层社会的制度化重构和基层官僚或准官僚(胥吏)的建立。"体""要"两方面互为表里,共同推动皇帝代表的国家权力向基层社会下沉,并重构北宋王朝治理体系。在此过程中,诸项新法或侧重于"治事之要"的扩展,或侧重于"为政之体"的延伸,或同时具有两方面的作用,并主要展现出王安石变法在广大基层农村(传统农业区)和城镇(非传统农业区和商业区)"建立庶政"的不同侧重。

"建立庶政"主要的思想基础是"以中人为制",这一理念在王安石与宋神宗初次对话时即提出,体现出治理的对象群体、价值观念和主要的制度展开等多方面内涵。理念层面,治理的对象群体指的是广大可以被改造的中人,他们既非圣人、也非小人,而是具有中等德行(资质)、可以在合理的引导和教化下成才的人,现实中则指的是乡村之农、城镇之商、政府之官吏中的大部分人。治理的价值观念采用重视利欲的中人价值观,在制度和举措上"因中人之欲而利道之",按照中人的德行来设置治理的通行标准,从而将天下人控制在皇权统治之下,予以相应的规范和引导。实践层面的制度展开指的是对广大中人的生产、生活进行治理,一方面,针对"婚丧、奉养、服食、器用之物"等日常生活的必要环节设立统一制度;另一方面,对不同职业的庶民的社会经济生产活动确立规范,并利用国家权力积极干预,实现有效控制和深入治理。

二、治国"体要"的实践展开

这一部分分为第四章、第五章、第六章,具体考察诸项新法对王安石的"体要"观的实践展开。通过观其所行、察其所依、明其所止,有助于理解新法在广大基层农村和城镇"建立庶政"的不同侧重,也有助于认识诸项新法改造"体要"的不同维度的治理内涵。以下按照"对农民生产、生活的常态化治理""对基层农村社会的制度化重构""对商贸、商人的一体化统筹"的分类具体说明。

第四章首先说明新法在广大农村社会"建立庶政"。所涉法令包括青苗法、农田水利法、免役法、方田均税法，这四项法令分别针对农户生产、生活的重要环节而设立制度。这四项新法共同服务于皇权垂直下贯农村社会并"建立庶政"的总目标，使地方政府根据农时、地理条件调整其职能，积极干预农户生产、生活，从而构成对基层社会的常态化治理，体现出新的"为政之体"在"庶政"之维上的第一重"治事之要"。

其中，青苗法通过常平仓向占据人口绝大多数的农民借出钱粮，既确保稳定的农业生产，又抵御青黄不接和灾荒对农民日常生活的冲击，符合基层农村社会多数农民的现实需求。在具体实施中，青苗法长期有效推行的重点在于对农户户等、财力的准确核定，这就要在全国范围内普遍推行青苗法，并促使地方州、县政府充分掌握每个农户的社会经济情况及其变化。此外，由于需要在每年正月、五月、十月借贷和收归钱粮，地方州、县政府将持续深入农民生产、生活的重要环节并予以常态化治理，其政府职能不断扩大，有力推动皇权在广大农村垂直下贯。

农田水利法促使地方政府将开垦荒地、整理淤田、兴修水利、连通运河等事务规范化、常态化。一方面，扩展地方政府职能，代表皇权直接治理基层农村的农田水利工程。另一方面，将农户生活、农业生产与当地山、水、农、田、湖、草等自然禀赋有效整合起来，进一步引导农民因地制宜地发展农业生产。王安石变法期间，农田水利工程取得良好效果，不仅将大量淤田转化为耕地，而且疏浚河道，将全国范围内的基础水路网连通起来，极大扩展了北宋王朝运河体系并改善了商贸运输网。

免役法针对北宋时期民户必须参与的承役环节而展开。它一方面将尽可能多的庶民纳入承役范围；另一方面，通过"以钱代役"使大多数庶民不直接承役而专注于农业生产，从而提高社会总体的生产效率。在推行过程中，王安石着意强调"家至户到、均平如一"，不仅是为了取代原行的差役法，从而解决隐匿、逃役、承役不均等役法的本身弊端，更是为了恢复皇权对全体庶民的直接统治，与青苗法、农田水利法一同使地方政府全面掌握庶民的户等、社会生活、经济生产诸方面的变化，并加以有效治理。

方田均税法直面土地和税赋，这是传统社会农民生产、生活的重中之重，意在构建皇权直接核查广大农村土地与赋税的常态化制度，其清丈田籍、均平赋税的做法也直接冲击了既得利益者的土地特权，因而阻碍重重。方田均税法要求各州每年集中清丈一县土地（5 年至少清丈州内 5 县），扩展了州、县政府的常规职能，并体现出地方行政专业化的趋势。相较青苗法、农田水利法、免役法推行全国，方田均税法的推行局限在京东、河北、陕西等传统农业区，持续时间也较短，因而影响较小，但仍然可以看出方田均税法与其他三项法令在基层农村社会针对农户生产、生活的重要环节进行常态化治理的"治事之要"。

除了新法时期的四项法令，第四章最后还将介绍北宋晚期另一种对广大农民生产、生活的常态化治理——庶民礼，即皇帝代表的国家权力统一规范庶民日常生活重要环节的礼法制度，并对庶民施加直接教化。这一"礼下庶民"的尝试一定程度上延续了新法"建立庶政"的基本倾向，但相较王安石在经济、社会方面对庶民进行常态化治理，新党后人则试图在思想文化层面确立规范，在宋徽宗政和年间（1111—1118）的《政和五礼新仪》中，历史上罕见地对庶民的"婚""子冠""丧礼"等重要环节以及地方州、县以下祭祀祖宗、先王、贤明、天地以及国家军事岁纪等多种礼仪进行规范，从而教化庶民。虽然庶民礼因不符合基层农村的实际情况而未能成功推行，但这一"变礼"尝试证明了王安石变法将北宋王朝治国"体要"扩张到基层农村社会的治理格局已经形成，并展现出"建立庶政"基本精神在北宋晚期的延续。

第五章说明新法在广大农村"建立庶政"的另一种治理内涵，即对基层农村社会的制度化重构，所涉主要法令为保甲法。保甲法同时具有延伸"为政之体"和扩展"治事之要"两方面作用，不仅在农村社会扩展治安管理、民兵组织等多重职能，而且重建以"都保—大保—保"为主体的基层制度单元，使青苗法、农田水利法等法令对农户生产、生活常态化治理的成果得以制度化地确定下来。

本章首先论述王安石重构基层农村社会的思想基础，即如何避免再次出现王朝权力简化基层社会治理后基层资源流失、管理弱化的政治安全危机和治理困境，并把"建立庶政"的成果制度化地纳入王朝治理体系。对此，王安石的初步方案早在《万言书》中即告落成，即一方面按照"先王之政"对庶民加以引导和管理；另一方面，构建基层制度单元，将基层社会制度化地纳入王朝治理体系之中。

接下来，我们将介绍重建基层制度单元的核心法令：保甲法。保甲法从熙宁三年（1070）在京畿地区推行，到熙宁八年（1075）全国铺开，在不同阶段、不同地区体现出三种制度内涵。第一种是治安条例,按照 10 户一保、50 户一大保、10 大保一都保的形式编排保甲,组织治安巡查、抓捕盗贼。编排保甲要求将所有人都予以囊括。第二种是民兵制度,这是在治安条例基础上,使保丁参与军事训练并转化为民兵,主要见于边疆各地,部分代替禁军,在保证战斗力的同时减少禁军驻屯的供给费用。第三种是基层社会制度单元,这体现在保甲法与役法"合流"现象中。保甲法中的保长、保丁不仅代替了役法中乡村社会的耆长、壮丁的治安职能,也代替了役法中乡村社会的户长的督税职能,实现了保甲制度对乡村社会主要差役的全面取代。在此过程中,具有强制性的"都保(500 户,1500 ~ 2500 人)—大保(50户)—保(5 户或 10 户)"的制度化的基层组织形态也取代了"乡镇—自然村—邻里(5 户或 10 户)"的自然组织形态,实现了王朝权力对州、县以下乡村社会的制度化重构。

本章最后还以变法前、后富民与胥吏在基层社会的地位变化为线索,说明诸项新法政策对农村社会的制度化重建极大打击了富民主导的基层社会自治形态。与此同时,王安石颁布仓法,将胥吏纳入国家官僚体系并给予吏禄,建立基层官僚,使其在广大农村的基层事务中发挥重要作用。虽然胥吏阶层在新法罢废后式微,但保甲法的制度化组织形态却被长久保留下来,并把"建立庶政"的治理惯性深刻嵌入到王朝治理体系之中。

第六章展现出王安石"建立庶政"的另一个维度,即对商人、商贸的一体化统筹。其中,均输法是在北宋内陆水路体系基础上对商贸运输环节的规制,市易法则面向更大范围的商贸行动而予以引导和统筹,二者虽然侧重不一,但均体现出以皇帝为代表的国家权力对商人、商业的介入和规范的治理内涵。

具体而言,均输法体现出国家权力对远距离物资运输的统筹与调配。在此过程中,均输法同时具有降低运输费用、扩展水路体系以及促进货物流通的多重职能。此外,国家权力规制商贸环节使东南六路的自然财富保持相对稳定的价值,避免自然财富在远距离的水路运输中出现价值虚高、交通损耗等现象。所以,要理解均输法,需要看到王安石设计均输法的本意是尽可能恢复各地上贡的物资在当地的本来价值,而不是借此机会在流通、贸易、定价等环节追求利益最大化。

市易法则重在治理商人行动的重要环节。在京城市易务,市易法介入并逐步规范商人贸易、交通、仓储、信息等重要环节，在此过程中对官营经济机构进行全面深化与拓展。相较商业兼并的大商人，市易务在贸易、交通、物流、信息等多个环节具有优势，不断吸纳中、小商人参与市易务运作，最终形成将所有人纳入王朝治理体系的趋势。在规范和引导商人行动的重要环节的同时，构建起国家权力统筹下商人参与政府购买和市场流通的市易体系。而京外市易务的设置呈现出区域性特征，西北、西南等地区的边境市易务强化对边境非农业事务和以非农业人口的商贸管理和行政建设，海港和运河市易务管理和统筹区域商业和政府购买活动，河北市易务则主要统筹军费、粮草的输送和转运。这些不同区域的市易务所构成的市易体系，也共同服务于国家权力对商业贸易的一体化统筹。

第二章

文献综述：百年来王安石变法研究中的
三种解读

通过揭示王安石与司马光等同时代精英的"体要"之争，我们意识到本书关注的治国"体要"问题并不局限于北宋中后期，而是两宋甚至贯穿中国传统与现代国家治理的一般性议题，具有一定的理论与现实意义。那么，为何在既有文献中，王安石变法的治国"体要"始终不彰？或者说，为何他与司马光等同时代精英的"体要"之争在历史上也较少被提及？

究其原因，一方面源于《宋朝诸臣奏议》等传统史料和历史文本对王安石变法的"体要"问题有意无意地遮掩①，而另一方面则是近代以来对王安石变法研究存在不同形式的解读，固然这些解读有利于研究的深化与精细化，但也容易形成思维定势，或以特定的研究范式喧宾夺主，或对王安石变法本身的一些重要问题有所遮蔽。本书所论"体要"即是一例。尽管其中少部分研究已经注意到王安石变法及其思想中的整体性或一致性倾向，但并未点出或系统阐明王安石变法的治国"体要"，因而王安石变法在传统中国国家治理思想史中的特殊性仍待挖掘。

接下来，我们将回顾百年来王安石变法研究之发展概况，梳理和评述百年来形成的三种解读：社会政治气候影响下的意识形态解读、学术分科下的精细化解读、回归历史语境的解读。在评述中，我们将指出一些研究的局限或误解，从而说明治国"体要"问题及其视角对于深入理解王安石变法的重要意义。

---

① 王安石与司马光等人的"体要"之争在历史上并未得到足够重视。除了"义利之争""新旧党争"等解读占据传统社会评议王安石变法的主流地位，《宋朝诸臣奏议》一书的复杂性也对"体要"之争造成遮蔽。其一，"体要"或"体要"之争的概念并未在书中被直接提出，而是隐含在全书的篇章布局之中；其二，《宋朝诸臣奏议》收录内容繁多并强调"因事目区分门类"，这种"以事为主"的分类方法不易突出司马光等重点人物的思想对全书精神的统领作用，也不易体现"治国之体要"的主体脉络；其三，后世学人并未延续南宋时期的现实关切，仅把《宋朝诸臣奏议》作为记录北宋朝政奏议的档案史料，强调其工具性而忽视了全书篇章布局的思想性，因而也无从挖掘隐含其中的"体要"之争。

《宋朝诸臣奏议》既有研究多为介绍性说明，并主要分为两类。其一，总论类，如邓广铭：《校点本〈宋诸臣奏议〉弁言》，载于《邓广铭治史丛稿》，北京大学出版社，1997，第379-388页；陈智超：《〈宋朝诸臣奏议〉及其点校本》，《中华典籍与文化》1992年第2期，第56-57页；李华瑞：《王安石变法研究史》，人民出版社，2004，第69-80页。其二，档案学的史料研究类，如蒋卫荣：《论赵汝愚〈宋朝诸臣奏议〉及其档案文献编纂思想》，《档案学通讯》1999年第6期，第59-61页；李晓菊：《南宋赵汝愚〈宋朝诸臣奏议〉辅文研究》，《档案学通讯》2004年第4期，第44-48页；朱伶杰、安慰：《〈宋朝诸臣奏议〉编纂特色研究》，《档案学研究》2011年第1期，第89-93页。以上研究均未深入挖掘《宋朝诸臣奏议》中的"体要"思想及其对王安石变法的批判。

关于《宋朝诸臣奏议》与治国"体要"之争的研究，另参见张佐：《治国"体要"之争——〈宋朝诸臣奏议〉与王安石变法研究的新视角》，《开放时代》2020年第5期，第135-149页。

第一节　社会政治气候影响下的意识形态解读 [①]

清末民初的中国遭受到前所未有的内忧外患，一场彻底反思传统帝制中国的思想革命应时而起。而王安石变法作为公认的挑战传统中国基本政治原则的"离经叛道者"，其人其法都在新时代的现实政治关切下得以翻案，不仅王安石本人被视为一个传统中国理想的改革人物，而且其诸项新法也被披上了近代国家的外衣，在西方主导的近代化的政治价值体系下"重获新生"。

梁启超是以近代化改革为目标，推动王安石变法翻案的关键人物，他的《王荆公》旨在于"以今世欧美政治比较"并"发挥荆公政术"，他按照近代西方国家的政治制度逐项对比、解释新法。比如在民政与财政方面，青苗法是官办性质的近代劝业银行 [②]，市易法是基于殖民政策的中央银行制度 [③]，免役法具有个人所得税和累进税的内涵 [④]，方田均税法中的"方账、庄账、甲帖、户帖"相当于现代文明国家的财产认证制度。[⑤] 又比如在军政方面，将兵制类似于德国、日本的陆军编制法 [⑥]，而保甲法既是现代警察制度，又是近代国家的常备军役制度。[⑦] 再比如在教育与选举方面，三舍法具有现代大学制度的内涵，而分类教授经学、兵法、律学、医学的做法也形似于欧美国家开设法学院、医学院的大学分科制度。[⑧]

[①] 主要历史阶段的社会政治气候与政治导向是王安石变法研究的一个重要特征，李华瑞在《九百年来社会变迁与王安石历史地位的沉浮》中称之为"社会气候"，包括政治因素、学术思想和社会结构的变化，为突出其中的政治因素和社会因素，我们按照"社会政治气候"予以论述。有关文献参见李华瑞：《王安石变法研究史》，人民出版社，2004；李华瑞：《九百年来社会变迁与王安石历史地位的沉浮》，《河北学刊》2004年第2、4期；朱瑞熙：《20世纪中国王安石及其变法的研究》，《安徽师范大学学报（人文社会科学版）》2003年第2期；葛金芳、金强：《近二十年来王安石变法研究述评》，《中国史研究动态》2000年第10期；张呈忠：《近三百年来西方学者眼中的王安石》，《史学理论研究》2016年第4期。

此外，由于王安石变法文献繁多，且多有重复之作，故本书主要梳理其中的经典研究。

[②] 梁启超：《王安石传》，商务印书馆，2015，第112、114页。

[③] 梁启超：《王安石传》，商务印书馆，2015，第126-129页。

[④] 梁启超：《王安石传》，商务印书馆，2015，第130、135页。

[⑤] 梁启超：《王安石传》，商务印书馆，2015，第143页。

[⑥] 梁启超：《王安石传》，商务印书馆，2015，第156页。

[⑦] 梁启超：《王安石传》，商务印书馆，2015，第157-158、165、175-176页。

[⑧] 梁启超：《王安石传》，商务印书馆，2015，第177、181-182页。

严复虽然没有形成王安石变法的专著，但他在《原富》《原强》等西方译著和中国传统史书的按语笔记中经常把王安石变法和近代西方社会科学和自然科学知识作比较。比如他从王安石《彼狂》等诗中读出赫胥黎的《天演论》(《进化论与伦理学》)、马尔萨斯的《人口蕃息论》(人口原理)的相近思想，又比如他把青苗法和市易法视为在乡村和在城镇的公债，还比如他在《上仁宗皇帝言事书》中看到了文明国家学校体系在国家人才教育、选拔方面的作用。[1]

柯昌颐[2]、熊公哲[3]等人继承梁启超、严复等人，引入近代西方理论为王安石变法的翻案，并对王安石其人、其法进行更为系统的论述。柯昌颐承袭梁启超以王安石为理想的改革人物的看法。[4]而熊公哲《王安石政略》则积极回应20世纪30年代民国的现实政治问题，深受蒋介石重视[5]，在蒋作宾和刘峙的作序中，都提出使民国现状与近代西方制度相结合的政治目标，如社会主义、企业国营等，并认为王安石的新法政策提供了潜在方案[6]，这显然是对梁启超、严复等人近代化解读的延续。

除了利用王安石变法呼号近代化改革，20世纪三四十年代初行的马克思主义唯物史观和社会主义思潮也深刻映射在王安石变法研究中。前者集中讨论变法的阶级性质，后者侧重于"土地国有化"和"国家垄断"等议题。

在变法的阶级结构问题上，学者们普遍认为地主和农民之间的矛盾是王安石变法的社会基础，并指出这是广义上商业资本的膨胀对生产者利益的剥削的必然结果。[7]但不同学者对王安石变法所代表的阶级性质认识不一，吕振羽、谭丕模以及

---

① 严复：《严复集》，中华书局，1986，第13、888、1150-1179页。

② 柯昌颐的《王安石评传》与柯敦伯的《王安石》均为1935年前后王安石变法研究的重要文献，两者属于同一作者（不同笔名）的不同版本。其中，《王安石评传》为商务印书馆1933年版，接近于研究专著，而《王安石》则偏向普及类读物。相关讨论转引自：朱瑞熙：《20世纪中国王安石及其变法的研究》，《安徽师范大学学报（人文社会科学版）》2003年第31卷第2期，第151-165页。

③ 熊公哲：《王安石政略》，商务印书馆，1936。

④ 柯昌颐：《王安石评传》，商务印书馆，1933，第428页。

⑤ 熊公哲：《〈王安石政略〉出版说明》，商务印书馆，1936；转引自：李华瑞：《王安石变法研究史》，人民出版社，2004，第328页。此外，关于民国时期蒋介石对王安石变法的关注的评价，亦参见李华瑞《王安石变法研究史》，人民出版社，2004，第327-328页。

⑥ 熊公哲：《王安石政略》，商务印书馆，1936，第1-3页。

⑦ 张腾发：《王安石变法之史的评价》，《现代史学》1937年第3卷第2期，第51-66页；吴锡瑞：《王安石的经济政策与其时代背景》，《学艺》1935年第14卷第7号；转引自：李华瑞：《王安石变法研究史》，人民出版社，2004，第346页；陶希圣：《中国政治思想史》，中国大百科全书出版社，2011，第795-797页；亦参见陶希圣：《王安石的社会思想与经济政策》，《北大社会科学季刊》1935年第5卷第3期。

之后的漆侠等人认为，变法主要代表中小地主的经济利益，试图缓和地主与农民之间的矛盾，因而妨害了大地主集团的特权利益，遂在宋神宗逝世后失败于大地主集团的反扑。① 侯外庐则把这种地主阶级内部的冲突解释为非身份性的庶族地主主导的政治改革，联合皇族地主以打击豪族地主。② 范文澜、蒙文通以及之后的王曾瑜等人认为，王安石变法主要代表地主统治阶级的利益，其改革主张始终以维持其统治为前提，最终仍然加重了广大农民的负担，而服务于地主、商人和官僚的利益。③此外，陶希圣认为王安石变法基于生产者的立场，积极发展生产同时，消极于反对地主、商人的兼并。④ 而郭沫若则旗帜鲜明地指出王安石完全基于人民立场，与秦汉以来封建王朝的统治阶级不同，其目标就是救济平民。⑤ 总之，王安石变法究竟代表地主阶级还是农民阶级的利益，众说纷纭。

在以社会主义分析王安石变法的文献中，学者冲破了"耻言兴利""不夺民利"的传统政治教条，重新审视变法中国家权力干预社会经济的问题，并对"理财"和"抑兼并"予以较正面的评价。⑥ 其中，吴锡瑞正面评价王安石以国家力量调剂社会经济以增加财政收入的做法⑦；高向杲指出，变法的实质是以国家力量动员所有人开发自然资源，取之于民、用之于民⑧；张腾发指出，改革的重点在于土地所有制和地租形态⑨，即以国家力量调节土地问题；邹珍璞认为新法具有与当时中国扶持自耕

---

① 吕振羽：《简明中国通史》，民主与建设出版社，2018，第368-371页；谭丕模：《李觏、王安石与北宋小地主阶级解放运动》，《清华周刊》1935年第42卷第11期，第73-82页；漆侠：《王安石变法》，河北人民出版社，2001。

② 侯外庐：《中国思想通史》，《侯外庐著作与思想研究（第十四卷）》，长春出版社，2015年，第429页。

③ 范文澜：《中国通史简编》，河北教育出版社，2000，第418-424页；蒙文通：《北宋变法论稿》，《蒙文通文集（第五卷）》，巴蜀书社，1999，第420-421、425-427页；王曾瑜：《王安石变法简论》，《中国社会科学》1980年第3期，第150-152页。

④ 陶希圣：《中国政治思想史》，中国大百科全书出版社，2011，第795-797页。

⑤ 郭沫若：《王安石》，《青年知识（重庆）》1945年，第27-29、32页。

⑥ 梁启超、柯昌颐、熊公哲在文中都以近代社会革命比附王安石变法，奠定了近代以来中国学人对王安石变法的社会主义解读。但从行文思路而言，以上三人的重点并不在于宣传社会主义思想，而是将其作为近代化解读的一个部分。

⑦ 熊公哲：《王安石政略》，商务印书馆，1936，第1-3页。

⑧ 高向杲：《宋王荆公的经济政策》，《中国文化建设协会山西分会月刊》1935年第1卷第11、12期；转引自李华瑞：《王安石变法研究史》，人民出版社，2004年，第347页。

⑨ 张腾发：《王安石变法之史的评价》1937年第3卷第2期，第51-66页；转引自李华瑞：《王安石变法研究史》，人民出版社，2004，第350页。

农、发展国有企业、节制私人资本、平均地权等相同的社会革命的政治主张。① 总之，这些解读深受近代西方社会主义思潮的影响，普遍关注王安石变法具有"国家垄断"和"土地国有化"等特征。

除了社会主义的普世特征，还有一些学者用"东方专制主义"和"亚细亚生产方式"等西方社会主义理论解释中国特殊性的概念分析王安石变法。比如王毓铨指出王安石变法所应对的是东方专制主义社会下的固有危机，"东方专制主义"是以"小农经济与发达商业相结合，以及水利灌溉治渠浚河等公共事业"②为特征的，受此理论概括指引，王安石变法的经济、社会政策要解决农业恐慌、把农民从豪强手中夺回、健全大型官僚政治机构三大问题，因而王毓铨反对简单的社会主义解读，强调王安石是东方专制主义下的国家社会主义者。③ 侯外庐直接参与了20世纪三四十年代盛行的"亚细亚生产方式"的讨论④，他认为包括王安石变法在内的中国三大变法运动都是"改良"，与西方侵害一类人的财产而保护另一类人的财产的"革命"不同，由此与当时相对教条的社会主义解释拉开差距。⑤ 虽然王毓铨和侯外庐敏锐地意识到近代化解读并不适用于王安石变法，但难以脱却社会政治制度之影响，他们在研究中的一些深入思考或在今天能被更好地理解。

值得注意的是，胡适和钱穆也曾触及王安石其人、其法。胡适在《记李觏的学说》中指出，王安石变法的思想渊源来自李觏，二人都是南方江西人，都以《周礼》作为社会改革的指导理论，并认为王安石与司马光、程颢等人的矛盾是儒家主外与主内的理念之争。⑥ 钱穆指出，南北地域差异是变法兴起与失败的重要原因，王安石等变法派主要来自南方，司马光等反变法派、保守派主要来自北方，不同的

---

① 邹珍璞：《王安石新经济政策研究》，《财经评论》1944年第11卷第2期；转引自李华瑞：《王安石变法研究史》，人民出版社，2004，第366页。

② ［美］魏特夫：《东方专制主义》，徐式谷、奚瑞森、邹如山译，中国社会科学出版社，1989。

③ 王毓铨：《王安石的改革政策》，《政治经济学报》1937年第5卷第2期，第94、96、98页。

④ 有关"亚细亚生产方式"下的中国古代政治特征，参见侯外庐：《亚细亚古代社会社会规律的研究》，《侯外庐著作与思想研究（第五卷）》，长春出版社，2015，第7-12页。

⑤ 侯外庐：《中国古代的变法运动》，《侯外庐著作与思想研究（第五卷）》，长春出版社，2015，第292-293页。

⑥ 胡适：《记李觏的学说》，《胡适文集（三）》，欧阳哲生编，北京大学出版社，1998，第25-40页。

"地形、气候、物产"造成新旧思想的差异。[①] 这些看法一定程度上反映出传统史观下的王安石变法，但未能形成更为全面而深入的解读。在当时进化史观和唯物史观占据主流的背景下，胡适、钱穆和之前梁启超对王安石变法的解读均受到"唯心论""资产阶级史学"等抨击[②]，直至改革开放后才被重新关注。

在西方世界，对王安石变法的解说同样流行，并同样深受社会政治制度影响。西方学者关注王安石变法由来已久，最初基本照搬传统中国的否定性评议，如杜赫德（Du Halde）、雷慕沙（Jean Pierre Abel Rémusat）等都尊崇司马光，否定王安石。[③] 但在 19 世纪中期以降，西方世界社会主义思潮盛行，遥远的 11 世纪中国的土安石变法作为社会主义早期试验的形象被普遍接受：古伯察（Evariste Régis Hue）认为新法的重点是政府全权管理商业、工业和农业并实行土地国有[④]；福开森（John C. Ferguson）认为王安石变法是以提升人民物质水平为目标的社会主义改革[⑤]；荷马李（Homer Lea）认为王安石变法类似于 20 世纪初美国芝加哥的社会主义者的政治纲领。[⑥] 此外，清末留美博士陈焕章将社会主义与传统中国经济思想相结合，指出均输法、市易法、青苗法等政策具有调节供求、借贷与赈恤的社会主义性质，但这些政策由于缺乏现代民主制度对人民利益的保障，无法约束政府权力，所以最终失败。[⑦]

---

① 钱穆：《论关于荆公传说之闻鹃、辨奸两案》，《天津益世报》1936 年 11 月 5 日；转引自：李华瑞：《王安石变法研究史》，人民出版社，2004，第 362 页；钱穆：《国史大纲（下）》，商务印书馆，1996，第 581-602 页。

② 漆侠：《对资产阶级历史学中有关王安石变法研究种种谬论的批判（代绪论）》，《王安石变法》，河北人民出版社，2001，第 1-13 页。

③ ［法］蓝莉：《请中国作证：杜赫德的〈中华帝国全志〉》，许明龙译，商务印书馆，2015，第 219-220、356 页；Abel-Rémusat, "Ssema-kouang", Nouveaux mélanges asiatiques, *Paris*, 1929, pp. 149-165；有关西方学者评价王安石变法的概述，参见张呈忠：《近三百年来西方学者眼中的王安石》，《史学理论研究》2016 年第 4 期。

④ ［法］古伯察：《中华帝国纪行——在大清国最富传奇色彩的历险（下）》，张子清等译，南京出版社，2006，第 31-36 页；［美］M. G. 马森：《西方的中国及中国人观念：1840—1876》，杨德山译，中华书局，2006，第 196 页；转引自张呈忠：《近三百年来西方学者眼中的王安石》，第 136 页。

⑤ J. C. Ferguson, "Wang An-shih", Journal of the Royal Asiatic Society, *North China Branch*, 1903, pp. 65-75. 福开森就把王安石变法划分为四个方面的社会主义改革：国家商业垄断、均税、军事组织和国家征募劳役。相关评述参见：J. Meskill, Wang Anshi, Practical Reformer? Heath and Company, 1963, p. 35；转引自张呈忠：《近三百年来西方学者眼中的王安石》，第 136 页。

⑥ Lea G. Homer, "How Socialism Failed in China", *Van Norden's Magazine*, 1908, pp. 107-113. 转引自张呈忠：《近三百年来西方学者眼中的王安石》，第 136 页。

⑦ 陈焕章：《孔门理财学》，韩华译，商务印书馆，2015，第 441-444、461-467、524-526 页。

而马克斯·韦伯（Max Weber）、德国学者福兰阁（Otto Franke）、俄国学者伊凡诺夫 ① 部分同意王安石变法的社会主义性质，但更强调王安石变法的"国家性"，即国家社会主义性质。比如韦伯认为青苗法是具有社会主义性质的垄断银行政策和储备粮政策，但变法的关键在于缔造一支通晓货币税、垄断银行政策和储备粮政策、人口登记和财政管理等专业知识的现代"国家"的职业官僚队伍。② 此外，列宁与普列汉诺夫著名争论的实质问题也是社会主义性质，普列汉诺夫认为王安石变法是废除私有制、土地国有化的社会主义改革③，而列宁指出王安石变法没有经历农民革命，否定其社会主义性质。④

20世纪30年代西方"大萧条"时期，英国学者威廉森（Henry R. Williamson）在有关王安石的专著中翔实说明新法干预经济的合理性，并以此论证"大萧条"的特殊条件下英国政府干预经济的必要意义。⑤ 而美国原农业部长华莱士则借鉴王安石青苗法和常平仓的办法来应对"大萧条"，他在芝加哥等地区设立商品信贷公司，为农民提供农业贷款，进而施行调节农产品价格与期货的措施。⑥ 这些英美学者虽然不直接讨论王安石变法的社会主义性质，但他们对王安石变法的解读也处于"国家"与"社会"之间，并在当时予以国家干预经济和王安石变法正面评价。

---

① ［德］马克斯·韦伯：《世界宗教的经济伦理·儒教与道教》，王容芬译，广西师范大学出版社，2008，第121-124页。有关伊凡诺夫的事例，参见东一夫：《王安石事典》，国书刊行会，1980，第18页；［德］福兰阁：《中国上古中古之国家社会主义经济政策》，《食货》，苏乾英译，1936年第3卷第7期，第336-346页；黄怡容：《福兰阁的中国史观述论》，《史学月刊》2012年第4期，第119-125页。

② ［德］马克斯·韦伯：《世界宗教的经济伦理·儒教与道教》，第121-122页。

③ ［俄］普列汉诺夫：《论俄国土地问题》，载于《普列汉诺夫机会主义文选（1903—1908年）》（上），虚容译，读书·生活·新知三联书店，1964，第299-301页。关于普列汉诺夫与列宁的论争背景，参见秦晖：《传统十论——本土社会的制度、文化及其变革》，复旦大学出版社，2003，第349-361页。

④ ［俄］列宁：《修改工人政党的土地纲领》，载于《列宁全集》（第十二卷），人民出版社，1987，第226页。相关文献参见郭值京：《应正确理解列宁关于土地问题（涉及王安石）的一条脚注》，《马克思主义研究资料》1987年第3辑，第218-222页；李存山：《关于列宁评价王安石的一个误引》，《光明日报》2004年8月10日。

⑤ H. R. Williamson, Wang An Shih: a Chinese Statesman and Educationalist of the Sung Dynasty, *Arthur Probsthain*, 1935—1937. 威廉森相关文献参见萧公权：《评威廉生著〈王安石〉》，《社会科学》1936年第2卷第1期，载于《萧公权文集：迹园文录》，中国人民大学出版社，2014，第240-241页。此外，张呈忠在《近三百年来西方学者眼中的王安石》一文中指出，施赖奥克（Shryock）、赖发洛（L. A. Lyall）、魏特夫（K. A. Wittfogel）、荒木敏一、马弗里克（Lewis A. Maverick）等多国学者都注意到威廉森的王安石研究，以证明威廉森一书的影响力。

⑥ 华莱士论王安石相关文献，参见李超民：《常平仓——美国制度中的中国思想》，上海远东出版社，2002，第59页；李超民：《论美国新政"常平仓计划"受王安石经济思想的影响——兼与卜德先生商榷》，《西南师范大学学报（人文社会科学版）》2002年第6期，第96-100页。

总体而言，从 19 世纪中期到 20 世纪中期，西方学者对王安石变法的解读始终没有脱离社会主义性质的解读和辨析，这种问题意识与他们所在国家与国际社会的现实政治关系息息相关。期间，少数了解传统中国问题的学者试图跳出社会主义语境，回到中国语境，比如陈焕章的《孔门理财学》指出王安石依托于《周礼》的改革不适用于北宋王朝的政治现实①，比如拉铁摩尔（Owen Lattimore）的《中国简明史》指出王安石面临的是典型的中国问题，"要在不消灭地主阶级原有结构的情况下把农业生活与收入从地主转移到政府"并用"国家庞大的官僚体系进行垄断控制"②。但这些更接近中国语境、回答中国问题的意见并非主流，也没有提出社会主义以外的系统解读，所以未引起更大范围讨论。

20 世纪上半叶，日本学者也关注王安石变法，他们的解读与梁启超等中国学者相似，首先为王安石披上近代化改革的外衣。吉田宇之助、朝山景秀把王安石作为近代化道路上理想的改革人物，并与水野忠邦、大久保利通等日本近代政治家作比较，警示当时的日本政府应该坚持推进近代化改革。③ 山路爱山以国家社会主义概括王安石变法，但这一国家社会主义主要体现在整合国力以应对外部压力，而非保护弱小平民利益。④

内藤湖南、宫崎市定、佐伯富等人对王安石变法的讨论则更明确地服务于他们对"东亚近代化"的现实关切与理论建构⑤，这是日本对中国研究在 20 世纪前中期的主流议题。内藤湖南在《概括的唐宋时代观》中强调唐宋之际的社会变革，即以君主联合平民的君主独裁政治逐渐取代贵族约束君主的贵族政治，在这段历史中，王安石变法在其中对人民拥有土地所有权具有明确意义，是君主独裁（君主专制）

① 陈焕章：《孔门理财学》，韩华译，商务印书馆，2015。

② ［美］拉铁摩尔：《中国简明史》，陈芳芝、林幼琪译，商务印书馆，1962，第 61 页。

③ ［日］吉田宇之助：《王安石》，民友社，1903，第 281-286 页；朝山景秀：《王安石：论说》，《龙南会杂志》1893 年第 21 期；转引自亓小荣：《日本有关王安石的记载与研究》，浙江工商大学硕士论文，2015，第 27-29 页；19 世纪、20 世纪之交日本王安石变法研究的概况，参见东一夫：《王安石新法研究》，风间书房，1970，第 78 页。

④ 山路爱山：《爱山文集》，隆文馆，1908；转引自亓小荣：《日本有关王安石的记载与研究》，浙江工商大学硕士论文，2015，第 29 页。

⑤ 20 世纪上半叶，中国、西方、日本的王安石变法研究互有借鉴，类似社会主义性质、社会阶级结构、近代化等理论在不同地区都有表现，本书主要说明当时当地的社会气候和政治导向，因而只介绍其中典型性的研究与思想，不再专门说明不同地区之间的互鉴脉络。

兴起、中央集权加强、贵族阶级没落、世俗文化发展的标志性事件。[①] 内藤湖南的唐宋变革论试图勾勒出"东亚近代化"的一般规律，即以中国"贵族政治→君主独裁政治→共和政治"为主线的社会发展趋势[②]，并在此基础上形成现实政治方案。其中，王安石变法从属于一个主要变革期，辛亥革命以及日本向中国输入"共和经验"的对华战略从属于另一个主要变革期，其理论建构带有明显的殖民色彩。[③]

宫崎市定在"唐宋变革论"的基础上发展出"宋代近世说"，他认为 11 世纪北宋王朝的社会基础是君主联合平民以取代贵族，并主要强调代表平民的士大夫阶层的崛起和分化。宋初以来，通过科举崛起的士大夫阶层协助君主消除贵族势力，一方面，取代了贵族在朝廷的政治地位和经济资源，另一方面，无法填补贵族式微后的地方权力真空，因而无法满足农民等底层平民的社会需求，造成社会不平等。[④] 在宫崎市定的多篇文章中，王安石变法是士大夫阶层内部的一些成员对社会不平等的纠正，但此时士大夫阶层已自然分化为平民立场和传统贵族立场的两股力量，代表平民立场的新党难以撼动并取代传统贵族利益的反对者的经济利益和文化优势。[⑤] 王安石变法虽然失败了，但士大夫官僚体系在此过程中得以扩张，形成了近世专制君主与士大夫阶层稳定合作的权力结构。

作为战后日本对中国研究的代表，宫崎市定不再像内藤湖南一样经营东亚特殊性，而是以西方近代化演进为蓝本解释北宋。比如北宋士大夫——官僚体系类似早期欧洲专制国家，均建立统一的官僚体系来解除贵族权力[⑥]；比如宋代商人与欧洲近世社会的商人团体都具有很强的集税能力，使国家的财政政策依赖于商人[⑦]；比如宋代以后确定了个人对土地的所有权，土地买卖过程中对契约的尊重体现出资本主义特征。[⑧]

---

① ［日］内藤湖南：《概括的唐宋时代观》，黄约瑟译，载于刘俊文主编：《日本学者研究中国史论著选译（第一卷）》，中华书局，1992，第 10-18 页。

② 钱婉约：《从汉学到中国学》，中华书局，2007，第 171、239-240 页。

③ 有关"宋代近世说"，参见宫崎市定：《北宋史概说·宫崎市定全集（第 10 卷）》，岩波书店，1999，第 339-375 页；宫崎市定：《宋代的士风》，《宫崎市定全集（第 11 卷）》，岩波书店，1999。

④ 宫崎市定：《东洋的近世》，黄约瑟译，载于刘俊文主编：《日本学者研究中国史论著选译（第一卷）》，中华书局，1992，第 153-241 页；宫崎市定：《王安石的吏士合一政策》，索介然译，载于刘俊文主编：《日本学者研究中国史论著选译（第五卷）》，中华书局，1993，第 451-490 页。

⑤ ［日］宫崎市定：《宋代的士风》，第 339-375 页。

⑥ ［日］宫崎市定：《东洋的近世》，第 191 页。

⑦ ［日］宫崎市定：《东洋的近世》，第 183 页。

⑧ ［日］宫崎市定：《从部曲走向佃户》，索介然译，载于刘俊文主编：《日本学者研究中国史论著选译（第五卷）》，中华书局，1993，第 43-44 页。

在这些刻画中，王安石变法被简化为东亚"文艺复兴"道路开端处因社会结构变革而产生的政治冲突，淡化了中国自身的社会发展规律。

佐伯富著有《王安石》一书，他明确指出王安石变法作为划分中国历史阶段和窥视中国近世社会性质的标志性意义。[①]与宫崎市定类似，佐伯富也认为王安石变法是中世转向近世的社会结构变迁的必然结果，即使没有王安石变法，地主富豪与贫民之间的社会矛盾也必须予以处理、缓和，而变法也必然遭致大地主的反对[②]，这些推理均为"宋代近世说"的展开。此外，一些学者虽然并未采用"宋代近世说"或不认为宋代是东亚近代化的开端，但同样以近代化为方向来解读王安石变法的历史意义[③]，其中，周藤吉之、曾我部静雄、山下龙二等学者对青苗法、保甲法、党争等王安石变法的经典议题进行了专题研究。[④]

总体而言，在20世纪前中期，日本学者主要基于近代化语境来解读王安石，并回应日本自身的现实政治问题。[⑤]虽然一度出现内藤湖南等不完全对标西方近代化道路的文化自觉，但战后日本的王安石变法研究最终仍以西方的近世社会发展模式为的理论预设。[⑥]

中华人民共和国成立后，中国的王安石变法研究在新的社会政治制度下持续发展，并被刻上不同的时代烙印。其中最具代表性的是20世纪五六十年代的"阶级斗争""文化大革命"期间的"儒法斗争"、改革开放后以经济建设为中心的政治指引。

20世纪五六十年代，马克思主义唯物史观全面主导王安石变法研究，学者们除

---

① 佐伯富：《王安石》，富山房，1941，序言；转引自：Yinan Luo, Ideas in Practice: The Political Economy of Chinese State Intervention During the New Policies Period (1068-1085). PhD diss., *Harvard University*，2015，pp.17-18.

② 佐伯富：《王安石》，富山房，1941，第137、150页。

③ ［美］包弼德：《唐宋转型的反思——以思想的变化为主》，《中国学术（第三辑）》，商务印书馆，2000，第65-66页，脚注2；［日］寺地遵：《日本宋史研究的基调》，王晓波译，《宋代文化研究（第六辑）》，四川大学出版社，1996，第315-332页。

④ ［日］曾我部静雄：《王安石的保甲法》，《东北大学文学部研究年报》1958年；［日］山下龙二：《王安石与司马光》，《东京支那学报》1967年；周藤吉之：《王安石的青苗法的起源》，《东洋学报》1970年；转引自亓小荣：《日本有关王安石的记载与研究》，浙江工商大学硕士论文，2015，第34-35页。

⑤ ［日］寺地遵：《日本宋史研究的基调》，王晓波译，第331-332页。

⑥ 有关日本学者对标西方历史分期论和近世说的研究，参见李华瑞：《宋史研究应当翻过这一页——从多视角看"宋代近世说（唐宋变革论）"》，《古代文明》2018年第1期，第16页；李华瑞：《"唐宋变革论"的由来与发展（代绪论）》，载于李华瑞主编：《"唐宋变革论"的由来与发展》，天津古籍出版社，2010，第1-39页；罗祎楠：《模式及其变迁——史学史视野中的唐宋变革问题》，《中国文化研究》2003年夏之卷，第18-31页；［日］寺地遵：《日本宋史研究的基调》，王晓波译，《宋代文化研究（第六辑）》，1996，第315-332页；［日］葭森键介：《唐宋变革论于日本成立的背景》，马彪译，《史学月刊》2005年第5期。

了延续中华人民共和国成立前马克思主义学者业已形成的基本观点，围绕"阶级斗争"的主题，进一步探讨了"农民立场还是地主立场""进步还是反动""维护还是损害农民利益"等问题。其中，邓广铭和漆侠形成两本专著，均认为王安石变法代表中小地主阶级的政治经济要求，是地主阶级的政治改良运动，并予以正面评价。^①邓广铭强调王安石"天变不足畏、祖宗不足法、流俗之言不足恤"的"三不足"精神。^②漆侠则指出王安石变法有力解除了残余劳役制等社会生产的桎梏，使变法期间的社会生产居于封建时代的最高峰的最高点。^③在 20 世纪后半叶，漆侠始终坚持以阶级斗争分析王安石变法，并最终形成"站在地主阶级和专制主义统治的广泛利益的立场上，抑制豪强兼并势力（大官僚大地主大商人和大高利贷者组成），稳定中间阶级（中下层地主阶级和上层农民），缓和对广大劳动人民的剥削，以巩固宋封建统治"的全面表述。^④

除邓广铭、漆侠的两本专著外，姚瀛艇和姚志中在中华人民共和国成立初商榷王安石变法的失败原因。姚志中提出了阶级斗争的理论实质："阶级社会中统治阶级的改良政策之成败及持续与否决定于进行改良的这个阶级的历史地位，决定于当时改良派与保守派力量的消长。"^⑤这是以阶级力量对比解释社会变迁的简单逻辑。侯外庐、邱汉生在这一阶段根据阶级性质解释王安石的唯物主义哲学思想，即非身份性的庶族地主阶级的社会利益及其态度是王安石的人性论、认识论和反传统思想的出发点。^⑥周良霄和胡昭曦则讨论了王安石变法的动机是否是为了人民，周良霄认为变法的中心思想是"均天下之财"的均平理想^⑦，但胡昭曦认为变法缘起于北宋中期统治阶级与农民阶级的尖锐斗争，王安石变法为巩固统治，赤裸裸地对抗农民革

---

① 邓广铭：《王安石》，生活·读书·新知三联书店，1953；漆侠：《王安石变法》，上海人民出版社，1959。相关评述，参见李华瑞：《王安石变法研究史》，第 377-391 页；朱瑞熙：《20 世纪中国王安石及其变法的研究》，安徽师范大学学报（人文社会科学版）2003 年第 2 期，第 155-156 页。

② 邓广铭：《北宋政治改革家王安石》，河北教育出版社，2000，第 115 页。

③ 漆侠：《王安石变法》，河北人民出版社，2001，第 348-349 页。

④ 漆侠：《王安石变法》，河北人民出版社，2001，第 348 页。

⑤ 姚瀛艇：《新史学通讯》1956 年 7 月号；姚治中：《试论王安石变法失败之原因》，《新史学通讯》1956 年 11 月号。有关讨论和分析，转引自李华瑞：《王安石变法研究史》，人民出版社，2004，第 393-394 页。

⑥ 侯外庐、邱汉生：《唯物主义者王安石》，《历史研究》1958 年第 10 期；邱汉生：《王安石的新学和变法思想的原则》，《历史教学》1959 年第 3 期。

⑦ 周良霄：《有关王安石变法思想的几个问题》，《历史教学》1964 年第 3 期。

命。① 双方一个关注变法动机、一个关注变法效果，形成了不同的阶级性质的判断。蒙文通先生也从阶级斗争出发分析王安石变法，他强调变法的实际效果，指出王安石变法搜刮民财以扩大国家财政收入，除农田水利法发展社会生产以外，大多新法都损害了农民利益。② 与20世纪30年代以来马克思主义学者肯定变法的主流意见不同，蒙文通基本否定了王安石变法，一定程度上体现出现代"阶级斗争"外衣下传统政治价值的延续。

"文化大革命"期间，受"批林批孔"和"批儒评法"运动的影响，王安石变法被视为传统中国"儒法斗争"的典型代表。这一阶段，除了延续阶级斗争的分析框架和价值判断，大多数文章聚焦于王安石与司马光等人之间政治思想的路线差异，一些工厂、学校的理论小组按照"法家—儒家"的二分法来解读王安石与司马光的冲突：王安石被归入法家一脉，代表新兴地主阶级利益的一个进步学派，而他的政敌则被归入儒家一脉，代表着封建社会统治者所拥护的反动学派。③ 这种"法家—儒家""革新—守旧""前进—倒退"的简单划分从意识形态上彻底否定了司马光等反变法派的政治主张。虽然这一期间的多数文章不足以称为学术研究，主要是意识形态批判，但对学术界冲击很大。改革开放后，"儒法斗争"之说被弃置，对王安石变法的思考也进入了新阶段。不过，以后人的眼光看，对"儒法斗争"进行更深入的学理分析或有助于更好地理解王安石变法。比如我们可以分析王安石与司马光两种政治思想的实践展开与内在理路，我们也可以探讨王安石对儒家、法家以及道家等传统思想流派的融合和运用，而不必一概弃置。

改革开放以后，意识形态解读的影响走弱，但社会政治气候对学术研究的引导仍然存在：一方面，纠正中华人民共和国成立后"阶级斗争""儒法斗争"等有意

① 胡昭曦：《关于评价王安石变法的几个问题》，《光明日报·史学》1965年3月10日。有关周良霄与胡昭曦的讨论与分析，转引自：李华瑞：《王安石变法研究史》，第398-399页。

② 蒙文通：《北宋变法论稿》，《蒙文通文集（第五卷）》，巴蜀书社，1999，第420-427页。

③ 这一阶段文章较多，其中，代表作有史尚辉：《从"三不足"看王安石的法家思想》，《学习与批判》1973年第1期；石仑：《论尊儒反法》，《红旗》1973年第10期；罗思鼎：《从王安石变法看儒法论战的演变——读〈王荆公年谱考略〉》，《红旗》1974年第2期；张立文、方立天：《王安石反对司马光的斗争》，《河北师大学报》1974年第1期。此外，邓广铭先生也有《杰出的法家王安石》，于1974年由山东人民出版社出版。有关"文化大革命"期间的王安石变法研究更为具体的介绍，参见李华瑞：《王安石变法研究史》，人民出版社，2004，第405-416页；朱瑞熙：《20世纪中国王安石及其变法的研究》，《安徽师范大学学报（人文社会科学版）》2003年第2期，第157-158页。

地曲解或误读，不再过度肯定王安石变法。另一方面，则关注王安石变法"理财"的经济建设问题，以及王安石与司马光等人的理财政策，并从"改革与保守"的角度分析这些政策分歧背后的政治、经济思想。

王曾瑜的《王安石变法简论》反对过往学者对王安石变法"富国强兵"的正面评价，并基于变法的实施效果逐项批判新法，他认为变法的重点是对贫民下户增加了役钱和青苗钱两笔赋税[①]，而且从历史发展潮流出发，批判王安石部分恢复征兵制、用封建官营商业破坏私营商业。[②] 此外，许多学者重新关注中国政治传统对王安石变法"聚敛""富国"的历史定论，并从不同角度分析诸项新法政策的剥削性质。其中，程念祺认为王安石变法是中国历史上少见的既征农又征商的财政改革，体现出统治集团利用国家力量聚敛财富的无限冲动。[③] 汪圣铎从"新法增加封建国家包养人员""新法扩大封建国家营利性经营规模""新法加重百姓经济负担"三方面说明王安石变法"开源"财政理念的敛财实质，并为司马光的"节流"理念翻案。[④] 顾全芳认为，王安石变法脱离实际、罔顾北宋"冗官、冗兵、冗费"的现实问题，而采取向农民等直接生产者增税来解决财政困难，最大成果是充实了国库。[⑤] 葛金芳则认为王安石变法最初以"富民"为宗旨，但后期被宋神宗所利用转而服务于"富国"的统治目标。[⑥] 叶坦批评新法改革在政治、经济、文化上的全面倒退，政治上表现为皇权专制体制的强化，经济上表现为政府对经济事务的强权干预，打击了民间商品经济的发展，文化上表现为宋初开明、宽松的风气被抑制。[⑦] 胡昭曦则指出王安石"民不加赋而国用绕"的本质仍是收取赋税、息钱，只是其"通货管理"的方式相对巧妙。[⑧] 总体而言，这些学者的批评暗含着一种价值判断，即民营经济优于国营经济、较小规模较少干预的政府优于较大规模较多干预的政府、减少征税优于增加征税等，

---

① 王曾瑜：《王安石变法简论》，《中国社会科学》1980 年第 3 期，第 133 页。

② 王曾瑜：《王安石变法简论》，《中国社会科学》1980 年第 3 期，第 153 页。

③ 程念祺：《国家力量与中国经济的历史变迁》，新星出版社，2006，第 276-282、297-313 页。

④ 汪圣铎：《王安石是经济改革家吗》，《学术月刊》1989 年第 6 期，第 67-75 页。

⑤ 顾全芳：《评王安石变法》，《晋阳学刊》1985 年第 1 期，第 11-18 页。

⑥ 葛金芳：《熙宁新法的富民与富国之争》，《晋阳学刊》1988 年第 1 期；葛金芳：《王安石变法新论》，《湖北大学学报（哲学社会科学版）》1990 年第 5 期，第 87-93 页。

⑦ 叶坦：《大变法：宋神宗与十一世纪的改革运动》，生活·读书·新知三联书店，1996。叶坦：《评宋神宗的改革思想与实践》，《晋阳学刊》1991 年第 2 期；叶坦：《熙丰富国之法的枣核形曲线：析王安石新法的阶级利益趋向》，《江淮论坛》1991 年第 3 期。

⑧ 胡昭曦：《熙丰变法经济措施之再评价》，《西南师范学院学报》1984 年第 4 期。

因而批评王安石以国家力量干预经济的"开源"政策过于激进，并一定程度上理解和认可司马光的"节流"政策。[1]这与改革开放初期经济较自由发展的社会风气相合。

在此期间，多数肯定王安石变法的学者不再刻意强调新法调整生产关系的作用，而是转向突出新法对生产力的发展。漆侠潜心研究宋代经济史，指出王安石变法的根本是改革了不适应社会生产发展的残余劳役制等制度，并把农田水利法、青苗法、免役法、方田均税法作为发展农业生产的主要措施具体分析。[2]邓广铭则指出是否发展生产力是评价政策及其实践的根本标准，他认为王安石"为天下理财"的目的是把潜存于自然界的财富尽可能地发掘出来并且以农业生产为首要事务，因而肯定王安石变法在发展农业生产上的积极作用。[3]谷霁光强调北宋商品经济繁荣对王安石变法的推动作用，他认为"青苗法借贷以钱、突破常平法物物交换的范畴"，由此肯定王安石顺应商品货币经济发展、"以商促农"的观点。[4]周良霄通过梳理新法在封建社会的发展，指出7项新法中有5项以不同形式在后世沿用，以此证明王安石变法适应封建社会发展的积极意义。[5]此外，藉清平、张邦炜、李华瑞系统分析王安石变法之利弊，均指出新法首要功绩在于发展生产。[6]王瑞明和王家范认为不能简单按照剥削性质而否定王安石变法的成就，要理解变法改善宋代社会的积极意义。[7]总体而言，上述意见均以变法发展生产力的认识为前提，体现出20世纪80年代以来国内"以经济建设为中心"的政治导向。

---

[1] 顾全芳：《评王安石变法期间的顽固派》，《学术月刊》1986年第6期；顾全芳：《重评司马光与王安石变法》，《学术月刊》1990年第9期。顾全芳和季平是20世纪80年代为司马光翻案的主要代表，有关"扬马抑王"论争的概述，参见李华瑞：《王安石变法研究史》，人民出版社，2004，第422-423页；朱瑞熙：《20世纪中国王安石及其变法的研究》，《安徽师范大学学报（人文社会科学版）》2003年第2期，第163-164页；葛金芳、金强：《近二十年来王安石变法研究述评》，《中国史研究动态》2000年第10期，第16页。

[2] 漆侠：《王安石变法》，河北人民出版社，2001，第122-146页。

[3] 邓广铭：《北宋政治改革家王安石》，河北教育出版社，2000，第314-315页。

[4] 谷霁光：《王安石与商品经济》，《谷霁光史学文集经济史论（第二卷经济史论）》，江西教育出版社，1996，第240-243页；谷霁光、谷远峰：《王安石经济思想若干问题试析》，《中国史研究》1980年第1期，第88-98页。

[5] 周良霄：《王安石变法纵探》，《史学集刊》1985年第1、2期，第19-37、9-17页。

[6] 张邦炜：《中国封建王朝兴亡史·两宋卷》，广西人民出版社，1986，第117-120页。李华瑞：《中国改革通史·两宋卷》，河北教育出版社，2000，第622页。另有藉清平：《王安石改革新探》，相关概述转引自：李华瑞：《王安石变法研究史》，人民出版社，2004，第427-429页。

[7] 王瑞明：《王安石变法的社会效果·宋史论集》，《中州书画社》1983年，第88-106页；王家范：《评近几年来王安石变法研究的得失》，《光明日报》1986年6月4日；转引自：李华瑞：《王安石变法研究史》，人民出版社，2004，第426页。

由此可见，改革开放后的王安石变法研究虽然仍形成否定与肯定的两种意见，但并非针锋相对。首先，双方在新法通过国家力量动员百姓发展生产、新法改善国家财政的认识上基本一致，并普遍认同农田水利法推动农业生产发展；其次，双方意见的差异源自不同的关注点，否定者关注新法实施的实际效果并主要采信反变法派的史料，肯定者关注新法推行的政策内容并主要采信变法派的史料；第三，双方在进化史观和唯物史观的影响下，大多预设了经济、社会条件的近代化发展方向，并以此作为评价历史事件进步或倒退的标准。一定程度上，这一阶段的研究忽视了王安石身为政治家维护政治安全、通盘考虑经济社会诸方面条件的整体性思考，其中一些研究虽然提及农民起义、"大商、大农、大工"的政治安全危机，但仍受到意识形态约束，未能指出政治安全危机是王安石变法兴起的重要原因。

第二节　学术分科下的精细化解读

20 世纪中后期，王安石变法研究在世界范围内蓬勃发展，除了王安石变法在主流的近代化解读中被视为贯通古今的标志性事件，学术分科和国际学术交流的作用也不容忽视。不同学科背景的学者基于不同的研究取向进入王安石变法，予以这场历史大事更为精细化和多样化的解读。其中，来自社会学和经济学的研究取向及其范式对王安石变法的研究影响最深，并形成了极具代表性的"国家与社会"和"国家与市场经济"等议题。以下进行说明。

如前所述，20 世纪 50 年代以前，欧美、日本与中国学者评价王安石变法均具有一定的近代化倾向，主要强调社会主义性质。[①] 但在 20 世纪 50 年代末，海外华人学者刘子健打破了这一思维定式，他否认王安石变法的社会主义性质，并指出王安石本质上是追求道德社会和完美秩序的儒家。刘子健认为王安石变法的真正目的是通过改革官僚制来构建道德社会，其核心是按照"先王之政"的儒家理想塑造全

---

① ［日］东一夫：《各国对王安石的评价》，《中国史研究动态》，武铁兵摘译，1982 年第 2 期，第 20-21 页。

体官民的习俗①；变法因改善官僚制的目标兴起，也因官僚制问题失败。刘子健在20世纪80年代的一篇文章中具体论述了北宋晚期官僚内部分化的政治历程与后果，即理念型官僚王安石无法获得曾布等新党仕进型官僚的持续忠诚，新法最终为弄权型官僚蔡京所利用而败坏朝政，并长期遭致司马光等旧党和洛派、朔派、蜀派等其他理念型官僚的强烈反对，北宋儒家的理想主义政治运动遂告失败。②

刘子健的研究揭开了宋代官僚体系及其内部儒家思想的复杂性。③此后，穆四基（John T. Meskill）④、费正清（John King Fairbank）⑤等人均不再以社会主义者简单概括王安石，而是关注他务实主义儒家的身份，以美国为代表的海外汉学界的王安石变法研究也由此关注中国历史自身的发展轨迹。需要指出的是，20世纪中后期，美国宋代研究长期关注士大夫精英和他们的文化⑥，这一特点之形成不只受刘子健影响，自20世纪40年代起，柯睿格（Edward A. Kracke）、何炳棣等社会史学者业已研究更长时段的两宋、明清社会阶层流动问题，比如科举制度、官僚贵族构成与社会精英身份等⑦。这些成果初步确定了美国汉学界关注"国家与社会关系"的基

---

① J. T.C. Liu, Reform in Sung China: Wang An-shih (1021-1086) and His New Policies. Cambridge: Harvard University Press，1959，pp. 32-33，45-47，115-116.

② ［美］刘子健：《王安石、曾布与北宋晚期官僚的类型》，两宋史研究汇编，联经出版事业公司，1987，第134-142页。

③ 罗祎楠：《模式及其变迁——史学史视野中的唐宋变革问题》，《中国文化研究》2003年夏之卷。文中第27页指出："七十年代开始，伴随着对日本学者内藤和宫崎提出的中国的宋代是'近代早期'这一说法的否定，美国宋史学界逐步赞同不同文明的演进并没有一个放之四海而皆准的模型。而研究中国历史本身的发展轨迹，持此看法的代表人物是美国宋史研究的开创者刘子健。"另参见刘子健：《中国转向内在：两宋之际的文化转向》，赵冬梅译，江苏人民出版社，2011，序言第1-2页。

④ J. Meskill, Introduction，Wang An-shih: Practical Reformer? Boston: Heath and Company，1963.转引自：D. J. Lu Book Review. *The Journal of Asian Studies*，1964，No.1，pp.138-139.

⑤ ［美］费正清、赖肖尔：《中国：传统与变革》，陈仲丹等译，江苏人民出版社，1996，第131-133页。

⑥ ［美］包弼德：《美国宋代研究的近况》，《新史学》（第六卷第三期），1995年，第188页；转引自罗祎楠：《模式及其变迁——史学史视野中的唐宋变革问题》，《中国文化研究》2003年夏之卷，第25页。此外，包弼德的《斯文：唐宋思想的转型》是美国汉学界研究士大夫文化的重要成果。［美］包弼德：《斯文：唐宋思想的转型》，刘宁译，江苏人民出版社，2000。

⑦ ［美］柯睿格（Edward A. Kracke）、何炳棣等人并不专门研究王安石变法，但他们对长时段科举制度演变、社会阶层流动的关注影响了后来学者分析王安石变法的研究取向，故介绍他们的主要著作，如 E. A. Kracke Jr,. Civil Service in Early Sung China, 960-1067. Cambridge: Harvard University Press，1953；E. A. Kracke, Family Vs. Merit in Chinese Civil Service Examinations Under the Empire. *Harvard Journal of Asiatic Studies*，1947，No.2，pp. 103-123; Ho Ping-ti, The ladder of Success in Imperial China: Aspects of Social Mobility, 1368-1911. *Columbia: Columbia University Press*，1962.（中译本见何炳棣：《明清社会史论》，联经出版事业有限公司，2013年）。另参见柯睿格：《中国科举制中的地区、家庭和个人》，载于费正清：《中国的思想与制度》，郭晓兵等译，世界知识出版社，2008，第269-291页。

调[①]，也构成了美国王安石变法研究主要的学术背景。

20世纪七八十年代后，围绕"国家与社会关系"的研究取向和理论范式，美国的王安石变法研究进一步深入。郝若贝（Robert Hartwell）是引导这场潮流的主要人物，他在《750—1550年间中国的人口、政治及社会转型》一文中描绘了王安石变法前、后的社会转型背景，即唐宋之际的统治阶层经历了"由唐代的世袭精英阶层发展到北宋的专业精英（官僚）阶层，再到南宋地域精英（士绅家族）"[②]的深刻变化。在此过程中，王安石变法代表着"北宋专业精英集体试图对政府的机关和政策进行更为广泛的制度变革"[③]。但是这些专业精英在处理全国性事务的同时，他们对家族发展、经济利益和社会地位等自私性诉求使他们偏离了政府管理的轨道："地方性的、亲属的、利益集团的、恩主与受庇护的以及意识形态关系的复杂混合体形成了派系。"这些派系之间的斗争导致"作为独立身份群体的职业精英的消亡"[④]，精英阶层逐渐转向地方性事务，并形成南宋的地域性精英。

据罗祎楠分析，郝若贝的理论是前人研究的综合，包含三种观点：第一，宋代是科技和财富重大革命时期的观点[⑤]；第二，唐代开始的人口增长与流动和行政人员相对减少的政府行政困难的观点，这一观点主要来自施坚雅在社会人类学领域的经济空间理论[⑥]；第三，修正自柯睿格的科举制度导致社会阶层流动的理论的职业精英

① 罗祎楠认为，美国宋代研究对社会阶层流动和精英阶层的兴趣来自19世纪意大利社会学家帕累托的"社会分层理论"和"精英循环理论"，参见罗祎楠：《模式及其变迁——史学史视野中的唐宋变革问题》，《中国文化研究》2003年夏之卷，第26页。

② 罗祎楠：《模式及其变迁——史学史视野中的唐宋变革问题》，《中国文化研究》2003年夏之卷，第28页；［美］郝若贝：《750—1550年间中国的人口、政治及社会转型》，易素梅、林小异等译，载于伊沛霞、姚平主编：《当代西方汉学研究集萃（中古史卷）》，上海古籍出版社，2012，第229页。

③ ［美］郝若贝：《750—1550年间中国的人口、政治及社会转型》，第221页。

④ ［美］郝若贝：《750—1550年间中国的人口、政治及社会转型》，第221、220。有关郝若贝文章的评述，参见张呈忠：《近三百年来西方学者眼中的王安石》，第139-140页；罗祎楠：《模式及其变迁——史学史视野中的唐宋变革问题》，第27-29页。

⑤ 郝若贝所引研究包括：伊懋可（Mark Elvin），The Pattern of the Chinese Past. *Stanford: Stanford University Press*，1973，pp.113-199；白乐日（Etienne Balazs），The Birth of Capitalism in China，Journal of the Economic and Social History of the Orient，1956，No.2，pp.196-216. 束世澂：《论北宋资本主义关系的产生》，《史学集刊》1956年第3期，第49-64页；转引自：［美］郝若贝：《750—1550年间中国的人口、政治及社会转型》，第176页。

⑥ ［美］施坚雅（G. W. Skinner），"Mobility Strategies in Late Imperial China: A regional Systems Analysis." In Regional analysis，*Academic Press*，1976，pp. 327-364. 转引自郝若贝：《750—1550年间中国的人口、政治及社会转型》，第178页。

转化为地域精英的观点①，这一观点深受西方社会学中的精英论影响。② 总体而言，郝若贝大量借鉴并整合了 19—20 世纪以来西方社会学的中国社会研究，相较于分析整个中国，他更关注中国内部不同地域的经济、社会、文化发展周期，并分析精英身份的内在变化将传统中国社会转型趋势展现出来，亦即 "郝若贝模式"。

"郝若贝模式" 对美国的王安石变法研究影响深远③，谢康伦（Conrad Schirokauer）、韩明士（Robert P. Hymes）、史乐民（Paul J. Smith）、包弼德（Peter K. Bol）等人均以 "国家与社会关系" 视角分析王安石变法，并展开不同方面的新认识。韩明士对宋代 "政治家" 和 "绅士" 的研究是对郝若贝关于中国帝制中后期社会转型理论的实证和深化，北宋的 "政治家" 指的是王安石，而南宋的 "绅士" 指的是陆九渊。前者专注于全国性政治事务，后者则更具地方主义倾向④，遂体现出精英主导的地方社会与国家的分离趋势。⑤

之后，谢康伦和韩明士于 1993 年主编的论文集也明确从 "国家与社会" 视角分析宋代，导言部分从两个方面说明王安石变法以高度官僚化的国家权力向地方社会扩张的实质。一方面，青苗法和保甲法都指向基层社会的日常生活。另一方面，部分消除官僚阶层与底层胥吏的差异，将非政府精英吸纳进来为国家服务。⑥

在这本论文集中，包弼德分析了王安石与司马光两种政府构想在 "国家与社会" 张力中的坐标。首先，比较了二人在地域出身、社会背景与政府官职、学术、

---

① ［美］柯睿格（Edward A. Kracke），Family vs Merit in Chinese Civil Service Examinations Under the Empire. *Harvard Journal of Asiatic Studies*，1947，No.2，pp. 103-123. 何炳棣（Ping-ti Ho），The Ladder of Success in Imperial China: Aspects of Social Mobility，1368-1911. *Columbia: Columbia University Press*，1962. 转引自郝若贝：《750—1550 年间中国的人口、政治及社会转型》，第 218 页。

② 罗祎楠：《模式及其变迁——史学史视野中的唐宋变革问题》，第 29 页。

③ 20 世纪 70 年代以后，刘子健《中国转向内在》一书从思想史、文化史方面分析士大夫变化的研究方法在美国宋史学界影响亦大。该书讨论了南北宋之间的转型问题，刘子健通过研究文学、经学、政治等士大夫团体的思想变化，提出传统中国在南宋时逐渐转向内在，即士大夫更关注自身问题。参见刘子健：《中国转向内在：两宋之际的文化转向》，赵冬梅译，江苏人民出版社，2012。

④ R. Hymes，Statesmen and Gentlemen: The Elite of Fu-Chou Chiang-Hsi，in Northern and Southern Sung. *Cambridge University Press*，1986，pp. 10-14.

⑤ 包伟民：《精英们 "地方化" 了吗？——试论 "地方史" 研究方法与韩明士的〈政治家与绅士〉》，唐研究第 11 卷，2005，第 653-671 页。

⑥ R. Hymes，Schirokauer C. Ordering the World: Approaches to State and Society in Sung Dynasty China，University of California Press，1993，p.49.

政治态度、哲学倾向方面的差异。①进而论证王安石选择了一个着眼于所有人利益、致力驾驭社会与经济发展的激进政府，而司马光选择了一个更受限制的政府、尽可能牺牲最小的私人利益维持必要的公共机构②，前者类似于"大国家、小社会"，而后者类似于"小国家、大社会"的政治构想。包弼德进一步论述了王安石和司马光对政府、社会和国家不同维度的思考③，由此梳理出两条政治路线在中国历史上的基本脉络。王安石路线分属"秦朝—新朝—北宋后期—改革开放前的共产党"一脉，司马光路线分属"汉唐—南宋至明清—国民党"一脉。④

这本论文集还收录了史乐民对新法时期茶马贸易和青苗法的研究，这篇文章既涉及"国家与社会"也涉及"国家与市场"问题。但主要表达的是：新法作为国家权力以独特的专业精英体系来控制社会与经济的做法，史乐民称之为"经济激进主义"⑤。"经济激进主义"的基本特征是：创建区域性企业和中介机构，使官僚和专业人士代表政府力量直接参与到市场经济中，作为"官僚资本家"与私人经济竞争商业控制权。⑥茶马贸易和青苗法分别是"经济激进主义"在不同领域的表现，但由于具体任务的属性与环境不同，产生了不同的组织形式和截然不同的结果：茶马贸易产生了彻底去中心化的自治权力，朝廷难以控制专业精英⑦；而青苗法使专业官僚相互依赖，形成更紧密依附中央的网络。⑧史乐民这篇文章的主要观点来自他之前

---

① Bol. P.K. Government，Society，and State: On the Political Visions of Ssu-ma Kuang and Wang An-shih. In *Ordering the World: Approaches to State and Society in Sung Dynasty China*，1993，pp. 128-192. 中译本见包弼德：《政府、社会和国家——关于司马光和王安石的政治观点》，载于田浩：《宋代思想史论》，杨立华译，社会科学文献出版社，2003，第112-118页。

② 田浩：《宋代思想史论》，第111页。

③ 田浩：《宋代思想史论》，第145-156、159-162页。

④ 田浩：《宋代思想史论》，第163页。

⑤ P. J. Smith, State Power and Economic Activism During the New Policies，1068-1085: The Tea and Horse Trade and The Green Sprouts Loan Policy. In Hymes R，Schirokauer C. Ordering the World: Approaches to State and Society in Sung Dynasty China，University of California Press，1993，pp. 76-127.

⑥ P. J. Smith, State Power and Economic Activism During the New Policies，1068-1085: The Tea and Horse Trade and The Green Sprouts Loan Policy. 1993，p. 77.

⑦ P. J. Smith, State Power and Economic Activism During the New Policies，1068-1085: The Tea and Horse Trade and The Green Sprouts Loan Policy. 1993，pp. 107-108.

⑧ P. J. Smith, State Power and Economic Activism During the New Policies，1068-1085: The Tea and Horse Trade and The Green Sprouts Loan Policy. 1993，pp. 110-111.

对四川地区茶马贸易的研究①，在此基础上增加了与青苗法的比较，也更强调王安石变法具有国家权力深入控制社会与经济的普遍意义。

总体而言，20世纪80年代以后，美国学者研究王安石变法的理论框架与分析基本延续"郝若贝模式"②，并长期关注"国家与社会关系"。相较于以往研究，这些美国学者不再把王安石变法作为近代化的先声③，反而认为：正是由于王安石变法的"大国家、大政府"主义的失败，才导致南宋的统治精英转向地方社会建设，南宋兴起的新儒家和士绅阶层等地域精英才代表着社会发展的方向。④张呈忠指出，美国学者对以往王安石变法研究的修正并不限于事实层面，在价值层面上是20世纪70年代以后新自由主义思想大行其道的体现。

改革开放以后，国际学术交流密切，海外汉学对宋代"国家与社会关系"的关注在国内受到热议，但主要集中在南宋以后的精英地方化等问题⑤，王安石变法中的"国家与社会关系"较少被提及。究其原因：一方面，如前所述，国内对王安石变法的社会学分析长期关注王安石变法的阶级性质，经过改革开放后的新一轮讨论后，已经基本形成"中小地主进步论"的主流看法⑥，21世纪后针对变法阶级性质的社会学分析已不再是研究热点；另一方面，海外汉学对"国家与社会关系"的分析一般是士大夫思想研究、地方社会史研究与西方社会科学理论的综合呈现，一部分国内学者虽然与海外汉学研究展开对话，但主要的对话集中在思想史、文化史、

---

① P. J. Smith, Taxing Heaven's Storehouse: Horses, Bureaucrats, and the Destruction of the Sichuan Tea Industry 1074-1224, Brill, 1991.

② 罗祎楠：《模式及其变迁——史学史视野中的唐宋变革问题》，中国文化研究，2003，第27页。

③ 美国宋史研究早期深受日本影响，内藤湖南、宫崎市定的唐宋变革论在20世纪80年代前占据主流，强调宋代的近代化方向，包弼德总结为"传统的阐释"；20世纪80年代以后的"郝若贝模式"被称为"新的阐释"，明确反对内藤-宫崎的近代化解读。具体参见包弼德：《唐宋转型的反思——以思想的变化为主》，中国学术，2000，第63-87页。

④ 张呈忠：《近三百年来西方学者眼中的王安石》，《史学理论研究》，2016年，第141页。此外，张呈忠认为，美国学者对以往王安石变法研究的修正并不限于事实层面，在价值层面上是20世纪70年代以后新自由主义思想大行其道的体现。本书认同这种观察，但从王安石变法研究的文献来看，最突出的特点仍是"国家与社会关系"的研究范式以及社会学理论的运用，故未分类到"社会政治气候下的意识形态解读"部分。

⑤ 20世纪、21世纪之交，美国"郝若贝模式"在国内受到热议，一些中国学者对"南宋精英地方化"等核心观点予以回应，参见包伟民：《精英们"地方化"了吗？——试论"地方史"研究方法与韩明士的〈政治家与绅士〉》，唐研究第11卷，2005年，第653-671页；余英时：《我摧毁了朱熹的价值世界吗？——答杨儒宾先生》，《朱熹的历史世界》附录，生活·读书·新知三联书店，2003；参见李华瑞：《"唐宋变革"论的由来与发展》，天津古籍出版社，2010，第27-30页。

⑥ 李华瑞：《改革开放以来宋史研究若干热点问题述评》，《史学月刊》2010年第3期，第24-25页。

地区研究或更长时段的社会专题史方面[①]，很少专门论及王安石变法。[②]少数采用西方社会科学理论讨论王安石变法的学者侧重于经济学方面，下文将作说明。

尽管国内基于"国家与社会关系"视角的王安石变法研究较少，但仍有吴泰[③]、刁培俊[④]等学者从保甲法等具体政策入手，指出王安石变法代表着国家权力渗透基层乡村社会并扩大王朝治理体系的做法。此外，政治学者陈伟也认为王安石变法是国家权力向基层社会的渗透。他指出："王安石用保甲的方式、采用胥吏作为中央政府的基层代表，使国家直接与个人发生关系。王安石的做法已经奠定了中国极权结构的基调。"他认为王安石变法构造了全能主义社会政治结构，破坏了私人领域，进而批评这种"制度后遗症"对传统中国的近代化进程产生消极影响。[⑤]无论其观点是否合理，陈伟的文章是以"国家与社会关系"范式分析王安石变法的典型。

经济、财政领域一直是王安石变法研究的重要领域。在学术分科大潮下，无论是对王安石变法总的经济学分析，还是对王安石变法所涉及的财政、货币、贸易、经济管理等方面的研究，都取得蓬勃发展。在诸多研究中，"国家与市场经济"是经济学分析的经典议题。

究其原因：一方面，如前所述，受社会政治制度的影响，王安石变法在20世纪的近代化解读中得以翻案，无论是在梁启超、宫崎市定、黄仁宇[⑥]等前后学者的"现代国家"比较中，还是在中外学者的"社会主义"辨析中，王安石变法中的财政、经济政策经常被视为传统中国内部生发的近代化因子。而改革开放后重视市场经济与经济建设，国内学者也把王安石变法作为经典案例，以此分析传统中国国家

[①] 邓小南：《近年来宋史研究的新进展》，《中国史研究动态》2004年第9期，第19-22页。

[②] 比如张邦炜就从"国家与社会关系"关注宋代的社会流动问题，但不专门讨论王安石变法。参见张邦炜：《从社会流动看宋代社会的自我调节与活力》，《光明日报》2017年1月2日。

[③] 吴泰：《宋代"保甲法"探微》，载于《宋辽金史论丛（第二辑）》，中华书局，1991，第178-200页。本书将吴泰的保甲法研究分类至"国家与社会关系"，主要是因为吴泰强调国家权力对基层社会的制度化改造，这类对保甲法的分析较少。刁培俊曾指出"学界涉及宋朝保甲法的研究中，多数研究关注南宋史料，对于北宋保甲法，特别是将乡役和乡村管理体制视为一个系统两个方面而展开综合观察者，只有吴泰等极少数学者。"转引自刁培俊：《宋朝"保甲法"四题》，《中国史研究》2009年第1期，第70页，脚注1。

[④] 刁培俊的多篇研究均针对宋代地方社会，并基本呈现出宋代国家权力在地方社会的变迁线索，该文指出其中涉及王安石变法的代表作。刁培俊、张国勇：《宋代国家权力渗透乡村的努力》，《江苏社会科学》2005年第4期，第205-210页；刁培俊：《宋朝"保甲法"四题》，《中国史研究》2009年第1期，第69-81页。

[⑤] 陈伟：《东西方近代化比较视野中的王安石变法——以国家问题为中心的新考察》，《南京社会科学》2002年第8期，第41-49页。

[⑥] 黄仁宇：《赫逊河畔谈中国历史》，生活·读书·新知三联书店，1992，第164-168页。

力量与市场经济之间的张力。另一方面，学者们普遍承认宋代商业获得前所未有的发展[1]，并通过历史比较，指出宋代的商品经济、市场经济处于传统社会的较高水平。[2] 由此发问：旨在于"富国强兵""理天下之财"的王安石变法在当时究竟起到了何种作用？是推动还是阻碍商业和市场发展？对这一问题，学者们的观点往往截然相反[3]，王安石变法在北宋社会经济条件下的复杂性可见一斑。

相较海外学者主导"国家与社会"议题，国内学者较多参与王安石变法中的"国家与市场经济"等议题，故而以下评述将以国内学者为主。另外，由于涉及经济方面的讨论相对精细而繁复，我们将这些研究按照不同的新法政策归纳，首先介绍主流观点，再重点评述其中关于王安石变法与商品经济、市场经济关系的意见。

首先看青苗法。正如王曾瑜所说，对王安石变法，依据动机和依据效果完全得出不同看法[4]，有关青苗法的研究也体现出这种差异。从变法动机和制度理念来看，青苗法大致有四种较正面作用：通过借贷发展农业生产，在青黄不接时提供生活救济，打击农村高利贷以及潜在的土地兼并，增加了息钱作为中央财政收入。[5] 从变法的效果和政策执行来看，青苗法大致具有四种弊端：地方政府出于功绩目的强行摊派、增加了新的国家高利贷、针对不同户等增加了新的财产税、青苗法推行后期

---

① 包弼德指出，很少有美国和日本学者挑战宋朝商业发展的观点，参见包弼德：《唐宋转型的反思——以思想的变化为主》，中国学术（第三辑），商务印书馆，2000，第75页。全汉昇指出，是指20世纪60年代，中国香港、中国台湾以及海外华人学者一致认为宋代在经济上、生产技术上是当时全人类农业社会中最繁荣的，参见全汉昇：《略论宋代经济的进步》，《大陆杂志（台北）》1962年第2期，第39-46页。

② 漆侠：《王安石变法》，河北人民出版社，2001，第348-349页。

③ 吴泰：《熙宁、元丰变法散论》，载于宋辽金史论丛（第一辑），中华书局，1985，第19-45页；葛金芳、金强：《近二十年来王安石变法研究述评》，《中国史研究动态》2000年第10期，第11-12页；李华瑞：《改革开放以来宋史研究若干热点问题述评》，《史学月刊》2010年第3期，第24页。

④ 王曾瑜：《王安石变法简论》，《中国社会科学》1980年第3期，第131页。

⑤ 对青苗法正面评价虽然各有侧重，但主要内容相对统一，不再分类评述。本书主要介绍其中的主要研究，如漆侠：《王安石变法》，河北人民出版社，2001，第122-128页；邓广铭：《北宋政治改革家王安石》，河北教育出版社，第173-183页；周良霄：《王安石变法纵探（续完）》，《史学集刊》1985年第2期，第9-12页；李华瑞：《关于〈青苗法研究〉的几个问题》，《西南大学学报（社会科学版）》1992年第3期，第44-49页；胡寄窗、谈敏：《中国财政思想史》，中国财政经济出版社，2015，第361-362页；孙文学：《中国财政思想史（上）》，上海交通大学出版社，2008，第300-302页。此外，日本学者也普遍予以青苗法正面评价，"大多延续内藤湖南'低利息金融通法'的观点，宫崎市定、佐伯富、东一夫、周藤吉之等学者的研究都是在'银行/金融'的逻辑下展开"，转引自张呈忠：《"抑配民户"与"形势冒请"——北宋青苗法五十年的官贷困境》，《人文杂志》2016年第7期，第92页。

"形势之家"冒请青苗钱进行转贷、用于谋利。[①]

除了依据动机还是依据效果，对青苗法的正反意见也依据于对青苗钱利率的不同判断，即青苗钱的借贷利率是低于还是高于当时的民间高利贷：如果低于民间高利贷，那么青苗法确实有利于富民、富国；反之，具有强制性特征的青苗法实质上就是对民间财富的攫取。魏天安、张呈忠先后对此问题予以考实，魏天安认定青苗钱年利率是20%，而非"高利贷论"的40%以上。[②]而张呈忠指出：青苗钱具有一定的财政性质，因此，朝廷所要求的息钱收益的利率确实是20%，但地方执行时的实际利率往往超过20%，甚至超过一般高利贷。[③]此外，张呈忠还分析了青苗法推行近50年后被地方"形势户"冒请用来谋利的现象[④]，以及青苗法实施前期"钱荒"等通货紧缩和北宋晚期通货膨胀等宏观经济的变化[⑤]，梳理出青苗法失去财政功能、最终罢废的历史过程，对青苗法的一些经济问题予以清晰说明。

关于青苗法与商品经济、市场经济的关系，这类讨论的重点是官僚资本在农村的商品化。正面的看法是青苗法促进了农村的钱货流通和商品交换。比如谷霁光先生认为，青苗法取代常平仓是以财物交换代替物物交换、以货币借贷代替物物借贷、以生产借贷代替救荒借贷，因而有利于商品货币的流通。[⑥]又比如黄仁宇先生认为，王安石制定青苗法的方针是先用官僚资本刺激商品的生产与流通，进而是经

[①] 对青苗法负面评价的内容也相对统一，主要研究有王曾瑜：《王安石变法简论》，第136-139页；俞兆鹏：《评欧阳修"止散青苗钱"问题——兼论北宋熙丰新法中之青苗法》，《南昌大学学报（哲学社会科学版）》1998年第2期，第104-110页；季平：《论司马光反对青苗法》，《西南大学学报（社会科学版）》1985年第4期，第15-27页；顾全芳：《青苗法研究》，《西南大学学报（社会科学版）》1990年第3期，第92-99页；程念祺：《王安石变法的几个经济问题》，《上海师范大学学报（哲学社会科学版）》1986年第3期，第109-117页；叶坦：《大变法》，第90-92页；方志远：《关于青苗法的推行及其社会效果》，《南开学报（哲学社会科学版）》1988年第6期，第40-49页。

[②] 魏天安：《宋代青苗钱利率考实》，《中国经济史研究》2006年第1期，第155-160页。

[③] 张呈忠：《"抑配民户"与"形势冒请"——北宋青苗法五十年的官贷困境》，第94-95页。

[④] 张呈忠：《"抑配民户"与"形势冒请"——北宋青苗法五十年的官贷困境》，第98-100页。

[⑤] 蒙文通揭示青苗法推行过程中的宏观经济环境变化，参见蒙文通：《北宋变法论稿》，蒙文通文集（第五卷），巴蜀书社，1999，第440-442页；张呈忠：《"抑配民户"与"形势冒请"——北宋青苗法五十年的官贷困境》，第99页。

[⑥] 谷霁光：《王安石变法与商品经济》，《中华文史论丛》1978年第7期，第240-244页。

济总量增大，实现"不加赋而国用足"[1]。负面的看法则是青苗法虽然打击了民间高利贷，但实际上是扩大了国家资本的营利范围，阻断了农村的自主商业活动和市场经济的自然发展。比如方志远认为，民间高利贷具有积极、革命的一面，但青苗法对民间高利贷的干预和限制使其只留下消极的一面，并导致传统中国无法形成独立的货币财产和独立的商人，反而有利于官僚、地主、商人"三位一体"的官商勾结[2]。又比如汪圣铎认为，青苗法是封建国家进行营利性经营的典型，是王安石"利出一孔"重要一环，国家机器的超常发展窒息了社会和经济自由发展的活力。[3]综上，多数学者都同意青苗法在农村社会扩大了资本总量和商品流通，但出于对市场经济的不同理解，对政府的经商行为形成正反意见。

由于免役法[4]也在农村推行，所以学者们的分析与青苗法类似，也关注政策对民间财富和农村经济的影响。对免役法正面评价的主要内容有：农役分离使大部分农民不必服役而回归生产，按田产纳钱相对按丁产服役更均等、合理，取消官僚、寺观、"形势户"的免役特权有助于抑制兼并，增加了免役宽剩钱作为财政收入。[5]对免役法的负面评价也主要来自政策执行层面，包括要求原本没有承役负担的农村下户同样缴纳役钱，随户等纳钱的做法不利于贫农、加速贫农破产，实物缴纳相较人身承役易被官吏勒索，从基层社会收归朝廷的免役宽剩钱仅是聚敛、未能投入再

① 黄仁宇：《赫逊河畔谈中国历史》，生活·读书·新知三联书店，1992，第164-165页。虽然黄仁宇最终遗憾于王安石时代的政治、社会、文化诸方面条件对青苗法的约束，对整个王安石变法的时代持较负面看法，但在青苗法和王安石的变法精神方面，按照现代国家理论进行分析，体现出较正面看法，特此说明。此外，刘守刚也认为青苗法是以商品深化获取财政收入的途径，参见刘守刚：《中国财政史十六讲——基于财政政治学的历史重撰》，复旦大学出版社，2017，第148页。

② 方志远：《关于青苗法的推行及其社会效果》，《南开学报（哲学社会科学版）》1988年第6期，第48-49页。

③ 汪圣铎：《王安石是经济改革家吗》，《学术月刊》1989年第6期，第70-71页。此外，胡昭曦、顾全芳在分析青苗法时，也认为王安石变法逆商品经济发展的潮流，加强了商品经济对政权的依附性，妨害了其独立、正常的发展。参见胡昭曦：《熙丰变法经济措施之再评价》，《西南大学学报（社会科学版）》1984年第4期，第33-35页；顾全芳：《评王安石的抑兼并政策》，《北方论丛》1988年第3期，第86-90页。

④ 北宋以来对王安石变法中的役法改革有多种称谓，如"免役法""助役法""募役法""雇役法"等，以对应役法在不同阶段的特征，参见聂崇歧：《宋役法述》，载于《宋史丛考》，中华书局，1980，第22-39页。由于本书不专门分析不同阶段的制度调整，因此在文中统称为"免役法"。

⑤ 主要研究有：漆侠：《王安石变法》，第132-138页；邓广铭：《北宋政治改革家王安石》，第190-194页；周良霄：《王安石变法纵探》，《史学集刊》1985年第1期，第28页；胡寄窗、谈敏：《中国财政思想史》，中国财政经济出版社，2015，第363-365页；孙文学：《中国财政思想史（上）》，上海交通大学出版社，2008，第299-300页。

生产、减少了社会流通的财富总量。①

关于免役法与商品经济、市场经济的关系，观点相对统一，即免役法推进了农村经济的商品化。谷霁光、周良霄、叶坦都提到免役法纳钱本身就是刺激商品经济发展，而农产品、劳役形态也在此过程中走上货币化道路。②

值得关注的是，还有一些学者强调免役法对解放社会生产力的基础作用。漆侠指出，免役法涉及的国家劳役制度是王安石变法中最大的问题，他认为免役法是对同时存在于农业、手工业和商业中的残余劳役制的废除。③免役法推行之前，残存劳役制使多数人难以脱离人身依附关系的约束，但"以钱代役"的做法有利于劳动生产者在生产上获得更多的自由和主动性，从而推动社会生产力的发展。④而俞宗宪没有把免役法看作是一个经济措施，他把免役法视为基层社会的行政改革，并指出免役法使州、县二级农、政分离，提高行政效率，有效减少农户非法逃役、避役，使农民致力于农业生产。⑤总之，俞宗宪从行政管理的角度也认为免役法具有解放社会生产力的基础作用。

相比青苗法和免役法，学者们对同样推行于农村的农田水利法、方田均税法予以较一致肯定。对农田水利法的正面意见包括兴修水利、疏浚河道、开垦荒地以改善农业生产条件，增加农田招募农民耕作，刺激农业劳动生产率，扩大北方粮食自

---

① 王曾瑜：《王安石变法简论》，第133-136页；汪圣铎：《王安石是经济改革家吗》，《学术月刊》1989年第6期，第68-69页；程念祺：《王安石变法的几个经济问题》，载于程念祺：《国家力量与中国经济的历史变迁》，新星出版社，2006，第301-302页；叶坦：《大变法》，第93-94页；方宝璋：《试论宋代免役法》，《闽江学院学报》2013年第1卷，第95-98页。

此外，一些学者从宋代役法专题史出发，指出役法改革同时具有特权与负担两种性质，大致体现为职役与徭役、差役与差夫役、乡役与州、县役等差别。在长期的制度演变中，免役法中的主要负担由农村上户逐渐转嫁到下户身上，而农村上户则逐渐形成特权，农村社会的贫富差距进一步扩大。参见：王棣：《北宋差役的变化和改革》，《华南师范大学学报（社会科学版）》1984年第2期，第88-91页；李志学：《北宋差役制度的几个问题》，《史学月刊》1983年第3期，第33-41页；汪槐龄：《有关宋代差役法的几个问题》；转引自葛金芳、金强：《近二十年来王安石变法研究述评》，《中国史研究动态》2000年第10期，第14页。

② 谷霁光：《试论王安石的历史观及其经济改革》，载于《谷霁光史学文集（第二卷）》，江西人民出版社，1996，第338-402页；周良霄：《王安石变法纵探》，第28页；叶坦：《大变法》，第93-94页。

③ 李华瑞：《王安石变法研究史》，人民出版社，2004，第386页。

④ 漆侠：《王安石变法》，河北人民出版社，2001，第309页。

⑤ 俞宗宪：《论王安石免役法》，载于俞宗宪：《宋史论集》，中州书画社，1983，第107-123页。

给、减轻南方漕运负担①；主要的批评是：农田水利推行范围有限，中央朝廷不投资农田水利，行政过程中官吏邀功害民。② 对方田均税法的正面意见包括丈量土地、编制账册消除赋税不均现象，核查农户的实际税地关系，间接抑制土地兼并，间接增加国家税收③；主要的批评是：方田均税法未能持续推行，影响范围有限，行政过程中官吏敲诈贫民利益。④ 总之，针对农田水利法和方田均税法的争议不大。

需要注意的是，一些研究指出，方田均税法在新法期间影响有限，认为五代、北宋前期"不抑兼并"、不限制民户田产规模的政策深入人心，因而王安石自己也对推行方田均税法犹豫不决，清丈田亩也仅限京东、河北等路的部分州、县。⑤ 这充分反映出当时社会经济风气对变法的阻力。⑥

最后来看均输法和市易法，这两项法令直接关系到商品经济、市场经济的问题，所引发的评论较多。

由于涉及均输法的史料较少，因而意见相对统一，即均输法是国营商业机构，其基本原理是"徙贵就贱、用近易远"，与汉武帝时期桑弘羊的均输法相同。均输

---

① 对农田水利法正面评价的代表研究有：漆侠：《王安石变法》，第144-146页；邓广铭：《北宋政治改革家王安石》，第154-162页；胡寄窗、谈敏：《中国财政思想史》，中国财政经济出版社，2015，第362-363页；孙文学：《中国财政思想史（上）》，上海交通大学出版社，2008，第299页；叶坦：《大变法》，第83-84页；李金水：《熙丰时期农田水利法取得的主要成果及其原因》，《中国社会经济史研究》2006年第3期，第37-44页；汪家伦：《熙宁变法期间的农田水利事业》，《晋阳学刊》1990年第1期，第72-76页；杨德泉、任鹏杰：《论熙丰农田水利法实施的地理分布及其社会效益》，《中国历史地理论丛》1988年第1期，第79-88页；陈晓珊：《北宋农田水利法推行中的区域差异现象——以南阳盆地的水利事业与河北移民为线索》，《中国文化研究》2014年第2卷，第75-88页。

② 王曾瑜：《王安石变法简论》，第147-148页；程念祺：《王安石变法的几个经济问题》，载于程念祺：《国家力量与中国经济的历史变迁》，新星出版社，2006，第301-302页；叶坦：《大变法》，第83、88页。

③ 对方田均税法正面评价的代表研究有：漆侠：《王安石变法》，第128-141页；邓广铭：《北宋政治改革家王安石》，第213-217页；周良霄：《王安石变法纵探》，《史学集刊》1985年第1期，第23页；胡寄窗、谈敏：《中国财政思想史》，第365-366页；孙文学：《中国财政思想史（上）》，2008，第302页；叶坦：《大变法》，第84页；胡昭曦：《熙丰变法经济措施之再评价》，《西南师院学报（社会科学版）》1984年第4期，第30页。

④ 王曾瑜：《王安石变法简论》，第146页；程念祺：《王安石变法的几个经济问题》，载于程念祺：《国家力量与中国经济的历史变迁》，第299页。

⑤ 葛金芳、金强：《近二十年来王安石变法研究述评》，《中国史研究动态》2000年第10期，第14-15页；马玉臣：《关于王安石变法中方田法的几个问题》，《宋史研究论丛》2007年第1期，第40-42页。

⑥ 有关北宋前期"田制不立""不抑兼并"问题，学界议论颇多，本书不专门讨论相关研究，故仅引出其中代表研究：杨际平：《宋代"田制不立""不抑兼并"说驳议》，《中国社会经济史研究》2006年第2期，第6-15页；薛政超：《也谈宋代的"田制不立"与"不抑兼并"——与〈宋代"田制不立""不抑兼并"说驳议〉一文商榷》，《中国农史》2009年第2期，第56-65页；李治安：《中近古"士农工商"较自由发展政策模式探研》，《文史哲》2019年第1期，第30-35页；程念祺：《王安石变法的几个经济问题》，载于程念祺：《国家力量与中国经济的历史变迁》，新星出版社，2006，第297-298页。

法在对全国商品进行强制性收购、运销的过程中，操纵市场供求关系和规定市场价格，减少国家财政支出，以便获取最大程度的均输利益来增加财富；均输法的预期效果是增加财政官员的权力，抑制富商大贾"投机倒把"，减轻中小纳税商户的额外负担。[①] 但王安石变法中的均输法仅涉及东南六路物资向汴京的供应，并被普遍认为实行不久即遭罢废，因而当时影响和后世讨论都相对有限。[②] 亦有少数学者就均输法的性质提出商榷，比如李晓认为：王安石的均输法与桑弘羊的均输法本质上不同，桑弘羊的重点是"卖"和"利"，是追求贸易利润的官营商业，而王安石的均输法是政府的消费性购买活动，以保证政府的消费需求、节省额外开支、提高财政资金的使用效率，其重点是"买"和"用"，并指出传统社会对王安石均输法的批评是误解了王安石的本意。[③]

对市易法的讨论很多，正面意见集中在打击大商人的垄断和投机活动，维持了市场物价的平稳，抑制商业兼并、促进商业繁荣，进而增加了商税。[④] 而批评者认为：市易法表面上打击商业兼并但实际上市易司官员却和富商大贾相互勾结牟取暴利，市易法每年20%的息钱不利于缺少本钱的中、小商户，加速了他们破产。市易司作为官营商业团体，贱买贵卖，垄断了农产品、手工业品以及其他生产副业的购销，严重摧残了社会经济、市场、商品、货币的正常发展。[⑤] 需要说明的是，部分批判反映出改革开放后反思政府干预、国营经济的经济思想和价值，并采用经济学教材中理想的市场经济形态作为评价标准，过度强调了市易法的官营经济性质以及对市场经济的负面作用。[⑥] 吴泰、魏天安等学者对这种固化思维提出商榷，指出

①　邓广铭主编：《中国大百科全书·中国历史·辽宋西夏金史》，中国大百科全书出版社，1988年，第35页；漆侠：《王安石变法》，第147-150页；邓广铭：《北宋政治改革家王安石》，第169-173页；王曾瑜：《王安石变法简论》，第145页；胡寄窗、谈敏：《中国财政思想史》，第359-360页；叶坦：《大变法》，第76-77页；周良霄：《王安石变法纵探（续完）》，《史学集刊》1985年第2期，第13页。

②　均输法在元祐时期遭到罢废的说法来自马端临《文献通考》，参见李华瑞：《王安石变法研究史》第455页。

③　李晓：《论均输法》，《山东大学学报（哲学社会科学版）》2001年第1期，第78-83页。

④　漆侠：《王安石变法》，第150-156页；邓广铭：《北宋政治改革家王安石》，第204-213页；俞兆鹏：《论北宋熙丰时期的市易法》，《江西社会科学》1988年第1期，第171-178页；俞兆鹏：《论北宋熙丰时期的市易法（续）》，《江西社会科学》1988年第2期，第135-143页。

⑤　王曾瑜：《王安石变法简论》，第143-144页；汪圣铎：《王安石是经济改革家吗》，《学术月刊》1989年第6期，第70-72页；胡昭曦：《熙丰变法经济措施之再评价》，《西南大学学报（社会科学版）》1984年第4期，第30-37页；顾全芳：《重评市易法》，《学术月刊》1993年第6期，第51-55页；叶坦：《大变法》，第94-95页。

⑥　李华瑞：《改革开放以来宋史研究若干热点问题述评》，《史学月刊》2010年第3期，第24页。

市易法在当时社会经济条件下的适用与变迁。[1]

此外，与其他新法相似，对市易法的批判主要在于行政过程。由于市易法涉及的商贸细节相当复杂，参与商业活动的官僚和少部分市易务商人时常有违法令，造成中央法令与地方执行中的脱节和变质[2]，这是后世批判众多的主要原因。随着研究的精细化，不少学者对于市易法的执行细节提出了新的看法，比如市易法作为一种政府购买制度的性质[3]，比如不同地区市易务的功能差异[4]，比如市易务多设立于边境地区[5]，这些研究逐渐丰富了市易法的内涵。

第三节　回归历史语境的解读

在学术分科的大潮下，诸如"国家与社会""商品经济""国家与市场"等研究范式对王安石变法研究形成较大影响。然而，随着研究深入，这些范式和理论逐渐形成视野上的淤积，反而忽视王安石变法在历史场景的本来问题。譬如王安石是否具有类似现代人的"国家—社会"的明确划分，他的新法设计又是否为了推进或者阻碍商品经济，以及诸项新法在历史情境中的初始目标与调适原因，等等。显然，这些问题很难完全通过不同学科的精细化解读而获得答案，而要回归历史语境中，

---

① 吴泰：《熙宁、元丰变法散论》，载于《宋辽金史论丛（第一辑）》，中华书局，1985，第19-45页；魏天安：《宋代市易法的经营模式》，《中国社会经济史研究》2007年第2期，第20-29页。

② 参见 Yinan Luo，Ideas in Practice: The Political Economy of Chinese State Intervention During the New Policies Period (1068-1085). PhD diss.，*Harvard University*，2015，pp.28-29。

③ 李晓：《王安石市易法与政府购买制度》，《历史研究》2004年第6期，第54-68页。

④ 陈晓珊：《熙丰变法时期各地市易机构的分布特征与作用分析》，《中国经济史研究》2015年第4期，第15-25页；廖大珂：《北宋熙宁、元丰年间的市舶制度改革》，《南洋问题研究》1992年第1期，第89-97页，转引自陈晓珊：《历史地理视角下的王安石变法》，北京大学博士论文，2011，第4页。

⑤ 梁庚尧：《市易法述》，载于梁庚尧：《宋代社会经济史论集（上）》，允晨文化，1997，第104-260页。

发掘当时变革真正的动力与阻力。[①]

21 世纪初以来，回归历史场景、回归历史语境的解读开始出现在王安石变法研究中。一些学者旨在于系统阐释宋代的政治文化，并把王安石变法作为一个重要的组成部分，一些学者则深入王安石变法具体的新法政策、文本和口号等特定概念，还有一些学者把王安石变法置于更长时段的传统中国语境中，比如"王霸义利""回向三代"等。这些研究不仅纠正了近代以来的一些意识形态解读，也将学术分科所忽视的一些基本问题揭露出来。接下来予以综述。

要回归王安石变法的历史情境，首先应该回归当时的政治文化与士人风气。如前所述，刘子健早在 20 世纪六七十年代就开始"转向内在"，即关注宋代士大夫的思想变化[②]，但当时海外汉学的主流议题仍是"国家与社会"。而至于王安石在宋代士大夫语境中的定位与意义，直至余英时的《朱熹的历史世界》一书出版，才引发广泛的关注。在余英时这里，王安石变法意味着士大夫们"回向三代"的儒家理想走向实践，是"士大夫作为政治主体在权力世界正式发挥功能"的时期，"神宗与王安石之间形成一个共同原则：皇帝必须与士大夫'共定国是'"，而变法的失败则是"儒家理想与现实政治复杂冲突所致，反而致使原本正面的价值或观念迅速向反面转化"[③]。余英时指出，王安石变法的彻底失败是南宋士大夫思想变化的缘起，并将朱熹的时代称之为"后王安石时代"，重新锚定了王安石在宋代士大夫政治文化中的重要地位。

葛兆光把目光聚焦于王安石与司马光等同时代精英的思想分歧上，他提出变法期间文化重心与政治重心的分离，即秉持文化保守主义（如司马光）和道德理想主义（如程颢、程颐）的士大夫们集中于洛阳，并试图构建一个理想的社会秩序，而

---

① 葛兆光对这类现象，从中国思想史的角度形成反思，他指出：古代中国的"道统"、西方立场的现代哲学思想、马克思主义思想都对中国历史形成不同的叙事脉络，但忽略了古代思想世界具体的历史环境、政治刺激和社会生活，使中国思想史常常出现后设的有意凸显或者无意删削，并且由于脉络化而线索变得很单一。因此，新思想史研究应当回到历史场景，而在思想史与知识史、社会史和政治史之间，也不必人为地画地为牢。参见葛兆光：《道统、系谱与历史——关于中国思想史脉络的来源与确立》，《文史哲》2006 年第 3 期，第 60 页。

② James T.C. Liu，Reform in Sung China: Wang An-shih (1021-1086) and His New Policies. *Cambridge: Harvard University Press*，1959；［美］刘子健：《中国转向内在：两宋之际的文化转向》，赵冬梅译，江苏人民出版社，2011。

③ 余英时：《朱熹的历史世界——宋代士大夫政治文化的研究》，生活·读书·新知三联书店，2011，自序二，第 8-10 页。

倾向于激烈实用策略的现实主义士大夫（如王安石）则在开封推行新法，以实现他们的变革实验。① 葛兆光认为，士大夫们的激烈冲突构成了中国思想史上反复呈现的两个主脉，特别是前者所代表"宗族社会"和"士绅阶层"后来获得了官方权力支持，"成为中国主流意识形态，更是以它内在超越性的关注影响着知识的走向，以崇尚真理普遍主义、道德理想主义和文化保守主义的特点，极其深刻地影响着中国的知识、思想与信仰世界"②。葛兆光的论述虽然颇类似海外汉学的"国家与社会"解读，但他揭示出变法失败致使儒家思想中现实主义因素由明转暗，是传统中国的思想世界巨大变革的历史节点。

邓小南关注"祖宗之法"这一贯穿两宋300余年的政治文化主题，并评价新法与"祖宗之法"的关系。她指出，整个宋代政治的核心问题在于保证政治格局和统治秩序的稳定③，新法的直接目标虽然是改善国家的财政经济问题，并无从根本处改变"祖宗之法"的现实意图，但在新法大规模地推行过程中不可避免地触及"祖宗之法"、打破了旧有的平衡，而且在北宋晚期的长期政争中并未构建起新的平衡。④邓小南对"祖宗之法"的系统表述，有助于我们理解王安石变法在历史场景中的深层次阻力。方诚峰也围绕"士大夫政治"梳理了北宋晚期纷繁复杂的政治演变，即王安石与司马光等士大夫不同的、多层次的理想在政治实践中逐渐异化、进入困境的过程。其中，王安石变法对于北宋旧有的政治体制与政治文化的改变是之后一切演变的起点，而司马光批判新法的核心关切一定程度上反映出新法对既有政治秩序平衡的挑战。⑤

一些过去采用社会阶级分析的学者也开始回归历史语境，将王安石变法置于整个北宋的士大夫文化中来解读。比如邓广铭指出，王安石的儒家思想与南宋理学思想在实践上的深刻分歧⑥；漆侠也注意到士大夫文化思想的变革并从社会经济关系的

---

① 葛兆光：《中国思想史（第二卷）》，复旦大学出版社，2001，第185、189-190页。
② 葛兆光：《中国思想史（第二卷）》，复旦大学出版社，2001，第215-216页。
③ 邓小南：《祖宗之法：北宋前期政治述略》，生活·读书·新知三联书店，2006，第10页。
④ 邓小南：《祖宗之法：北宋前期政治述略》，生活·读书·新知三联书店，2006，第430、440页。
⑤ 方诚峰：《北宋晚期的政治体制与政治文化》，北京大学出版社，2015，第1-37页。
⑥ 邓广铭：《王安石在北宋儒家学派中的地位——附说理学家的开山祖问题》，《北京大学学报（哲学社会科学版）》1991年第2期，第25-30页。

角度加以解释[1]；李华瑞则明确指出，王安石变法并非源自社会经济层面的矛盾，而是士大夫阶层崛起后"回向三代"的政治实践。[2]

21 世纪以来，海外宋史学者关于士大夫思想文化的著作被大量译介至国内，这些著作整体上仍然延续"国家与社会"的分析框架[3]，但仍有一些学者试图脱离现代想象和学科范式。这方面的典型代表是伊沛霞的《宋徽宗》，该书虽然谈论的是王安石变法以后的历史，但充分还原了新法、新党对北宋晚期政治文化的支配地位和深刻影响。[4]

除上述从思想史、政治史方面回归整个宋代政治文化的研究外，近年来不断有一些学者深入王安石变法中具体的新法政策、文本和口号等特定概念，尽可能还原王安石变法的本来面貌，并纠正了后世的若干误读。

首先，看新法政策方面的代表研究。张呈忠注意到青苗法实行 50 年中"抑配民户"和"形势冒请"两种现象及其内在转变，并分析了这种转变与北宋后期宏观经济环境的紧密联系。张呈忠指出，近代以来以金融/银行逻辑对青苗法的主流解读的局限性，并梳理了制度受益对象从平民百姓到朝廷官府，再到"形势之家"的移动轨迹，揭示出青苗法运行深受权力逻辑影响的实质。[5]此外，张呈忠还分析了元丰时代的"京东铁马、福建茶盐"问题，具体说明了历史情境中新法扩大国家垄断和强化征敛的现实，揭示出当时严重的政治生态危机和民生危机。[6]

黄敏捷的多篇文章侧重于役法变革。她着眼于役法不断推进、调适的过程，并

① 漆侠：《唐宋之际社会经济关系的变革及其对文化思想领域所产生的影响》，《中国经济史研究》2000年第1期，第95-108页。

② 李华瑞：《王安石变法的再思考》，《河北学刊》2008年第5期，第70-73页。

③ 除上文所提及的20世纪五六十年代以后的美国宋代研究外，还有一些关注士大夫思想文化的代表著作，如田浩编：《宋代思想史论》，杨立华、吴艳红等译，社会科学文献出版社，2003；包弼德：《斯文：唐宋思想的转型》，刘宁译，江苏人民出版社，2000；库恩：《儒家统治的时代——宋的转型》，载于卜正民等：《哈佛中国史》，2016，第51-58页。

④ 伊沛霞：《宋徽宗》，广西师范大学出版社，2018。

⑤ 张呈忠：《"抑配民户"与"形势冒请"——北宋青苗法五十年的官贷困境》，《人文杂志》2016年7月，第91-101页。

⑥ 张呈忠：《元丰时代的皇帝、官僚和百姓——以"京东铁马、福建茶盐"为中心的讨论》，《社会科学》2017年第8期，第137-152页。

对役钱计征方式、地方与中央的权限、役法制度提出不少新见解。① 比如在"役钱计征方式"的文章中，黄敏捷指出："为适应各地经济社会发展水平，朝廷允许地方在役钱计征问题上随宜立法，导致两宋役钱的计征办法五花八门。随着时间推移，役钱计征由形式多样转向趋同，更简便高效的计征办法逐渐为各地所接受②。"基于上述观察，黄敏捷系统梳理了计征依据、计征对象、计征程序、阶层役钱承担等问题，展示了中央与地方政府合作、交替推行免役法的历史现实。这些研究既有助于我们理解变法时期中央与地方各级政府的权责范围，也有助于我们跳出对"二分宽剩钱"等制度"聚敛"的惯有认知，从财政理性化、行政专业化的角度发掘王安石变法实践展开的内在理路。③

古丽巍则着眼于变法期间王安石对中书、枢密院、三司等重要机构政务的整顿，分析新法与既有日常政务的统合过程。④ 在此过程中，宋神宗与王安石共同强化政务效能，通过"澄清细务"使决策、行政、核查多种职能集于中书，使中书地位超过枢密院、三司，成为主持新政的"根据地"⑤。古丽巍通过梳理变法期间强化中书的政务过程，为元丰年间神宗皇权加强的原因提供了制度性解释。类似研究还有李国强的《北宋熙宁年间政府机构改革述论》⑥，他还从"制置三司条例司"和"中书"两部分论述了王安石变法期间整顿中央政府机构的另一种改革实践，这在过去研究中往往被忽略或被认为是宋神宗主导的部分。

雷博则回归历史语境中的"熙丰变礼"。他指出在追求"三代之治"的政治思想推动下，王安石组织变法同期，还具有"变礼"的国家治理目标。执政者通过编修南郊式等礼仪制度，以法令的形式将礼仪过程标准化、规范化，并试图将礼的经典性、权威性和实用性进行统一。⑦ 此外，雷博在另一篇文章中分析了新法时期吏

---

① 黄敏捷：《宋代役钱计征方式的演变——兼论朝廷与地方在财政变革中的作用与关系》，《中国经济史研究》2018 年第 2 期，第 97-108 页；黄敏捷：《北宋熙丰时期的役钱征收与地方权限——兼评雇役法》，《文史哲》2018 年第 4 期，第 93-109 页；黄敏捷：《私雇代役——宋代基层社会与朝廷役制的对话》，《安徽史学》2017 年第 6 期，第 62-69 页。

② 黄敏捷：《宋代役钱计征方式的演变——兼论朝廷与地方在财政变革中的作用与关系》，《中国经济史研究》2018 年第 2 期，第 97 页。

③ 黄敏捷：《北宋熙丰时期的役钱征收与地方权限——兼评雇役法》，《文史哲》2018 年第 4 期，第 93 页。

④ 古丽巍：《变革下的日常：北宋熙宁时期的理政之道》，《文史》2016 年第 3 期，第 210-234 页。

⑤ 古丽巍：《变革下的日常：北宋熙宁时期的理政之道》，第 233-234 页。

⑥ 李国强：《北宋熙宁年间政府机构改革述论》，《中华文史论丛》2010 年第 3 期，第 169-186 页。

⑦ 雷博：《试论"熙丰变礼"及其思想史意义》，《政治思想史》2015 年第 3 期，第 30-46 页。

治体系改革的方案及其学理根源，即"饶之以财""约之以礼""裁之以法"的王道养士观念，揭示出指导王安石改革吏治的"吏士合一"的政治理想。①

从《周礼》等经学文本追溯新法的思想资源或者揭示当时不同"解经"方式之间的思想分歧是近年兴起的重要研究路径。在这方面，刘成国的研究分析了王安石具有"尊经卑史"的思想特点。"在王安石看来，史学可以分成两个阶段，一个是三代的史学，一个是三代以后的史学"。三代以后的史学往往由于史料选取的局限、个人情感与私意的渗透，导致史官不能忠实地将历史的原貌记录下来。②"从王安石的众多论述来看，只有儒家六经中才蕴藏着历世不变的永恒真理。通过各种方式，将这种真理领悟、阐发出来，然后以此来评断史料，辨其真伪，这便是王安石的经史观。"③刘成国的观察有助于我们回归王安石极具个性化的语境中，发掘他对经学、历史、政治的整体性思考和新法实践展开的内在脉络。

近年来，俞菁慧的多篇研究意在打通王安石"经术"与"政治"的隔阂。南宋以降，由于王安石的新学遭到打击而未能保留下来，又因为主流理学家攻击王安石的经学思想是"附会《周礼》"，并确立了新的儒家经典和自身解读，所以后世学者大多数沿袭王安石"比附说"的观点而几乎不加质疑。俞菁慧注意到，王安石对诸项新法的解释始终来自《周礼》，因而尝试将当时诸项新法背后的经学论辩揭示出来，并使其直接对应，比如构造青苗法与"国服之息"、保甲法与"比闾什伍"，市易法与"泉府"等《周礼》文本概念的对应关系。④这些研究回归历史语境，一定程度上改变了"比附说"偏见，有利于揭示经学理念与新法政策的内在联系。

包弼德也分析了王安石与《周礼》的关系，他认为王安石对经书的处理假设了一种圣人做事的方法，其中包含核心问题以及他们用来做事的基本秩序。王安石注

---

① 雷博、俞菁慧：《饶之以财、裁之以法——北宋熙丰时期养育与约束并重的吏治体系改革》，《天津社会科学》2015年第4期，第144-154页。

② 刘成国：《尊经卑史——王安石的史学思想与北宋后期史学命运》，《四川大学学报（哲学社会科学版）》2006年第1期，第106页。

③ 刘成国：《尊经卑史——王安石的史学思想与北宋后期史学命运》，《四川大学学报（哲学社会科学版）》2006年第1期，第108页。

④ 俞菁慧、雷博：《北宋熙宁青苗借贷及其经义论辩》，《历史研究》2016年第2期，第20-39页；俞菁慧：《〈周礼〉"比闾什伍"与王安石保甲经制研究》，《中国史研究》2016年第2期，第111-131页；俞菁慧：《〈周礼·泉府〉与熙宁市易法——〈泉府〉职细读与王安石的经世思路》，《首都师范大学学报（社会科学版）》2014年第4期，第27-31页。

释《周礼》的主要方法是字形分析和语句之间的逻辑分析，而他的指导性原则是通过辨识词汇和语言中的系统、结构、秩序、关联性、整体性或一致性而创立的。王安石解释经学文本使其与事物相通，使其通过"学"传授于天下人，从而构建理想的政治社会秩序。[①]包弼德的研究指出，理解王安石与《周礼》关系的重点并不在于经术思想与政治实践的对应，而在于王安石思想中的整体性或一致性，并进一步引导我们思考：新政各种政策作为一个一致的整体而彼此适应，这种整体性的核心是什么？

除了《周礼》，还有一些学者深入其他经学、子学文本以及北宋盛行的道教、佛教思想，从中挖掘历史语境下这些传统思想与王安石变法的关系。[②]比如方笑一整理了王安石与《诗经》《尚书》《周礼》三本经学经典之间的关系。[③]比如刘力耘考察了王安石《尚书》学与熙宁变法之关系，揭示出王安石试图以"先王之政"理想来解释现实政治中各方面变化的思想内核[④]，而从王安石与范纯仁的《尚书解》比较中，也可以看出当时士大夫政治实践不同路径的内在差异。[⑤]张呈忠则分析了王安石的理财思想与《周官·泉府》《管子·轻重》之间的一致性，指出《周官新义》是王安石"先王法度"的文本载体以及王安石对《管子》等法家思想的效法，展现出王安石理财思想的形成源流。[⑥]此外，李祥俊的《王安石学术思想研究》[⑦]、刘成

---

① ［美］包弼德：《王安石与〈周礼〉》，方笑一译，《历史文献研究》2014 年第 1 期，第 65-78 页。

② 除正文引用的研究文献外，另有金生杨：《王荆公〈易解〉考略》，《古籍整理研究学刊》2001 年第 3 期，第 13-20 页；金生杨：《论王安石〈淮南杂说〉中的"异志"思想》，《四川大学学报（哲学社会科学版）》2002 年第 6 期，第 89-93 页；杨倩描：《从〈易解〉看王安石早期的世界观和方法论——以〈井卦·九三〉为中心》，《中国文化研究》2003 年第 1 期，第 62-68 页；杨倩描：《〈易〉学对王安石变法思想的理论支撑》，《河北学刊》2004 年第 4 期，第 159-164 页；罗家湘点校：《王安石老子注辑佚会钞》，华东师范大学出版社，2013，第 1-11 页；杨新勋、刘春华：《论王安石援道入儒的思想体系》，《船山学刊》2005 年第 4 期，第 115-117 页；张煜：《王安石与佛教》，《聊城大学学报（社会科学版）》2004 年第 1 期，第 64-66 页。类似研究仍有不少，但其中多数关注王安石的文学、诗学、哲学思想，并不专门讨论王安石变法，故而不再罗列。

③ 方笑一：《王安石〈尚书新义〉初探》，《华东师范大学学报（哲学社会科学版）》2007 年第 1 期，第 121-124 页；方笑一：《从"〈诗〉〈礼〉相解"论王安石的〈诗经〉学》，《古代文学理论研究（第二十一辑）》2003 年，第 223-232 页；方笑一：《"经义"考》，《华东师范大学学报（哲学社会科学版）》，2002 年第 6 期，第 31-39 页。

④ 刘力耘：《王安石〈尚书〉学与熙宁变法之关系考察》，《中国史研究》2019 年第 1 期，第 119-137 页。

⑤ 刘力耘：《作为士大夫政治实践的宋代经学——范纯仁〈尚书解〉解读》，《文史哲》2019 年第 2 期，第 152-164 页。

⑥ 张呈忠：《从〈管子·轻重〉到〈周官·泉府〉——论王安石理财思想的形成》，《管子学刊》2017 年第 3 期，第 16-21 页。

⑦ 李祥俊：《王安石学术思想研究》，北京师范大学出版社，2000。

国的《荆公新学研究》①和杨天保的《金陵王学研究》②三本专著对王安石的新学学术思想体系进行系统分析，有助于我们回归王安石在历史情境下的思想世界。

王安石变法期间诞生不少的改革口号，北宋晚期的反变法派和南宋理学士人在批判新法、新学、新党过程中也形成一些约定俗成的特定概念。对于这些话语和概念，不少学者尝试剥离后世演绎，探求其在历史语境中的本来意义。

李华瑞针对余英时《朱熹的历史世界》中的宋代"国是"问题提出考辩。③通过考辩，李华瑞认为余英时有关宋神宗与王安石共定"国是"的说法与史实存在出入，并指出宋神宗与王安石之间的政见分歧：在王安石变法触及"祖宗之法"时，宋神宗就采用"异论相搅"的做法掣肘。④李华瑞一文对王安石"得君行道"、北宋"皇帝与士大夫共治天下"的认识形成一定纠正，强调了历史情境中皇权对变法走向的支配地位。

李国强指出，王安石变法的实质问题并非后世商谈的"富国强兵"，而是"变风俗、立法度"，并从建设一个健全的法治王朝和职能高效的行政机构出发来解释"变风俗、立法度"的现实政治内涵。⑤

张呈忠指出，王安石变法的人性基点是"以中人为制"，并由此展开说明王安石制度设计的重要依据。他认为"以中人为制"是"以君主为主体、中人为对象，由大有为的君主对天下之士进行思想、行为的改造，使其成为实现三代之治的工具"⑥。此外，对于传统的社会阶级分析中官僚制的经济基础是土地私有制的普遍认识，张呈忠提出商榷，他指出王安石"以中人为制"思想的经济基础是君主专制政体下君主通过对爵禄的完全垄断而控制官僚的经济命脉⑦，这一认识有利于我们重新理解王安石对于理想政治体制及其运行机制的想象。

---

① 刘成国：《荆公新学研究》，上海古籍出版社，2006。

② 杨天保：《金陵王学研究——王安石早期学术思想的历史考察（1021—1067）》，上海人民出版社，2008 年。

③ 李华瑞：《宋神宗与王安石共定"国是"考辩》，《文史哲》2008 年第 1 期，第 73-78 页。

④ 李华瑞：《宋神宗与王安石共定"国是"考辩》，《文史哲》2008 年第 1 期，第 75 页。

⑤ 李国强：《论北宋熙宁变法的实质》，《史林》2011 年第 2 期，第 66-71 页。

⑥ 张呈忠：《"以中人为制"——王安石政治思想的人性基点与制度理念》，《政治思想史》2017 年第 4 期，第 19-35 页。

⑦ 张呈忠：《"以中人为制"——王安石政治思想的人性基点与制度理念》，《政治思想史》2017 年第 4 期，第 27-30 页。

梁涛系统探讨了王安石融合儒家、道家的思想内核：即把道家的理论思维引入儒家的政治实践。他认为，王安石从道家的天道推论儒家的人道，试图贯通天道性命与礼乐刑政，最终实现儒学体系的制度建构，达到"内圣外王"[1]。其中，梁涛指出王安石对"生"和"性"的讨论旨在于论证"为己"与"为人"的内在统一，是他建构政治哲学的重点。[2] 但梁涛也批评王安石"虽然考虑到个人的感性生命和物质利益，但没有赋予个体应有的自由和权利"，点出了王安石变法虽然具有爱民、惠民的本意，但整个制度设计并不以个体民众的权利为重，最终在实际操作中反而走向了损害民众的一面。[3]

还有一些学者把王安石变法置于更长时段的传统中国语境中思考变革的动力与阻力。赵益著有《王霸义利》一书，尽管书中多处借用金融等现代思想来解释新法政策[4]，但其主旨牢牢抓住传统中国"王霸义利"的原则来分析王安石变法。在"王霸义利"的张力之间，王安石变法代表着"坚定君主本位、加强集权国家力量"的法家取向行动，虽然有利于强化君主专制，但打破了"以义为上"和"公利可言"有机统一的平衡系统。南宋以降，"专制主义极权政治愈发强大和稳定，'民本'思想者正是以批判王安石为武器，尽可能保护这种平衡"[5]。

在葛兆光的《中国思想史》中，王安石变法则被置于"师与吏""王道与霸道"的张力中。旧党等反对者一方"以师为吏"——采取"循吏"的策略建设"王道"秩序，而新党一方"以吏为师"——采取"酷吏"的策略建立"霸道"秩序。[6] 虽然王安石明确表达过"王霸道杂糅"的策略[7]，但在实际政治操作中，激进的变法行动难免偏向"霸道"且必然引发强烈反弹，这种反弹使士大夫更加固守和强化"师道""王道"等思想教条，一定程度上造成实用主义思想在南宋以降传统社会的式微态势。

---

① 梁涛：《王安石政治哲学发微》，《北京师范大学学报（社会科学版）》2016年第3期，第99、106页。

② 梁涛：《王安石政治哲学发微》，《北京师范大学学报（社会科学版）》2016年第3期，第100-103页。

③ 梁涛：《王安石政治哲学发微》，《北京师范大学学报（社会科学版）》2016年第3期，第106-107页。

④ 赵益：《王霸义利：北宋王安石改革批判》，南京大学出版社，2000，第152-155页。

⑤ 赵益：《王霸义利：北宋王安石改革批判》，南京大学出版社，2000，第159-160页。

⑥ 葛兆光：《中国思想史（第二卷）》，复旦大学出版社，2009，第189页。

⑦ 王明荪：《王安石的王霸论》，《中华文化复兴月刊（台北）》1982年第2期，第6-12页。汪晖也有类似表达，即"道德／事功合一论"，但反变法的道学家却坚持把事功与道德分离，参见汪晖：《现代中国思想的兴起（上卷）》，生活·读书·新知三联书店，2004，第244页。

汪晖则从如何"回向三代"的问题上分析王安石变法，他认为王安石的制度革新和义理之学的总目标是将礼乐制度化，"使儒家礼乐论落入法家制度论的轨道"①。在具体做法上，王安石着眼于改变学校、教育、科举的主要内容，进而构建起士大夫文化与国家之用的持久的内在统一。②然而新法政策没有取得预期效果，不仅没有实现"政教合一"的"一道德、同风俗"理想，反而开出了南宋以后"政教分化"的历史走向。

综上所述，21世纪以来，越来越多的学者从不同角度试图把王安石其人、其法带回历史语境之中，挖掘当时的争论、话语、情境中的深层次问题。这些研究深涉从宋代政治文化到新法具体政策、从王安石的经学思想到传统中国的政治价值张力等方方面面，为我们回归"古人的眼光"奠定了坚实的学术基础。尽管本书所论治国"体要"问题尚未受到关注，但仍有包弼德、方诚峰等学者的研究③对我们理解治国"体要"之争以及司马光与王安石的治理思想分野颇有启发。

平心而论，若以文献分类精确为标准，"百年来王安石变法研究中的三种解读"的分类仍然相对大略，不同解读之间亦存在一定的交叉与重复。比如改革开放以后从"国家与市场经济（商品经济）"等视角分析王安石变法，就兼有"建设中国特色的社会主义市场经济体系"与"经济学显学化"的政治—学术的双重动因。又比如当前"回归历史情境"风潮渐起，显然无法脱却当代反思现代性、探求中国道路的社会气候，也深受跨学科研究趋势的深刻影响。但总体而言，本篇综述涵盖了近代百年来王安石变法的主要研究，并梳理出王安石变法研究在不同历史阶段的主要特征。从中，我们不仅可以反思过往一些研究的限度所在，而且可以把握王安石变法研究的前沿问题，从而锚定治国"体要"问题在王安石变法研究中的地位与意义。

---

① 汪晖：《现代中国思想的兴起（上卷）》，生活·读书·新知三联书店，2004，第241页。

② 汪晖：《现代中国思想的兴起（上卷）》，生活·读书·新知三联书店，2004，第242页。

③ ［美］包弼德、方诚峰并未专门讨论治国"体要"问题，但他们在分析司马光的政治思想时引述了《上神宗论体要》一文，故作说明。相关研究参见包弼德：《斯文：唐宋思想的转型》，刘宁译，江苏人民出版社，2000，第232-233页；［美］包弼德：《政府、社会与国家——关于司马光和王安石的政治观点》，第133页；方诚峰：《北宋晚期的政治体制与政治文化》，第14-17、21-25页；方诚峰：《司马光〈潜虚〉的世界》，《清华大学学报（哲学社会科学版）》2017年第1期，第180-181页。

第四节 治国"体要"：一个新的出发点

在梳理上述文献的过程中，我们意识到：百年来王安石变法之所以有很大吸引力，在于其独特现象，它是一个与不同时代的重要问题意识——无论政治、社会还是学术上，都密切相连的政治运动，因而反映出不同时代人的自我关切，也投射出不同的色彩与意义。那么，为何王安石变法能够容纳下如此繁复的问题意识？一个很重要的原因是王安石变法本身是历史上罕见的深刻触动政治、经济、社会、文化等多方面的系统性改革①，内含王安石对北宋王朝治理的整体性思考。由于改革范围广、程度深，它所遭致的质疑与批判也层出不穷，正是这些真实存在的变革实践以及这些变革所引发的争议和张力，使后世学人始终能从王安石变法找到当下变革的影子，并回应他们自身的问题意识。

对于王安石变法本身的系统性与整体性现象，上述三种解读中，只有近年来"回归历史语境"的一些研究试图予以解释。而在"社会政治气候影响下的意识形态解读"和"学术分科下的精细化解读"中，王安石治国理政的整体性思考则很少被关注，即便一些前辈学者予以王安石变法较系统地解释，也往往停留在"今人的眼光"中②，缺乏对历史语境下王安石本来思考的追问。

在"回归历史语境的解读"中，包弼德指出王安石的思想中具有一种一致性倾向："诸项新法政策作为一个一致的整体而彼此适应③。"并指出这种一致性来源于

---

① 近代以来，王安石变法对北宋王朝的颠覆性改革的说法长期流行，如梁启超等人开启的"现代国家"之说、列宁的"社会主义"之说（后被证明有误）、邓广铭的"三不足"之说均影响深远；21 世纪以来，一些涉及北宋政治文化的研究将这种颠覆性说法"降温"，强调王安石代表了北宋中后期士大夫理想政治实践的代表力量，如邓小南的"祖宗之法"研究。但王安石变法的系统性、整体性、一致性特征仍是学界普遍认同的观点。上述讨论参见梁启超：《王安石传》，商务印书馆，2015；［俄］列宁：《修改工人政党的土地纲领》，载《列宁全集》第十二卷，人民出版社，1987，第 226 页；邓广铭：《北宋政治改革家王安石》，河北教育出版社，2000；邓小南：《祖宗之法：北宋前期政治述略》，生活·读书·新知三联书店，2006，第 433-435 页。

② 一些学者对王安石变法做出相当详尽的考证与分析，对后世研究大有裨益，但对王安石的整体性思考往往采用当时流行的理论范式，如王毓铨的"东方专制主义"、漆侠的"阶级斗争"等，前文已作说明，此处不再赘述。参见王毓铨：《王安石的改革政策》，《政治经济学报》1937 年第 5 卷第 2 期，第 91-168 页；漆侠：《王安石变法》，河北人民出版社，2001。

③ ［美］包弼德：《王安石与〈周礼〉》，方笑一译，《历史文献研究》2014 年第 1 期，第 65、78 页。

王安石对《周礼》的注释与发挥，但包弼德并没有继续说明这种一致性体现在政策中的现实意义。俞菁慧和雷博将诸项新法政策与《周礼》联系起来①，但他们并没有对王安石的整体性思考提出一个完整而有机的概括。张呈忠、梁涛分别从"以中人为制"和"贯通天道性命与礼乐刑政"的角度试图指出王安石在整个新法制度设计背后的思想内涵，但并未能专门系统说明王安石的整体性思考的实践展开。②此外，还有葛兆光、汪晖、李华瑞等前辈学者关注了王安石的整体性思考，并将其视为士大夫践行"回向三代"政治理想的现实主义代表，但只强调或分析了整体性的一个侧面。如学校/科举制度，如士大夫内部的分裂等③，并没有形成系统论述，而且忽视了王安石治国理政的具体做法的整体性意义。总体而言，当学者们"回归历史语境"、以"古人的眼光"来梳理王安石变法，往往注意到王安石变法和他的治国思想中的整体性现象。然而对这一问题，现有研究大多只点出若干项新法之间、单一新法与经学思想、局部改革之间的内在联系，而不能将诸项新法作为一个整体有机地统合起来，进而从整体性出发理解诸项新法的功用与意义。

那么在历史情境中，促使王安石不顾"祖宗之法"等政治文化和现实制度约束而发动系统性改革的真正动因是什么？是什么决定了王安石选择这些新法政策，而不是调适既有政策，或者采用别的法令，或者仅在局部范围内实施？又是怎样的时代扭变能够生发出如此深远、广大、激烈的历史包容度，将后世学人纷繁的问题意识一体囊括？显然，我们到了揭示王安石变法及其治理思想中的整体性、系统性和一致性的重要关头。

在这个意义上，本书对治国"体要"问题的讨论正值其时。在探索王安石的"体要"观的过程中，我们不仅能够概观王安石心目中真正符合北宋王朝治理现实

---

① 俞菁慧、雷博：《北宋熙宁青苗借贷及其经义论辩》，《历史研究》2016年第2期，第20-39页；俞菁慧：《〈周礼〉"比闾什伍"与王安石保甲经制研究》，《中国史研究》2016年第2期，第111-131页；俞菁慧：《〈周礼·泉府〉与熙宁市易法——〈泉府〉职细读与王安石的经世思路》，《首都师范大学学报（社会科学版）》2014年第4期，第27-31页；雷博、俞菁慧：《饶之以财、裁之以法——北宋熙丰时期养育与约束并重的吏治体系改革》，《天津社会科学》2015年第4期，第144-154页。

② 张呈忠：《"以中人为制"——王安石政治思想的人性基点与制度理念》，《政治思想史》2017年第4期，第27-30页；梁涛：《王安石政治哲学发微》，《北京师范大学学报（社会科学版）》2016年第3期，第99-106页。

③ 葛兆光：《中国思想史（第二卷）》，复旦大学出版社，2009，第189、215-216页；汪晖：《现代中国思想的兴起（上卷）》，生活·读书·新知三联书店，2004，第241-242页；李华瑞：《王安石变法的再思考》，《河北学刊》2008年第5期，第70-73页。

的"为政之体",从而看出变法前后北宋王朝"体要"的结构性变化,并且理解诸项新法在改造"体要"上的不同治理功用。这些观察和分析在深化我们对王安石变法的整体性解读的同时,也能将前人丰富的研究成果予以有序统合和呼应。这是本书之于王安石变法研究的价值所在。

此外,作为一个公共行政学的研究者,笔者也始终思考着王安石变法和治国"体要"视角在公共行政学中的研究意义。赫希曼(Albert Hirschman)在《欲望与利益》中说,他进入思想史研究完全是因为学术困惑——当代社会科学无法解释经济增长带来的频繁政治灾难,所以需要追问 17、18 世纪现代学科体系形成之前的思想家,向他们寻求答案。① 笔者最初对王安石变法感兴趣也来自一种学术困惑,而且是社会科学的学术困惑,即为什么在 11 世纪中期的王安石时代,中国的一些财政政策就已经与现代国家的做法暗合?国家向农民借出贷款、国家进入市场、国家发展经济……这些现代国家行动为何会出现在前现代?王安石的这些"现代"做法从何而来?带着这些问题,笔者闯入王安石的历史世界,但随着研究深入,笔者发现:王安石并没有所谓的现代精神,他长期深耕地方基层,甚至是个追求"三代"想象的复古主义者;而且王安石变法并不是历史变迁的必然结果——没有王安石也有"张安石""李安石",而是带有相当的偶然性,王安石本人在历史中发挥了极其重要的作用,他的政策法令与北宋前中期、南宋具有很大的差异。显然,王安石变法并不是现代国家的时空错置,而是另有他因,我们无法依据当代社会科学的理论范式或者历史规律分析予以简单解释,而必须深入王安石的治理思想,全面体察他在历史情境中的核心关切,从而理解"时空错置"背后的深层原因。由此,笔者投身传统中国国家治理思想史的研究。

在研究过程中,笔者最初关注王安石对青苗法等单一政策、京畿等单一区域、官僚体系等单一层次的改革和争论,但逐渐意识到这些改革都从属于王安石一个更大的目标,进而不断否定、不断深究。这不仅使笔者联想到当今公共行政学的一些现象,我们在对单一政策、部门、区域的精细化研究中,试图找到一些规律,但事物很快更迭、"规律"也很快淘汰,一些更深层次、多域多维复合的整体性规律则

---

① [美]赫希曼:《欲望与利益:资本主义胜利之前的政治争论》,冯克利译,浙江大学出版社,2015,第1-3 页。

被忽视了，而这些真正的规律往往是王安石等治国者对历史机制的调适和改造。这往往体现的不是某种经济学预设的规律或者社会科学理论，而是一种政治和治理的逻辑，体现出治理本位的规律，这也是公共行政学定位为"一门治国之学"①的应有之义。因此，我们的公共行政学研究不应局限于局部的、表层的政策性研究，而应深入历史机制本身，挖掘历史变迁的真正动因，这就需要兼顾政策性研究和治理思想研究。

然而受限于多方面原因，贯通当下的政策性研究和治理思想研究难以展开。这时，传统中国丰富的治理思想和治理经验就成为一座富矿，有助于我们深入探究国家治理在历史机制中的因循与扭变，真正将中国的公共行政学上升到"治国之学"的应有地位。尽可能从治国者的高度洞察时势变化下的轻重缓急，将传统中国的历史文化予以创造性转化，从而提出真正有利于当代治国理政的思想与实践方案。

基于此，我们闯入王安石的思想大厦，探求王安石对于"治国之体要"的思考与实践。笔者相信，本书对王安石变法的整体性解读，能够有序统合既有研究中的一些成果，并能对王安石变法的一些基本问题形成新的认识；笔者也希望，治国"体要"视角能够成为一个新的出发点，打开王安石变法研究的新问题、新思路。同时，能为中国公共行政学和更大的社会科学领域探求传统中国治理智慧提供一个典型案例，拉开理论视野，推进思想纵深，构建符合数千年中国治理情态的规范理论。

---

① 马骏：《公共行政学的想象力》，《中国社会科学评价》2015 年第 1 期，第 34 页。

第三章

王安石"体要"观：实践体认、理论重构与变法核心

通过揭示《宋朝诸臣奏议》篇章脉络可以推论，"治国之体要"是王安石与司马光等反变法派精英争论的深层次问题。大体而言，双方在北宋王朝治理体系的"为政之体"——政治等级体结构、"治事之要"——各层级的行动纲要以及"体要"运作的核心机制等主要问题上存在认知差异。在司马光和《宋朝诸臣奏议》编者赵汝愚看来，王安石变法深刻挑战并破坏了北宋王朝的既有"体要"。但受限于政治取向与文本体裁，《宋朝诸臣奏议》并没有展现甚至遮掩了王安石的"体要"观。而王安石通过变法试图构造的新"体要"正是本书论述的核心观点。

本章将结合北宋王朝既有"体要"形成的历史背景和王安石入参大政前的任职经历，首先说明王安石对旧"体要"以及北宋王朝治理体系结构性危机的体认与反思。在理解王安石的现实政治主张的基础上，指出王安石在变法前后的重要文本中对新"体要"的理论构想，即构造"皇帝—庶民"贯通的新的"为政之体"，变法推行两年内的制度铺设与廷议论辩佐证了这一观点。王安石改造"体要"的核心在于"建立庶政"，对北宋王朝的"为政之体"与"治事之要"构成实质改变：皇权垂直下贯至基层社会，地方州、县以下政府职能扩大、权责明确、政府引导农村与城市民众扩大生产、创造财富。

本章通过展示王安石"体要"观，来说明治国"体要"视角下王安石推行新法的核心关切，即北宋王朝旧"体要"对基层社会控制弱化后基层资源流失的政治安全危机，因而新法的重点在"体"和"要"上恢复对"庶政"的治理。这是理解诸项新法制度设计与实践展开的"题眼"。

第一节 从"祖宗之法"到"体要之争"：宋初以来"体要"的变迁

尽管北宋王朝的治国"体要"之争浮现于王安石变法以后，"体要"一说在熙宁二年（1069）司马光《上神宗论体要》以前也罕有提及，但在北宋立国（960）

到王安石变法开始的 100 多年中,"体要"所涉及的北宋王朝治理体系的问题却始终存在。

古今学者多以"祖宗之法"作为把握北宋王朝治理体系的核心问题。与赵汝愚同期的浙东学派学者叶适就指出"祖宗法度"是北宋王朝的立国根本,并以此作为品评北宋人物、事件"兴、亡、治、乱"的标准。他在《国本》一文中指出,"继世而有天下,其中才者固能守祖宗之意,其贤圣者则增益祖宗之意,其好谋而寡德者徒以变乱祖宗之意,而昏童不肖者则又不知祖宗之意"[①],其中,"好谋而寡德""昏童不肖"的批评直指秉持"祖宗不足法"意旨的王安石及其新党。现代学者邓小南则指出,两宋士人对"祖宗之法"的强调是理解赵宋一朝历史现象的关键线索。"宋代中央集权的活力与僵滞、各层级权力结构的分立与集中、'守内虚外'格局的展开、文武制衡关系的形成、官僚机制运作过程中上下左右的维系,乃至赵宋王朝的兴衰"[②]……宋代诸多问题的"题眼"正在于"祖宗之法"。

"祖宗之法"与"体要"均具有宽泛的理论内涵,二者在上述"层级权力结构""官僚机制运作过程""中央集权制度"等方面的指向与意义多有重合,但二者亦有明显差异,即反映出不同历史阶段的政治主题。"祖宗之法"历经宋太祖(960—975)、宋太宗(976—997)、宋真宗(998—1022)、宋仁宗(1023—1063)四朝的创制与守成得以奠定,形成保守、制约、防弊等基本精神,但在现实治理中也存在结构性弊端。在宋神宗朝,王安石变法意图改善治理,但也对"祖宗之法"构成实质挑战,反变法的司马光由此提出"体要"问题,警示宋神宗分辨正确的"体要"、摒弃错误的"体要",前述治国"体要之争"由此形成。一定程度上,"祖宗之法"百余年的创制与守成正是王安石变法期间"体要之争"必然登上历史舞台的先声。以下对此变迁过程稍作说明。

一、矫枉防弊:宋太祖、宋太宗朝的创法立制

北宋承袭五代,如何避免重蹈前五个短命王朝的命运,如何维持赵宋王朝的政

---

① 叶适:《叶适集》,刘公纯等点校,中华书局,1961,第 645 页。
② 邓小南:《宋代"祖宗之法"治国得失考》,《人民论坛》2013 年第 16 期,第 76 页。

权并平稳实现中央集权，是宋太祖赵匡胤所着重关心的治国难题。对此，出身军阀的赵匡胤深知五代篡夺之风源自武人专权、唐末割据之势起于兵权旁落，于是率先处理军政关系，并由此开启北宋王朝的创法立制运动。[①]

解除军阀兵权是恢复中央集权的第一步。在建隆年间（960—963），赵匡胤收夺石守信、王审琦、高怀德等高级军事将领的兵权，废除了统领中央禁军的殿前都副点检之职，将其权责分属枢密院以下殿前司、侍卫马军司和侍卫步军司"三衙"，实际上是将中央禁军军事实权统归于皇帝。在北宋"先南后北"的统一方略指导下，北宋王朝先后消灭了南方的南平、楚、后蜀、南汉、南唐和迫降了吴越、闽等地方割据势力。在此军事征服过程中，所用统兵将帅均为曹彬、潘美等军中后起之秀，逐渐坐实了收归兵权的政治成果。[②]

出于制衡武人和加强集权的目的，宋太祖（960—975）、宋太宗（976—997）二朝逐渐走上了重用文官以"崇文抑武"的道路。其创法立制的时间跨度更大、牵涉面也更广，初步奠定了北宋王朝治理体系的基本结构，并大致展现出以下几种主要做法。

第一，分化中枢事权。分化中枢机构并非赵宋创举，唐末五代业已出现中书与枢密院文武对掌的权力结构。而在宋太祖、宋太宗朝的现实运作中，中枢机构进一步分化为中书掌民政、枢密院掌军政、三司掌财政的朝政格局[③]，其权责分工更为明确，也更有利于皇帝直接控制，而不利于行政长官专权。在整顿中枢的过程中，相权又被进一步分割，除"同中书门下平章事"以外，北宋王朝分设"参知政事"作为副相，深刻地体现出分权制衡的精神。[④]

第二，分割地方事权。中唐以降藩镇割据兴起的重要原因在于兵、财、民、司

[①]　邓广铭：《宋朝的家法和北宋的政治改革运动》，载于《邓广铭全集（第七卷）》，河北教育出版社，2005，第 287 页。

[②]　邓广铭：《宋朝的家法和北宋的政治改革运动》，载于《邓广铭全集（第七卷）》，河北教育出版社，2005，第 288-289 页。

[③]　邓广铭：《宋朝的家法和北宋的政治改革运动》，载于《邓广铭全集（第七卷）》，河北教育出版社，2005，第 289-290 页。

[④]　陈振：《关于北宋前期的宰相制度》，《中州学刊》1985 年第 6 期，第 95-99 页；邓小南：《祖宗之法：北宋前期政治述略》，生活・读书・新知三联书店，第 212 页。

法监察等权力尽归节度使。^①而在宋初，随着宋太祖解除军阀与地方兵权，宋太宗进一步分割了地方州、县的财、民、司法监察等权责，分别由节度、宣抚等使主管军政，由通判主管府州一级民政，由转运使主管更高的路级财政，由提点刑狱主管路级司法监察。四使并立，地方州、县大权难以再次集中。^②对此，朱熹曾反思道："本朝鉴五代藩镇之弊，遂尽夺藩镇之权，兵也收了，财也收了，赏罚刑政一切收了。州郡遂日就困弱^③。"形象说明了北宋王朝节制地方势力的重要特征。

第三，在中央与地方关系上确立"复式政区"并发展中央派遣制度。在分割地方事权过程中，"路"作为一种"复式政区"成为了宋代地方的最高级行政区。^④"路"的主要特征在于不设单一行政长官，而是由转运使司、提点刑狱司、安抚使司和提举常平司分管一路行政事务。^⑤而这些使司均由中央委派，并分别直接向皇帝奏事、负责。这种分权制衡的制度设计不仅意味着地方实际权力被分化，而且深刻强化了地方与中央朝廷的隶属关系，地方治理的重要决策均处于中央控制之下，君主专制独裁的政治态势得以巩固。^⑥

第四，人事配置中官、职、差遣地三权分离。在分化中枢、地方事权的同时，宋太祖与宋太宗在人事安排上也秉持"强干弱枝"之原则，进一步将官员的官衔、职务和具体差遣分开。^⑦《宋史·职官志》序言有云："官以寓禄秩、叙位著，职百

---

① "及府兵法坏而方镇盛，武夫悍将虽无事时，据要险，专方面，既有其土地，又有其人民，又有其甲兵，又有其财赋，以布列天下。然则方镇不得不强，京师不得不弱，故曰措置之势使然者，以此也。"《新唐书·兵志》卷五〇，转引自邓小南：《祖宗之法：北宋前期政治述略》，生活·读书·新知三联书店，2006，第197页。

② 陈峰：《宋朝治国理念及其实践研究》，人民出版社，2015，第59页。另，本书凡涉及宋代各级政府官吏职务、权责等制度内容，均参考龚延明：《宋代官制辞典》，中华书局，1997。以下不作专门说明。

③ 黎靖德：《朱子语类·本朝二法制（卷一二八）》，王星贤 注解，中华书局，1986。

④ "在宋代，作为高层政区的路却呈复式形态，无单一行政长官。路的行政事务为诸监司，即转运使司、提点刑狱使司、安抚使司及提举常平使司所分管，而且各监司行使职权范围有时也不一致。"周振鹤：《行政区划史研究的基本概念与学术用语刍议》，《复旦学报（社会科学版）》2001年第3期，第34页。亦参见朱瑞熙：《中国政治制度通史·宋代卷》，社会科学文献出版社，2011，第320-322页。

⑤ 陈峰：《宋朝治国理念及其实践研究》，第60页。

⑥ 北宋立国初期，宋太祖确立了君主专制的基本制度，而宋太宗则躬亲庶务，长期介入行政事务细节，将君主专制概念立为行政成规，其主要行政原理就是分权制衡、分层处事。有关分权、分层等"祖宗法度"原理的论述，参见刘静贞：《北宋前期皇帝与他们的权力》，稻乡出版社，1996，第53页，转引自：邓小南：《祖宗之法：北宋前期政治述略》，第277页。

⑦ 邓小南：《宋代"祖宗之法"治国得失考》，《人民论坛》2013年第16期，第79页。

以待文学之选，而度别为差遣以治内外之事①。"即说明官衔和职务往往是虚职、差遣才对应实权。然而，配置差遣的权力由皇帝掌握，获取差遣的官员也主要出自内廷，这使大臣治事权力受到更精细的牵制。

综合以上四点来看，在平稳实现中央集权的目的下，北宋太祖、宋太宗两朝在沿袭唐末五代制度的基础上注重对既有制度采取"矫枉防弊"式的调适。其基本的行政原则是分权制衡和分层处事②，并在长期的实践与反复过程中凝练出"事为之防、曲为之制"③的治理精神。对这一精神，历史上有如下记载：

> 太宗尝谓侍臣曰："国若无内患，必有外忧；若无外忧，必有内患。外忧不过边事，皆可预为之防。惟奸邪无状，若为内患，深可惧焉。帝王合当用心于此。"④

显然，宋太宗赵匡义认为，治国的核心问题在于警惕和防范王朝治理体系的内部隐患。⑤在这个意义上，我们可以理解上述四种做法分别针对政治运作中的危险环节，有效纠察和杜绝了这些环节潜在的政治危机。然而，北宋初期的创法立制并非体系性的全盘重塑，而是在新形势下对唐末五代诸项制度的变通与修补，这些修补性质的制度施设富有针对性并注重实效⑥，但也埋下了新的隐患。

二、务行故事：宋真宗、宋仁宗朝的保业守成

在宋太祖、宋太宗"事为之防、曲为之制"的精神指引下，赵宋王朝安然度过了对外征战统一、对内创法立制的关键时期，开创了与五代王朝截然不同的局面。对此，无论是统治者还是士大夫集团均怀有很高的历史成就感，进而充分肯定这一时期矫枉除弊、维系制约的政治智慧。

进入 11 世纪的宋真宗、宋仁宗朝，政治局势安定下来，皇帝与士大夫围绕前

---

① 脱脱等：《宋史·职官志（序言）》，中华书局，1977，第 3769 页。
② 有关宋朝制度中"防弊"精神的总结，参见朱瑞熙：《中国政治制度通史：宋代卷》，社会科学文献出版社，2011，第 6 页。
③ 邓小南：《祖宗之法：北宋前期政治述略》，第 262-263 页。
④ 杨亿：《杨文公谈苑·倦游杂录》，上海古籍出版社，1993，第 50 页。转引自邓小南：《祖宗之法：北宋前期政治述略》，第 262-263 页。
⑤ 漆侠：《宋太宗与守内虚外》，载于《宋史研究论丛（第 3 辑）》，河北大学出版社，1999，第 1-17 页。
⑥ 邓小南：《祖宗之法：北宋前期政治述略》，第 280 页。

期的政治经验着手总结,这就构成了北宋王朝的第二个阶段性主题:"务行祖宗故事"①。在这一阶段,"务行故事"一方面将"祖宗之法"的治理体系加以制度性地认定和深化,而另一方面也开始束缚君臣的改革作为,逐渐暴露出"祖宗法度"在北宋王朝治理中的负面作用。

宋真宗朝(998—1022)是北宋王朝从创业走向守成的关键转型期。相较宋太祖、宋太宗颇高的个人威望与影响,即位并不顺畅的真宗对待政事更为谨慎,也更依赖于李沆、王旦等士大夫精英的辅佐。②这导致两个客观结果:一是宋太祖、宋太宗朝具有权宜性质的做法被制度化地继承下来,二是士大夫文官集团在治理体系中占据主体地位。在这样的朝政格局中,"奉行祖宗故事"成为君臣之间彼此约束的共识:真宗强调自己继承"祖宗法度",特别是在宋辽"澶渊之盟"后,宋真宗长期从事天书"祥瑞"等神圣性事件来强化自己的正统与合法地位,从而神化"祖宗法度"③;主要重臣也利用宋真宗相对弱势的时机力图将"祖宗法度"的说法常态化,并以宋太祖、宋太宗的法规典故警示真宗皇帝超出既定轨道,由此确立了"务行故事"——援引宋太祖、宋太宗朝案例处理政务的基本原则。④ 在整个北宋王朝中央集权化的趋势下,士大夫文官集团的地位在宋真宗朝得以真正认定和保障,这也是君臣关系趋于平衡的默契的体现。

宋仁宗朝(1023—1063)是赵宋制度的全面成熟期。在宋仁宗亲政以前,曾有一段刘太后临朝摄政(1023—1033)的特殊时期,在这一时期,士大夫文官集团始终防范女后外戚专权的危机,因而在朝政言事时往往推出"祖宗家法"以遏制刘太后势力⑤,这意味着"务行祖宗故事"内涵的扩大化。宋仁宗亲政以后,"祖宗之法"的内涵更为丰富,业已发展出针对武将、文臣、女后、外戚、宗室、宦官等六种专权危机以及戒除朝廷中枢,地方州、县,派遣机构,财政与军政等诸方面隐患的多

---

① 邓小南:《祖宗之法:北宋前期政治述略》,第 327、336-338 页。

② 汪圣铎:《宋真宗》,吉林文史出版社,第 55-63 页。

③ 汪圣铎:《宋真宗》,吉林文史出版社,第 55-63 页;陈峰:《宋朝治国理念及其实践研究》,2015,第 64-65 页;何平立:《宋真宗"东封西祀"略论》,《学术月刊》2005 年第 2 期,第 89-95 页。

④ 邓小南:《祖宗之法:北宋前期政治述略》,第 338-339 页。

⑤ 张其凡、白效咏:《乾兴元年至明道二年政局初探——兼论宋仁宗与刘太后关系之演变》,《中州学刊》2005 年第 3 期,第 190-193 页。

重政策①，"事为之防、曲为之制"的防弊精神也走向全面制度化，"皇帝与士大夫共治天下"的政体结构与政治格局形成。②

士大夫阶层的兴起既是赵宋王朝"走出五代"、奠定"祖宗法度"的主要动力，也对"祖宗法度"结构性弊端提出了质疑与挑战。就在"祖宗法度"全面制度化的仁宗朝，范仲淹、富弼、欧阳修等多位士大夫领袖针对北宋立国以来的诸多积弊发起"庆历新政"（1043—1044），触及并深刻揭示出"祖宗法度"自身的结构性问题。在极具纲领性的《答手诏条陈十事疏》中，范仲淹提出了庆历新政的改革主张，包括"明黜陟、抑侥幸、精贡举、择官长、均公田、厚农桑、修武备、减徭役、覃恩信、重命令"十事。③上述主张的核心在于改革吏治，强调以政绩代替资历来升迁官员，要求以"经世"代替"辞赋"来选拔人才，建议中央严格委派地方官。④诸如"均公田""修武备"等其他主张则分别响应现实治理中的平均田赋、整军备战等问题。⑤新政的基本思路大致是首先澄清吏治、培养人才，然后再处理具体治理问题。⑥然而，声势浩大的庆历新政仅仅持续一年便告失败，从"祖宗之法"的治理体系基本定型的背景来看，这场失败大致具有两方面原因。

一是在中央的吏治改革方面。庆历新政的重点是吏治改革，但吏治改革直接揭露和激化了官僚集团的内部矛盾，在更深层次上破坏了"祖宗之法"的分权制衡原则。新政强调依据官员的政治素质与行政能力臧否升黜，除了损害资历型官员升迁、荫补等既得利益，行政、人事方面的主导权也必然由范仲淹等新政官员掌握，进而导致朝政失衡的问题。我们看到，长期排挤范仲淹的吕夷简、章得象等保守派大臣在新政前也认同革除弊政的必要性，但在新政推行后，他们或失势或消极应对，而范仲淹、韩琦、富弼、欧阳修等人则主导新政，在这种情况下，这些保守派

---

① 朱瑞熙：《中国政治制度通史：宋代卷》，社会科学文献出版社，2011，第6页。

② 程民生：《论宋代士大夫政治对皇权的限制》，《河南大学学报（社会科学版）》1999年第3期，第59-67页；张其凡：《"皇帝与士大夫共治天下"试析——北宋政治架构探微》，《暨南学报（哲学社会科学版）》2001年第6期，第114-123页。

③ 脱脱等：《宋史·范仲淹传》，中华书局，1977，第10273-10275页。

④ 漆侠：《范仲淹集团与庆历新政——读欧阳修〈朋党论〉书后》，《历史研究》1992年第3期，第130-133页；姚瀛艇：《论"庆历新政"对宋代吏治的改革》，《史学月刊》1988年第1期，第33-38页。

⑤ 朱瑞熙：《范仲淹"庆历新政"行废考实》，《学术月刊》1990年第2期，第50-55页。

⑥ 邓广铭：《宋朝的家法和北宋的政治改革运动》，第294页。

大臣开始质疑新政的朋党、派系性质，直指新政破坏"祖宗之法"的政治现实。[①]
邓广铭认为，表面上新政败于反对者的造谣中伤，但深层次原因是"朋党"问题对
"祖宗之法""异论相搅"原则的抵触。[②]这一定程度上也反映出"祖宗之法"对士
大夫变革动力的结构性束缚。

二是在地方的基层社会方面。庆历新政虽然涉及吏治以外的改革，如农村基层
社会的公田、农桑、徭役等，但这些改革主要限于少数的地方官吏。[③]在这些局部
改革尚未产生效果时，新政就已经告停，其成果未能有效呼应中央朝廷的吏治改革。
实际上，如果纵览王安石变法的历史源流，部分新法政策与庆历新政中的一些主张
和政策相近、相合，比如方田均税法可以上溯到郭谘在蔡州实施的千步方田法[④]，青
苗法可以上溯到李参在陕西实施的青苗钱。[⑤]然而，庆历年间（1041—1048）的这些
小范围、小规模的试验大多依凭地方官员的治理经验和经世自觉[⑥]，并未获得制度层
面的认可和推广，直至王安石变法，才以新法政策的形式在全国范围内展开。

那么，这种对局部改革成果的"忽视"是否说明北宋君臣轻慢治理？虞云国指
出，由于国家疆域太大，基层社会治理必须委托地方官吏来完成。所以宋朝和传统
中国治理长期强调"得人"而非"法制"，寄望于选得清廉贤能的官吏并在执行政
策上予以一定的自主性，而在全国范围内推行"法制"反而未必适应各地实际情
况，容易形成弊病与恶政。[⑦]这种皇权委托制的平衡体现出"皇帝与士大夫共治天
下"的政治格局，也反映出"祖宗之法"对大规模改革的内在制约。[⑧]

从庆历新政的发起与失败，我们可以看出：历经"矫枉防弊"和"务行故事"
两个阶段的发展，以"祖宗之法"为核心的北宋王朝治理体系业已定型，庆历新政

---

① 叶坦：《大变法：宋神宗与十一世纪的改革运动》，生活·读书·新知三联书店，1996，第31页；邓小
南：《祖宗之法：北宋前期政治述略》，第426-427页。

② 邓广铭：《宋朝的家法和北宋的政治改革运动》，第295页。

③ 有关庆历新政与士风的关系，参见诸葛忆兵：《范仲淹与北宋士风的演变》，《中国人民大学学报》2006
年第5期，第150-156页。

④ 有关新法政策与庆历新政的沿袭关系，一些研究已有讨论，本书主要依据周良霄的整理。参见周良霄：
《王安石变法纵探》，《史学集刊》1985年第1期，第22-23页。

⑤ 脱脱等：《宋史·李参传》，中华书局，1977，第10619-10620页。转引自：《周良霄》，《王安石变法纵探
（续完）》，《史学集刊》1985年第2期，第9页。

⑥ 叶坦：《大变法：宋神宗与十一世纪的改革运动》，第39页。

⑦ 虞云国：《对王安石县政思想的历史思考》，《杭州学刊》2017年第4期，第165-167页。

⑧ 邓小南：《祖宗之法：北宋前期政治述略》，第428-429页。

的失败表面上是受到官僚集团中既得利益者的阻挠，但深层次的问题是抵触了"祖宗之法"。从改革范围来看，新政澄清吏治的做法虽然直接将官僚集团的内部矛盾暴露出来，威胁了"异论相搅"的政治原则，但并未脱离皇权委托制的框架，始终以"得人"为先，这与后来王安石变法重视"法制"、深入基层社会的做法明显不同。

从这个意义上或许可以解释，为何富弼、韩琦、欧阳修等士大夫精英极力支持庆历新政，但在20多年后宋神宗与王安石主持变法时，他们却站在反变法阵营中。新政与变法对北宋王朝治理体系的性质差异应是他们立场转变的主要原因，反过来说，王安石等下一代士大夫精英目睹庆历新政失败，他们对治国理政的思考也在前人的基础上发生了或明或暗的变化。

三、改造还是深化"体要"？王安石的激进改革与司马光的反弹

宋仁宗朝后期是北宋历史上社会矛盾相对沉寂、平静的时期。[①] 所谓平静，实际上指的是以"祖宗之法"为内核的王朝治理体系已然定型且难以撼动。这一方面说明北宋朝廷在"事为之防，曲为之制"的精神指导下足以化解既有体系的内部隐患，另一方面，也意味着这套以分权制衡、分层治事为核心的治理体系很可能无法抵御更大规模的、综合性的威胁，特别是这套体系在应对一些中小规模危机时已经尽显疲态。[②] 对此情形，欧阳修的针砭时弊极具代表性："国家自数十年来，士君子务以恭谨静慎为贤；及其弊也，循默苟且，颓惰宽弛，习成风俗，不以为非，至于百职不修，纪纲废坏。"[③]

正是在这种表面平静之下，北宋王朝的政治暗流涌动且逐渐产生分歧，新一代

---

① 李华瑞：《王安石变法的再思考》，《河北学刊》2008 年第 5 期，第 70 页。

② 有关仁宗朝后期国家行政滞缓无力情形的论述，参见王安石：《本朝百年无事札子》，载于《临川先生文集（第四一卷）》，中华书局，1959，第 444-446 页；朱熹：《本朝二·法制》，载于黎靖德：《朱子语类（第八册卷一二八）》，中华书局，1986，第 3063-3084 页。

当代学者对此情形的讨论，参见邓小南：《祖宗之法：北宋前期政治述略》，第 428-433 页；方诚峰：《北宋晚期的政治体制与政治文化》，北京大学出版社，2015，第 14-16 页。

③ 欧阳修：《论包拯除三司使上书》，载于《欧阳修全集（奏议卷十六）》，中华书局，2001，第 1691-1695 页。

的士大夫精英王安石和司马光都力求更张现状，但却秉持不同的政治路线，一种贯穿北宋中后期的"体要之争"初见雏形。

首先来看司马光。在 20 世纪的大部分研究中，认为司马光的政治立场均相对保守。[①] 但是这种保守并非一味地消极或者反对革新。实际上，司马光对于宋仁宗朝后期朝政昏沉的现状也颇为忧虑，并初步形成一些改革思想，这些思想在与王安石的政治冲突中得以不断矫正和体系化[②]，最终确立了自己的政治路线。

方诚峰对司马光政治路线的确立有一条比较清晰的线索，我们基于"体要"的观察将其梳理：从嘉祐六年（1061）至熙宁二年（1069），司马光主要关注君主是否有为，更多是在"祖宗之法"的既有轨道上劝诫君主有为来振作朝纲。[③] 此时的他并未对"体要"问题形成清晰认识，最多触及了君主和部分官员的"治事之要"。但在熙宁二年（1069），司马光看到宋神宗在王安石的引导下着手于"变法改制"而走向"错误"的有为之路，于是将君主如何有为放在政治运行的整体性中来通盘考虑，从而提出"体要"之说。[④] 熙宁二年（1069）直至元祐元年（1086），司马光一方面抨击新法对既有"体要"的破坏，并在元祐更换中罢废大量新法，试图恢复变法以前的行政惯例，另一方面，则开始系统思考和设计"体要"的细节问题，并在《潜虚》中描绘出从王到庶人的十级金字塔等级结构。[⑤] 虽然《潜虚》并未完成，但基本展现出司马光的理想"体要"。简言之，司马光的核心政治关切在王安石变法开始后发生了重大转向，从劝诫君主有为转向警惕新法对旧"体要"整体性的破坏，他在新法期间不断深化这一关切，由此确立元祐政治路线，而熙宁二年的《上神宗论体要》正是这一政治路线的先声。

---

① 萧公权：《中国政治思想史》，商务印书馆，2017，第443-446页；钱穆：《宋明理学概述》，九州出版社，2011年，第11页。马克思主义史学家认为司马光反变法的保守政治立场是为了维护专制制度和豪族特权，如吕振羽、侯外庐等，转引自方诚峰：《北宋晚期的政治体制与政治文化》，北京大学出版社，2015，第11页。

② 有关司马光的改革思路，参见包弼德：《斯文：唐宋思想的转型》，江苏人民出版社，2001，第229-233、248-258、263-265页；[美]包弼德：《政治、社会和国家——关于司马光和王安石的政治观点》，载于田浩主编：《宋代思想史论》，社会科学文献出版社，2003，第111-183页。

③ 方诚峰：《北宋晚期的政治体制与政治文化》，2015，第14-16页。

④ 方诚峰：《北宋晚期的政治体制与政治文化》，2015，第22-24页。

⑤ 方诚峰：《北宋晚期的政治体制与政治文化》，2015，第24-26页；方诚峰：《司马光〈潜虚〉的世界》，《清华大学学报（哲学社会科学版）》2017年第1期，第167-182页。

本书引论部分已初步介绍了《上神宗论体要》，并由此引出"为政之体""治事之要"以及"体要"运作的核心机制等一般意义的概念。而在具体历史语境下，司马光主要是对宋神宗即位 3 年来因为支持新法而不得"体要"的批评，他对新法破坏"为政之体"和"治事之要"的指责也更为具象。

在"为政之体"方面，司马光概括了北宋王朝政治等级体的既定结构："祖宗创业垂统，为后世法，内则设中书、枢密院、御史台、三司、审官、审刑等在京诸司，外则设转运使、知州、知县等众官以相统御，上下有序，此所谓纲纪者也①。"这一概括基本反映出北宋王朝发展到宋英宗、宋神宗时期的共识。既有的"为政之体"具有明确的内外之别，即中央朝廷部分与地方州、县部分。如果按照"上下有序"的纲纪予以贯通排列，则呈现出"皇帝—中央朝廷各机构（含中书、枢密院、御史台、三司、审官、审刑主要部门）—各路级使者—地方（知州—知县）"的政治等级体结构。

根据这一"为政之体"的标准，司马光分别从中央朝廷和地方州、县两部分批评宋神宗"未得其体"。在中央朝廷部分，批评涉及两方面：一是宋神宗任用王安石作宰相不注重人事、行政而介入各级百官事务②；二是在既有主管财政的三司体系之外又设置三司条例司，有扩大聚敛之嫌。③ 在地方州、县部分，批评也涉及两方面：一是增派的提举官使者并不了解州、县地方局势，可能无法形成中央预定的效果④；二是提举官使者难以和地方的知州知县达成合作与信任。⑤ 司马光的奏疏完成于熙宁二年（1069）八月，此时诸项新法尚未展开，王安石仅仅派遣使者考察地方政务，但司马光已经警惕新法对"为政之体"的冲击。此外，值得注意的是，司马光这些"未得其体"的批评均是基于中央朝廷与各级地方政府长期运行的既有成规而提出的，亦反映出既有"为政之体"中各层级的"治事之要"。

---

① 司马光：《上神宗论体要》，载于赵汝愚编：《宋朝诸臣奏议（全二册）》，北京大学中国中古史研究中心校点整理，上海古籍出版社，1999，第 69 页。

② 司马光：《上神宗论体要》，载于赵汝愚编：《宋朝诸臣奏议》，第 70 页。

③ 司马光：《上神宗论体要》，载于赵汝愚编：《宋朝诸臣奏议》，第 70 页。

④ 司马光：《上神宗论体要》，载于赵汝愚编：《宋朝诸臣奏议》，第 70 页。

⑤ 司马光：《上神宗论体要》，载于赵汝愚编：《宋朝诸臣奏议》，第 70-71 页。

批评宋神宗"未得其体"之后，司马光开始批评宋神宗"未得其要"："夫帝王之道，当务其远者、大者，而略其近者、小者。国之大事，当与公卿议之，而不当使小臣参之；四方之事，当使牧伯察之，而不当使左右觇之。傥公卿、牧伯尚不能择贤而任之，小臣左右独能得贤而使之乎？若苟为不贤，则险诐私谒，无不为已。今陛下好于禁中出手诏指挥外事，非公卿所荐举、牧伯所纠劾，或非次迁官，或无故废罢，外人疑骇，不知所从①。"在这段"治事之要"的论述中，司马光直接批评宋神宗"好于禁中出手诏指挥外事"，首先是违背了君主自身的"治事之要"，其次也带头破坏了整个政治等级体内部"各司其职""不当僭越"的规矩，必然扰乱各层级的"治事之要"。

由于该篇奏疏的目标是告诫宋神宗遵循既有"体要"，所以司马光接下来主要强调君主的"治事之要"，如"决是非、行刑赏"等②，劝使宋神宗不再"指挥外事"，并未再就整个"体要"结构展开论述。这似乎是他从宋仁宗中后期开始强调君主振作的延续。③但结合他对宋神宗"未得其体""未得其要"的批评来看，司马光此时已经注意到仅仅强调君主的"治事之要"无法改变新法改造"体要"的事实，若要"拨乱反正"，必须从整个"体要"出发强化"为政之体""治事之要"的旧有成规。这也是司马光在之后10余年政治生涯中的思考和致力所在。④

从整个北宋的"体要"变迁来看，王安石变法前，以"祖宗之法"为核心的北宋王朝治理体系业已定型，而其中的诸多弊端也为许多士大夫精英所共识并呼吁革除政弊。⑤比如司马光就在宋仁宗中后期劝诫君主积极有为以振作朝纲⑥，这显然是偏向改革而非保守的政治取向。但人们对于改革的程度、改革是否触及"体要"并无清晰认识。但当宋神宗任用王安石变法后，司马光在君主积极有为的背后觉察到

---

① 司马光：《上神宗论体要》，载于赵汝愚编：《宋朝诸臣奏议》，第71页。
② 司马光：《上神宗论体要》，载于赵汝愚编：《宋朝诸臣奏议》，第71页。
③ 第一章引论部分已作说明。另参见方诚峰：《北宋晚期的政治体制与政治文化》，北京大学出版社，2015，第14-17、21-25页。
④ 第一章引论部分已作说明。另参见李昌宪：《司马光评传》，南京大学出版社，1998，第279-314页；[美]包弼德：《斯文：唐宋思想的转型（第7章）》，刘宁译，江苏人民出版社，2001，第232-233页；[美]包弼德：《政府、社会与国家——关于司马光和王安石的政治观点》，载于田浩编：《宋代思想史论》，社会科学文献出版社，2003，第133页；方诚峰：《司马光〈潜虚〉的世界》，《清华大学学报（哲学社会科学版）》2017年第1期，第180-181页。
⑤ 李华瑞：《王安石变法的再思考》，《河北学刊》2008年第5期，第70-73页。
⑥ 李昌宪：《司马光评传》，南京大学出版社，1998，第279-282页。

变法改革对"体要"的深刻冲击，并警惕新法对"祖宗之法"和北宋王朝的颠覆性和系统性风险，才意识到强化和规范旧"体要"的现实必要性，反而成为保守派旗手。

在这个意义上，与其说司马光本身就是保守派，他的政治路线就是延续"祖宗之法"的预定轨道，毋宁说是王安石变法改造"体要"的事实深刻警醒了司马光，促使他重新审视"祖宗之法"在北宋王朝治理体系中的现实意义。随着新法推进，新旧"体要"在"为政之体"和"治事之要"上的结构性冲突愈发凸显，这也使司马光更加坚定地把罢废新法、改回旧例作为他的政治路线和历史任务，"体要"之争遂浮出水面。

第二节　王安石对"体要"的体认与反思

司马光《上神宗论体要》并未阻滞宋神宗与王安石锐意改革的步伐，但"体要"问题确实点出了王安石变法与北宋王朝既有治理体系的内在龃龉，这也揭示出双方对"为政之体""治事之要"等一系列问题的认知差异。比如在《上神宗论体要》中，司马光对于王安石派遣提举常平官出使地方的理解就与王安石的思考相偏离，如他所言：

> 借使者所规画曲尽其宜，在彼之日，其当职之人已怏怏不悦，不肯同心以助其谋，协力以成其事，曰："朝廷自遣专使治之，我何敢与知？"及返命之日，彼必败之于后，曰："使者既谋而授我，我今竭力而成之，功悉归于首谋之人，我何有哉？"此所以谓不若毋遣使者而属任当职之人为愈也。[1]

司马光默认地方州、县的官吏素质顽劣且难以驾驭，或默认中央朝廷不应直接介入地方州、县治理而维持皇权委托制。在"皇帝—中央朝廷各机构（含中书、枢

---

① 司马光：《上神宗论体要》，载于赵汝愚编：《宋朝诸臣奏议》，第70页。

密院、御史台、三司、审官、审刑主要部门）—各路级使者—地方（知州—知县）"的"体要"结构中，司马光对"治事之要"的规划基本止于各路级使者，对地方州、县官吏则以基本的道德品行作为评判标准。换句话说，司马光对地方州、县以下基层社会治理的基本思路仍是"得人"——委托地方清官良吏完成，而非王安石式的"法制"——皇权直接下贯基层社会并予以制度化管理。也正因为如此，司马光并未理解王安石专门派遣使者的真正用意，这恰恰体现出二人政见之争的根本所在。

王安石对地方州、县及以下乡村基层社会的重视由来已久。与司马光长期浸淫朝廷中枢机构不同，王安石政治生涯的前期基本都在地方度过，他于庆历二年（1042）三月登进士第四名，同年四月"签书淮南节度判官"并前往扬州赴任，直至熙宁元年（1068）变法前夕，他历经地方各级职务。因而对北宋王朝既有"体要"有所体认，有所反思。以下进行说明。

一、知鄞县："政教相合"的成功经验

王安石在庆历七年至皇佑二年间（1047—1050）担任鄞县（今浙江宁波）知县，这是他第一次主政地方并获得较大声誉，因此这段经历时常被后人提起。[①] 但在探究变法失败的问题时，许多学人都认为王安石错把治理鄞县的成功经验照搬到治理全国。梁启超就认为，王安石变法仅适用于小州郡、小国，如果在大的疆域里，则难免失败[②]，即王安石低估了空间幅员差异对治理经验的扭曲程度。然而，这种说法并不严谨，王安石在知鄞县时究竟取得哪些治理经验？本书将予以更系统的说明。

庆历七年（1047）春，孟州、许州等大片区域大旱，王安石此时正在赴任鄞县的路上，因而得以目睹旱情所造成的饥馑、疫病、流民等一系列问题[③]，并留下了

---

① 有关王安石的鄞县知县经历，一些县政研究和书籍已经出版，参见范立舟：《王安石的为官之道》，人民出版社，2017；姜勇：《王安石鄞县图鉴》，人民出版社，2017；魏峰、刘成国、郭红超：《王安石鄞县足迹》，人民出版社，2017。另，有关王安石的生涯经历，多种年谱版本差异较大，造成较多误解。本书则以刘成国《王安石年谱长编》为准，下文不再赘述。

② 梁启超：《王安石传》，商务印书馆，2015，第102页。

③ 刘成国：《王安石年谱长编（第一册）》，中华书局，2018，第162页。

"未敢嗟艰食，凶年半九州""补败今谁恤，趋生我自羞"①的诗句，自愧无补于时政。然而更出乎意料的是，王安石抵达鄞县后发现：地处江海之滨的鄞县县民"最独畏旱"而常年为旱情所困②，因而"治旱"成为他治理地方的入手事务。

在治旱过程中，王安石发现鄞县常年旱情并非天灾年祸，而是北宋立国以来乡村基层社会缺乏管理所致。他在《上杜学士言开河书》指出：

> 鄞之地邑，跨负江海，水有所去，故人无水忧……长老言：钱氏时，置营田吏卒，岁浚治之，人无旱忧，特以丰足。营田之废，六七十年，吏者因循，而民力不能自并，向之渠川，稍稍浅塞，山谷之水，转以入海而无所潴……是皆人力不至，而非岁之咎也。③

这段话批评北宋在统一江南以后，并未好好吸收吴越国长期经营地方的经验，甚至荒废了专门管理淤田水利的"营田吏卒"制度。在这种情况下，必须由知县牵头采取强制和劝诱的手段，才能动员乡民共同疏浚河道沟渠。

所以，王安石在同年十一月七日至二十日前后出巡鄞县东西十四乡④，抓紧秋收以后的农闲时间组织全体乡民参与，并在知鄞县期间将农闲治旱常态化。在此后三年间，王安石利用初冬的农闲期，先后组织乡民疏浚广德湖和东钱湖，兴修海塘和穿山碶。前者是为了储蓄淡水并导引至各项沟渠，后者是借助鄞县多山岩土石的地势特征防止海潮倒灌而破坏淡水。⑤在鄞县历代地方志记载中，王安石是当地水利基础的奠基人。⑥

在"治旱"过程中，王安石逐渐把握住治理事务的主要内容。在知鄞县的第一年，他和余姚知县谢景初会晤，谢景初提示王安石治县具有"政"与"教"两个方面："政"体现在"通途川，治田桑，为之堤防沟浍渠川，以御水旱之灾"⑦，而"教"体现在"兴学校，属其民人相与习礼乐其中，以化服之"⑧。王安石不仅践行了谢景初的建议，还进一步充实了这一内涵。

---

① 王安石：《江上二首》，《临川先生文集》。
② 蔡上翔：《王荆公年谱考略（卷三）》，上海人民出版社，1973，第57-59页。
③ 王安石：《上杜学士言开河书》，见于蔡上翔：《王荆公年谱考略（卷三）》，1973，第62页。
④ 王安石：《鄞县经游记》，《王文公文集》，第418页。
⑤ 魏峰、刘成国、郭红超：《王安石鄞县足迹》，人民出版社，2017，第48-49页。
⑥ 魏峰、刘成国、郭红超：《王安石鄞县足迹》，人民出版社，2017，第48-49页。
⑦ 王安石：《余姚县海塘记》，《王文公文集》，第415页。
⑧ 王安石：《余姚县海塘记》，《王文公文集》，第416页。

妥善处理基层政务的核心在于遵循农时。"通途川，治田桑"需要动员各乡村形成合力才能完成。而在专治农业的乡村，这些动员必须遵循农时。王安石在庆历八年（1048）曾撰写《明州新刻漏铭》，写下"彼宁不勤，得罪于时。厥荒懈废，乃政之疵"[1]，指出根据农时及时安排政务的心得。以此观之，王安石知鄞县的四年中都在秋收后组织疏浚水利以"治旱"，还在皇祐元年（1049）和皇祐二年的春夏青黄不接时向农民出借低息官贷，另在农闲期兴修县学、整顿保伍……[2] 这些符合"四时"的做法既使王安石有条不紊地激活鄞县的诸项政务，又带动邻近州、县"治旱""兴学"。

有力推动基层教化的核心在于兴学义理。对于基层教化，王安石怀有"井田制"的想象，即"党庠、遂序、国学之法立乎其中。乡射饮酒、春秋合乐、养老劳农、尊贤使能、考艺选言之政，至于受成、献馘、讯囚之事，无不出于学……士朝夕所见所闻，无非所以治天下国家之道，其服习必于仁义，而所学必皆尽其材。"[3] 王安石的想象以县为中心、以官办学校为载体，将各乡村学子集中起来，学习与日常生活、生产实际相关的知识，并以儒家学说义理化。[4] 这与当时科举改革的背景有关，在以诗赋为主体的科举取士制度中，儒学治国理政的内涵被抽离而类同于佛教、道教的宗教形式。[5] 所以，州、县为主的学校制一方面是对科举制的必要补充，另一方面也有助于"寓教于政"来协助地方具体事务。

表面上，"政""教"分别意有所指，但在王安石这里，"政""教"相合，并且体现出县级政府和州、县以下基层社会治理的一体两面。在普遍以农业生产为主导的乡村社会，治理应该以维持农业生产为主，并着眼于解决乡村社会在婚、丧、嫁、娶等日常生活的重大事项与重要环节中的困难。对此，王安石在《历山赋并

---

① 王安石：《明州新刻漏铭》，《王文公文集》，第408页。

② 刘成国：《王安石年谱长编（第一册）》，第207页。

③ 王安石：《慈溪县学记》，见于王安石：《王文公文集（卷三十三）》，1974，第396页。

④ 关于王安石的"井田制"理想，李华瑞有一个概括，他认为王安石长期践行孟子的"井田制"理想，并结合北宋社会现实予以转化。"熙宁二年执政以后采取的诸多新法和施政理念，贯穿了孟子政治理想的精髓。在具体施政过程中，放弃恢复井田制的梦想，而是把孟子井田思想中合理内核均贫富、制恒产落实到以摧抑兼并为主线的诸项经济新法措施中，同时凭借国家权力推动荒政、赈济贫乏，建立社会救济保障机构，关注弱势群体。"参见李华瑞：《论北宋后期六十年的改革》，《华中国学》，2017年春之卷，第193页。此外，汪晖也分析了王安石的"学校"想象，参见汪晖：《现代中国思想的兴起（上卷）》，生活·读书·新知三联书店，2004，第234-246页。

⑤ 魏峰、刘成国、郭红超：《王安石鄞县足迹》，人民出版社，2017，第53-68页。

序》指出"余姚县人与季父（叔父）争田"的纠纷，在县一级、在州一级、在转运使一级都没有办法处理[1]，其源头在于"政""教"未能相合，即县以下教化不足导致的政务困境。他还在《上运使孙司谏书》指出，农户、盐户的收入并非恒定，征收税赋、私盐应主要顾及影响他们生产、生活的时节，不能只顺应上级的财政需求层层加码摊派，威胁百姓生计。[2] 此外，在动员全县集体事务时，王安石意识到必须首先对政策、制度进行义理化解释，进而团结、任用各乡士人乡贤来参与推动，既予以说服又适应当地特殊条件。事实上，与王安石一同探讨县政的人大多是他为县学选定的教授——杜醇、楼郁、王致、王该，均是能够贯通义理与复杂人情事务的当地士人。[3]

总体而言，担任鄞县知县时期的王安石看到了北宋立国以来对地方州、县以下基层社会治理的忽视，同时，也实践出了"政教相合"的治理理路。其核心在于：根据乡村百姓生产、生活的诸方面困难和重要需求安排政务，并在此基础上构建常态化的、政教结合的制度基础，对上可以应对政令，对下兴学义理以教化百姓。在王安石之后任职各地的仕途中，虽然政务工作多于教化，但他对教化的关注始终如一，这也构成他思考地方基层社会事务的重要依据。

二、通判舒州："资之天地"的重要启示

鄞县任满后，王安石选择继续出任地方官，并被委派到舒州（今安徽潜山）做通判，对州内事务有一定处置权。通判舒州期间（1051—1054），王安石再次遭遇旱情，但与知鄞县时亲自动员兴修水利不同，王安石做了许多财政相关的工作，也留下不少主张"抑兼并""均贫富"的名篇，因此被很多学者认为是王安石理财思想的定型期。但如果从反思"体要"的角度来看，王安石对州级政务的"治事之要"有了更为明确的体认，即"资之天地"和"父严子富"：根据各地农时（天时）、经济禀赋（地利）统筹州内诸县资源、积极引导百姓参与生产，进而像父亲

---

① 王安石：《历山赋并序》，见于王安石：《王文公文集（卷三十三）》，1974，第399页。
② 王安石：《上运使孙司谏书》，见于王安石：《王文公文集（卷三）》，1974，第41页。
③ 刘成国：《王安石年谱长编（第一册）》，第221页。

般在日常生活的重要环节中保持引导、监管，通过改变政务的主体内容进而改善州、县治理。

相较鄞县所在的明州（宁波地区）和王安石以前任职过的扬州，位处大别山南麓的舒州农耕条件较差、经济水平较低，所以在灾异情况下往往难以周转维持。对此，王安石有《感事》一诗，表达对舒州百姓的愧疚之情：

> 贱子昔在野，心哀此黔首。丰年不饱食，水旱尚何有？虽无剽盗起，万一且不久。特愁吏之为，十室灾八九。原田败粟麦，欲诉嗟无赖。间关幸见省，笞扑随其后。况是交冬春，老弱就僵仆。州家闭仓庾，县吏鞭租负。乡邻铢两征，坐逮空南亩。取赀官一毫，奸桀已云富。彼昏方怡然，自谓民父母。碣来佐荒郡，懔懔常惭疚。昔之心所哀，今也执其咎。①

在这首诗中，王安石指出：舒州贫民并不仅仅受困于水旱之灾，而在平时的冬春之交、青黄不接之时就已经难以生存，这一说法延续了王安石在鄞县形成的根据乡村百姓生产、生活的重要时节和事项安排政务的思考。但王安石的关注点有所变化，他注意到州、县官吏只知道催征赋税而不知道平时按田劝农、灾时开仓赈济，这使贫民饱受苛敛之苦却无法得到资助，只能越来越穷，而催征赋税所导致的社会矛盾也越来越突出。换句话说，舒州百姓饱受天灾人祸的主要原因在于未能明确州级政务，这使州级政务逐渐单一化且偏向于应对中央财政需求。王安石还有“欲富榷其子，惜哉术之穷。霸者擅一方，窘彼足自丰”的批判②，直指管理办法缺失导致贫富差距加大、财富聚积于上，亦即不可持续的治国霸术。那么，州级政务应该做什么呢？

对此，王安石首先廓清州级政务所纠葛的富民问题。在赈济贫民时，王安石发现只有官方的常平仓可以直接使用，而富民的仓储动用起来却困难重重，于是，他亲自讲述“损有余补不足”的天道义理来说服富民参与救济，并安排诸县知县亲自拜访富民、讨价还价、抵押担保才能采购物资。③然而，通过赈济一事，王安石发现在舒州一些富民也难以为继，这促使他转变了对待富民问题的态度。④后世学人

---

① 刘成国：《王安石年谱长编（第一册）》，第 275 页。
② 刘成国：《王安石年谱长编（第一册）》，第 263 页。
③ 王安石：《与孟逸秘校手书·王文公文集》，上海人民出版社，1974，第 55 页。
④ 刘成国：《王安石年谱长编（第一册）》，第 287-288 页。

常常以"催抑兼并、打击富民"来理解王安石处理富民问题的主要方式，但这种解读失之偏颇。在地方州、县治理中，富民不仅在灾时参与赈济，在平时也是知州、知县处理政务的协助者，长此以往，州级政务则自然分流出一部分委托富民处理，造成富民主导基层社会政务的现象，但这并非富民的罪责，而是州级政务缺乏整顿所致。如果州级政务得到合理整顿，那么富民的相关治理难题将迎刃而解。

因此，在富民问题上，我们要理解王安石的重点并非解决表面的贫富差距，而是掌握地方州、县正式治理缺失、非正式治理填补的必然规律，并在王朝治理体系中予以必要的调整和补充，王安石看到的舒州乱象很大程度上就是北宋立国以来地方州、县政务缺乏整顿的结果。从这个意义，我们就理解了王安石在皇祐五年（1053）的《发廪》和《兼并》两诗。《发廪》写道："驾言发富藏，云以救鳏惸。崎岖山谷间，百室无一盈。乡豪已云然，罢弱安可生。兹地昔丰实，土沃人良耕。他州或皆瘝，贫富不难评[①]。"王安石指出，一味"均贫富"流于表面，而忽视了州级政务缺乏整顿的根本问题。《兼并》写道"俗吏不知方，掊克乃为材。俗儒不知变，兼并可无摧。利孔至百出，小人私阖开。有司与之争，民愈可怜哉[②]。"王安石就更为严厉地批评：州、县官吏只知道执行"掊克"职责而不知变通，士人也只知道空喊"抑兼并"的口号而不能把握根本问题，根本问题在于州级政务不明确，空把利权自然出让而只盯着既有条例征收平民财赋。

在廓清富民这一主要的干扰项后，王安石把州级政务的重点转向官家与百姓的关系，并形成了更为明确的看法，即避免陷入催征赋税的死胡同，而应主动培育州内物资的统筹引导。过往研究常引用王安石在皇祐三年（1051）《与马运判书》的"富其家者资之国，富其国者资之天下，欲富天下则资之天地"来证明王安石的理财思想是要开发大自然、促进生产等。但如果把这句话放在全文中，其意义略有不妥。

> 尝以谓方今之所以穷空，不独费出之无节，又失所以生财之道故也。富其家者资之国，富其国者资之天下，欲富天下则资之天地。盖为家者不为其子生财，有父之严而子富焉，则何求而不得。今阖门而与其子市，而门之外

---

① 王安石：《发廪》，《临川先生文集·卷十二》。

② 王安石：《兼并》，《王文公集》，上海人民出版社，1974，第577页。

莫入焉，虽尽得子之财，犹不富也。盖近世之言利虽善矣，皆有国者资天下之术耳，直相市于门之内而已，此其所以困舆。①

这段话中"生财之道"的核心在于"有父之严而子富"的"父子"关系：政府需要像父亲般严格监管和引导，才能使儿子般的百姓富裕起来，随即实现富国目的；反之，如果政府把百姓当作汲取财力的对象，那么百姓必然窘迫、国家也会愈发疲敝。所以，"生财"不应追求"富国"而应该追求"富天下"。那么"富天下则资之天地"指的是向天地索取财富吗？不是，这里的"资"应解释为"依凭、依托"，指的是依凭于"天时"与"地利"来引导、统筹资源。由此，我们得以重新认识王安石在《与马运判书》中的"生财之道"，即政府根据各地的农时、经济禀赋来引导百姓参与其中，并像父亲一样严格管理百姓的生产、生活。显然，这一"生财之道"有别于一般意义上的财政汲取，而是在日常生活的重要环节中保持存在、引导、监管和统筹，通过改变政务的主体内容进而改善地方治理。

结合王安石通判舒州期间的一些具体做法，我们或对州级政务的主体内容看得更清楚。在赈济灾民时，王安石发现灾时启用常平仓能够稳定市场价格并有效抑制富民囤货居奇、扰乱市场，进而从中体悟到官家应当掌握"利孔"，在青黄不接之时就启用常平仓稳定物价②，也意识到常平赈济引导舒州百姓恢复农业生产的重要作用，这些实践经验或许是王安石变法中将常平仓转为青苗法的设计的直接来源。而平时，王安石还频繁深入舒州诸县、记录当地山水农田的情况，并在皇祐五年（1053）受到江淮、荆湖、两浙发运使许元的推荐前往苏州参与水利建设。"（王安石）亲掘试，尽得利害，绘图以献"，这说明王安石在考察山水、根据地利治理地方上已颇有心得。③此外，王安石也看到汴河阻塞对于整个江淮地区经济环境的巨大破坏，其根源在于禁军大量驻扎汴京周边，一旦物资运送不力，那么汴京的物价必然上升并扰乱经济。④对此，王安石认为应从保持"血脉流通"的角度出发，把禁军中的非主力部队分散到周边州、郡驻扎，结合王安石跨州连郡兴修水利的做法

---

① 刘成国：《王安石年谱长编（第一册）》，第 263 页。
② 刘成国：《王安石年谱长编（第一册）》，第 278、288-289 页。
③ 刘成国：《王安石年谱长编（第一册）》，第 290-291 页。
④ 刘成国：《王安石年谱长编（第一册）》，第 263 页；王安石：《与马运判书》，见王安石：《王文公文集（卷五）》，第 61 页。

来看,他对国家如何保持"血脉流通"也有了更具体的主张。从这里可以看出,兴修更大规模的水利工程对于发展州、郡农业生产、统筹资源配给的重要性。

三、辗转诸路:"杂多一体"的治理挑战

在皇祐六年(1054)离任舒州到嘉祐四年(1059)抵京出任三司度支判官期间,王安石先后历任群牧判官(1055—1056)、提点开封府界(1056—1057)、知常州(1057)、提点江东刑狱(1058)等职务与差事,但都未能做得长久,甚至可以说屡屡碰壁。究其原因,这些职事基本上都涉及路级政务,这与前述王安石深耕州、县,体察政情民情的治理经验① 全然不同,需要他充分估计并适应诸路以内、诸路之间的复杂性。而王安石也从这段经历中发觉路级行政区划在北宋王朝治理体系中的症结所在,即作为连接中央朝廷与地方州、县的关键环节,路级行政区划缺乏整合各地复杂条件的制度设计②,导致朝廷难以统领州、县以下治理而引发较自由发展的多重问题。也正是从这段经历中,王安石逐渐形成"一道德、同风俗"的改革理念。

三十五岁以前,王安石的成长、安家和出仕基本上都局限在今天的江西、浙江、江苏、安徽地区,因此,即便他于至和二年(1055)担任管理全国马政的群牧判官,取得同级官吏的最高俸禄③,他仍然期盼回到南方,"乞一东南闲郡"④。这一方面说明过去任职东南的经历给予他很大信心,另一方面,也说明北宋时期各地风俗习惯的差异程度仍然很大,官吏们也具有一定的地方性,难以适应汴京压抑

---

① 关于王安石的鄞县知县经历,一些县政研究和书籍已经出版,参见范立舟:《王安石的为官之道》,人民出版社,2017;姜勇:《王安石鄞县图鉴》,人民出版社,2017;魏峰、刘成国、郭红超:《王安石鄞县足迹》,人民出版社,2017。关于王安石的知州经历,除年谱记载外,极少专人专门讨论,仅有范立舟一书一部分有所涉及,参见范立舟:《王安石的为官之道》,人民出版社,2017,第23-39页。

② 关于北宋的路级行政区划建设的问题分析,参见陈峰:《宋代治国理念及其实践研究》,人民出版社,2015年,第60页;周振鹤:《行政区划史研究的基本概念与学术用词刍议》,《复旦学报(社会科学版)》,2001年第3期,第34页;朱瑞熙:《中国政治制度通史:宋代卷》,社会科学文献出版社,2011,第320-322页。

③ 刘成国:《王安石年谱长编(第一册)》,第313页;欧阳修:《归田录》,参见欧阳修:《欧阳修全集(卷十四)》,中华书局,2001,第65-69页。

④ 刘成国:《王安石年谱长编(第一册)》,第360-361、374-375页。

的氛围，王安石亦不能免俗。①

在出任京官——群牧判官和提点开封府界的两三年里，王安石以熟悉常规性的职务为主，并无突出建树。但由于群牧判官与提点开封府界职务的特殊性质，王安石连续两年巡视辖监、辖区，初步认识到北方相州、洺州诸地马监的战略意义与京畿地区刑狱、盗贼、河渠、场务事务对拱卫京师安全的必要作用。② 此外，王安石也结交了不少士人朋友。在王安石与这些士人的通信、唱和祝词中，往往看到这些士人来自五湖四海又纷纷出任诸路使者、诸州长官，遍及宋辽边境和岭南、西南各地。③ 这让长期身处东南的王安石深切体会到北宋王朝国境之大、治国理政情态之复杂。

嘉祐二年（1057）五月，在多次请求回到东南任职后，王安石终于得偿所愿，出任知常州。上任后，王安石指出常州政事疏于整顿：“田畴多荒，守将数易。教条之约束，人无适从；簿书之因缘，吏有以肆④。”显然这些现象与鄞县、舒州、开封府界几乎完全相同，反映出北宋王朝治理在地方州、县的普遍缺失。于是，王安石再次从兴修水利入手，决定开发运河，并于当年秋收后就要求诸县征调民夫。然而常州诸县连续大雨，征调工作和建设工作无法完全执行，司马旦等知县请王安石延缓计划，安石起初不听，强力推行，后致使民夫自杀，遂叫停开运河之事。⑤ 对于这场“河役之罢”，王安石在与知扬州刘敞的书信中留下以下说法：

> 以转运赋功本狭，与雨淫不止，督役者以病告，故止耳……今劳人废财于前，而利不遂于后，此某所以愧恨无穷也。若夫事求遂、功求成，而不量天时人力之可否，此某所不能，则论某者之纷纷，岂敢怨哉……方今万事所以难合而易坏，常以诸贤无意。⑥

这段话表达了两重含义，其一，兴修运河这样的中大型工程本应由诸路转运使主持牵头，而不应由他和刘敞这样的知州负责，这是路级区划欠缺相关制度和未能统筹安排的弊端；其二，地方州、县的士人官吏也普遍缺乏积极进取的精神，在跨

---

① 刘成国：《王安石年谱长编（第一册）》，第 355 页。

② 刘成国：《王安石年谱长编（第一册）》，第 353、389 页。

③ 刘成国：《王安石年谱长编（第一册）》，第 31、314、315、325、339、356、363、375、390、393 页。

④ 刘成国：《王安石年谱长编（第一册）》，第 403 页；王安石：《知常州上中书启》，载于李之亮：《王荆公文集笺注（下）》，2005，第 1469-1471 页。

⑤ 刘成国：《王安石年谱长编（第一册）》，第 409-410 页。

⑥ 刘成国：《王安石年谱长编（第二册）》，第 424-425 页；王安石：《与刘原父书》，《王文公文集》，上海人民出版社，1974，第 61 页。

州连郡的事务上难以构成合力。显然，仅仅知州、知县意图有所作为难以推动跨区域的工作，这需要大量士人官吏协同完成。

"河役之罢"使王安石深受挫败，他在知常州位上仅仅待了半年，便在嘉祐三年（1058）四月改任提点江东刑狱（治所位于今江西鄱阳），主管江南东路的司法工作。但无独有偶，新职位不仅没能缓解王安石的挫败感，反而使他陷入新的争议，这也加深了他对北宋王朝治理体系的忧虑与反思。

在王安石与曾巩、王回、王令等友人的往来书信中，我们看到王安石在江南东路的刑狱断案经常引起争议①，而争议重点并不是对普通百姓纠纷的处理，而是对当地官吏的处理。王安石共处罚 5 位官吏，"小者罚金，大者才绌一官"，而这已经是"得吏之大罪有所不治，而治其小罪"的取轻做法②，但仍然遭到当地官吏的非议，并且连曾巩、王回等好友也劝王安石与人为善、合乎流俗，仅有王令声援王安石不要忌惮用刑，并指出相关流言的根本错误。③

对"江东治吏罪"一事，王安石意识到，其断案之所以遭受非议是因为北宋立国以来既未"备礼"也未"致刑"④。由于缺少系统管理地方州、县事务的制度依凭和礼法体系，所以"一路数千里间官吏苟简自然、流俗因循"⑤成为常态，反倒恢复判案断罪的本来状态就会引起反弹。在这种因循自然、不加管制的社会情态下，每个地方、每个家族、每个人都将按照本地、本家、个人的意愿较自由地发展，整个社会将如同一盘散沙并造成巨大的治理负担。由此，王安石提出"一道德、同风俗"，使天下人共同遵循统一的道德、风俗。

但需要注意的是，所谓"一道德、同风俗"，不是指使天下人的道德、风俗毫无差异的理想状态，而是指在治理手段和治理理念上要对诸方面的复杂事务予以

---

① 刘成国：《王安石年谱长编（第二册）》，第 437、442-445 页。

② 刘成国：《王安石年谱长编（第二册）》，第443-444页；王安石：《临川先生文集（卷七十二）·答王深父书》，第 291 页。

③ 刘成国：《王安石年谱长编（第二册）》，第444-445页；王令：《王令集》，上海古籍出版社，2011，卷十八《答孙莘老书》，卷十九《答王介甫书》。

④ "某尝以谓古者至治之世，然后备礼而致刑。不备礼之世，非无礼也，有所不备耳；不致刑之世，非无刑也，有所不致耳。故某于江东，得吏之大罪有所不治，而治其小罪。不知者以谓好伺人之小过以为明，知者又以为不果于除恶，而使恶者反资此以为言。某乃异于此，以为方今之理势，未可以致刑。"载于王安石：《答王深父书》，《临川先生文集（卷七十二）》，第 291 页。

⑤ 王安石：《答王深父书》，《临川先生文集（卷七十二）》，第 291 页。

必要的对应，譬如系统的或"刑"或"礼"的制度依凭。这实际上也是王安石心目中治国理政应该遵循的内在理路。"一道德、同风俗"是理解王安石其人、其法的关键，以往批判王安石的古今学人往往侧重于天下人毫无差异的理想状态①，而忽视了其治理层面的意义。事实上，王安石在涉及"一道德、同风俗"内涵的探讨中，总体上表达的是如何将复杂、杂多的条件始终统于一体的问题，亦即"杂多一体"问题。这也是本书所谓大型王朝如何有效治理"广土众民"的复杂社会的关切所在。

王安石仅做了半年提点江东刑狱就被调任中央朝廷的三司度支判官，但离职前与王令关于"配兵不习水事"的交流，使他在处理路级政务和跨区域专项工作方面重拾信心。北宋设置路级行政区划的重要常态工作在于方便中央朝廷征收各地钱粮货物，俗称"上解"或"上纲"，而东南诸路任务尤其繁重，所以中央朝廷调配河北、山东、关西、河东等路犯人以供上纲船只使用。② 但这些北方犯人不习水事，服役效果不好。对此，王令建议王安石根据江南东路各州的具体情况，将北方犯人与熟习水事的南方兵士予以调役。一方面，将北方犯人因地制宜、重新分配至路内各州重役；另一方面，在江宁府设置小营聚集南方兵士专门负责上纲。这种做法具有两个要点，一是分类，即明确路内各州服役的主要内容并予以分别处理；二是集中，即集中设置专门应对中央朝廷事务的人员和设施。③ 王令的建议使王安石很受启发，一定程度上反映出处理路级政务的要点，不过当时并未来得及实践。

从"河役之罢"到"江东治吏罪"再到"配兵不习水事"，王安石在这一阶段面对的治理挑战，其内在共通之处是北宋王朝的路级行政区划缺乏处理各州、县复杂条件的制度设计，因而难以长期有效治理"广土众民"的大型疆域。遗憾的是，我们在现存史料中并没有找到王安石在现实政治层面直接论述"杂多一体"的记录。虽然在同期的一些涉及"性情"的哲学思考中初现端倪，但出于论证的严谨，

---

① 历史上对王安石"一道德、同风俗"的评价较多，中国台湾学者夏长朴对批评者的意见做过专门研究。参见夏长朴：《一道德同风俗——王安石新学的历史定位及其相关问题》，"行政院国家科学委员会专题研究计划"成果报告，2004，第5-12页。

② 刘成国：《王安石年谱长编（第二册）》，第449、452页。

③ 王瑶：《王令与王安石交往》，《综论北方文学》2012年第11期，第22-24页；张新红：《王安石与忘年交王令》，《边疆经济与文化》2005年第10期，第76-78页。

我们仅在注释处稍作延伸。① 此外，还有多篇同属嘉祐年间（1056—1063）但不能确定具体年份的文章，如《取材》《兴贤》《委任》《知人》《风俗》等。从这些文章中，我们可以看到王安石对分类辨别天下人才、采取多重手段处理复杂问题、适时安排不同政策的心得②，也可以初步体现出他"如何使杂多条件始终归于一体"的思考。大致到变法前后的治平（1064—1067）、熙宁（1068—1077）年间，这一问题才在王安石的《洪范传》和《周官新义》中得以系统解答并形成变法纲领。

总体而言，在皇祐（1049—1054）、至和（1054—1056）、嘉祐辗转诸路的这段时间里，王安石充分意识到在更大区域有效治理的复杂性。在这段较为沮丧的经历中，王安石的治理思想实现了从"躬耕东南"的地方性向"杂多一体"的全局性的重大转变，一定程度上，这时的王安石已经开始以治国者的心态，从天下全局思考治国理政的问题，他也将直面北宋王朝的"体要"藩篱。

---

① 王安石在辗转诸路期间的哲学思考主要在于"性情"和"止观"上。

刘成国指出，王安石在嘉祐四年（1059）与刘敞多次辩论"性""情"并相互影响：王安石认为"性"类似太极，"情"类似五行。"性"是根本，"情"由"性"生，然后产生喜、怒、哀、乐，又形成善恶、利害之分，所以"性"无善无恶而"情"使人迷惑。而刘敞则认为"性"有上下、善恶，人天生也具有圣、贤、君子、常人之分。就其思想源流而言，刘敞是对韩愈"性三品"说的延续，强调天然的、先天的等级观；而王安石也承认人或事物的差异，但强调其平等的多元格局而非天然等级。刘敞：《公是先生弟子记·卷四》，相关引文记载，参见刘成国：《王安石年谱长编（第二册）》，第473-474页。

王安石关于"情出于性"的观点很可能源自佛教的"止观"说，融合佛教思想是王安石这一阶段思想变化的重要特征。嘉祐二年（1057）王安石撰写《真州长芦寺经藏记》，其中有这样一段话："西域有人焉，止而无所系，观而无所逐。唯其无所系，故有所系者守之；唯其无所逐，故有所逐者从之。"这里的"止"和"观"都是佛教概念，分别代表断除妄念与观察思考，都强调切断与"喜、怒、哀、乐"等"情"的联系和追求，而从根本的"性"上观察思考，避免受到复杂的"情"的影响。参见王安石：《真州长芦寺经藏记》，《王文公文集》，第421页；今人方笑一对王安石与佛教思想的关系有较深入研究。参见方笑一：《论王安石与佛教》，载于《觉群学术论文集（第四辑）》，宗教文化出版社，2005，第51-64页。

单从儒家义理方面来分析王安石的"性情""止观"，或许会和二程、杨时一样批评王安石的学问"大抵支离""附会之说"。但如果理解他在这一阶段的政治关切，就能把握他亟须从纷杂政务中厘清核心问题并明确应对方案的迫切需求，即治理从"性"入手不应受惑于"情"，这样才能统领、整合天下的复杂局面，从而实现对复杂条件的一统。关于二程、杨时对王安石思想的批评，参见夏长朴：《"介父之学，大抵支离"——二程论王安石新学》，《东方文化》2009年第42卷第1、2期合刊，第123-148页。

② 这些文章与嘉祐四年（1059）《上仁宗皇帝言事书》观点相近，或是"参列三司"以后的文章，故不纳入"辗转诸路"的部分。但总体而言，王安石对于"杂多一体"的思考应发端于"辗转诸路"期间。参见王安石：《王安石文集》，第370-378页。年份估算，参见刘成国：《王安石年谱长编（第二册）》，第473-474页。

四、参列三司:"理天下之财"中的政治安全危机

自嘉祐四年(1059)担任三司度支判官起,到嘉祐八年(1063)八月卸官丁母忧,王安石基本上都待在汴京。在此期间,业已对地方各级政务具有深刻体认与反思的王安石,开始全面思考革除弊政的进路与出路,而他的思考也发生了从"教、养、取、任天下人才"转向"理天下之财"的较大变化。①后世多数学者偏向于把"理天下之财"作为王安石变法的主要动力,但也有少数学者认为王安石的人才观才是变法的内核实在。②不过,供职中央朝廷期间,王安石逐渐发觉自己与司马光等同僚在理解治国理政上的根源性分歧,即对治国之"体要"中"为政之体"存在不同认识,而这一分歧促使王安石坚定了"法先王""大明法度、众建贤才""理天下之财"的改革方向,与深化"体要"完善"祖宗之法"的既定轨道拉开差距。

嘉祐四年(1059)刚刚抵京,王安石就写下了后世闻名的《上仁宗皇帝言事书》(《万言书》),极陈自己辗转诸地所看到的政弊所在。"顾内则不能无以社稷为忧,外则不能无惧于夷狄,天下之财力日以困穷,而风俗日以衰坏,四方有志之士,谡谡然常恐天下之久不安。此其故何也?患在不知法度故也。今朝廷法严令具,无所不有,而臣以谓无法度者,何哉?方今之法度,多不合乎先王之政故也。孟子曰:'有仁心仁闻,而泽不加于百姓者,为政不法于先王之道故也。'以孟子之说,观方今之失,正在于此。"③

王安石开门见山,指出北宋王朝治理的诸方面困境源自"不知法度"且"不知先王法度"。换句话说,符合"先王法度"的治理人才太少,"一路数千里之间"缺乏"能推行朝廷之法令,知其所缓急,而一切能使民以修其职事者"的对上领会政

---

① 邓广铭:《北宋政治改革家王安石》,河北教育出版社,2000,第48、55页。

② 刘子健等美国社会思想史学者较早指出王安石作为儒家成就人才的理想政治实践,中国学者多从人才和教育思想上解读王安石的人才观,参见 James T.C. Liu, Reform in Sung China: Wang An-shih (1021-1086) and His New Policies. Cambridge: Harvard University Press,1959;白自东:《从〈上仁宗皇帝言事书〉看王安石的人才政策》,《西藏民族学院学报》1984年第4期;何忠礼:《也论王安石变法的失败原因》,《杭州大学学报》,1986年第2期;苗春德:《试论王安石的人才思想》,《史学月刊》,1982年第5期;龚若栋、邱永明:《王安石的整体性人才陶冶观》,《学术月刊》2001年第6期;雷博、俞菁慧:《饶之以财、裁之以法——北宋熙丰时期养育与约束并重的吏治体系改革》,《天津社会科学》2015年第4期,第144-154页。

③ 王安石:《上皇帝万言书》,《王文公文集》,上海人民出版社,1974,第1页。

令、对下统领各方的人才；"阖郡（州、县）之间"缺乏"能讲先王之意以合当时之变"的政教相合的人才。① 显然，王安石所设想的"知先王法度"的治理人才基本上延续并对应他所体认的路级、州级、县级的政务要点。

由此，王安石指出，皇帝应以培养治理人才为主，中央朝廷的政策也应以针对人才的"教、养、取、任"而展开。② 随后他批评了北宋王朝由于因循、放任、重形式而轻内容、重资历而轻实绩等多重治理弊病导致"教、养、取、任"均不成功，所以缺少真正的治国之才。在涉及"教、养、取、任"的长篇批评中，王安石虽未挑明但暗示了：北宋王朝的治理问题源自立国时并未全面规范治国理政的基本原理和必要施设，而之后百年的种种因循、放任又深化了这种弊政，使治理和对治理人才的培养全面异化、舍本逐末。③ 归根结底，王安石希望皇帝振作，从根本上改革北宋王朝的治理体系。

文章最后，王安石笔锋转向唐初"贞观之治"的历史经验。他指出，唐太宗当时有两种创法立制的方向，一是封德彝杂用秦、汉之政的意见；二是魏徵建议推行先王之政，而魏徵的做法虽未完全符合先王法度，但也能开创"贞观之治"④。王安石的这段话表达三层含义：一是宋朝皇帝不必局限于"祖宗之法"的约束，可以更为开放地遍识历史上三代、秦汉、唐末五代的历史经验从中择优；二是避免缺乏整体规划的"杂用"，而应从全局出发设计王朝治理体系；三是最应效法"三代"的"先王之政"，因为"王道"以"教养取任天下之士"为内核，通过培养人才实现治理，不受限于时代才能实现长治久安。

尽管《万言书》与同时代的其他改革方案一样，没有得到仁宗皇帝的积极响应，但王安石仍然坚持"法先王之政"。他在三司度支判官任上，往往把自己在路级、州级、县级政务中所形成的经验适用于中央财政事务，不断实践并充实着"先王之政"的治理内涵。

比如，同年九月，王安石在《对疑》中针对中下级官员处理丧事的待遇补助问题再次提出"法先王之政"的改革意见。而这次他的侧重点在于"明吾政以赡天下

① 王安石：《上皇帝万言书》，《王文公文集》，上海人民出版社，1974，第2-4页。
② 王安石：《上皇帝万言书》，《王文公文集》，第3-8页。
③ 王安石：《上皇帝万言书》，《王文公文集》，第6-8页。
④ 王安石：《上皇帝万言书》，《王文公文集》，第15-16页。

之财，而存问恤养士大夫如古之时""使百官禄赐足以事亲养家"①，即按照百姓婚、丧、嫁、娶等日常生活必要环节的支出来估算官吏俸禄。

又比如，嘉祐五年（1060）三月，王安石撰写《议茶法》《茶商十二说》，主张罢除东南榷茶法。他指出，设立榷茶专卖"有违古义"，专卖制度就是追求谋利，而这导致参与茶的生产、运输、销售各环节的每个人都尽可能地谋取私利，使茶业异化、弊病丛生。就此，王安石提出两个观点：一是罢废榷茶并尽可能取消一切专卖，全部采用既有的"关市"（普通商税）征税；二是从发挥各地自然禀赋和保证茶叶品质出发，不应限制东南产茶地区百姓从事茶业，并鼓励中小茶商在本地生产、销售。② 这两个观点体现出王安石在治理州、县中的"资之天地"和"父严子富"（不当榷其子）的禁榷思想。

再比如，嘉祐五年（1060）八月，王安石在《相度牧马所举薛向劄子》中，提议根据河北、陕西各地养马的实际情况重新调整北宋各地马监的布局。其中，河北不利于养马的马监由牧场转为农地，利于养马的更换马种，利于养马的原属农地转为牧场；而陕西部分，以河东解盐盐钞为基础扩充良马规模，并由陕西转运副使薛向全面负责陕西连带河北的国马事宜。③ 这一提议与王令在"配兵不习水事"中提供的意见如出一辙，均在"杂多一体"的跨区域专项工作方面便于施行。

总的来说，从既有记录来看，相较吴奎等中央财政官员，相较李参、薛向等具有财政专业知识与丰富实践经验的诸路转运使④，担任财政副官的王安石往往从"义理"入手分析财政之利弊得失，也并未主导任何一项改革。然而，正是在三司度支判官任上，王安石意识到北宋王朝在忽视理财背后的深刻危机。嘉祐五年（1060）末，王安石在《度支副使厅壁题名记》写下这段话：

> 夫合天下之众者财，理天下之财者法，守天下之法者吏也。吏不良，则有法而莫守；法不善，则有财而莫理。有财而莫理，则阡陌闾巷之贱人，皆

---

① 王安石：《上皇帝万言书》，《王文公文集》，第382页；刘成国：《王安石年谱长编（第二册）》，第484-486页。

② 王安石：《上皇帝万言书》，《王文公文集》，第366-367页；刘成国：《王安石年谱长编（第二册）》，第528-531页。

③ 王安石：《相度牧马所举薛向劄子》，《临川先生文集（卷四十二）》；李焘：《续资治通鉴长编（卷一百九十二）》，嘉祐五年八月庚辰条。

④ 刘成国：《王安石年谱长编（第二册）》，第547、618-619页。

能私取予之势，擅万物之利，以与人主争黔首，而放其无穷之欲，非必贵强桀大而后能。如是而天子犹为不失其民者，盖特号而已耳。虽欲食蔬衣敝，憔悴其身，愁思其心，以幸天下之给足，而安吾政，吾知其犹不行也。然则善吾法，而择吏以守之，以理天下之财，虽上古尧、舜，犹不能毋以此为先急，而况于后世之纷纷乎？①

在这段论述"理财"的文章中，王安石点出：真正引发北宋统治集团紧张并形成威胁的是"与人主争黔首""天子失其民"，是中央朝廷放弃治理基层以后基层资源流失的政治安全问题。

由于北宋立国以来并未对社会财富进行全面的清查和整理，所以北宋王朝并没有从社会稳定及其财富增长中分配到足够的财政资源，因而难以应对逐渐增长的财政支出，这一结构性问题到北宋中期庆历新政后凸显出来并成为重要的朝政主题。②但这种财政困顿的状态并不致命，在"事为之防、曲为之制"的防弊机制中，财政虽不足以支撑对外战争、对内建设等大型事务，但往往能够有效缓解和应对内外挑战，这也是朝野士人频频论及财政改革但局限在减少专项支出、增加商税、调整专卖和调配路级资源等议题的原因所在。③然而，正是在这种因循苟且的惯性下，北宋王朝只关注财政征收的盈亏结果，而不对天下财富加以引导和控制，拱手将天下财富让给了潜在的"大农""大工""大商"，并使他们能够"与人主争黔首"④。这完全忽视了"理财"表象下的政治安全隐患，或将重蹈"田齐代姜"的历史覆辙。

---

①　王安石：《上皇帝万言书》，《王文公文集》，第409页；刘成国：《王安石年谱长编（第二册）》，第555-556页。

②　关于王安石变法前的财政状况，范镇和蔡襄给出了大致情形："（嘉祐中）以赋入之数十分为率，以七分养兵，官给、郊庙、宫省诸费三分。"参见马端临：《文献通考·兵考四·卷一五二》，"一岁所用，养兵之费常居六七""天下六分之物五分养兵，一分给郊庙之奉、国家之费"。参见蔡襄：《论兵十事、国论要目》，《蔡襄集·卷二二》，第381、390页。这些描述都说明养兵军费、官员俸禄、皇室支出、郊庙祭祀、赏赐等构成了财政支出的总体情况，其中，军费又占据70%左右的大头。

③　相关讨论多见于"开源""节流"的财政政策之争的研究，参见谷霁光：《王安石经济思想若干问题试析》，《中国史研究》1980年第1期，第88-98页；叶坦：《大变法》，生活·读书·新知三联书店，1996年，第73-108页；钱穆：《国史大纲》，商务印书馆，1996，第569页；赵益：《王霸义利——北宋王安石改革批判》，南京大学出版社，2000年，第128-133页；孙文学：《中国财政思想史》，上海交通大学出版社，2008，第294-309页；胡寄窗、谈敏：《中国财政思想史》，中国财政经济出版社，2015，第356页；刘守刚：《中国财政史十讲——基于财政政治学的历史重撰》，复旦大学出版社，2017，第157-177页。

④　王毓铨：《王安石的改革政策》，《政治经济学报》1937年第5卷第2期，第98-100页。王毓铨虽然采用魏特夫"东方专制主义"的理论框架，但指出了传统中国语境下的"大农""大工""大商"问题，即皇帝不能对农业生产、手工业生产、商贸权力失去控制，否则这些大地主、大商人将"与人主争黔首"，产生政治安全危机。也正是在政治安全危机的意义上，皇权需要催抑兼并。

出身东南的王安石以往也没有充分重视这一问题，只有在三司接触全局性事务后才意识到这一结构性挑战，而长期居于中央朝廷的官员又不能体认地方各级政务的要害，也就难以提出直抵根本的应对之策。因此，王安石提出"理天下之财"。从应对政治安全危机的角度看，"理天下之财"之义除了整顿财政、调节国家经济体系，更具有完善王朝治理体系的意涵，只有真正完善治理，才能从民间获取更多财富。简言之，"理天下之财"既要"理财"又要"理天下"。

所谓"理天下"，我们可以对读同时期的另一段记载，或能体会更深。王安石供职三司时，与同任三司的司马光交往甚密，二人都以改革为必然，但嘉祐六年（1061）闰八月，二人在治国之"体要"的分歧开始显露出来。

司马光上疏《乞分十二等以进退群臣上殿札子》，其中提出要在旧有的九品官职的基础上，承认一些临时性的职任差遣的官职品阶，组成新的十二等官职。[①] 司马光的建议实际上是将官僚体系中的非正式制度正式化，扩大了官员资历晋升的序列和年限，客观上扩充了官吏数量，仍然属于上文中在"祖宗之法"的既定"体要"中的精细化和规范化调整。

司马光的上疏让王安石意识到二人之间的根本分歧，他批评司马光"区区变更而终无补于事实"。仅在官僚体系内部调整结构未能触及治理根本，若要求得大治，中央朝廷应彻底改革"法度"，对人才的选用也不应自我局限于官僚体系框架[②]，应当采取对天下人才无所不包、无所不取、无所不用的态度。

在延揽天下人才的问题上，王安石一方面着眼于科举改革，强调不只以诗赋取士，而应开辟经学取士。[③]他在《答吴孝宗书》中指出"论文辞不足以明圣人之道"而"明道不可离圣人之经"[④]，即说明科举应当开辟经学，也暗示经学相较诗赋更有利于选拔治理天下的实用人才。

而另一方面，王安石的眼光也投向科举制度之外。最早在《涟水军淳化院经藏记》中，王安石提出"道之不一久矣"的观点，并由此阐述儒家正统在孔孟之后已

---

① 司马光：《乞分十二等以进退群臣上殿札子》，《司马温公集》。
② 王安石上时政书：《王文公文集》，第17-18页；王安石：《详定十二事议》，载于李之亮：《王荆公文集笺注（中）》，第936页；刘成国：《王安石年谱长编（第二册）》，第590-591页。
③ 关于王安石的科举改革思想，既有研究较多且观点相对统一。参见李华瑞：《王安石变法研究史》，人民出版社，2004，第359-363、467-469页。
④ 王安石：《答吴孝宗书》，《临川文集（卷七十四）》；刘成国：《王安石年谱长编（第二册）》，第571页。

经演化并分裂为多种派别①，这些派别各有偏向，虽然没有脱离正统，但无力把握"道"的整体。相比之下，"中国之老庄、西域之佛"并未受到过度开枝散叶的负面影响，仍然能够接近"道"的整体，所以应当借鉴，对其后人门徒也应兼容并蓄。②

不仅要延揽天下的读书人，还要囊括天下各行各业的知识与经验，无论贵贱、本末，都应全然贯通，从而不断接近治理天下的根本之"道"。王安石在《答曾子固书》中说："某自百家诸子之书，至《难经》《素问》《本草》诸小说，无所不读；农夫、女工，无所不问，然后于经为能知其大体而无疑。盖后世学者，与先王之时异也，不如是，不足以尽圣人故也。"③

由此可见，相较司马光为代表的同时代精英，王安石不断地扩张着财富、人才、学问的思想内涵，实际上也不断扩张着治国之"体要"的应有边界。他在《答韩求仁书》中说："语道之全，则无不在也，无不为也，学者所不能据也，而不可以不心存焉④。"就是把"道"作为治理之本，而治国者不应自我束缚于"在与不在""为与不为""能据与不能据"的意识框架，应以"道"来包容天下万事万物。这种表达已不再把北宋王朝的"祖宗之法"作为改革约束，既彰显出王安石"从道不从君"的思想立场，更说明他将北宋王朝种种政治规矩和历史特征包容于治理之"道"，扫清了"祖宗之法"等所有阻碍变法的意识约束。⑤

大约在嘉祐七年或八年（1062—1063），王安石"法先王之政"的治理思想已经从"教、养、取、任天下人才"扩展并转向"理天下"，他的改革重心也从培养士大夫转向构建包容天下人、天下事务的王朝治理体系。⑥ 这些变化与包弼德等学

---

① 王安石：《涟水军淳化院经藏记》，《王文公文集》，第422页。王安石此意为批判子学发展泛滥，掩盖了经学的重要意义。

② 王安石：《涟水军淳化院经藏记》，《王文公文集》，第422页。邓广铭也撰文分析了王安石兼容并蓄的基本精神，参见邓广铭：《王安石在北宋儒家学派中的地位——附说理学家的开山祖问题》，《北京大学学报（哲学社会科学版）》1991年第2期，第25-30页。

③ 王安石：《答曾子固书》，《临川文集（卷七十三）》。

④ 王安石：《答韩求仁书》，《王文公文集》，第80页。

⑤ 在这方面，论述最为系统的是邓广铭先生的"三不足之说"，参见邓广铭：《北宋政治改革家王安石》，河北教育出版社，2000，第115-136页。

⑥ 刘子健认为王安石变法的真正目的是通过改革官僚制来构建道德社会，其核心是按照"先王之政"的儒家理想塑造全体官民的习俗，或是先治官再转向所有人。参见 J. T.C. Liu, Reform in Sung China: Wang An-shih (1021-1086) and His New Policies. Cambridge: Harvard University Press，1959, pp. 32-33、45-47、115-116.

者指出的王安石思想中重要的"一致性"特征相合。① 可以说，王安石变法的思想基础成型于此，这一时间节点对于梳理王安石思想历程极为重要。

在任职中央的 5 年间，王安石直接处理政务的记录并不多，但他与其他中央官员往往在"义理"上不合。王安石强调事物本身，并从整体性或体系性分析事物，更偏向于经学，而不少官员则强调人、事的现实环境与历史特征，更偏向于史学。② 王安石批评当时的士大夫"沉没利欲，以言相尚，不知自治"③，也从侧面反映出这些中央官员认可世俗现状的共识。这一方面说明变法改制从中央朝廷入手的难度，另一方面，引出治平年间（1064—1067）王安石江宁居丧时讲学的必要性。在很可能无法实践政治抱负的情况下，通过辟经讲学传授思想、号召青年士人锐意革新。此时的门生之后多数成为新法拥趸，并深入地方诸路、州、县，引导新法推行。④

第三节　王安石"皇帝—庶民"贯通的"为政之体"构想

如前所述，"体要"一说源自熙宁二年（1069）八月司马光《上神宗论体要》中对王安石变法的批评。尽管时值变法之初，司马光未能窥伺新法全貌，但他仍从宋神宗极力支持新法并频繁干预具体政务的"积极有为"中察觉到王安石变法的"危险"，即对宋初以来"祖宗之法"所奠定的旧有"体要"的冲击与破坏。随着新

---

① ［美］包弼德：《王安石与〈周礼〉》，方笑一译，《历史文献研究》2014年第1期，第78页；［美］包弼德：《斯文：唐宋思想的转型》，刘宁译，江苏人民出版社，2000，第226-229页；［美］包弼德：《历史上的理学》，王昌伟译，浙江大学出版社，2009。

② 代表事例有：王安石与韩绛、吕公著、刘敞常辩论，"一日，论刘向当汉末，言天下事反复不休，或以为知忠义，或以为不达时变。议未决，介甫来，众问之。介甫卒然对曰'刘向强聒人耳'。众意未满。晦叔来，又问之，则曰：'同姓之卿欤？'众乃服。"载于刘成国：《王安石年谱长编（第二册）》，第 565-566 页。在众人中，只有王安石深耕经学，是从刘向出于现实需要、强行曲解经学出发而批判刘向；而吕公著和其他人则强调刘向的刘姓身份，对于刘向的经学特征并不重视。

③ 王安石：《答韩求仁书》，《王文公文集》，第 81 页。

④ 关于王安石讲学期间的门人以及这些门人在变法期间的身份、职务，刘成国已作详细说明，参见刘成国：《荆公新学研究》，上海古籍出版社，2006，第 62-83 页。

法的深入，王安石变法改造旧有"体要"的客观效果愈发凸显，并促使司马光坚定了以改回、强化旧"体要"为核心的政治路线。新旧"体要"之争格局就此奠定下来。那么，我们不禁要问：王安石意图构建怎样的"体要"？在他的"体要"构想中，"为政之体""治事之要"分别是什么？

本书认为，大致在宋仁宗朝晚期，王安石已经形成类似"体要"的理论构想。他通过系统解释《尚书·洪范传》和《周官》①等经典，构建出理想的政治秩序和治理体系，并以此作为之后变法的依据。从这些更具一般意义的经典解释中，可以看出王安石对类似"为政之体"的基本构想。

一、《尚书·洪范传》："为政之体"的理论雏形

《洪范传》大致完成于嘉祐八年至治平元年（1063—1064）。②"洪范"意为"天地之根本大法"或"统治万物之根本大法"。王安石之所以注释此书来传递自己的治理思想，或出于四种主要原因。

其一，从《洪范》文本内容出发，《洪范》记录的是周武王向殷商王族遗民箕子的咨访和箕子关于治国安民的常理的回答，所涉内容极广，从万事万物的自然元素到人世的不同命运，从皇帝统治万方的宏大法则到农民生产、生活的计数方法和度量。这些内容环环相扣，构建起完整、统一的理论体系，这符合王安石对"道"所谓"无不在，无不为，学者所不能据"的基本认识。③

其二，从改革科举出发，王安石意在复兴经学，全面重温孔孟之前的经学经典。他认为孔孟之后诸子兴起对《洪范》的注疏逐渐偏离其本义④，特别是历朝负责重新注疏的经学学者——如秦朝伏生，汉朝孔安国、刘向，唐朝孔颖达等人——多

---

① 刘成国：《王安石年谱长编（第二册）》，第667-668页，这一阶段是王安石个人思想基本定型的时期，许多著作集中出现。此外，据刘成国整理王安石于治平元年集中读《礼》，其中应包括《周官》《周礼》，所以《周官新义》是在《洪范传》基础上的发展，这个判断应该无误，参见刘成国：《王安石年谱长编（第二册）》，第672页。

② 王安石：《洪范传》，《王文公文集》，第280-296页。

③ 王安石：《答韩求仁书》，《王文公文集》，第80页。

④ 王安石：《书洪范传后》，《王文公文集》，第400页；另参见刘成国：《王安石年谱长编（第二册）》，第667-668页。

数以灾异附会政事。① 过度发挥其政治象征意义,而未能恢复其治国安民的本义,导致历朝始终无法实行"先王法度"。

其三,从时世判断出发,王安石指出作《洪范传》是时世所需。在他的时世想象中,北宋建立初期采用以防弊为主的"祖宗之法"确有必要,但历经百年已不再适宜,他政治生涯中所发现的诸方面弊病均生发于这种不适宜。11 世纪中期的北宋王朝,需要以重新"建国"为目的,依据"先王法度"和"洪范"的根本道理重塑能够应对时代变化的治理体系。②

其四,从政治体结构出发,王安石从《洪范传》中看到"皇帝"与"庶民"为主体并相贯通的政治体结构。不同于司马光在《上神宗论体要》中预设的等级体结构,这一政治体结构由"皇帝"直接面对广泛的"庶民",强调统治者应当为"庶民"的日常生活确立规矩并以身作则,从而达到"政""教"相合。此外,针对"庶民"日常生活主要环节的"八政"、统治臣民所必需的三种手段"三德"等理念,与王安石治理地方州、县的成功经验相合,一定程度上反映出王安石理想的"治事之要"。

在上述原因中,与治国"体要"问题直接相关的是第四点,也是王安石更具独创性的传注所在。无论是古本注疏,还是欧阳修、曾巩等友人的解释,都强调"洪范"中的"五行"等偏向自然的部分,如"五行灾异说"等,但王安石则旗帜鲜明地把"建用皇极"作为"洪范"全篇的核心。③ 通过梳理"皇帝"与"庶民"的关系,王安石在《洪范传》中把《洪范》从"五行灾异说"拉回治国安民的主旨上。

"洪范"包括九项治国常理。第一是"五行"——万事万物的五种自然元素,第二是"敬用五事"——庶民五种言行举止及其正确原则,第三是"农用八政"——从农业生产、日常生活到教育、军事的八种主要政务,第四是"协用五纪"——管理生产、生活的计时计数方法与度量,第五是"建用皇极"——建立由人主(皇帝)统治的人间规矩,第六是"乂用三德"——人主统治万方的三种必要手段,第七是

---

① 王安石与韩绛、吕公著、刘敞等辩论汉末名臣刘向以阴阳灾异议论国事,其意见、立场颇有反复,吕公著认为刘向是汉室宗亲,其行为与汉室利益相关。王安石则认为刘向错解了《洪范》五行说的本义,牵强附会以致错乱。参见刘成国:《王安石年谱长编(第二册)》,第 565 页。

② "建用皇极。中者,所以立本,而未足以趣时,趣时则中不在无常,唯所施之宜而已矣。"载于王安石:《洪范传》,《王文公文集》,第 280-281 页。

③ 蔡上翔:《王荆公年谱考略(卷二十)》,第 270-271 页。

"明用稽疑"——人主用于决断事务的占卜方法，第八是"念用庶征"——人主用于观察事物的征兆含义，第九是"向用五福、威用六极"——庶民五种好的命运和六种坏的命运，而人主需要对这些不同命运予以必要应对。

单从表面上难以看出"建用皇极"对于治国安民的特殊意义，但在王安石的传注中，不仅反映出前揭"政教相合""父严子富"等教化、引导内涵，更隐含着他对"与人主争黔首"的政治危机的思考。

王安石开门见山，所谓"皇极"就是皇帝和他的统治大法①：

> 皇极：皇建其有极。敛时五福，用敷锡厥庶民。何也？皇，君也；极，中也。言君建其有中，则万物得其所，故能集五福以敷锡其庶民也。惟时厥庶民，于汝极，锡汝保极，何也？言庶民以君为中，君保中，则民与之也。②

皇帝确立囊括宇内的大法，所以皇帝既是庶民的，也是万事万物的支配者，他将五种好的命运赏赐给庶民。由于庶民以皇帝为支配者，所以皇帝必须保持他的统治始终囊括宇内，这样庶民才会始终参与其中，服从支配。

但皇帝一旦疏忽或者不能对所有事物保持统治，那么庶民的天性就会私下结党，另立德行规矩，亦即脱离了皇帝的统治，这就是政治危机的前兆。因而王安石强调"凡厥庶民，无有淫朋，人无有比德，惟皇作极"③，指出庶民只能接受皇帝统治，即皇帝应该把保持统治、恢复统治作为基础的行动纲要，一定程度上，我们可以把维持对所有庶民的统治状态视为君主的"治事之要"。

王安石接下来直面皇帝与那些脱离统治的庶民的关系。"'凡厥庶民，有猷，有为，有守，汝则念之，不协于极，不罹于咎，皇则受之，而康而色，曰予攸好德，汝则锡之福，时人斯其惟皇之极'，何也？言民之有猷、有为、有守，汝则念其所猷、所为、所守之当否。所猷、所为、所守不协于极，亦不罹于咎，君则容受之，而康汝颜色而诱之。不协于极，不罹于咎，虽未可以锡之福，然亦可教者也，故当受之而不当谴怒也……其曰我所好者德，则是协于极，则非但康汝颜色以受之，又

---

① "皇帝""人君""人主"三个词均在《洪范传》中出现，基本上为同一个意思。
② 王安石：《王文公文集·洪范传》，第285页。
③ 王安石：《王文公文集·洪范传》，第285页。

当锡之福以劝焉。如此，则人惟君之中矣。"①

所谓"有猷、有为、有守"指的是庶民中的能人、强人、贤人。对这些人，皇帝首先要分辨他们是否从属于统治，言外之意就是这些人很可能是现行统治的法外之徒，他们产生的原因是客观上的统治缺失，所以不应以主观上的反叛谋逆来惩处，这种解释恰恰对应着嘉祐年间（1056—1063）王安石对天下财富落入他手的担忧，是客观上的统治缺失导致基层资源流失。随后，对这些人，皇帝应以宽容相待并予以吸纳、教化、赐福，这样一来，其他脱离统治的庶民也会主动回归皇帝的统治。这是皇帝恢复统治的主要过程，在运作中要求皇帝不断深入基层社会的方方面面，并维持统治存在，从而囊括天下万物的复杂变化。

但如果恢复统治后，这些能人并不心悦诚服呢？王安石解释道："不言'攸好德，则锡之福'，而言'予攸好德，则锡之福'，何也？谓之皇极，则不为已甚也。攸好德，然后锡之福，则获福者寡矣，是为已甚，而非所以劝也。曰予攸好德，则锡之福，则是苟革面以从吾之攸好者，吾不深探其心，而皆锡之福也。此之谓皇极之道也。"②

王安石指出，皇帝应该只关注统治是否恢复、保持，不应刻意追求庶民忠诚，避免陷入对庶民道德评判的泥沼，这会损害皇帝"居天下之中"的统治地位。这实际上再次强调皇帝应以维持统治作为根本的行动纲要。

除了对已经脱离统治的庶民恢复统治，还有两种尚未脱离统治的隐患，一旦皇帝丧失警觉，将酿成大错。一是人自然的从众慕强心理，如果皇帝不加以阻滞与教化，甚至自己也从众慕强，则难以抑制自然的贫富分离以及人性中自然的等级文化，这是对皇帝维持对万民直接统治的挑战，也是皇帝大戒所在：

> 茕独也者，众之所违而虐之者也；高明也者，众之所比而畏之者也。人君蔽于众，而不知自用其福威，则不期虐茕独，而茕独实见虐矣，不期畏高明，而高明实见畏矣……然则虐茕独而宽朋党之多，畏高明而忽卑晦之贱，最人君之大戒也。③

二是人没有被安排到合适的位置以发挥其天赋，如不讲求经典、穷尽道理并加

① 王安石：《王文公文集·洪范传》，第285页。
② 王安石：《王文公文集·洪范传》，第285页。
③ 王安石：《王文公文集·洪范传》，第286页。

以教化、引导，将无法发挥人才的天赋，导致治国理政疲沓不前。

> 人君孰不欲有能者羞其材，有为者羞其德，然旷千数百年而未有一人致此，盖聪不明而无以通天下之志，诚不至而无以通天下之德，则智以难知，而为愚者所诎，贤以寡助，而为不肖者所困，虽欲羞其行，不可得也。通天下之志在穷理，同天下之德在尽性。穷理矣，故知所谓咎而弗受，知所谓德而锡之福；尽性矣，故能不虐茕独以为仁，不畏高明以为义。如是则愚者可诱而为智也，虽不可诱而为智，必不使之诎智者矣；不肖者可革而为贤也，虽不可革而为贤，必不使之困贤者矣。夫然后有能、有为者得羞其行，而邦赖之以昌也。[①]

上述两种情况与王安石在宋仁宗朝晚期的《上仁宗皇帝万言书》[②]和宋神宗朝初期的《本朝百年无事札子》[③]两篇著名文章中的关切一脉相承。显然均对应北宋中期官僚体系死气沉沉的政治风气，王安石所举之例也指向士人官吏中攀附结党、倾轧孤立、庸人排挤、贤人不得行道的诸多现象。王安石看到了这些表象的统治缺失的本质，因而要求皇帝在恢复并维持统治的基础上，掌控和引导社会舆论、教育、选拔，并对庶民保持教化与思想引导，这是对皇帝维持统治状态更为具体的要求。

值得注意的是，王安石虽然在传注中一直用"庶民"一词，但所举的例子却包括士人官吏，这并不是词义混淆，而是王安石对《洪范》本义和他的"为政之体"构想的坚持。先秦以降，各朝各代的特权阶层逐次兴起，但在北宋一朝出现了"贫富贵贱，离而为四"的现象，即"贵者未必富""富者未必贵""贫者未必贱""贱者未必贫"及其经常转化的复杂状态。[④]这一历史背景下，形成了以士大夫阶层代替旧特权阶层成为新特权阶层的一种倾向，即"皇帝与士大夫共治天下"的格局，也形成了将"皇帝—贵族门阀（士大夫、大地主等特权利益团体）各阶层—庶民"直接简化为"皇帝—庶民"相贯通的"为政之体"格局的另一种倾向，王安石正是后者。

在论述"建用皇极"以明确"皇帝"与"庶民"贯通的"为政之体"后，王安

---

① 王安石：《洪范传》，《王文公文集》，第 286 页。

② 王安石：《上皇帝万言书》，《王文公文集》，第 1-19 页。

③ 王安石：《本朝百年无事札子》，《临川先生文集》，第 444-446 页。

④ 关于北宋初期贫富贵贱的等级观念式微的论述已有不少，本书主要参考林文勋与李治安的分析。参见林文勋：《唐宋社会变革论纲》，人民出版社，2011，第 100、101、104 页；李治安：《中近古"士农工商"较自由发展政策模式探研》，《文史哲》2019 年第 1 期，第 30-35 页。

石在《洪范传》的后四项治国常理则主要探讨君主具体的行动纲要。其中第九项"向用五福、威用六极"涉及双方的互动机制。①

王安石在同期的《杨孟》《对难》等文章中认为人有"正性""性之不正者""正命""命之不正者"四种人生状态②,"性"是先天的,"命"是后天经历的结果,"性""命"都有是否得其位的差别。③ 而在《洪范传》中,皇帝无法决定"性"的生成,但他能够引导、改造庶民的"命"。所谓"向用五福、威用六极"指的就是皇帝应尽可能成就庶民好的命运,而对坏的命运采取避免、补救,如果不能补救则予以刑罚。这与"皇极"开头的"皇建其有极。敛时五福,用敷锡厥庶民"相呼应,都表明皇帝通过掌握天下万物的支配权来成就庶民的天赋秉性,使其得到好的命运。这就构成了王安石"洪范"构想下皇帝与庶民相处的基本原则:庶民服从于皇帝的直接统治和教化、引导,皇帝掌控天下万物成就庶民好的命运。

王安石在创作《洪范传》时并没有预想到他将在 5 年以后主持变法,他更多的用意在于恢复《尚书·洪范》治国安民的本义来教育学生门人。所以,《洪范传》反而呈现出他更为一般性的政治秩序构想。在这个"皇帝"直接统治"庶民"的"为政之体"结构中,皇帝并非具体的赵氏皇族或秦皇汉武,而是一个始终统治天下万物,教化引导庶民尽性得命,并且以身作则的理想的主宰者形象,他根据自然"五行"规律来治国安民。然而在现实政治中,这一主宰者形象必然由某个具体的赵宋皇帝来充当,一旦具体的皇帝缺乏足够的能力和素质,那么为了维持整个体系运转,就必须由辅佐大臣承接这一主宰者的形象。因此,王安石变法所试图构建的治国"体要"虽然深入基层方方面面,有力解决了"祖宗之法"下基层资源流失的政治安全问题,但也引出了权臣当道的政治隐患。这也是日后元祐党人攻击新法、

① 王安石:《洪范传》,《王文公文集》,第 294 页。

② 王安石:《杨孟、对难》,《王文公文集》,第 313-314、320-323 页。

③ 关于王安石"性命""性情""生"与"性"的人性论思想的讨论已有不少,学者们普遍认为王安石是人性后天论者。因此在"体要"的意义上则体现为皇帝对庶民的教化、引导。参见马振铎:《政治改革家王安石的哲学思想》,湖北人民出版社,1984,第 182 页;贺麟:《文化与人生》,商务印书馆,1988,第 293-300 页;侯外庐:《中国思想通史》,《侯外庐著作与思想研究(第十四卷)》,长春出版社,2015,第 463-471 页;梁涛:《王安石政治哲学发微》,《北京师范大学学报(社会科学版)》2016 年第 3 期,第 100-103 页;张呈忠:《"以中人为制"——王安石政治思想的人性基点与制度理念》,《政治思想史》2017 年第 4 期,第 27-30 页。

新党不断产生权臣、理学家批判王安石"不臣"的重要缘起[①]，反映出双方"体要"之争内在的政治安全底线。

二、《周官新义》："为政之体"的指导纲领

熙宁二年（1069），王安石变法如火如荼地拉开帷幕。对于这场深刻影响中国历史的大事，一些前辈学者把王安石嘉祐四年（1059）的《上仁宗皇帝言事书》和熙宁元年（1068）的《本朝百年无事札子》作为变法纲领。[②]但从之后的变法主张和具体政策来看，两个文本并不能反映王安石的根本关切。邓广铭先生就指出《言事书》所涉及的问题、所涵盖的内容仅局限于"政治以及吏治的一些问题，没有谈到更重要的有关社会经济方面的一些问题""属于空想的部分居多，能付诸实施的可能性则较小"[③]；而《本朝百年无事札子》近似于一篇策论，其主要目的在于揭露问题、直陈乱象、引发皇帝警觉，但并未提出整体性的改革方案，它对问题的揭露也是基于"学校、官课、监司、守将、农民、兵士、财政、礼制"这样平面式的叙述，并没有体现出立体式的先后之分与轻重之别。所以，与其将《上仁宗皇帝言事书》和《本朝百年无事札子》视为变法纲领，毋宁称之变法宣言。而变法纲领或者体现变法主要精神的文本应另有他者。

事实上，在神宗皇帝接受《本朝百年无事札子》的第二天，便开"经筵"请王安石讲学[④]，所讲内容显然不是《本朝百年无事札子》，而是通过解释经学文本来陈

---

① 关于王安石和新党思想中"不臣"和"异志"倾向，宋人杨时论述最为用力，他从王安石的《易解》等经学文本出发揭发王安石的思想中蕴涵"君可取而代之"的思想。参见杨时：《神宗日录辨》，《龟山先生文集》，线装书局，2004，第313-314页；程颢、程颐：《二程集》，中华书局，1981，第25、248页。今人代表研究参见金生杨：《论王安石〈淮南杂说〉中的"异志"思想》，《四川大学学报（哲学社会科学版）》2002年第6期，第89-93页；夏长朴：《"介父之学，大抵支离"——二程论王安石新学》，《东方文化》2009年第1、2期合刊，第123-148页。

② 梁启超、漆侠、刘子健、包弼德等名家均视《上仁宗皇帝言事书》为变法纲领，参见梁启超：《王安石传》，商务印书馆，2015，第61-87页；漆侠：《王安石变法》，河北人民出版社，2001，第85-89页；〔美〕包弼德：《斯文：唐宋思想的转型》，刘宁译，江苏人民出版社，2000年，第226-229页；James T.C. Liu, Reform in Sung China: Wang An-shih (1021-1086) and His New Policies. Cambridge: Harvard University Press, 1959, pp.40-47. 此外，刘成国以《本朝百年无事札子》为变法纲要，参见刘成国：《王安石变法长编（第二册）》，第775页。

③ 邓广铭：《北宋政治改革家王安石》，河北教育出版社，2000，第48、55页。

④ 刘成国：《王安石年谱长编（第二册）》，第776页。

述变法治国之方略。① 无独有偶,自熙宁二年（1069）君臣决意变法后,王安石组织制置三司条例司来设计新法,条例司诸人论议新法时也往往把现实政治与经学义理相结合,力求使新法合乎义理、实现教化。② 直到熙宁八年（1075）,王安石于六月编成《三经新义》,并于同年七月由宋神宗下诏将《三经新义》颁布到宗室、太学和诸州学以教育天下学生,意在把《三经新义》作为巩固变法成果与延续变法精神的重要文本。③ 而在《诗经》《尚书》《周官》（也称《周礼》）"三经"之中,《周官新义》由王安石亲自编写,他在朝政论议中也常常直接引述《周官新义》中的概念来解释新法政策的原理,足见经学文本,特别是《周官》对王安石的重要意义。

对于王安石与《周官》的关系,从古至今大致有三种说法:一是传统社会盛行的"附会"说,另两个是于近年兴起的"依据"说和"指导思想"说。所谓"附会"说,多数以宋明理学家的批判和清朝《四库全书》收录说明为准,认为"安石之意,本以宋当积弱之后,而欲济之以富强,又虑富强之说必为儒者所排击,于是附会经义,以钳儒者之口,实非真信《周礼》为可行"④,其说法强调王安石借助《周礼》确立正当性,但不认为新法的理论渊源来自《周官》,这种说法基本否定了王安石的经学思想,并有意无意地加深了王安石变法"聚敛兴利"的固化认识。⑤ 所谓"依据"说,即承认王安石在变法过程中或多或少受《周官》启发,这些学者认为《周官》在王安石的认识体系中是"先王法度"和"圣人思想"的集中载体,蕴含丰富的制度资源和思想资源⑥,而青苗法、保甲法、免役法等具体政策都能

① 关于"经筵"讲什么文本,有这样一段记载,王安石不满意讲《礼记》,对宋神宗说:"陛下必欲闻法言,宜改他经。"于是用《尚书》替代《礼记》,这是经学文本之间的替换。此外,王安石专讲"三代之治",也多用到《尚书》《周官》《诗经》等经学文本。相关记载较少,但基本集中于熙宁元年（1068）四月至冬,多个史料文献记载相同,为便于检查,本书均以刘成国《长编》为准。参见刘成国:《王安石年谱长编（第二册）》,第776、781、810-811、815-816、826页。此外,关于北宋君臣之间的"经筵讲读"的系统介绍,参见陈峰:《宋代治国理念及其实践研究》,人民出版社,2015,第110-175页。

② 刘成国:《王安石年谱长编（第三册）》,第857页。

③ 刘成国:《王安石年谱长编（第五册）》,第1854-1855、1858页。

④ 杨小召:《周官新义》,四川大学出版社,2016,前言,第1-2页。

⑤ 历史上持"附会"说者较多,其中影响最深远的是朱熹和四库馆臣,二者均认为王安石推崇《周礼》是假、借《周礼》权威推行新法是真,这一观点迄今仍有市场。参见朱熹:《晦庵先生朱文公文集》,《朱子全书（第二十三册）》,上海古籍出版社,2002,第3382页;永瑢:《四库全书总目》,中华书局,1965,第150页;转引自潘斌:《王安石〈周礼〉诠释的新义》,《唐都学刊》2016年第6期,第93页。但总体来看,朱熹与四库馆臣的观点具有肯定理学、打击新学的意图,相对片面。

⑥ 王启发:《在经典与政治之间——王安石变法对〈周礼〉的具体实践》,《湖南大学学报（社会科学版）》2007年第2期,第11-18页。

在《周官新义》中找到相应依据。① "依据"说并未割裂变法与经学之间的联系，一些学者通过解经来分析新法的做法也有可取之处，但主要是对单一新法政策理论渊源的整理，过度强调《周官》本身的意义，而忽视了王安石之所以重视《周官》的根本原因。所谓"指导思想"说来自包弼德，相对"依据"说，包弼德更强调王安石对世间万物具有一个一致性的看法，而《周官》正是这种一致性的典范，变法期间"各种经济的、社会的、官僚的和文化的政策的确作为一个一致的整体而彼此适应"②。王安石注释《周官》的主要方法是分析字形和分析语句之间的逻辑关系，他通过注释试图把字形和语句中的系统、结构、秩序、关联性揭示出来。而颁布《三经新义》是王安石相信他的经典注释可以使天下人"学"得，进而持续地参与到对理想秩序的构建中。③ 由此可见，"指导思想"说抓住了王安石思想中的一致性倾向，并认为这种一致性是王安石确定治理"本末先后"的重要基础，而《周官》则是维持一致性的"指导思想"。然而，包弼德并没有就王安石一致性的具体内容展开论述。

以本书治国"体要"的视角看，这种一致性或整体性的特征遂得以合理解释。王安石之所以重视《周官》，正是因为《周官》中的所有制度施设都是基于"皇帝"与"庶民"贯通的"为政之体"而展开，并且指向更为具体的政策实施，而《尚书》（其中包括《洪范》）、《周易》、《仪礼》等其他经学文本并不具备这样完整的制度体系。王安石正是以此按图索骥，着手弥补北宋王朝治理体系对应"皇帝"与"庶民"贯通的"为政之体"的结构性缺失，特别是皇权向基层社会垂直下贯的制度缺陷。在这个意义上，即便《周官新义》称不上变法纲领，也是王安石改造"体要"之主要精神的重要体现。

从《周官新义》的首章首句，我们就能充分体会王安石以《周官》重构王朝治理体系、解释诸项新法政策的思想动因：

---

① 俞菁慧和雷博的多篇研究试图把《周官新义》与新法政策对应起来，如俞菁慧：《〈周礼·泉府〉与熙宁市易法——〈泉府〉职细读与王安石的经世理路》，《首都师范大学学报（社会科学版）》2014年第4期，第23-33页；俞菁慧：《〈周礼〉"比闾什伍"与王安石保甲经制研究》，《中国史研究》2016年第2期，第111-131页；俞菁慧、雷博：《北宋熙宁青苗借贷及其经义论辩》，《历史研究》2016年第2期，第20-39页。

② ［美］包弼德：《王安石与〈周礼〉》，方笑一译，《历史文献研究》2014年第1期，第78页。

③ ［美］包弼德：《王安石与〈周礼〉》，方笑一译，《历史文献研究》2014年第1期，第65页。

惟王建国，辨方正位，体国经野，设官分职，以为民极。①

《周官新义》开篇宣示皇帝所有"建国"方略和"治国"行动的最终目标是"以为民极"，这与以"建用皇极"为核心的《洪范传》相近，均预设了一个"皇帝—庶民"构成的理想"为政之体"。

接下来，王安石对这句话的注解更具体地阐述了"以为民极"的意涵：

> 昼参诸日景，夜考诸极星，以正朝夕，于是求地中焉，以建王国，此之谓辨方。既辨方矣，立宗庙于左，立社稷于右，立朝于前，立市于后，此之谓正位。宫门、城阙、堂室之类，高下、广狭之制，凡在国者，莫不有休，此之谓体国。井牧、沟洫、田莱之类，远近、多寡之数，凡在野者，莫不有经，此之谓经野。设官，则官府之六属是也。分职，则官府之六职是也。设官分职，内以治国，外以治野，建置在上，如屋之极，使民于是取中而芘（庇）焉，故曰以为民极。极之字，从木、从亟，木之亟者，屋极是也。②

与《洪范传》中九项治国常理的递进关系相似，《周官新义》也呈现出皇帝受命于天，进而整体规划，最终形成治国理政的基本脉络。如果说《洪范传》"建用皇极"是强调皇帝一端，并阐明皇帝始终统治万民对于治国理政的必要性，那么，《周官新义》"以为民极"则侧重庶民一端。"以为民极"——成为所有庶民的"极"，王安石将其解释为"屋极"，他认为"王"的所有治理行动要像木屋一样庇护庶民，使庶民聚集于皇帝的统治之下。从"皇帝—庶民"贯通的"为政之体"来看，王安石所谓"屋极"这一相对刻意的解释更强调治国理政指向庶民的目的性，使万千庶民成为整个治国理政网络的终端，不仅在形式上构造"皇帝—庶民"贯通的"为政之体"，在实质上也要实现皇权向基层社会的垂直下贯。

在《周官新义》符合并完善王安石的"为政之体"构想的意义上，我们可以从政治和制度层面对包弼德的所谓"一致性倾向"形成一种更具体的认识，即王安石引述《周官》原理对新法政策的解释既不是"附会"，也不是完全"依据"，而是王安石要使诸项新法政策服务于他的"为政之体"，始终使皇权能够直接下贯至基层社会并与庶民产生直接联系。因此，内含"皇帝—庶民"贯通的"为政之体"的

---

① 杨小召：《周官新义·天官一》，四川大学出版社，2016，第1页。
② 杨小召：《周官新义·天官一》，四川大学出版社，2016，第1-2页。

《周官》是王安石施行新法的重要参考，在新法推行受阻后，王安石也援引《周官》来指导推行，进而最终形成《周官新义》来教育士人。[1]简言之，构建"皇帝—庶民"贯通的"为政之体"并以此展开治理，是王安石致力于编辑《周官新义》，甚至整个变法的关切所在。[2]

因此我们看到，青苗法、保甲法、免役法、市易法这些新法，王安石确实援引《周官》予以解释[3]，但更需要注意的是，它们各自对应农民、商人等不同维度的庶民，一定程度上体现出"为政之体"在不同侧重上的"治事之要"，有助于皇权介入"士、农、工、商"四民之中并直接治理，实质是保障新的"为政之体"的有序运行。有关这些新法政策所体现出的不同"治事之要"，后文第四章、第五章、第六章有具体论述，但在此处有必要点出保甲法的特殊作用。

在本书看来，除了完善"皇帝—庶民"贯通的"为政之体"结构并指明庶民是治理的终点所在，《周官新义》对于"为政之体"的另一个重要作用，是将"为政之体"拓展至乡村社会提供了理论依据。王安石创造性地把《周官》中的乡遂制度与北宋的乡村结合在一起，重构了乡村社会的组织形式，即以保甲法"保甲经制"理念为核心的基层制度单元。

《周官》原文中的政治体系是商周时期"王畿千里"的政治地理体系，畿内国野形似一组平面式的同心圆而展开：最内为"国中"（王城），自内而外分别环抱以六乡、六遂、甸稍县都，然后达至畿疆。其中，六乡、六遂由天子直辖，乡遂之民

---

[1]　李华瑞认为王安石变法来自孟子的"井田制"理想，王安石结合北宋社会现实予以转化，"熙宁二年执政以后采取的诸多新法和施政理念，贯穿了孟子政治理想的精髓。在具体施政过程中，放弃恢复井田制的梦想，而是把孟子井田思想中合理内核均贫富、制恒产落实到以摧抑兼并为主线的诸项经济新法措施中，同时凭借国家权力推动荒政、赈济贫乏，建立社会救济保障机构，关注弱势群体。"李华瑞先生的说法也认可王安石变法中的一致性倾向，也对本书颇有启发。参见李华瑞：《论北宋后期六十年的改革》，《华中国学》2017年春之卷，第193页。

但这一说法侧重于说明新法孟子"王道政治"下"人伦关系"的制度化试验，与本书强调"为政之体"与"治事之要"的思考并不相同。

[2]　包弼德的学生罗祎楠在他的博士论文中指出，王安石在具体新法推行中始终援引经典，以维持新法的内在一致，但为了追求这种一致，往往与社会现实和行政细节相脱节，最终在执行过程中失去了官员的忠诚。参见 Yinan Luo, Ideas in Practice: The Political Economy of Chinese State Intervention During the New Policies Period (1068-1085). PhD diss., Harvard University, 2015, pp.44-47.

[3]　前述俞菁慧将青苗法与"国服之息"、保甲法与"比闾什伍"、市易法与"泉府"对应起来，是近年来典型的解经做法，但完全采用这种做法而忽视了新法共同服务的整体性，略为不妥。

是军队人力的直接来源，制地、制室皆按照礼法具有定数。① 时至北宋，政治体系转变为立体式的郡县体系，地方州、县以下的乡村基层是财力、人力、物力的主要来源，但国家疆域太大，基层社会治理必须委托地方官吏来完成，无论是核实资源还是制定礼法，皇帝反而更难直接掌握基层实际情况。② 因此，要构建"皇帝"与"庶民"贯通的"为政之体"，需要重构并确定皇帝直辖乡村的组织形式。

王安石的做法是重拾《周官》中的"乡遂"制度。"乡遂"制度的基础是"比间什伍"的社会组织形式：由五家组成一比，随后从比至间、至族、党、州、乡，各层级之间均为五进制，组成了相保、相受、相葬、相宾等诸多事务相互协助，层级明确，易于管理的共同体。③ 在此基础上，王安石又将《周官》中"寓兵于农""预配卒伍"等概念援引至"乡遂制度"之中④，将其全面转化成适应北宋乡村社会的耕战相合的基层制度单元，亦即"保甲经制"。可见，正是在《周官》之中，王安石找到了使皇权真正下贯基层社会的主体方案，推行保甲制度将"为政之体"庶民一端的制度建设在北宋乡村社会深刻奠定下来。关于保甲法，本书第五章还将专门讨论，但相比其他新法在完善"治事之要"上的作用，保甲法显然还具有直接拓展"为政之体"的意义，这是理解王安石治国"体要"的一个重点。⑤

总之，无论王安石是否"附会"《周官》权威为新法辩护，《周官》中隐含的"皇帝—庶民"贯通的"为政之体"，是诸项新法政策作为一个一致的整体而彼此适应的重要基础，这也是王安石频繁引据《周官》、编写《周官新义》教育士人的深层

---

① 王昭禹：《周礼详解》，《钦定四库全书（经部四·礼类一）》，第63页；转引自俞菁慧：《〈周礼〉"比间什伍"与王安石保甲经制研究》，《中国史研究》2016年第2期，第117页；另参见李普国：《〈周礼〉的经济制度与经济思想》，中州古籍出版社，1987，第46-48页。

② 相关内容上文讨论已较充分，参见虞云国：《对王安石县政思想的历史思考》，《杭州学刊》2017年第4期，第165-167页；马新：《试论宋代的乡村建制》，《文史哲》2012年第5期，第108-121页；刁培俊、国勇：《宋代国家权力渗透乡村的努力》，《江苏社会科学》2005年第4期，第205-210页。

③ "今五家为比，使之相保；五比为间，使之相受；四间为族，使之相葬；五族为党，使之相救；五党为州，使之相绸；五州为乡，使之相宾。"载于杨小召：《周官新义·地官一》，四川大学出版社，2016，第185页；另参见李普国：《〈周礼〉的经济制度与经济思想》，中州古籍出版社，1987，第46-52页。

④ 王安石在熙宁三年十二月讨论《畿县保甲条例》时，指出在北宋推行"寓兵于农"的合理性。"先王以农为兵，因乡遂寄军旅。方其在田，什伍已定，须有事乃发之以战守，其妨农之时少。"载于《续资治通鉴长编（卷二一八）》，熙宁三年十二月乙丑条，第5300页。

⑤ 《周官》本身呈现的是较小疆域下封建制（分封制）的制度体系，与北宋时期较大疆域下郡县制的制度体系并不统一，"为政之体""治事之要"也各有分歧。所以从"寓封建之意于郡县制之中"出发，王安石的变法实践或许与顾炎武、王夫之的苦苦思索的问题是相近的。

原因。由此，我们对王安石变法以及诸项新法政策的分析变得清晰起来，即在王安石的"皇帝—庶民"贯通的"为政之体"中，诸项新法是否深入基层社会？又是如何与庶民发生关系？进而在新的"为政之体"中体现出何种"治事之要"和治理功用？通过回答这些问题，我们将对王安石的治国"体要"形成更为系统的认识。

三、"孰与皇帝治天下"：一场有关"为政之体"重构的廷议

如果说《尚书·洪范传》和《周官新义》反映出王安石对"为政之体"的构想，那么熙宁四年（1071）三月的一场著名廷议则进一步证明新法重构"皇帝—庶民"贯通的"为政之体"的内在动因。

这场廷议发生于熙宁四年（1071）三月三日，此时新法推行已经走过前两个年头，青苗法、农田水利法都已经推行开来，《畿县保甲条例》——保甲法的"试行版"——也已经在京畿地区开始实施。[①] 在经历变法初期的激烈争论后[②]，当时的几位老臣、重臣不再拘泥于青苗法推行中的"聚敛"和"抑配"等问题，他们对新法深度介入并控制乡村社会事务的局势也看得更清楚，也直接道出新旧两种"为政之体"的结构性冲突，即"皇帝与庶民治天下"还是"皇帝与士大夫治天下"？

这场廷议在宋神宗、宰相王安石与枢密使文彦博、枢密副使吴充等高级官员之间展开，最初讨论的是陕西路庆州军乱、交子不便、保甲等事，但很快就上升到"新法更张祖宗法度"的问题。[③]

时任枢密使的老臣文彦博率先发难："朝廷施为，务合人心，以静重为先。凡事当兼采众论，不宜有所偏听。陛下即位以来，励精求治，而人情未安，盖更张之过也。祖宗以来法制，未必皆不可行，但有废坠不举之处耳。"[④]文彦博的批评指出变法大幅度更张"祖宗之法"导致朝野不安，这也是变法初期反对者的代表性意

---

① 青苗法于熙宁二年（1069）九月开始在河北、京东、淮南三路试行，同年闰十一月随农田水利法在全国范围内推行。保甲法在熙宁三年（1070）十二月在先行"畿县保甲法"，四年（1071）三月正值试行期间。

② 变法初期的争论集中在"青苗法"和"制置三司条例司"上，本书第一章引文已对此作出介绍。其中，青苗法相关争论集中于熙宁三年（1070）二月至四月，参见刘成国：《王安石年谱长编（第三册）》，第997-1046页。

③ 李焘：《续资治通鉴长编（卷二二一）》，熙宁四年三月戊子条，第5367页。

④ 李焘：《续资治通鉴长编（卷二二一）》，熙宁四年三月戊子条，第5367页。

见，并直指宋神宗偏听王安石等新党，破坏"异论相搅"的"祖宗之法"的核心机制[1]的错误做法。

坚定变法、革除政弊的宋神宗和王安石则对文彦博的保守言论不以为意，反问道："三代圣王之法，固亦有弊，国家承平百年，安得不小有更张？""朝廷但求民害者去之，有何不可？万事颓堕如西晋之风，兹益乱也。"[2]

而既认同文彦博、又领会宋神宗心意的吴充试图缓和双方矛盾，他说："朝廷举事，每欲便民，而州、县奉行之吏多不能体陛下意，或成劳扰。至于救敝，亦宜以渐。"[3]吴充以皇帝、中央朝廷的政策到地方州、县以下往往不能很好执行为由，就把双方冲突的重点从"变法更张是否必要"的路线之争转化为"变法选人用人是否合适""变法应从缓还是从急"等程度、方法层面的细节讨论。

宋神宗对此颇为赞同，他不愿因为变法造成士人集团的分裂。双方的争论也暂时平息，廷议的重点回到新法具体政策的得失利害。

然而，在讨论保甲法以"五百家为一大保"的制度设计问题上，文彦博再度发难，他指出"五家为一保"的安排勉强可以接受，但"五百家为一大保"则"劳扰可知"。文彦博的判断是基于北宋百年中是否具有相应的实践经验，"五家为一保"的"保伍法"此前在吉水县、蔡州、陈留县和齐州都有类似做法[4]，有利于防范盗贼，而"五百家为一大保"却未有先例，所以在推行政策过程中往往造成不便。

对此，宋神宗和王安石辩护这一制度设计目标长远且没有损害百姓的实际利益。可惜的是，现有史料并未记载宋神宗与王安石的具体解释，我们无从看出"五百家为一大保"的制度设计本意。

反倒文彦博的回应颇耐人寻味："祖宗法制具在，不须更张以失人心。"[5]

针对"失人心"的说法，宋神宗不禁追问："更张法制于士大夫诚多不悦，然

---

[1] 本书第一章引文已经介绍旧"体要"下"异论相搅"的君臣互动核心机制。此外，有关"异论相搅"与王安石变法的关系的研究，参见邓广铭：《北宋政治改革家王安石》，河北教育出版社，2000，第292-294页；李华瑞：《论北宋后期六十年的改革》，《华中国学》2017年春之卷，第199页。

[2] 李焘：《续资治通鉴长编（卷二二一）》，2004，熙宁四年三月戊子条，第5367页。

[3] 李焘：《续资治通鉴长编（卷二二一）》，2004，熙宁四年三月戊子条，第5370页。

[4] 周良霄：《王安石变法纵探》，《史学集刊》1985年第1期，第31页。

[5] 李焘：《续资治通鉴长编（卷二二一）》，2004，熙宁四年三月戊子条，第5372页。

于百姓何所不便？"①

文彦博则把矛盾直接挑明："为与士大夫治天下，非与百姓治天下也。"②这句话颇有胁迫意味，实为对整个变法"错误"方向的责难和对宋神宗的提醒。

宋神宗显然不满意文彦博这种非此即彼之说，他说："士大夫岂尽以更张为非，亦只有以为当更张③者。"即士大夫中也有支持变法、为百姓谋利的人。

但王安石并没有正面回答"皇帝和谁治天下"的问题，他从"法制是否具在"的角度指出，北宋王朝的许多"法制"并不健全，并说明变法是为了健全"法制"。

随着王安石把争论再次拉回"法制"的具体建设细节上，文彦博的言辞也趋于缓和。但他仍然强调："（法制）务要人推行耳。"④点出治理内核应在于"得人"，遂与王安石健全"法制"之说拉开差距。

王安石则以"法制"为先："若务要人推行，则须搜举材者，而纠罢软偷惰不奉法令之人，除去之，如是则人心岂能无不悦。"⑤并以新法既已推行，不应临时改动劝服诸人。论议方罢。

文彦博"皇帝与士大夫治天下"一语闻名于世，后世学者往往把这句话视为北宋士大夫阶级及其政治成熟的标志，以此作为"理解宋代官僚政治体制的一把钥匙"⑥，并对"共治"形成两种看法。

一是强调利益分配的"共治"。这个意义上的"皇帝与士大夫治天下"类似于历史上魏晋南北朝的"王与马共天下"的"门阀与皇帝治天下"、中唐五代的"藩镇与皇帝治天下"、明中后期的"士绅与皇帝治天下"等利益集团主导的权力结构。⑦在这种权力结构中，这些利益集团或竞争或合作，其目的在于占据合法的公

---

① 李焘：《续资治通鉴长编（卷二二一）》，2004，熙宁四年三月戊子条，第5372页。
② 李焘：《续资治通鉴长编（卷二二一）》，2004，熙宁四年三月戊子条，第5372页。
③ 李焘：《续资治通鉴长编（卷二二一）》，2004，熙宁四年三月戊子条，第5373页。
④ 李焘：《续资治通鉴长编（卷二二一）》，2004，熙宁四年三月戊子条，第5373页。
⑤ 李焘：《续资治通鉴长编（卷二二一）》，2004，熙宁四年三月戊子条，第5374页。
⑥ 张其凡："皇帝与士大夫共治天下"试析——北宋政治架构探微，《暨南学报》2001年第6期，第114-123页；程民生：《论宋代士大夫政治对皇权的限制》，《河南大学学报》1999年第3期，第56-64页。
⑦ 田余庆：《东晋门阀制度》，北京大学出版社，2012，第1-6页；吴晗、费孝通：《皇权与绅权》，岳麓书社，2012，第36-49页；马端临：《文献通考·职役考一》，转引自：邓小南：《祖宗之法：北宋前期政治述略》，生活·读书·新知三联书店，2006，第412-413页。

共权力并制定和实施政策,而这些政策则体现出利益集团间的利益分配的结果。①
利益集团之间相对力量的强弱对比是分析历史的主要依据。但在北宋中期,刚刚兴
起的士大夫集团尚不具备与皇权纷争的政治实力。

二是强调制度过程的"委托",也就是皇帝通过士大夫治理天下,皇帝分出部
分治理权力由士大夫协助完成,即皇帝负有皇帝的职责,士大夫负有士大夫的职
责,双方共同维护皇权至高无上与整个政治体的有效运作。在这个皇权委托制中,
基层社会的治理须委托地方官吏来完成,因而皇帝需要选得清廉贤能的官吏并在执
行政策上予以一定的自主性,而在全国范围内推行"法制"反而未必适应各地实际
情况,容易形成弊病与恶政。② 从这个意义上,余英时、邓小南等学者结合整个北
宋政治文化认为,文彦博所谓"皇帝与士大夫共治天下"表达的是第二种"皇帝通
过士大夫治理天下"的意思③,即士大夫是皇帝治理天下的工具或使者,并对第一种
"皇帝与士大夫共享天下"的意思进行纠正。

但从王安石重构"为政之体"的角度出发,我们再看文彦博的言论,可以从中
形成新的认识:文彦博在论及"变法更张是否必要"时偏向于"共治"内涵,表达
了对宋神宗忽视部分士大夫利益而锐意变法的不满。在吴充将争论平息后,文彦博
也没有再次发难,可见阶级利益并不是文彦博的重点。但当廷议来到保甲法实施
"五百家为一大保"的这一制度细节时,反倒是文彦博再次把问题上升到"更张祖
宗法制""失人心"的高度,为何如此?很大程度上,是"五百家为一大保"的保
甲制度改造了北宋王朝旧有的"为政之体",使整个"为政之体"的重心和具体事
务发生变化,文彦博意识到这种变化将改变官僚士大夫的行动方式,故而批评"劳
扰"。而宋神宗所谓"更张法制于士大夫诚多不悦,然于百姓何所不便"④,则明确体

---

① 姚治中:《试论王安石变法失败之原因》,《新史学通讯》1956 年 11 月号;转引自李华瑞:《王安石变法
研究史》,第 393-394 页。罗祎楠将这种具有自利、分裂、僵化、专断和靠实力说话特点的权力过程称之为
"个体性权力",参见罗祎楠:《中国国家治理"内生性演化"的学理探索——以宋元明历史为例》,《中国社会
科学》2019 年第 1 期,第 123-125 页;[德] 马克斯·韦伯:《支配社会学》,康乐、简惠美译,广西师范大
学出版社,2007,第 150-151 页。

② 上文已作说明,另参见虞云国:《对王安石县政思想的历史思考》,《杭州学刊》2017 年第 4 期,
第 165-167 页。

③ 余英时:《朱熹的历史世界——宋代士大夫政治文化的研究》,生活·读书·新知三联书店,2011,第
220 页;邓小南:《祖宗之法:北宋前期政治述略》,生活·读书·新知三联书店,2006,第 412-413 页。

④ 李焘:《续资治通鉴长编(卷二二一)》,2004,熙宁四年三月戊子条,第 5372 页。

现出他构造新的"为政之体"的意图，这句话使文彦博彻底意识到新旧两种"为政之体"的内在龃龉。

简言之，王安石与文彦博在"孰与皇帝治天下"的问题上构成了两种"为政之体"的构想及其路线展开。文彦博坚持"皇帝与士大夫共治天下"——无论是权力分享还是皇权委托——其"为政之体"是限定在皇帝与士大夫之间，并把治理体系的内核确定在"得人"；而王安石试图改造旧的"为政之体"，构建"皇帝—庶民"贯通的"为政之体"——"皇帝与百姓共治天下"一说则是文彦博从皇权委托层面对新"为政之体"的质疑，这一治理体系的内核在于"法制"。宋神宗显然认可"皇帝—庶民"贯通的"为政之体"构想，他给予王安石相当的支持，这种做法也有违旧有"为政之体"中"异论相搅"的君臣互动机制，这进一步刺激了保守派对王安石变法的攻击。[1]

新法开始后，构建新的"为政之体"的态势比较明显，那么为什么会出现王安石与文彦博等人在"为政之体"上的分歧？王安石又有何种契机在秉承"事为之防、曲为之制"的北宋王朝改造"为政之体"？这正是王安石变法在传统中国历史上所处的特殊时期的特殊意义。

在11世纪中期，传统中国正在经历一个门阀、藩镇等豪族的利益集团即将全面衰亡，而士大夫、乡绅宗族等庶族利益集团尚未成熟的历史时刻[2]，类似时刻在历史上并不多见。因此，文彦博等士大夫也处于一种定位不明的"混沌"状态[3]，他们既在"祖宗之法"的防范下缺乏北宋以前门阀、藩镇控制地方的暴力手段，又缺

---

① 关于"异论相搅"与王安石变法的关系的研究，主要参见邓广铭：《北宋政治改革家王安石》，河北教育出版社，2000，第292-294页；李华瑞：《论北宋后期六十年的改革》，《华中国学》2017年春之卷，第199页。

② 关于地主阶级的内在变化与矛盾的研究较多，仅列出不同时代、国家的代表作，参见吕振羽：《简明中国通史》，民主与建设出版社，2018，第368-371页；谭丕模：《李觏、王安石与北宋小地主阶级解放运动》，《清华周刊》1935年第42卷第11期，第73-82页；漆侠：《王安石变法》，河北人民出版社，2001；侯外庐：《中国思想通史》，《侯外庐著作与思想研究（第十四卷）》，长春出版社，2015，第429页；[日]宫崎市定：《东洋的近世》，黄约瑟译，载于刘俊文主编：《日本学者研究中国史论著选译（第一卷）》，中华书局，1992，第153-241页；佐伯富：《王安石·富山房》，1941，第137、150页；[美]郝若贝：《750—1550年间中国的人口、政治及社会转型》，易素梅、林小异等译；伊沛霞、姚平主编：《当代西方汉学研究集萃（中古史卷）》，上海古籍出版社，2012，第220-221页。

③ 关于宋代"贫、富、贵、贱""士、农、工、商"较自由状态的研究，主要参见林文勋：《唐宋社会变革论纲》，人民出版社，2011，第100、101、104页；李治安：《中近古"士农工商"较自由发展政策模式探研》，《文史哲》2019年第1期，第30-35页。

乏南宋以后士绅掌握地方资源的经济、文化手段，仅能通过参与行政获取特权。所以，文彦博所谓"皇帝与士大夫共治天下"恰恰强调士大夫是"治天下"的真正实施者，承认、信任士大夫的行政权力才是皇帝治理天下的唯一路径，这是对士大夫群体的特权性质的重要概括。①

在同样的历史时刻，王安石等另一派士大夫则看到了治国安民的历史机遇。他们虽然在"异论相搅"下屡遭掣肘，也在治理地方时缺乏足够的支持，但也在皇权强化、社会较稳定的条件下得以直接实践"先王之政"和"三代之治"，并构建更具整体规划的治理体系。② 由此，在王安石主导下，新法在"以为民极"的方向上逐步深入基层社会，将北宋王朝的"为政之体"向庶民拓展，客观上造成"为政之体"的治理重心下沉，而整个北宋王朝的"治国之体要"也得以重塑。

那么，新法如何深入基层社会并真正使皇权下贯至庶民身边呢？

第四节 "建立庶政"：王安石改造"体要"的核心

一、"建立庶政"：贯穿王安石变法的历史主题

所谓"庶政"，即与庶民相关的政务，也是对基层社会行政事务的统称。

熙宁二年（1069）变法开始后，宋神宗屡屡过问、干预"庶政"，于是范纯仁在《上神宗论亲决庶政》奏疏中批评宋神宗皇帝：

> 臣伏见陛下即位以来，孜孜求治，亲决庶政，日烦圣谟。万乘增宵旰之

---

① 邓小南：《祖宗之法：北宋前期政治述略》，生活·读书·新知三联书店，2006，第414-415页。

② 关于北宋"回向三代"的政治理想及其实践的研究较多，主要参见 J. T.C. Liu, Reform in Sung China: Wang An-shih (1021-1086) and His New Policies. Cambridge: Harvard University Press, 1959；余英时：《朱熹的历史世界——宋代士大夫政治文化的研究》，生活·读书·新知三联书店，2011，自序二，第8-10页；葛兆光：《中国思想史（第二卷）》，复旦大学出版社，2001，第185-190页；〔美〕包弼德：《政府、社会和国家——关于司马光和王安石的政治观点》，载于田浩编：《宋代思想史论》，杨立华、吴艳红等译，社会科学文献出版社，2003，第111-183页；〔美〕包弼德：《斯文：唐宋思想的转型》，刘宁译，江苏人民出版社，2000。

勤，群下负尸素之责。君劳臣逸，颠倒衣裳。异天德不言而成，亏圣人无为之治。又况人主诏令，当务简而必行。万机之多，宁免一失？先有司则不容差谬，当职者得以纠绳；出上意则事关纶言，为臣者难于轻议。行之寖久，益少损多。盖夫尊者当领其要，卑者当任其详。尊卑之殊，其职亦异：尽心谨职，督察捆事者，有司之职也；经国阜民，选贤任官者，宰相之职也；容载如天地，广大如江河，巍巍荡荡，无德而名者，王者之德也。以卑僭尊，则不恭而失职；以上逼下，则太察而劳神。[①]

范纯仁的批评与前述司马光《上神宗论体要》中对宋神宗"好于禁中出手诏指挥外事"的批评如出一辙。时值熙宁二年，王安石变法尚未铺陈开来，但范纯仁已经看到了宋神宗积极有为超出了既有"体要"中皇帝的权责范围，并很可能带头破坏整个政治等级体内部的尊卑秩序，扰乱各层级的"治事之要"。范纯仁的批评起于宋神宗"亲决庶政"，极大可能指的是宋神宗参预地方州、县以下事务。

王安石也提过"庶政"。熙宁三年（1070）三月，正值朝野攻击青苗法最盛之时，宋神宗听闻王安石有"三不足之说"，于是过问王安石，实际上是对"天变不足畏、祖宗不足法、人言不足恤"的激进言辞有所保留。[②]但王安石回复道："陛下躬亲庶政，无流连之乐、荒亡之行，每事惟恐伤民，此亦是惧天变。陛下询纳人言，无小大，惟言之从，岂是不恤人言？"[③]从王安石这句话可以看出，宋神宗即位和参与变法以来，整个变法团队的重点在于"庶政"，"每事惟恐伤民"，即使是原本不会采纳的基层"小人"的意见也予以采纳。结合熙宁三年（1070）春青苗法在基层农村强力推行并引发激烈争议的背景来看，王安石变法首先确实是以"庶政"为重点。

王安石的后继者也是晚期政敌的吕惠卿也提到过"庶政"。熙宁八年（1075），王安石再次拜相后，与吕惠卿有所嫌隙，吕惠卿有意挂冠而去，于是向宋神宗说："前此安石为陛下建立庶政，千里复来，乃一切托疾不事事，与昔日异，不知欲以遗之何人？"[④]且不论二人嫌隙究竟为何，此处吕惠卿点出王安石第一次拜相期间的

---

① 范纯仁：《上神宗亲决奏议》，载于赵汝愚：《宋朝诸臣奏议》，第68页。

② 关于"三不足之说"的分析，参见邓广铭：《北宋政治改革家王安石》，河北教育出版社，2000，第115-117页。

③ 杨仲良：《皇宋通鉴长编纪事本末·王安石事迹上》，李之亮校点，黑龙江人民出版社，2006，第1047页。

④ 李焘：《续资治通鉴长编（卷二六九）》，熙宁八年十月庚寅，第6591页。

功绩就是为宋神宗皇帝"建立庶政"。作为全程参与变法并在王安石第一次罢相后主管变法事务的吕惠卿，显然有资格概括变法的核心所在，"建立庶政"将新法铺陈的总体目标说得较清楚。

可见，从变法初期的熙宁二年（1069）到主要新法基本完成的熙宁八年（1075），从反对派、政敌到王安石自己，都清楚地认识到"庶政"在新法中的重要性。在变法初期，范纯仁、司马光与王安石在皇帝——更深层次的是皇权——是否深入庶民、直达"庶政"的问题上形成极大的对立，深入庶民类似于整个变法运动的切入点与前进方向。而在变法初成的熙宁八年（1075），吕惠卿所谓"建立庶政"则带有更明确的变法总体目标的意味。

在治国"体要"视角下，结合王安石在《洪范传》和《周官新义》中"为政之体"构想，我们可以推论"庶政"在王安石变法中的特殊意义：在变法初期，为了尽快建构"皇帝—庶民"贯通的"为政之体"，亟须使北宋王朝治理直接与庶民发生关系，使皇权下贯至基层社会，因此，新法施设的核心就是深入庶民、直达"庶政"；随着变法深入，新法不仅补足了"为政之体"的庶民一端，也重构了整个治国"体要"，一些新法在"庶政"的维度上体现出不同侧重的"治事之要"，进而使"庶政"得以成体系地建立起来，遂有吕惠卿"建立庶政"之评价。简言之，在王安石变法中，"庶政"既是变法开启的切入点，也是诸项新法政策共同服务的整体性目标。

接下来，我们将以熙宁二年（1069）、熙宁三年（1070）新法初期的实施过程为例，进一步说明新法如何深入庶民，并为之后整体性地"建立庶政"奠定基础。

二、深入庶民：王安石变法初期的切入与现实指向

变法的开端应在熙宁二年（1069）二月二十七日，王安石首先设立制置三司条例司，作为议定新法的专门机构。[①] 据《皇宋通鉴长编纪事本末》记载："（熙宁二

[①] "劝神宗修天下开合敛散之法，使利出于一孔；二月二十七日，创三司条例司，议行新法。"参见刘成国：《王安石年谱长编》，中华书局，第949页。本书中有关新法颁布的具体时间、次序以刘成国《王安石年谱长编》为准，下文不再赘述。

年）十一月乙丑……安石曰：'今分为一司，则事易商议，早见事功。若归中书，则待四人无异议，然后草具文字。文字成，须遍历四人看详，然后出于白事之人，亦须待四人皆许，则事积而难集。陛下既使升之与臣执政，必不疑升之与臣专事而为奸。况制置司所奏请，皆关中书审覆，然后施行，自不须并入'"①王安石这段话明确指出，设立制置三司条例司就是为了绕过中书烦冗的议事、看详环节而直接推行。从深入庶民的角度看，制置三司条例司有助于新法条例的颁布绕过原有的"中书—地方转运使—州、县政府"的行政中间层级，直接使皇权下贯到新的"为政之体"的庶民一端。

在近两个月的准备后，四月二十一日，王安石派遣刘彝、谢卿材、王广廉、侯叔献、程颢、卢秉等八位使者分别前往诸路州、县，调查当地农田水利、税赋、科率、徭役的相关问题，为之后的新法铺陈做前期准备。②

七月开始，王安石通过制置三司条例司连续颁布均输法、青苗法和农田水利法，具体推行次序与主要调整记录如下：

七月十七日，立淮、浙、江、湖六路均输法，由曾任陕西转运副使的薛向总领，"徙贵就贱，用近易远"，意在全面统筹南方各路财务。③

九月四日，推行青苗法（常平给敛法）。之前八月，河北使者王广廉建议在河北施行"春散秋敛法"，与青苗法意合，遂促使王安石决议推行。其初步计划是在河北、京东、淮南三路试行，待时机和管理办法成熟后再推向全国。④

九月十六日，任命薛向兼都大提举江淮、两浙、荆湖、福建、广南等路银、

---

① 杨仲良：《皇宋通鉴长编纪事本末·三司条例司废置》，李之亮校点，黑龙江人民出版社，2006，第1160页。

② "（熙宁二年）四月二十一日，命权荆湖北转运判官刘彝、通判府州谢卿材、河北转运司勾当公事王广廉、知安远县侯叔献、著作郎程颢、知开封府仓曹参军卢秉、许州司理参军王汝翼、权兴化军判官监建州买纳茶场曾伉八人，于诸路相度农田水利、税赋科率、徭役利害，从制置条例司请也。"参见徐松：《宋会要辑稿·食货五五（卷一九九）》，第4582页。

③ "臣等以为发运使者总六路之赋入，而其职以制置茶、盐、酒、税为事，军储国用，多所养给，使周知六路财赋之有无，而移用之。凡籴买税赋上供之物，皆得徙贵就贱，用近易远，令在京库藏رب 支见在之定数所当供办者，得以从便买卖，以待上令。"参见王安石：《乞制置三司条制》，《王文公文集》，上海人民出版社，1974，第364-365页。"数为神宗言均输法。七月十七日，立淮、浙、江、湖六路均输法，以薛向领之。"参见刘成国：《王安石年谱长编（第三册）》，第907页。

④ 刘成国：《王安石年谱长编（第三册）》，第933-935页。

铜、铅、锡坑冶、市舶等[①]，这样做的结果是进一步扩大薛向统筹转运的权力，在原有六路基础上，将福建、广南的海外贸易也一并纳入均输体系。

十一月十二日，移巴蜀物资集中到陕西路封椿。以陕西路作为陕西、成都府路、巴蜀各州的区域物资调配、转运中心。[②]

十一月十三日，行农田水利法，由县令负责、使者监督，开垦荒地、兴修水利。主要包括五项内容：①农田水利的主要项目包括：垦辟"荒废田土"、兴修"陂湖河港""沟洫""圩埠堤堰"，保障水流"均济疏通"。②上述工程由州、县以下官吏庶民计划、绘图申报，上级核定施工。③跨州、县农田水利的大型工程，由中央朝廷决定。④工程支出由地方民力自办，无力供给者借贷常平广惠仓钱谷，依照青苗钱纳息。⑤兴修农田水利的功绩列为官员政绩考核和升迁的重要标准。[③]这些做法极大程度上扩展了州、县的常规职能。

闰十一月十九日，向全国诸路、州、县派遣路级提举常平、广惠仓使者，兼管勾农田水利差役。[④]这标志着青苗法和农田水利法在全国推行，并由提举常平等专门使者监管各地推行。

十二月二十三日，差遣侯叔献、杨汲兴修汴河水利，灌溉民田。熙宁三年（1070）八月二日，使二人全面负责京畿府界水利、农田。[⑤]这是农田水利在地方推行并扩大权责范围的典型事例。

熙宁三年（1070）二月十一日，以王韶提举蕃部兼营田、市易[⑥]，主管对西北

---

① 刘成国：《王安石年谱长编（第三册）》，第940页。

② 刘成国：《王安石年谱长编（第三册）》，第955页。另外，《续资治通鉴长编》对此时间没有专门说明，但大致在熙宁二年（1069）十一月以内。参见李焘：《续资治通鉴长编（卷二百十七）》，熙宁三年十一月己酉，注释。

③ 刘成国：《王安石年谱长编（第三册）》，第955-958页。农田水利法较详细记载参见：徐松：《宋会要辑稿·食货一》。今人对农田水利具体措施的代表研究有：漆侠：《王安石变法》，第144-146页；邓广铭：《北宋政治改革家王安石》，第154-162页；胡寄窗、谈敏：《中国财政思想史》，中国财政经济出版社，2015，第362-363页；孙文学：《中国财政思想史（上）》，上海交通大学出版社，2008，第299页；叶坦：《大变法》，第83-84页；李金水：《熙丰时期农田水利法取得的主要成果及其原因》，《中国社会经济史研究》2006年第3期，第37-44页；汪家伦：《熙宁变法期间的农田水利事业》，《晋阳学刊》1990年第1期，第72-76页；杨德泉、任鹏杰：《论熙丰农田水利法实施的地理分布及其社会效益》，《中国历史地理论丛》1988年第1期，第79-88页；陈晓珊：《北宋农田水利法推行中的区域差异现象——以南阳盆地的水利事业与河北移民为线索》，《中国文化研究》2014年第2卷，第75-88页。

④ 刘成国：《王安石年谱长编（第三册）》，第964页。

⑤ 刘成国：《王安石年谱长编（第三册）》，第972页。

⑥ 刘成国：《王安石年谱长编（第三册）》，第1009页。

边疆的市易政策，这是市易法中边境市易务的最早记录，负责与蕃部的贸易和沿边管理。[①]

二月至四月，青苗法第一次春散期间，中央朝廷诸士人官吏集中批判青苗法"聚敛、抑配、与民不便"，王安石与诸臣展开大辩论。[②]期间也发生了前揭文彦博与王安石关于"孰与皇帝治天下"的廷议，此时，一些老臣已经从青苗法等新法深入庶民的态势中看到了王安石变法对"为政之体"的改造。

五月五日，王安石与宋神宗论"沿边青苗指挥"，并商议宋辽边境"两属户"能否借贷青苗的问题。[③]这说明青苗已经在全国范围内推行，并且在部分地区直达农民，边境地区农民看到河北地区青苗推行的情况后也愿意借贷，这也证明青苗法确实对农民有一定的便利。

五月十一日，编修中书条例。十五日，罢制置三司条例司，并入中书。十七日，青苗法等事务转归司农寺集中管理，并由吕惠卿掌管司农寺。[④]这一系列做法是把新的"庶政"嵌入到原来的中央机构中。

八月十六日，委托发运司每年从东南六路所得货物中取出二百万缗用于常平新法[⑤]，这是以均输法所取得的货物为底本，扩大青苗法在东南地区的推行规模，客观上与更多的庶民发生借贷关系。

八月十七日，差遣王广廉管理河北漳河水利，并意图撤并河北州、县，便于在宋辽边境精减州、县，统筹物资，经略政务。[⑥]这一做法重新调整了河北地区的地

---

① 王韶以市易经营蕃部事务的记载在史料中较统一，今人的分析也较相近，参见周良霄：《王安石变法纵探（续完）》，《史学集刊》1985年第2期，第13页；陈晓珊：《熙丰变法时期各地市易机构的分布特征与作用分析》，《中国经济史研究》2015年第4期，第17-19页。

② 变法初期的争论集中在"青苗法"和"制置三司条例司"上，本书第一章引文已对此作过介绍。其中，青苗法相关争论集中于熙宁三年二月至四月，参见刘成国：《王安石年谱长编（第三册）》，第997-1046页。

③ 刘成国：《王安石年谱长编（第三册）》，第1083页。在"两属户"案中，神宗认为"两属户"申请青苗证明青苗法并非强制摊派，且有利于百姓。

④ 刘成国：《王安石年谱长编（第三册）》，第1084、1087、1089页。关于王安石变法期间读中枢机构的改革，参见古丽巍：《变革下的日常：北宋熙宁时期的理政之道》，《文史》2016年第3期，第210-215页；李国强：《北宋熙宁年间政府机构改革述论》，《中华文史论丛》2010年第3期，第169-186页。其中，古丽巍的研究将"制置三司条例司"向中书过渡和重构的过程梳理得很清楚。

⑤ 刘成国：《王安石年谱长编（第三册）》，第1139页。

⑥ 刘成国：《王安石年谱长编（第三册）》，第1140页。变法期间调整地方州、县区划、合并裁撤州、县的改革由河北路兴起，并形成了经济型州、县和治安型州、县的两种区划特征。参见陈晓珊：《历史地理视角下的王安石变法》，《北京大学博士论文》，2011，第77-102页；马玉臣：《试论宋神宗时期的州、县省废》，《中国历史地理论丛》2005年第4期，第79-95页。

方州、县政府职能，并明确农田水利、青苗等"庶政"在地方州、县重点推行，一定程度上是对州、县政府职能的扩展。

八月十九日，要求东南地区全面兴修农田水利。[①] 这与青苗法在东南地区扩大推行规模几乎同时，也与在河北明确扩展州、县政府职能的做法相近。综合河北、东南诸路的情况来看，农田水利法、青苗法这些直达"庶民"身边的"庶政"在地方州、县中被制度化地确定下来，并由司农寺统一管理，奠定了皇权下贯基层社会的基本态势。

八月二十七日，立仓法，由朝廷向诸路、州、县胥吏提供俸禄，避免胥吏向百姓横征。[②] 朝廷原本并不负责这些胥吏的俸禄，胥吏的生活资料往往来自民间索贿、受贿，但随着新法直达"庶政"，地方州、县政府及以下的政务得以大幅度扩展，对胥吏的管理和供养势在必行。[③] 仓法一方面提供胥吏必要的生活资料和俸禄，另一方面，也采取严格法令惩治索贿、受贿问题，这是北宋王朝加强对"庶政"行政人员管理的重要表现，意味着"庶政"在"为政之体"中的规范化和常态化。

十二月九日，行畿县保甲法，王安石与宋神宗论议"寓兵于农"[④]。熙宁三年（1070）底，变法的重心转向保甲法，青苗法、农田水利法、均输法等法令的争议渐渐平息，新法也开始进入"建立庶政"的新阶段。

上述记载虽然不能囊括变法前两个年头里的所有事务[⑤]，但基本上标示出诸项新法政策推行的重要节点和主体内容。从中可以看出，在这一阶段内王安石变法的诸项举措均服务于"建立庶政"的总目标，并主要展现出建立新的机构、法令和调适旧的机构、法令的两方面做法。

[①] 刘成国：《王安石年谱长编（第三册）》，第 1141-1142 页。

[②] 刘成国：《王安石年谱长编（第三册）》，第 1153-1155页。关于仓法的研究主要涉及吏禄、制度原理等，参见贾玉英：《试论王安石变法时期的仓法》，《河南大学学报（哲学社会科学版）》1990 年第 1 期，第 33-36 页；路育松：《试论王安石对吏禄的改革》，《安徽史学》1999 年第 2 期，第 3-5 页；雷博、俞菁慧：《饶之以财、裁之以法——北宋熙丰时期养育与约束并重的吏治体系改革》，《天津社会科学》2015 年第 4 期，第 144-154 页。此外，宫崎市定对仓法、吏禄的研究在海内外享有盛誉，参见宫崎市定：《王安石的吏士合一政策》，索介然译，载于刘俊文主编：《日本学者研究中国史论著选译（第五卷）》，中华书局，1993，第 451-490 页。

[③] ［日］宫崎市定：《王安石的吏士合一政策》，第 460-471 页。

[④] 刘成国：《王安石年谱长编（第三册）》，第 1184-1187 页。

[⑤] 王安石在同期也改革中枢机构，李国强《论北宋熙宁变法的实质》对此进行梳理，参见李国强：《论北宋熙宁变法的实质》，《史林》2011 年第 2 期，第 66-71 页。

在建立新的机构、法令方面：王安石设立制置三司条例司是为了绕开原有的行政中间层级，避免政令在逐层下达时被曲解、被掣肘，并在此基础上直接任命提举常平官等新法使者深入地方主持青苗法、农田水利法等"庶政"。青苗法和农田水利法与农村社会的农业生产和农民生活直接相关，是变法前两年的重心，也是整个新法深入基层社会的切入点。起初，王安石对推行青苗法相对谨慎，仅在部分地区推行，但随着农田水利法在全国广大地区颁布，王安石迅即也将青苗法推行全国，这也体现出这两项新法政策内在相通、共同服从于一个总目标，之后均输法所取得的财物也被用来扩大青苗法在东南地区的推行规模。可以说，变法前两年的三项新法印证了包弼德所谓"诸项新法政策作为一个一致的整体而彼此适应"的观点，体现出王安石基于"皇帝—庶民"贯通的"为政之体"构想对新法铺陈的整体性思考。

在调适旧的机构、法令的部分：河北、东南诸路地方州、县的区域规划和行政重点被集中调整，通过调整，农田水利法、青苗法这些直达庶民的法令在当地得以更有效运作并确定下来，而地方州、县政府的职能也随之扩展。管理"庶政"的中枢也从临时性的制置三司条例司转移到司农寺，标志着"庶政"被嵌入到原有的中央机构中，使中央机构直接管理庶政被制度化地确定下来。而随着"庶政"的大规模展开，胥吏在行政事务中的重要性也迅速提高，王安石颁布仓法将胥吏纳入官吏体系中，为"庶政"的深化打下了坚实基础。显然，这些对旧机构、旧制度的调适也都共同服务于"建立庶政"的总体目标。

由此可见，在王安石变法的前两年，深入庶民是整个变法的方向和重点。虽然在熙宁二年（1069）末、熙宁三年（1070）初青苗法在中央朝廷遭到巨大阻力，但随着青苗法、农田水利法以及其他配套政策的铺开，时至熙宁三年（1070）末，这些新法在全国范围内推行已满一年。并基本上达成三种阶段性成效：①皇帝代表的国家权力垂直下贯至基层社会，尤其是乡村社会。②地方州、县政府参与"庶政"的程度与范围不断扩大，其职能也随之调整。③政府引导农民发展生产，在精耕细作的条件下创造更多财富，既加强对基层农村社会的治理，也扩大了税基。随着这些治理成效的显现，对这两项新法的非议也逐渐减少。而在之后的几年中，其他几项新法陆续推出，尽管仍遭非议，但"建立庶政"的变法格局已经奠定下来。诸路、州、县及中央各级官员也在变法运动中受到实践教育，进而理解了变法的真实面目，对新法的态度也得以转变，至少转为中立。[①] 只有类似司马光等这一阶段远离实务的大臣，和二程等质疑王安石新学的学者们仍然坚持反对王安石，但他们在当时并非主流。[②]

值得注意的是，在变法前两年中，除了青苗法、农田水利法在大刀阔斧地推行，还有一些事件易被忽视，但也展现出"建立庶政"在基层农村社会之外的不同侧重。比如"蕃部市易"和均输法，它们涉及货物运转、边境商贸以及边境地区的经略与治理，这些事务显然不是农业生产、农民生活意义上的"建立庶政"，而是发生在非传统农业区，尽管还没有推行全国，但也初显国家权力深入城镇、商业、商人等领域并加以规范与引导之端倪。在接下来的第四章、第五章、第六章，我们将具体分析王安石变法中主要的七项法令——青苗法、农田水利法、免役法、方田均税法、保甲法、均输法、市易法，阐明它们在"体要"中的特定功用，以及在"建立庶政"的整体目标上不同的侧重与意义。[③]

第五节 "以中人为制"："建立庶政"的思想基础

在王安石重构"皇帝—庶民"贯通的"为政之体"的变法方略中，诸项新法不断补足、完善北宋王朝治理体系的庶民一端——"建立庶政"。在"建立庶政"的

---

① 方诚峰：《北宋晚期的政治体制与政治文化》，北京大学出版社，2015，第 6-7 页。
② 葛兆光：《中国思想史（第二卷）》，复旦大学出版社，2009，第 185-192 页。
③ 下文中我们将王安石变法中的主要七项新法按"建立庶政"来分类。王安石变法的主要法令有青苗法、农田水利法、免役法、方田均税法、保甲法、均输法、市易法，此外，还有保马法、将兵法、军器监等涉及整顿军事的法令和三舍法等科举、教育方面的制度。
关于这些法令的治理面向，两位王安石研究权威漆侠和邓广铭具有不同的分类方法，漆侠将诸项新法分为四个部分："对官僚机构的调整和下层士大夫的提拔，科举制和学校制的变更"，"军队的整顿及其战斗力的加强，巩固地方封建秩序的保甲法的建立""调整封建国家、地主与农民关系的政策，有关发展农业生产的措施""供应国家需要和限制商业资本的政策，封建国家的专利制度"，漆侠先生将青苗法、农田水利法、免役法、方田均税法归类于"调整封建国家、地主与农民关系的政策，有关发展农业生产的措施"；邓广铭先生将农田水利法、均输法、青苗法、免役法、市易法、方田均税法按推行的前后次序排列，归类于"理财与兴农的各种新法"，但没有区分商业/农业、城镇/农村。总体而言，青苗法、农田水利法、免役法、方田均税法具体面向广大农业区的基层社会事务，而均输法、市易法具体面向城镇、非传统农业区的基层社会事务。

目标下，诸项新法不仅推动北宋王朝的治理重心向基层社会下沉，其制度铺陈也紧密贴合广大庶民的价值观念和生产、生活而展开。这些制度设计源自王安石"以中人为制"的重要理念，他在熙宁元年（1068）与宋神宗初次君臣对话时着意提出。而这场对话之后，宋神宗遂服膺并决意起用王安石，王安石也自此开启了"得君行道"的伟大历程。

一、"以中人为制"的缘起：君臣初次对话

这场君臣对话从"择术"开始：

上谓安石曰："朕久闻卿道术德义，有忠言嘉谋，当不惜告朕，方今治当何先？"

对曰："以择术为始。"

上问："唐太宗何如主？"

对曰："陛下每事当以尧舜为法。唐太宗所知不远，所为不尽合法度，但乘隋极乱之后，子孙又皆昏恶，所以独见称于后世。道有升降，处今之世，恐须每事以尧舜为法。尧舜所为，至简而不烦，至要而不迂，至易而不难，但末世学士大夫不能通知圣人之道，故常以尧舜力高而不可及，不知圣人经世立法，常以中人为制也。"

上曰："卿可谓责难于君矣。然朕自视眇躬，恐无以副卿此意。可悉意辅朕，庶几同济此道。"[1]

除了君臣心意契合，从这段对话中可以看出两个重点。首先是王安石认为治术

---

① 杨仲良：《皇宋通鉴长编纪事本末（卷五九）》，载于《续修四库全书（第三八六册）》，上海古籍出版社，2002，第492-493页。

关于王安石"以中人为制"的制度理念，一些文献虽然指出"以中人为制"是王安石变法的指导思想或重要组成部分，如柯昌颐《王安石评传》、詹子庆《中国古代史参考资料》等，但未能予以系统陈述。张呈忠近年的专文《以中人为制》较详细梳理了王安石"以中人为制"的制度理念，对于深入王安石新法铺陈的思想基础大有裨益，但他的解读侧重于皇帝以利欲改造士人思想、行为，主要采用王安石早年间《上仁宗皇帝言事书》中的"以中人为制"，仍然把视野限定在皇帝与士大夫之间，并未注意到变法前后王安石的"皇帝—庶民"贯通的"为政之体"构想，因而忽视变法期间"中人"指向广大庶民的思想内涵。主要参见柯昌颐：《生前事与身后名：王安石评传》，华文出版社，2018，第29-37页；詹子庆：《中国古代史参考资料》，高等教育出版社，1987，第210-214页；张呈忠：《"以中人为制"——王安石政治思想的人性基点与制度理念》，《政治思想史》2017年第4期，第19-20页。

应该"法尧舜"①而非"法唐太宗（法汉唐）"。当宋神宗提出"唐太宗何如主"时，显然是将唐太宗作为理想的皇帝形象并意图效仿，但王安石却不顾君臣尊卑，极为罕见地直接否定宋神宗"法唐太宗"的想法。作为明清社会批判王安石的代表，王夫之专门指斥王安石在这段君臣对话中"首以大言震神宗"②，即用夸张的表达和骇人的论点震慑年轻的神宗皇帝，进而蛊惑皇帝偏听自己的意见。而王夫之认为即便尧、舜复生于后世，也会顺应历史条件的变化而肯定诸葛亮治蜀、唐太宗贞观之治，并不会一味拒斥汉唐之道。③但这段君臣对话不能用简单的"话术震慑"来概括，实际上，王安石效法尧、舜而不效法汉唐的思想由来已久，他对"汉唐"和"尧舜"两种治理模式具有明确的区分。

早在宋仁宗朝的嘉祐四年（1059），王安石就在著名的《上仁宗皇帝言事书》的最后部分阐述了他对"贞观之治"的看法。他指出唐太宗开辟盛世源于他放弃封德彝"杂用秦汉"的治理模式而采用魏徵"法先王"的治理模式。于是："其所施设，虽未能尽当先王之意，抑其大略，可谓合矣。故能以数年之间，而天下几致刑措，中国安宁，夷蛮顺服，自三王以来，未有如此盛时也。唐太宗之初，天下之俗，犹今之世也，魏郑公之言，固当时所谓迂阔而熟烂者也，然其效如此。贾谊曰：'今或言德教之不如法令，胡不引商、周、秦、汉以观之？'然则唐太宗事亦足以观矣。"④

在这段话中，王安石认为，唐太宗之所以治理得力恰恰是因为他自秦汉以来最接近"三代之治"，而"三代之治"的重点在于推行德行教化，这也是自秦汉以

---

① "法尧舜""法先王""回向三代"等概念均指向北宋中期以降士大夫阶层兴起后的一种主流话语，以下根据不同语境分别使用，但均展现出士大夫阶层依据"三代之治"开展实践的政治理想主义路线。关于北宋士大夫"回向三代"的理想政治实践的倾向在20世纪后半叶逐渐获得海内外宋史学界的认可，由此出发分析王安石变法的研究成果也较为丰富，以下仅列出代表文献，参见胡适：《记李觏的学说》，《胡适文集（三）》，欧阳哲生编，北京大学出版社，1998，第25-40页；J. T.C. Liu, Reform in Sung China: Wang An-shih (1021—1086) and His New Policies. *Cambridge: Harvard University Press*，1959；贺麟：《王安石与陆象山》，《文化与人生》，商务印书馆，1988，第230-231页；余英时：《朱熹的历史世界——宋代士大夫政治文化的研究》，生活·读书·新知三联书店，2011；葛兆光：《中国思想史（第二卷）》，复旦大学出版社，2001，第185-190页；雷博：《试论"熙丰变礼"及其思想史意义》，《政治思想史》2015年第3期，第30-32页；[美] 包弼德：《王安石与〈周礼〉》，方笑一译，《历史文献研究》2014年第1期，第65-78页；刘成国：《荆公新学研究》，上海古籍出版社，2006。
② 王夫之：《宋论（卷六）》，中华书局，2008，第78页。
③ 夏青、刘伯兰：《王夫之法律思想研究》，中国人民公安大学出版社，2007，第21-22页。
④ 王安石：《王文公文集·上皇帝万言书》，第15-16页。

来王朝治理所长期忽视之所在，因此，尽管唐太宗仅仅粗合先王之意，也足以成就盛世。王安石认为，宋仁宗朝与唐太宗时期世俗风气相近，均处于采用重视德教的"法尧舜"路线的历史时期。结合《上仁宗皇帝言事书》中对天下士人"教、养、取、任"的主题来看①，这一时期的王安石已经明确了讲求德教的"法尧舜"路线，并把教化、管理、引导、成就人才作为北宋王朝治理所急需弥补的政务重点。但正如邓广铭先生所说，《上仁宗皇帝言事书》所涉内容相对有限，主要触及"政治以及吏治的一些问题，没有谈到社会经济方面的一些问题""属于空想的部分居多，能付诸实施的可能性则较小"②。至少从《上仁宗皇帝言事书》的内容来看，这一阶段的"法尧舜"仍然停留在士大夫群体和官僚本制内部，缺乏更具整体性的治理方略。

但从熙宁元年（1068）的君臣对话来看，王安石对"法尧舜"的思考在变法前已经成熟，他直接指出尧、舜等三代圣人经世立法的要义在于"以中人为制"，亦即该段对话的另一个重点。在北宋中期"回向三代"的士人思潮中，相较"末世学士大夫"脱离实际的空洞口号，王安石所谓"以中人为制"则从理念层面的讲求道德教化转向现实层面的政制设计和社会治理。虽然在这段对话中，王安石并未就"以中人为制"作进一步展开，但从"至简、至要、至易"的言论中可以推定，王安石已经基于"以中人为制"对北宋王朝的"经世立法"形成较为完整且易于施行的谋划，是为后来变法重要的思想基础。

值得注意的是，"法尧舜"和"法汉唐"的治术选择也蕴涵着"经术"和"史学"的两种学术路径与思维方式，并派生出不同的治理方略。近代以来，不少学者已经注意到王安石与同时代精英在"尧舜（三代）/汉唐"分歧背后的学理差异。比如钱穆在《国史大纲》中认为王安石是经术派而司马光是史学派。③蒙文通则指出王安石和新党后人"于汉唐之近迹，终以卑卑不足道。盖法汉唐则祖宗之政不得改，无以持异己者之口。故排史学若此其深也"④，即所谓"不法汉唐"意在"不法

---

① 王安石：《王文公文集·上皇帝万言书》，第3-13页。
② 邓广铭：《北宋政治改革家王安石》，河北教育出版社，2000，第48、55页。
③ 钱穆：《国史大纲》，商务印书馆，1996，第592页。
④ 蒙文通：《中国史学史·蒙文通文集（第三卷）》，巴蜀书社，1995年，第317页，转引自刘成国：《荆公新学研究》，上海古籍出版社，2006，第235页。

祖宗",是对同时代经验主义治理方略的规避。美国学者郝若贝(Robert Hartwell)专文论述了王安石与司马光、与二程的学理分歧,即王安石采用古典主义的经学路径、司马光代表历史类比的史学路径、二程发展道德规训的理学路径。[①] 当代学者刘成国也撰文论述王安石"尊经卑史"的学术思想取向,他指出王安石将历史分为三代前和三代后两种,三代后史官的取材局限于"尊爵盛位",并往往缺乏客观公正的"史德",因而难以反映古人古事的真实面貌,而最完整反映古人智慧和永恒真理的则蕴藏在儒家六经中。[②] 包弼德更是指出《周官》等三代经学文本是王安石变法的指导思想,在其中,世间万事万物都符合一个完美的系统,新法的诸项政策也共同服务于一个一致性的整体。[③] 综合上述研究,我们可以形成一个基本认识,即相比信奉历史连续性的司马光等人所推崇的逐步改良的政治路线,王安石的学理路径和思维方式深受经学文本的影响,促使他走向更为彻底的、追求一致性的变法改制。这既是"法尧舜"和"法汉唐"两种治理方案的内在分歧,也是强调应时而变的王夫之在经验主义思维方式中难以理解王安石变法的深层次原因。

结合本书之前的发现,我们对王安石与宋神宗关于"法尧舜"和"法汉唐"的君臣对话形成更清晰的认识。在北宋中期士大夫阶层"回向三代"的思潮下,王安石注意到《尚书·洪范》《周礼》等经学文本所描绘的"为政之体"与汉唐各朝的政治制度——如前述皇权委托制、郡县制等截然不同,并派生出迥异的治理方略,这些经学文本中指向庶民的治理方略或能有效解决北宋王朝基层社会治理简化后的诸方面治理难题。所以,王安石在君臣初次对话时提出的"法尧舜"路线并非简单地讲求道德教化,而是在"皇帝—庶民"贯通的"为政之体"构想下对北宋王朝治

---

① R. Hartwell, Historical Analogism, Public Policy, and Social Science in Eleventh and Twelfth Century China. *American Historical Review*, 1971, No.3, pp.690-727.

② 刘成国:《尊经卑史——王安石的史学思想与北宋后期史学命运》,《四川大学学报(哲学社会科学版)》2006年第1期,第106、108页。此外,王安石诸多文章中,直接体现王安石"尊经卑史"取向以及推崇"三代"记录的文章,参见王安石:《王文公文集·答邵州张殿丞书》,第99页。

③ [美]包弼德:《王安石与〈周礼〉》,方笑一译,《历史文献研究》2014年第1期,第78页。

理体系的深刻改造①，而"以中人为制"则是王安石施行多项新法的思想基础和制度内核。那么，"以中人为制"究竟是什么？这一思想又如何体现在诸项新法之中？接下来，我们将从治理的对象群体、价值观念和主要的制度展开等方面进一步论述王安石"以中人为制"的多重含义。

二、"以中人为制"的治理意涵

"以中人为制"是贯穿王安石政治生涯的重要思想，在他的多篇文章中均有体现，从治理出发，"以中人为制"大致体现出三种意涵。一是治理的对象群体确定为广大中等资质的人，二是治理的价值观念采用利欲主导的中人价值观，三是治理的制度设计根据广大庶民生产、生活的重要环节而展开。以下分别说明。

（一）治理的对象群体：广大可以被改造的中等资质的人

"以中人为制"并非王安石原创，其出处应是郑玄对《礼记·表记》的一条传注："子曰：圣人之制行也，不制以己，使民有所劝勉愧耻，以行其言。郑玄注曰：以中人为制，则贤者劝勉，不及者愧耻，圣人之言乃行也。"②对此，陈苏镇先生有撰文说明，他指出"以中人为制"意谓圣人制订礼法不是以"圣人"为标准，而是以"中人"为标准，目的是让"贤者""中人""不及者"都能做到。结合东汉士大夫在教化实践中奉行"空言高论难行之术"的背景来看③，郑玄"以中人为制"的道德标准更低，也更强调教化的可行性和治理的普遍性。

王安石的"以中人为制"思想承袭自郑玄，据张呈忠分析，在《礼记发明》和《性说》等多篇文章中，王安石都具有"上智—中人—下愚"还是"贤者—中人—

---

① 关于"尧舜""三代"与"汉唐""秦汉"等治理模式的分野，除了前述从经术/史学的学术路径分析，汪晖指出二者在礼乐/法制维度的分立："尧舜"代表着礼乐建设与法治建设合一的理想政治，"汉唐"则代表着礼乐缺席状态下的法治建设，参见汪晖：《现代中国思想的兴起（上卷）》，生活·读书·新知三联书店，2004，第212-216页。目前，很少学者从治国"体要"的视角区分"尧舜"与"汉唐"两种治理模式，较接近的是在封建/郡县维度的分析，如渠敬东：《中国传统社会的双轨治理体系：封建与郡县之辨》，《社会》2016年第2期，第1-31页，他分析了"三代之治"与秦汉以后治理体系的冲突与嵌套，但主要论述的仍是明清时期顾炎武、王夫之的"寓封建之意于郡县之中"的理念，并未触及两种治理体系在"为政之体"及其"治事之要"上的差异。

② 郑玄、孔颖达：《礼记正义》，上海古籍出版社，2008，第2064页。

③ 陈苏镇：《"以中人为制"——郑玄礼学的一个重要观点》，载于杜常顺、杨振红：《汉晋时期国家与社会论集》，广西师范大学出版社，2016，第307-311页。

不及者"的基本分类，显然"中人"指的是中等资质的人①，但相较郑玄的圣人以中人的道德标准来制订礼法的观点，王安石的侧重点在于人的资质可变化。他在《性说》中说："习于善而已矣，所谓上智者；习于恶而已矣，所谓下愚者。一习于善，一习于恶，所谓中人者。上智也、下愚也，中人也，其卒也命之而已矣②。"在"上智—中人—下愚"的基础分类上，王安石阐发了"习"对于人的资质的决定性作用，即后天的学习和外在的干预能够改造人的资质，可以避免中人成为"下愚"、可以促使中人成为"上智"③。结合当时的历史背景来看，韩愈的人性先天论在唐宋之际流行于世，这一立论也自然引出了外在力量干预无效和服从先天安排的消极主义的治理意涵，而王安石所谓"以中人为制"则是人性后天论的代表，自然引出外在力量干预有效和改造先天束缚的积极主义的治理意涵。

广大中等资质的人都是可被改造的，基于这一人性基点，政府职能或者皇帝代表的国家权力必须对"中人"加以引导和教化，这是王安石"以中人为制"的第一重治理意涵。在这个意义上，"上智"和"下愚"并不因国家权力的引导和教化而发生改变，但这些极少数的人，特别是"上智"在社会中很可能造成远超其数量的影响，反而会对皇帝把握治国理政的重点造成干扰。④因此皇帝应该果断排除其干扰而明确以广大的"中人"群体为治理对象，并加以有力的引导和教化。⑤

结合王安石"皇帝—庶民"贯通的"为政之体"构想来看，"以中人为制"也隐含着治理对象的普遍性原则。虽然王安石在《礼记发明》和《性说》等文章中没有明确以说明"中人"是庶民还是士大夫，但"以中人为制"的提法显然淡化了士大夫与庶民的阶级差异，突破了"皇帝与士大夫共治天下"的格局并指向天下所有

---

① 潘斌：《王安石〈礼记发明〉辑考》，《古代文明》2012年第2期，第66页。

② 王安石：《王文公文集·性说》，第317-318页。

③ 张呈忠：《"以中人为制"——王安石政治思想的人性基点与制度理念》，《政治思想史》2017年第4期，第22-24页。

④ 相关思想亦参见《洪范传》"有猷、有为、有守"的部分。对这些庶民中的能人、强人、贤人，皇帝只需分辨他们是否服从于统治，而不应为他们特殊对待导致对整体的忽视。参见王安石：《王文公文集·洪范传》，第285页。

⑤ 侯外庐也从人性后天论的角度来解读王安石"以中人为制"思想，但他的解释侧重于人通过后天实践改造自我。相似的解释还有贺麟的"建立自我"，也说明王安石重视后天学习对自我本性的改造。这些解释确实点出王安石相较韩愈更为平等的哲学思想，但均未揭示王安石在"以中人为制"思想背后的治理意涵。参见侯外庐：《中国思想通史·侯外庐著作与思想研究（第十四卷）》，长春出版社，2015，第467-470页；贺麟：《王安石的哲学思想·文化与人生》，商务印书馆，1988，第288-296页。

中等资质的人，进而形成更具整体性的治理方案。[①] 而就补足和重构"为政之体"的结构性目标而言，王安石变法的重点在于建立"庶政"，北宋王朝的治理重心也逐渐向基层下沉，在此过程中，"中人"不仅包括士人官吏，更指向广大的乡村之农、城镇之商，而诸项新法也基于"以中人为制"的理念由此铺陈展开。

（二）治理的价值观念：利欲主导的价值观念

王安石第一次提出"以中人为制"是嘉祐四年（1059）的《上仁宗皇帝言事书》。此时，他刚从提点江东刑狱的任上回来，还没有意识到北宋王朝治理体系放弃基层社会后的基层资源流失问题，因此，他的视野还局限在官僚体系内部，他所谓的"以中人为制"也针对的是士人官吏[②]的俸禄问题。

> 方今制禄，大抵皆薄。自非朝廷侍从之列，食口稍众，未有不兼农商之利而能充其养者也……虽厮养之给，亦窘于此矣，而其养生、丧死、婚姻、葬送之事，皆当出于此……以今之制禄，而欲士之无毁廉耻，盖中人之所不能也。故今官大者，往往交赂遗、营赀产，以负贪污之毁；官小者，贩鬻、乞丐、无所不为。夫士已尝毁廉耻以负累于世矣，则其偷堕取容之意起，而矜奋自强之心息，则职业安得而不弛，治道何从而兴乎？又况委法受赂，侵牟百姓者，往往而是也。此所谓不能饶之以财也。[③]

在这段话中，王安石"以中人为制"的缘起是中下级官吏的生活贫困问题。由于朝廷俸禄普遍不足，这些士人官吏生活贫困，甚至难以应对日常生活中"生老病死、婚丧嫁娶"等重要项目的必要支出，因此不得不在有限的俸禄之外"兼农商之利"，寻求隐形收入，也频频发生"朝廷每一令下，其意虽善，在位者犹不能推行，使膏泽加于民。而吏辄缘之为奸，以扰百姓"的索贿贪腐等现象。[④]官吏俸禄难以应付日常生活的必要支出不只是嘉祐四年（1059）的问题，范仲淹在庆历新政期间（1043）也专门阐述这一问题对社会治理和政府效能的危害，北宋物价不断增长但

---

① "以中人为制"所隐含的普遍性原则和整体性治理方案与前述王安石"尊经卑史"的学术取向一脉相承。王安石认为史书的取材多以各朝各代的王侯将相等个体为主，而面向社会群体的治理经验却较少触及，并不足以指导现实，反倒三代经书大多描绘包含所有庶民的社会群体的一般性理论，也易于形成整体性、一致性的治理方案。参见王安石：《王文公文集·答邵州张殿丞书》，第 99 页；［美］包弼德：《王安石与〈周礼〉》，方笑一译，《历史文献研究》2014 年第 1 期，第 68 页。

② 文中多处使用"官吏"一词同时概括官僚与胥吏，这是因为王安石变法将胥吏也纳入国家俸禄体系，所以在涉及有关俸禄问题时，多用"官吏"一词。

③ 王安石：《王文公文集·上仁宗皇帝言事书》，第 8 页。

④ 王安石：《王文公文集·上仁宗皇帝言事书》，第 2 页。

官吏俸禄并未增长①，生活困窘的现实迫使他们与地方豪强合作，甚至依附于豪强，在行政过程中往往致使"贫弱百姓理不得直，冤不得诉，徭役不均，刑罚不正，比屋受弊，无可奈何"②。从王安石和范仲淹的策论可以看出，在北宋中期相当长的时间里，官吏缺乏俸禄和政务难以推行显然已经形成恶性循环，而破解症结的唯一方法就是增加官吏的俸禄。

王安石从增加官吏的俸禄出发，阐述了"以中人为制"的理念："夫出中人之上者，虽穷而失为君子；出中人以下者，虽泰而不失为小人。唯中人不然，穷则为小人，泰则为君子。计天下之士，出中人之上下者，千百而无十一，穷而为小人，泰而为君子者，则天下皆是也。先王以为众不可以力胜也，故制行不以己，而以中人为制，所以因其欲而利道之，以为中人之所能守，则其志可以行乎天下，而推之后世③。"王安石指出，天下的士人官吏大多数是中人，其行为、思想受到生活贫富的左右，所以先王若想治理得力，需要首先满足士人官吏的生活需要，按照中人的现实生活和价值观念来立法行政。

王安石在这里讨论"以中人为制"虽然针对的是士人官吏的问题，但如前所述，乡村之农、城镇之商、国家之士人官吏，大部分都是中人，均在"因其欲而利道之"的治理范畴之中，即圣人皇帝按照中人的道德能力设立规范、采用中人重视利欲的价值观来治理和引导。这也是"以中人为制"的第二重治理意涵。

"以中人为制"这一利欲主导的价值观适用于"皇帝—庶民"贯通的"为政之体"，"因其欲而利道之"也清楚地梳理出皇帝与天下人的互动关系。王安石在《拟上殿进札子》中也提出与"因其欲而利道之"相近的意思："夫成人之才甚不难。

---

① 关于北宋官员俸禄不足现象的分析，参见张邦炜：《宋朝"最腐败"论商讨》，《四川师范大学学报（社会科学版）》，2014，第149-155页；杨宇勋：《宋人传记所载士大夫家贫的思考》，《学术研究》2014年第1期，第116-124页；黄惠贤、陈峰：《中国俸禄制度史》，武汉大学出版社，1996，第301页。

② "在天下物贵之后，而俸禄不继，士人家鲜不穷窘，男不得婚，女不得嫁，丧不得葬者，比比有之。复于守选、待阙之日，衣食不足，贷债以苟朝夕。到官之后，必来见逼，至有冒法受赃赊贷度日，或不耻贾贩，与民争利。既为负罪之人，不守名节。吏有奸赃而不敢发，民有豪猾而不敢制。奸吏豪民得以侵暴，于是贫弱百姓理不得直，冤不得诉，徭役不均，刑罚不正，比屋受弊，无可奈何，由乎制禄之方有所未至。"参见范仲淹：《答手诏条陈十事》，载于李勇先、王蓉贵校点：《范仲淹全集》，四川大学出版社，2007，第532-533页。

③ 王安石：《王文公文集·上仁宗皇帝言事书》，第8页。

人所愿得者尊爵厚禄，而所荣者善行，所耻者恶名也。今操利势以临天下之士，劝之以其所荣，而予之以其所愿，则孰肯背而不为者？特患不能尔。而吾所以责之者，又中人之所能为，则不能者又少矣。夫成人之才甚不难，而自古往往不能成人之才，何也？以人主之才不足故也。"①

这段话说明人间通行的中人价值观是"愿得尊爵厚禄、荣善行、耻恶名"，在这种价值观下，只要皇帝善于"操利势"——以尊爵厚禄引导中人，激励他们有为，就能收获天下人才协助治理。而以往之所以难以收获天下人才，并非天下缺乏人才，而恰恰是皇帝（人主）的问题，王安石接着批评了皇帝德行不足的种种表现。②但从"皇帝—庶民"贯通的"为政之体"的整个结构来看，皇帝的真正问题在于没能掌握"天下利势"，或者说能够掌握"天下利势"但未能利用手中的尊爵厚禄将天下人才刺激起来，并不断勉励和引导人才尽性成才、建功立业。要达成这样的"为政之体"和善治，仅仅依凭极少数"上智"的经营或者以圣人的价值观来要求天下人显然远远不够，必须承认并利用中等资质之人普遍的利欲心，以此作为治理天下的通行标准。

王安石"以中人为制"的观点摒弃了"圣人"价值观下对天下士人的道德规训和思想约束，并揭示出皇帝代表的国家权力与天下广大士人官吏直接的利益关系，这种价值观念层面的变化也具有社会经济层面的现实基础。张呈忠在《以中人为制》一文中着意强调北宋官吏的经济生活来源主要是俸禄，而非学界流行的地主阶

---

① 王安石：《王文公文集·拟上殿进札子》，第 235 页。

② 王安石：《王文公文集·拟上殿进札子》，第 235 页。另，王安石在《万言书》中也有一段话描述了中人价值观下皇帝"操利势以临天下人"的关系结构："先王之为天下，不患人之不为，而患人之不能，不患人之不能，而患己之不勉。何谓不患人之不为，而患人之不能？人之情所愿得者，善行、美名、尊爵、厚利也，而先王能操之以临天下之士。天下之士，有能遵之以治者，则悉以其所愿得者以与。士不能则已矣，苟能，则孰肯舍其所愿得，而不自勉以为才？"这段话也明确表达了皇帝与天下士人之间以利欲为主导的基本关系。以往不少涉及《万言书》的研究从人才与教育思想入手，但对王安石思想中皇帝与士人的互动关系和内在的中人价值观缺乏关注。

上述文献参见王安石：《王文公文集·上仁宗皇帝言事书》，第 14 页；白自东：《从〈上仁宗皇帝言事书〉看王安石的人才政策》，《西藏民族学院学报》1984 年第 4 期；何忠礼：《也论王安石变法的失败原因》，《杭州大学学报》1986 年第 2 期；苗春德：《试论王安石的人才思想》，《史学月刊》1982 年第 5 期；龚若栋、邱永明：《王安石的整体性人才陶冶观》，《学术月刊》2001 年第 6 期；雷博、俞菁慧：《饶之以财、裁之以法——北宋熙丰时期养育与约束并重的吏治体系改革》，《天津社会科学》2015 年第 4 期，第 144-154 页。

级的地租收入①，官吏的身份是依附皇帝的"打工者"而非独立的土地"所有者"②。换句话说，"以中人为制"思想预设的经济基础是君主专制体制下皇帝对官吏爵位俸禄的高度控制，而非土地私有制，这充分贴合北宋前中期"贵者未必富""富者未必贵""贫者未必贱""贱者未必贫"以及贵贱贫富经常性转化的社会情态。③正是在这种特权阶级尚未固化的历史条件下，皇帝能够有力掌握官吏的经济命脉，以爵位俸禄激励官吏，并对其思想、行为加以控制和引导，而这些构想显然是特权集团固化之后难以达成的。从这个意义上讲，王安石依据中人的价值观念来治理的思考确实适用于当时的社会经济条件。

（三）治理的制度展开：对庶民生产、生活的规范与治理

如前所述，王安石对"以中人为制"的思考最早体现在嘉祐四年（1059）的文章中，尽管此时王安石已经展现出皇帝代表的国家权力引导和改造广大中人的思想倾向，但他的论述或停留在理论层面的天下人可被改造，或在现实层面局限于俸禄、科举等吏治问题，仍未发展为面向天下人的治理方略。但时至变法前的熙宁元年（1068），在君臣初次对话时，王安石的治理视野已经扩展至基层社会，"先王操利势""因其欲而利道之"的对象群体也指向天下庶民。那么当"以中人为制"从理念走向实践，它又展现出怎样的治理意涵呢？

在王安石的现存文章中，并没有直接说明"以中人为制"的实践展开④，但我们仍然可以从两方面理解这一问题。一方面，王安石最初在《万言书》中论述士人官吏的俸禄问题时，虽然没有给出直接的解决办法，但他的基本思路已经初现端倪。在王安石看来，由于朝廷没有在全国范围内确立"婚丧、奉养、服食、器用之物"等生产、生活的必要环节的统一制度，导致世人攀比之风盛行，造成大量超出实际

① 20世纪流行的地主阶级论认为北宋官吏以地租和剥削客户、小手工业者作为主要经济来源，并以此形成王安石变法是地主阶级与农民阶级、豪族地主与庶族地主等之间的利益冲突的基本认识。本书在第二章"文献综述"中已经提及这类研究，以下仅列出代表作：漆侠：《王安石变法》，上海人民出版社，1959；侯外庐、邱汉生：《唯物主义者王安石》，《历史研究》1958年第10期；蒙文通：《北宋变法论稿》，《蒙文通文集（第五卷）》，巴蜀书社，1999，第420-427页。

② 张呈忠：《"以中人为制"——王安石政治思想的人性基点与制度理念》，《政治思想史》2017年第4期，第28-29页。

③ 林文勋：《唐宋社会变革论纲》，人民出版社，2011，第100-104页；李治安：《中近古"士农工商"较自由发展政策模式探研》，《文史哲》2019年第1期，第34-35页。

④ 张呈忠的《以中人为制》一文并未触及庶民生产、生活的问题，这或许与他的分析材料局限于嘉祐四年的《王文公文集·上仁宗皇帝言事书》有关。

支付能力的花费，官吏也在这种社会风气下难以维持生计。① 因此，朝廷不仅要提高官员的俸禄以满足支出需要，还要更为根本性地深入日常生产、生活的必要环节，确立统一的制度来规范世人的行动与价值观。

另一方面，时至变法前后，王安石在《洪范传》和《周官新义》等反映变法思想的文本中，着意强调对庶民生产、生活的辨识和规范，使"以中人为制"的实践展开面向天下所有人。

比如在《洪范传》中，王安石就梳理了治理天下的八项主要政务，并重点阐释了"八政"之间环环相扣的递进关系："八政，一曰食，二曰货，三曰祀，四曰司空，五曰司徒，六曰司寇，七曰宾，八曰师，何也？食货，人之所以相生养也，故一曰食，二曰货。有相生养之道，则不可不致孝于鬼神，而著不忘其所自，故三曰祀。有所以相生养之道，而知不忘其所自，然后能保其居，故四曰司空。司空所以居民，民保其居，然后可教，故五曰司徒。司徒以教民，教之不率，然后俟之以刑戮，故六曰司寇。自食货至于司寇，而治内者具矣，故七曰宾，八曰师。宾所以接外治，师所以接外乱也。自食货至于宾师，莫不有官以治之，而独曰司空、司徒、司寇者，言官则以知物之有官，言物则以知官之有物也。"②

"八政"中除了"宾"和"师"，其余"食、货、祀、居、教、刑"六项均直接与庶民的日常生活有关，亦即《尚书·洪范》中的"庶政"，诸项政务既构成一个连贯的整体，也具有各自不同的治理规范。王安石由此提出"官""物"对应，即每项政务环节需要设立专门的官员和制度来治理、规范。正如上文所指出的，《洪范传》更多反映的是王安石一般性的政治秩序构想，他对"八政"的解释也止步于此，并未直接对应新法的制度展开，但即便如此，我们也能看出王安石具有深入庶民的生产、生活并"建立庶政"的基本祈向。③

---

① "婚丧、奉养、服食、器用之物，皆无制度以为之节，而天下以奢为荣，以俭为耻。苟其财之可以具，则无所为而不得；有司既不禁，而人又以此为荣。苟其财不足，而不能自称于流俗，则其婚丧之际，往往得罪于族人亲姻，而人以为耻矣。"参见王安石：《王文公文集·上仁宗皇帝言事书》，第8-9页。

② 王安石：《王文公文集·洪范传》，第284页。

③ 在王安石的多篇文章中都可以看到深入庶民生产、生活并加以规范和治理的意涵，《答王深甫书》是其中的代表性文章，以下稍作说明：王安石论述了先"备礼"而后"致刑"的思路，即深入庶民生活予以常态化的治理和教化，并在之后设立刑罚，以纠正不进行治理和教化而直接刑罚的治理误区。参见王安石：《王文公文集·答王深甫书》，第85页。

　　而在《周官新义》这一更指向现实制度的文本中，王安石深入庶民生产、生活并加以治理的祈向也更为明显。《周官新义》有一段论述"以九职任万民"，即天下万民的九种职业分类，我们将其归纳于下。

1	三农	生九谷
2	园圃	毓草木
3	虞衡	作山泽之材
4	薮牧	养蕃鸟兽
5	百工	饬化八材
6	商贾	阜通货贿
7	嫔妇	化治丝枲
8	臣妾	聚敛疏材
9	闲民	无常职，转移执事[①]

　　以上九种职业虽然对应的是周朝的社会生产和经济生活，但王安石仍然对其职责内容做出了具体说明，比如这段注疏："养蕃者，养而后蕃之也。饬化者，饬而后化之也。阜通者，阜而后通之也。化治者，化而后治之也。聚敛者，聚而后敛之也[②]。"包弼德注意到这段注疏，指出这是王安石有别于以往郑玄、贾公彦的注疏的一个重点，即王安石着意说明每个工作职责须包含两部主要程序。[③]与其说王安石更关注不同职责的具体步骤，毋宁说这是他对庶民的不同职责的规范性解释，从中体现出朝廷对庶民的生产活动确立制度，并在此基础上加以引导和规范的治理意涵。[④]

　　综上所述，我们可以看出"以中人为制"在从对象群体、价值观念等理念层面转向实践的过程中，其治理意涵也明确指向对中人生产、生活的规范与治理。这种

---

　　① 王安石：《周官新义》，杨小召整理，四川大学出版社，2016，第15-16页。

　　② 王安石：《周官新义》，杨小召整理，四川大学出版社，2016，第15页。

　　③ ［美］包弼德：《王安石与〈周礼〉》，方笑一译，《历史文献研究》，2014年第1期，第73、75页。关于郑玄、贾公彦的《周礼》注疏以及与王安石《周官新义》的差别，参见程元敏：《三经新义辑考汇评》，华东师范大学出版社，2011，第30-31页。

　　④ 关于王安石《周官新义》的研究，如俞菁慧的多篇文章，目前主要关注具体新法在《周官新义》中的对应性解释，较少分析王安石对庶民、官吏职责的解释，也没有从深入庶民生产、生活重要环节的角度来解读王安石治理思想的实践展开。

　　相关研究参见俞菁慧、雷博：《北宋熙宁青苗借贷及其经义论辩》，《历史研究》2016年第2期，第20-39页；俞菁慧：《〈周礼〉"比闾什伍"与王安石保甲经制研究》，《中国史研究》2016年第2期，第111-131页；俞菁慧：《〈周礼·泉府〉与熙宁市易法——〈泉府〉职细读与王安石的经世思路》，《首都师范大学学报（社会科学版）》2014年第4期，第27-31页。

国家权力的积极干预不仅反映在提升官吏俸禄和确立生活规范，也深入到全体庶民的生产职责之中。在"皇帝—庶民"贯通的"为政之体"构想中，这种积极干预的方式方法也更易于理解，皇帝代表的国家权力需要始终保持对庶民的控制与引导，因而有必要将政务直接对应于庶民的生产、生活，并确立明确而统一的制度。

小结

尽管在王安石的个人论著中并没有直接出现"体要"一词，但他与同时代精英司马光对北宋王朝治国之"体要"确实存在截然不同的认识。王安石长期在地方诸路、州、县任职游历，对北宋王朝在地方的皇权委托制具有深刻体认，进而发现北宋王朝治理体系的核心隐患是简化基层社会治理后基层资源流失、管理弱化的政治安全问题。在意识到这一问题后，王安石从《尚书·洪范》和《周官》等经学典籍中找到了"皇帝—庶民"贯通的"为政之体"的理论，予以解释、发挥，形成了整个变法的指导纲领，并以此为基础着手弥补、设计变法。在新法推行一段时间后，王安石变法改造"体要"的意图逐渐被文彦博等老臣注意到，双方围绕"孰与皇帝治天下"的问题产生争执，这场著名廷议体现出"皇帝—庶民"贯通的"为政之体"构想及其制度施设与"皇帝与士大夫共治天下"的治理结构之间的深刻冲突。

在"皇帝—庶民"贯通的"为政之体"构想下，王安石变法改造"体要"的核心在于"建立庶政"，王安石、范纯仁和吕惠卿等士大夫精英均指出这一要点，甚至概括为变法的总体目标。从变法初期两年的推行过程来看，青苗法、农田水利法等新法政策及其配套措施直指基层社会的农业生产、农民生活，并取得了阶段性成效，由此奠定深入庶民、"建立庶政"的变法格局。

"建立庶政"的思想基础在于"以中人为制"，这是贯穿于王安石政治生涯的重要思想，并在理念和实践层面大致体现出三种治理意涵。理念层面包括：治理的对象群体确定为广大中等资质的人，治理的价值观念采用利欲主导的中人价值观。实践层面指：对官吏、农户、商人在内的一切中人的生产、生活进行治理，一方面，针对"婚丧、奉养、服食、器用之物"等日常生活的必要环节设立统一制度；另一方面，对不同职业的庶民的社会经济生产活动确立规范，并利用国家权力积极干预，实现有效控制和有效治理。

正是在"建立庶政"和"以中人为制"的指引下，诸项新法逐步推行开来。一方面，不断坚实"皇帝—庶民"贯通的"为政之体"；另一方面，则在"庶政"之维上产生各自的治理功用，展现出王安石变法所构造的治国"体要"在"治事之要"上的不同面向。

第四章

对农民生产、生活的常态化治理

观其所行，察其所依，明其所止。要更好地认识王安石的"体要"观，就需要结合变法的实践展开，观察并分析诸项新法制度设计的内在理路，特别是诸项新法在"建立庶政"目标下分别侧重的治理意涵，从而理解王安石变法对北宋王朝的"为政之体"和"治事之要"的实际改造与深刻影响。

北宋时期商业虽然有所发展，但本质上仍是农业社会，绝大多数人生活在农村，从事农业生产，北宋王朝的有序运行也依赖于对农民与土地的有效控制。在这个意义上，"建立庶政"中的"庶民"和"以中人为制"中的"中人"，在北宋治理现实下，首先是广大基层农村的农户，王安石重构治国"体要"的实践也在基层农村社会展开。

具体而言，在七项主要新法中，青苗法、农田水利法、免役法、方田均税法四项法令直接面向农村社会①，对应农户生产、生活的重要环节。在第三章，我们已经梳理了熙宁二年（1069）、熙宁三年（1070）新法铺陈的过程，从中看出青苗法、农田水利法深入基层社会、扩展地方政府职能的阶段性成果，但并未涉及熙宁四年（1071）、熙宁五年（1072）以后的免役法和方田均税法，也未能将上述四项法令作为一个整体，分析它们在基层农村社会"建立庶政"的治理意涵。因此在本章中，我们将具体探讨这四项法令，指出它们共同服务于皇权垂直下贯农村社会并"建立庶政"的总目标，使地方政府根据农时、地理条件调整职能，积极干预农户生产、生活，从而构成对基层社会的常态化治理，体现出新的"为政之体"在"庶政"之维上的第一重"治事之要"。

此外，从贯穿北宋中后期60年王安石与新党"建立庶政"的脉络来看，构建对广大农民生产、生活的常态化治理，不仅表现为上述"庶政"四法干预、引导农

---

① 王安石变法的主要法令有青苗法、农田水利法、免役法、方田均税法、保甲法、均输法、市易法，此外，还有保马法、将兵法、军器监等涉及整顿军事的法令和三舍法等科举、教育方面的制度。

关于这些法令的治理面向，两位王安石研究权威漆侠和邓广铭具有不同的分类方法，漆侠将诸项新法分为四个部分："对官僚机构的调整和下层士大夫的提拔，科举制和学校制的变更""军队的整顿及其战斗力的加强，巩固地方封建秩序的保甲法的建立""调整封建国家、地主与农民关系的政策，有关发展农业生产的措施""供应国家需要和限制商业资本的政策，封建国家的专利制度"，漆侠先生将青苗法、农田水利法、免役法、方田均税法归类于"调整封建国家、地主与农民关系的政策，有关发展农业生产的措施"；邓广铭先生将农田水利法、均输法、青苗法、免役法、市易法、方田均税法按推行的前后次序排列，归类于"理财与兴农的各种新法"，但没有区分商业／农业、城镇／农村。总体而言，青苗法、农田水利法、免役法、方田均税法具体面向广大农业区的基层社会事务，而均输法、市易法具体面向城镇、非传统农业区的基层社会事务。

户生产、生活的变法实践，也表现为新党后人推行"庶民礼"、规范庶民婚、丧、嫁、娶等重要环节的变礼实践。受王安石变法及其精神的引领，宋徽宗朝的《政和五礼新仪》反映出传统社会少见的"礼下庶民"运动，虽然这场运动最终破产，但仍充分体现出"皇帝—庶民"贯通的"为政之体"下皇帝代表的国家权力深度干预广大基层农村社会和庶民生活的治理态势。

第一节　"庶政"四法：皇权在农村的垂直下贯

一、青苗法

青苗法在熙宁二年（1069）九月四日施行，这是第一项"建立庶政"的新法政策。从当年二月"制置三司条例司"启动变法开始，王安石就一直酝酿如何切入基层社会，他在四月派遣刘彝、谢卿材、王广廉、侯叔献等八位使者分别前往诸路州、县，调查各地农田水利税赋科率徭役的现状。[①] 七月，王安石参据李参在陕西路实行的"青苗钱例"并筹划推广全国，在与吕惠卿、苏辙等人商议的过程中，由于苏辙提出异议，王安石暂时搁置了青苗法计划。[②] 时至八月，河北使者王广廉建议在河北根据陕西的"青苗钱例"实行"春散秋敛法"，并认为有利于百姓，正合王安石之意，遂促使王安石决议推行青苗法。[③]

陕西、河北两路在北宋中期既是农业生产的主要地区，又是宋夏、宋辽的战略

---

① 关于王安石变法的具体时间，2018年刘成国的《王安石年谱长编》记载详细、考证全面，是王安石相关史料的重要集成。本书在诸项新法的推行时间和记载方面，主要参据《王安石年谱长编》，并引用多种史料中较完整者。本处史料参见刘成国：《王安石年谱长编（第三册）》，第869-872页；脱脱：《宋史·食货上五》，中华书局，第4299页。

② 北宋官史对苏辙提出异议和王安石搁置青苗法计划均无记载，相关记载源自苏辙《龙川略志》中的《与王介甫论青苗盐法铸钱利害》，参见苏辙：《龙川略志龙川别志》，俞宗宪点校，中华书局，1982，第13-15页；刘成国：《王安石年谱长编（第三册）》，第912页。苏辙认为青苗法的借贷性质及其20%的年利率对贫民、富民、地方官府都可能造成损害，并在此事后与王安石产生嫌隙。

③ 刘成国：《王安石年谱长编（第三册）》，第925-926页；脱脱：《宋史·食货上四》，第4281页。

前沿，每逢青黄不接之时，往往同时遭遇内部粮食市场价格高企、吏俸军饷供应不足和外部军事滋扰等多重危机。① 所以当地军政、财政长官就把目光聚焦于用于灾年赈济的常平仓——这是少部分地方州、县（主要是州级政府）能够直接主掌的官方财物②，农耕前借贷给农户钱谷，待谷熟时收回官府，李参即是这些地方官员中的代表人物。③

王安石在仕途早期，也采取过类似青苗法的做法，以下列举两例。一是知鄞县时的"贷谷与民，出息以偿"④，史料上并未记载所贷之谷的来源与性质，但从当时的职权范围来看，身为知县的王安石并不直接管辖州级政府控制的常平仓，他极有可能是以水旱灾情赈济百姓的名义申请借贷州级的常平仓。⑤ 但鄞县在王安石知县期间并未发生大的水旱灾情⑥，所以这意味着常平仓在州、县的现实行政运作中就具有借贷性质，而且在鄞县等距离州治较近的附郭县中表现得更为灵活。二是通判舒州期间"舒州大饥，遂襄助州府日开常平仓赈饥民"，这次，常平仓显然直接用于赈济灾民。⑦ 但是舒州所储备的常平钱谷仍然有限，并不能持续供给灾民以致恢复生产，需要王安石亲自劝说、派遣州吏督促当地富户参与赈济⑧，而富户出资并非无偿，因此，常平仓也在此过程中部分起到抵押担保的作用。从王安石的这两段经历来看，常平仓不仅在北方军政核心区域发挥重要作用，也是广大地方州、县政府能够灵活支配的主要财物资源，虽然名义上用于灾时赈济，但在平时实际工作中常被用来缓解潜在的周转不济和青黄不接，一定程度上还是地方政府调动富户财富的信用工具。

---

① 程民生根据文彦博的论述将北宋路级行政区分为三等五级，河北、陕西均为一等一级，战略地位和农业生产均极为重要。参见程民生：《宋代地域经济》，河南大学出版社，1992，第11页；韩茂莉：《宋代农业地理》，山西古籍出版社，1993，第52页；转引自陈晓珊：《历史地理视角下的王安石变法》，北京大学博士论文，2011，第16页。

② 关于常平仓制度及其现实赈贷作用，参见黄晓巍：《宋代赈贷初探》，《中国经济史研究》2014年第3期，第84-97页。

③ 脱脱：《宋史·食货上四》，第4279-4280页；《宋史·李参传》，第10620页；周良霄：《王安石变法纵探（续完）》，《史学集刊》1985年第2期，第9-10页。

④ 刘成国：《王安石年谱长编（第一册）》，第207页；脱脱：《宋史·王安石传》，第1248页。

⑤ 魏峰、刘成国、郭红超：《王安石鄞县足迹》，人民出版社，2017，第86页。

⑥ 魏峰、刘成国、郭红超：《王安石鄞县足迹》，人民出版社，2017，第135-140页。

⑦ 刘成国：《王安石年谱长编（第一册）》，第277页。

⑧ 刘成国：《王安石年谱长编（第一册）》，第278-279页。

可见，王安石推行青苗法，将常平仓转化为官方借贷的设计确有一定的社会基础，至少在他长期任职的东南地区，一些官吏已经在实际工作中将常平仓作为半常规的政策工具，基层社会也具备一定的接受程度。在这种条件下，只要将青苗法在一部分地区推行开来并取得成效，理应在其他地方也能行之有效。然而，青苗法在当时仍然引发激烈争议[①]，为何如此？

关于青苗法的褒贬意见，无论是在变法论辩还是后世的研究中，其核心冲突在于利率之争[②]，即青苗法作为官方借贷与当时盛行的民间借贷的利率孰高孰低，由此形成不同评价。比如北宋苏辙，南宋陈亮、叶适就批判王安石推行官方借贷是夺取富民之利，他们预设富民主导的民间借贷是基层社会运行的重要环节，不应受到政府干预。[③]而近代以来，梁启超、严复给青苗法披上了"银行/金融"的外衣，认为它是一种20%年利率的低利借贷，称赞其为传统社会的一种创举，具有两方面的社会意义：对贫民有融资、救济之功，对豪强地主有抑制、打击之效。这些20世纪以来的流行看法的认知基点就是官府低利借贷的利率低于民间高利贷。[④]近代以来，还有一批学者延续传统社会对新法"与民争利""聚敛害民"的批判，认为官方借贷的实际利率高于民间借贷，即因为官方借贷难以避免强制摊派，往往在青苗

---

① 变法初期的争论集中在"青苗法"和"制置三司条例司"上，本书第一章引文已对此作过介绍。其中，青苗法相关争论集中于熙宁三年（1070）二月至四月，参见刘成国：《王安石年谱长编（第三册）》，第 997-1046 页。

② 关于青苗法"利率"之争的问题，参见张呈忠：《"抑配民户"与"形势冒请"——北宋青苗法50年的官贷困境》，《人文杂志》2016 年第 7 期，第 91-101 页；魏天安：《宋代青苗钱利率考实》，《中国经济史研究》2006 年第 1 期，第 155-160 页。其中，张呈忠一文于青苗法沿革分析较完备，概括较精当，对本书很有启发。

③ 苏辙：《诗病五事·栾城集》，上海古籍出版社，1987，第 1555 页；陈亮：《上孝宗皇帝第一书·陈亮集》，中华书局，1987，第 6 页；叶适：《叶适集》，中华书局，1961，第 657 页。转引自：李华瑞：《王安石变法研究史》，人民出版社，2004，第 57-61 页。

④ 梁启超、严复对此均有讨论，如梁启超认为"青苗法者，不过一银行之业耳，欲恃之以催抑兼并，其效盖至为微末。而银行之为业，其性质乃宜于民办而不宜于官办；但使国家为之详定条例，使贷者与借者交受其利而莫能以相病，而国家复设一中央银行，以为各私立银行之枢纽，而不必直接与人民相贷，则其道德之矣。"参见梁启超：《王安石传》，第 122 页。

严复虽未形成专论，但也有类似看法，如"即今公债，在野则为青苗，在邑则为市易"，另在《原富》等译文多处与王安石变法作比较，强调其近代银行借贷性质。参见严复：《严复集》，中华书局，1986，第 1150-1151 页。

此外，王毓铨、邓广铭、漆侠、谷霁光、胡寄窗、李华瑞等中国王安石变法研究专家和内藤湖南、宫崎市定、佐伯富、东一夫、周藤吉之等日本王安石研究学者，普遍认可青苗法的低利借贷性质。张呈忠在《"抑配民户"与"形势冒请"》一文中作系统论述。参见张呈忠：《"抑配民户"与"形势冒请"——北宋青苗法五十年的官贷困境》，第 92 页。

法"出息二分"的20%年利率（一说40%年利率[①]）的基础上产生额外支出，达到
60%～100%的实际利率，民间借贷虽然多数"倍息"于青苗法，达到40%以上的
年利率，但由于熟人社会共同生活，还贷相对灵活，反而便于周转。[②]由于两种说法
采用的是不同的史料记载，所以并不能说明青苗法的实际情况[③]，如果继续纠缠"利
率"之争并以此评价王安石变法，反而可能遮蔽了王安石在历史情境中的根本关切。

从"建立庶政"的目标来看，王安石之于青苗法的根本关切在于是否能够推广
全国、深入万民，即无差别地普遍性实施。在熙宁二年（1069）九月的初步计划
中，先由河北、京东、淮南三路试行青苗法，加上已经实行的陕西路，这四路占据
了全国耕地面积的40%以上、粮食产量的60%以上[④]，且均为京畿和边境军政要地。
如果单从扩大农业生产总量、平抑市场物价、打击豪强高利贷、提高战略储备等后
世熟知的政策目标来看，仅在这四路推行青苗法就可以基本实现。[⑤]但从之后两个
月的新法铺陈来看，王安石的用意不止于此。十一月，农田水利法推行全国[⑥]，紧
接着在闰十一月，制置三司条例司向全国诸路、州、县派遣提举常平仓、广惠仓使

① 魏天安：《宋代青苗钱利率考实》，《中国经济史研究》2006年第1期，第155-160页。

② 持官方高利贷说并对青苗法予以负面评价的学者主要有：王曾瑜、周良霄、顾全芳、季平、方志远、方宝璋等人，他们关注青苗法的实际效果，参见王曾瑜：《王安石变法简论》，第136-139页；俞兆鹏：《评欧阳修"止散青苗钱"问题——兼论北宋熙丰新法中之青苗法》，《南昌大学学报（哲学社会科学版）》1998年第2期，第104-110页；季平：《论司马光反对青苗法》，《西南大学学报（社会科学版）》1985年第4期，第15-27页；顾全芳：《青苗法研究》，《西南大学学报（社会科学版）》1990年第3期，第92-99页；程念祺：《王安石变法的几个经济问题》，《上海师范大学学报（哲学社会科学版）》1986年第3期，第109-117页；叶坦：《大变法》，第90-92页；方志远：《关于青苗法的推行及其社会效果》，《南开学报（哲学社会科学版）》1988年第6期，第40-49页。

③ 张呈忠指出，持官方低利借贷说并正面评价者往往采信王安石等北宋新法派的史料，持官方高利贷说并负面评价者往往采信司马光等新法反对者的史料。张呈忠认为二者都有所偏颇，整理出一条从宋神宗朝一直到青苗法取消的历史线索：抑配民户—收息于官—形势冒请—官物失陷，并看出了青苗法相关的财物从平民百姓到朝廷官府、再到形势之家的转移路线。这一分析更系统地梳理了青苗法的沿革过程。参见张呈忠：《抑配民户》与《形势冒请》——北宋青苗法五十年的官贷困境，第92-93、101页。

④ 韩茂莉：《宋代农业地理》，第168页；梁方仲：《中国历代户口、田地、田赋统计》，中华书局，2008，第399页；陈晓珊：《历史地理视角下的王安石变法》，第17-18页。

⑤ 关于青苗法的争议的史料也大多发生于这些地区，如河北路韩琦、京东路欧阳修、淮南路富弼等名臣都对青苗法提出异议，其中，韩琦的反对意见最为全面。参见韩琦：《上神宗乞罢青苗及诸路提举官》，富弼：《上神宗论亳州青苗狱乞独降责》，均载于赵汝愚：《宋朝诸臣奏议》，第1208-1209、1257-1258页；李焘：《续资治通鉴长编·熙宁三年五月庚戌》，中华书局，1985，第5131-5133页。这些争议记录从侧面证明这四路是青苗法深入推行的重点地区。

⑥ 刘成国：《王安石年谱长编（第三册）》，第955-958页；脱脱：《宋史·食货上一》，第4167页。

者，兼管勾农田水利差役。^①这两件事说明，在农田水利法推行全国的基础上，王安石也下决心将青苗法推行全国，并由新法中枢机构制置三司条例司直接管辖。显然，此时青苗法的治理意涵并不限于官方借贷的性质，而是与农田水利法以及即将改革的役法内在互通，共同从属于深入基层农村社会的治理目标。在这个意义上，新法反对者"与民争利""摧抑富民"的批判以及后世学人"银行/金融"的想象虽然各有合理之处^②，但并未点出"利率之争"表象下青苗法"建立庶政"的深层次目标。

从"建立庶政"出发，我们再来看青苗法的具体做法。^③既有研究选取的史料和相应的总结较为一致，其中，俞兆鹏先生的概括相对精练，并大致分为六项内容：

（1）将常平仓、广惠仓现有的一千五百万贯、石储备，由各路转运司兑换为现钱，普遍借贷给城乡居民，各路设常平官专司其事。

（2）常平官按前十年中丰收时的最低粮价，将居民所请贷的粮食折价成现款贷付。民户自愿请贷，"不愿请者，不得抑配"。归还之时，或缴纳粮米，或缴纳时粮价贵亦可缴纳现钱，"皆许从便"，但不得亏蚀官本。

（3）每年分两次借贷：一次在正月三十日以前，称作"夏料"；一次在五月三十日以前，称作"秋料"。随夏、秋两税归还贷款，即在五月三十、十月三十之前。如遇灾荒，则在下次收成之日归还。

（4）除游手好闲者外，先借给乡村人户；如有剩余，再借给城郭人户。为防止人户逃亡或官府蚀本，每5户或10户结成一保，由第三等以上人户充作"甲头"，按家产多少借予。客户请借须与主户合保，视主户家产多少借予。

（5）按户等高低进行借贷。客户和第五等户不得过一贯五百文，第四等户不得过三贯文，第三等户不得过六贯文，第二等户不得过十贯文，第一等户不得过十五贯文。支借后尚有余款，则斟酌增额借予二等以上人户。

（6）归还之时，在本额外缴纳二分利息。因一年分夏料、秋料两次贷款，故年

---

① 刘成国：《王安石年谱长编（第三册）》，第964页；徐松：《宋会要辑稿·职官四三：提举常平仓农田水利差役》，上海古籍出版社，2014，第4111页。

② 传统社会与近代以来的诸多研究评议分别根据不同史料、不同视角而形成，青苗法也产生多重治理效果和社会冲击。但这些研究缺乏对王安石整体的"体要观"的关注，也对于青苗法在王安石治理方略中的特定功用缺乏说明。

③ 俞兆鹏：《评欧阳修"止散青苗钱"问题——兼论北宋熙丰新法中之青苗法》，《南昌大学学报（哲学社会科学版）》1998年第2期，第104-110页。

利为四分。①

在这六项内容中，第一项、第二项、第三项、第六项涉及青苗法的借贷性质②，但第四项、第五项则是青苗借贷能够长期行之有效的关键，即要求地方州、县政府在借贷前和借贷过程中对百姓户等、财力进行准确核定，这些事务极大增加了地方政府的工作量，也大幅扩展了地方州、县政府的职能。在推行青苗法的过程中，地方州、县政府需要登记不同民户的主要经济来源、主客户从属关系、户等升降等多方面情况，并通过每年两次的青苗借贷持续核查和掌握辖区内户、地变化。③同样，地方州、县政府对民户户等和财力的核定成果，也是后续免役法、方田均税法在基层有效推行的重要依据。从新法铺陈的过程来看，除青苗法自熙宁二年（1069）八月起推行，熙宁二年十一月农田水利法、熙宁四年（1071）十月免役法、熙宁五年（1072）八月方田均税法也都在基层农村社会不断铺开④，并具体深入农户的户等、财力、承役负担、土地占有等多方面的社会经济情况。换句话说，通过这四项法令，王安石在不到4年的时间里多维度核定并掌握了全国范围内基层农村社会的社会经济情况，成为北宋王朝对"庶政"常态化治理的重要事实依据。

若要地方州、县政府持续追踪农户的户等、财力并准确核定，则必然追求实施过程中的普遍性，即地方州、县政府尽可能掌握每个农户的社会经济情况。然而，这就与前述第二项"不得抑配"（强行摊派）的要求相冲突，这也是熙宁三年

① 俞兆鹏：《评欧阳修"止散青苗钱"问题——兼论北宋熙丰新法中之青苗法》，《南昌大学学报（哲学社会科学版）》1998年第2期，第104-110页。
下文中，关于诸项新法主要的制度内容，一般参见漆侠在《王安石变法》一书中"王安石新法校正"一部分的史料整理；关于诸项新法的推行过程，一般参见刘成国的《王安石年谱长编》；如有更为系统的总结，比如此处俞兆鹏的青苗法研究，则专门说明；如有特殊史料，比如当时大臣的私史记录，亦引用标明。
② 关于青苗法的研究较多，对制度设计的分析侧重于其借贷性质，大致具有四方面意义：通过借贷发展农业生产、在青黄不接时提供生活救济、打击农村高利贷以及潜在的土地兼并、增加了息钱作为中央财政收入。主要研究参见漆侠：《王安石变法》，河北人民出版社，2001，第122-128页；邓广铭：《北宋政治改革家王安石》，河北教育出版社，第173-183页；周良霄：《王安石变法纵探（续完）》，《史学集刊》1985年第2期，第9-12页；李华瑞：《关于〈青苗法研究〉的几个问题》，《西南大学学报（社会科学版）》1992年第3期，第44-49页；胡寄窗、谈敏：《中国财政思想史》，中国财政经济出版社，2015，第361-362页；孙文学：《中国财政思想史（上）》，上海交通大学出版社，2008，第300-302页。
③ 漆侠论述了诸路、州、县在青苗法执行过程中核查户等、财力的权责分配，参见漆侠：《王安石变法》，第123页。
④ 刘成国：《王安石年谱长编（第三册）》，第955-958、964页；《王安石年谱长编（第四册）》，第1318-1325、1505-1508页。

（1071）正月青苗法甫一推行即引发极大反弹与争议的问题所在。[①]当时正值首次发放"夏料"，各地政府在"不得抑配"与全面推行的冲突中左右为难，李常、孙觉、范镇等大臣遂抓住"抑配"问题向宋神宗和王安石发难，开启了围绕青苗法的大辩论，他们指出，青苗法所谓"不愿请者，不得抑配"的规定在实际操作中却都变成"抑配"，对百姓造成烦扰。[②]

在地方执行过程中，河北路由于王广廉[③]坐镇，准备得最充分，推行得也最坚决，暴露的问题也最多。二月一日，担任河北安抚使的老臣韩琦上疏宋神宗，他具体阐述了青苗法实际操作中的种种不便，包括官贷青苗借贷不应收取利息、城市坊郭户和农村上户都被抑配、甲头代赔垫赔、提举官为追求升迁而不加审核就散发青苗、不懂青苗法规的愚民得钱容易纳粮困难、官吏在推行过程中存在因青苗钱犯法和连坐风险、青苗钱发放缴纳的时间影响正常的籴粜税赋、青苗利息表面二分实际可能超过三分、派遣使者多"兴利之臣"等。[④]韩琦的奏议几乎罗列了青苗法的所有问题，并在此基础上对王广廉等使者的强力推行加以指责，使宋神宗颇为惭愧，甚至一度动摇变法信心。[⑤]韩琦列举的多种不便大多是逻辑上的推论，惟有"抑配"是推行过程中业已发生的问题，这既是韩琦批判王广廉与王安石用人的事实基础，也是青苗法的要害所在。

在"抑配"问题上，王安石的意见颇耐人寻味，一定程度上也反映出他设计青苗法的深层次原因。在回应韩琦"坊郭户与上户也得抑配"的质疑时，即并不从事农业生产也无借贷需求的城镇民户和农村富户，为何要被摊派青苗？王安石回应

---

①　青苗法引发的争论规模较大，持续一年以上，主要的争论发生在熙宁三年（1070）正月到三月间，重点是抑配问题，之后不时有大臣结合地方推行情况继续攻击。新法反对者的意见参见赵汝愚：《宋朝诸臣奏议》，第 1202-1239 页。

②　李常：《上神宗论青苗（二篇）》，李常：《上神宗论王广渊和买抑配取息》，孙觉：《上神宗论青苗》，范镇：《上神宗论新法》，均载于赵汝愚：《宋朝诸臣奏议》，第 1202-1204、1207-1208、1224、1231-1232 页。其他记载，如"其给广惠钱，依陕西青苗钱法，于夏秋未熟以前，约逐处收成时酌中物价，比定预支斗价，召民请愿请领。仍常以半为夏料，半为秋料……五户以上为一保，约钱数多少，量人户物力，令、佐躬亲勒耆户长认识。每户需表及一贯以上。不愿请者，不得抑配。"参见徐松：《宋会要辑稿·食货四》，第 6041 页；刘成国：《王安石年谱长编（第三册）》，第 993 页。

③　刘成国：《王安石年谱长编（第三册）》，第 97-999 页。此外，因其推行青苗得力，王广廉被称为"首推朝廷法令之人"，受到宋神宗、王安石的高度嘉奖，参见李焘：《续资治通鉴长编·熙宁五年七月辛卯》，中华书局，1986，第 5707 页。

④　韩琦：《上神宗乞罢青苗及诸路提举官》，载于赵汝愚：《宋朝诸臣奏议》，第 1208-1209 页。

⑤　刘成国：《王安石年谱长编（第三册）》，第 1001-1005 页。

道："此事（抑配）至小，利害亦易明。直使州郡抑配上户，俵十五贯钱，又必令出二分息，则一户所陪止三贯钱，因以广常平储蓄，以待百姓凶荒，则比之前代科百姓出米为义仓，亦未为不善。况又不令抑配，有何所害？"①

王安石对众人围绕"抑配"的攻击不以为然，他指出：如果城镇坊郭户和农村上户这些富户被摊派十五贯钱，其上缴的利息也只有三贯，这对于在农业以外仍有其他经济来源的富户而言并不算多，更何况朝廷已经下令不再摊派，所以应当继续坚持推行青苗法。由此可以看出，王安石关注的重点不在于借贷是否用于农业生产，而在于青苗法能否普遍推行。②换句话说，无论民户从事何种生产方式，是富民上户还是贫民中下户，名义的户等与实际的财力是否对应，都要尽可能全部纳入青苗法中，使地方州、县政府在借贷和还贷两个环节对所辖民户的户等、财力等一系列社会经济情况予以进一步的识别和核定。在这个意义上，"抑配"等强制性措施则是执行过程中的正常现象，甚至是实现全面推行的首要目标下所必须默许的治理手段。

总体而言，青苗法向占据人口绝大多数的农民借出钱粮，既确保稳定的农业生产，又抵御青黄不接和灾荒对农民日常生活的冲击，符合基层农村社会多数农民的现实需求。而在具体治理过程中，青苗法长期有效推行的重点在于对农户户等、财力的准确核定，这就要在全国范围内普遍推行青苗法，并促使地方州、县政府充分掌握每个农户的社会经济情况及其变化。此外，由于需要在每年正月、五月、十月借贷和收归钱粮，地方州、县政府须持续深入农民生产、生活的重要环节并予以常态化治理，其政府职能不断扩大，有利于推动皇帝代表的国家权力在广大农村垂直下贯。

二、农田水利法

农田水利法于熙宁二年（1069）十一月施行③，虽然较晚于九月试行四路的青苗

---

① 杨仲良：《皇宋通鉴长编纪事本末（卷六八）·青苗法上》，转引自：漆侠：《王安石变法》，第125页；刘成国：《王安石年谱长编（第三册）》，第1003-1004页。

② 王安石所谓"因以广常平储蓄，以待百姓凶荒，则比之前代科百姓出来为义仓，未为不善"指的是地方政府为充实常平仓以抵御灾荒的额外课税，也面向全体民户。王安石说明青苗法与常平仓在抵御灾荒的意义相同，证明基层社会全体民户普遍参与的正当性。

③ 徐松：《宋会要辑稿·食货一》，转引自刘成国：《王安石年谱长编（第三册）》，第955-958页；脱脱：《宋史·食货上一》，第4167页。

法，但却是首个推行全国的新法法令。随后青苗法也推行全国，二者共同构成王安石变法深入基层农村社会、"建立庶政"的坚实基础。

相较因营利性和强制性特征而遭到极力反对的青苗法，农田水利法在当时的阻力较小[①]，在后世也往往受到褒扬，尤其肯定农田水利法对促进农业生产的作用。比如邓广铭先生认为农田水利法最能体现王安石"为天下理财"的主张[②]，他将王安石的"为天下理财"与"欲富天下则资之天地"的思想对应起来[③]，具体说明农田水利法的作用，即通过疏浚河渠、整理淤田、兴建水利工程等，将大自然蕴藏的潜在财富开发出来，从而增加农业产量。[④] 漆侠先生也肯定农田水利法的积极作用，"这项法令（农田水利法）是国家政权为发展农业生产的具体措施"[⑤]，但他侧重于农田水利法对农民生产积极性的提高。[⑥] 胡寄窗先生则注意到农田水利法的推行规模和经济效果，他指出，作为一项财政政策，如此大规模地进行农田水利的调查和建设，在传统社会十分少见，并指出农田水利法"费虽大，利亦薄"[⑦]，证明王安石的经济改革并非"与民争利"[⑧]。孙文学认为，农业水利法有利于国家赋税长远而稳定的增长。[⑨] 杨德泉、任鹏杰考察了农田水利法的地理分布和社会效益，指出农田水利法施行范围广泛，甚至改变了中唐以来水利工程"南重北轻"的地理分布格局。[⑩] 汪家伦则详细分析了农田水利法中水利部分的各项措施。[⑪] 李金水从制度经济学视角

[①] 朝廷上有大臣提出异议，如苏轼顾虑执行过程中新的农田界定容易引发纠纷、破坏稳定；地方则有农田水利工程较成熟的地区不愿参与劳役，如郑獬、沈括在两浙路推行农田水利就被认为严重扰民。参见马端临：《文献通考·田赋六》，中华书局，1986，第70页；李焘：《续资治通鉴长编·熙宁五年十一月癸丑》，中华书局，1986，第5824-5825页；徐松：《宋会要辑稿·食货七》，第4919页；转引自：陈晓珊：《历史地理视角下的王安石变法》，《北京大学博士论文》，2011，第110-111页。

[②] 邓广铭：《北宋政治改革家王安石》，第154页。

[③] 邓广铭：《北宋政治改革家王安石》，第154页。

[④] 邓广铭：《北宋政治改革家王安石》，第155-163页。

[⑤] 漆侠：《王安石变法》，第141页。叶坦也持类似看法，参见叶坦：《大变法》，第83页。

[⑥] 漆侠：《王安石变法》，第141页。

[⑦] 脱脱：《宋史·河渠志》，转引自胡寄窗、谈敏：《中国财政思想史》，第363页。

[⑧] 胡寄窗、谈敏：《中国财政思想史》，第363页。

[⑨] "农田水利法的目的是要大力发展农田水利事业，既开发人力资源，又开发和利用自然资源，提高百姓抵御自然灾害的能力，促进农业生产发展，进而保证百姓生活的稳定。土地垦辟，百姓安定，即使不提高税率，不增加新的税种，由于纳税面扩大和纳税渠道的增加，也会增加赋税收入，从而保障国家赋税稳定增长。"参见孙文学：《中国财政思想史（上）》，第299页。

[⑩] 杨德泉、任鹏杰：《论熙丰农田水利法实施的地理分布及其社会效益》，《中国历史地理论丛》1988年第1期，第79-100页。

[⑪] 汪家伦：《熙宁变法期间的农田水利事业》，《晋阳学刊》1990年第1期，第72-76页。

分析了农田水利法取得较好执行效果的原因[1]，他认为是由于经济制度安排合理，制度环境适宜，使该法对于河道的整治起到了良好效果。此外，陈晓珊则从区域差异出发，关注农田水利工程在太湖平原和南阳盆地两地的不同效果，揭示出区域的个体发展影响国家全面发展与整体平衡的问题[2]，值得深思。另有一些对王安石变法持总体否定的学者，如王曾瑜先生虽然认为农田水利法影响有限，在诸项新法中地位较次要，但仍然对这项法令有限的治理成就予以肯定。[3] 总体上，对农田水利法的评议多为正面肯定。

诚然，兴修农田水利有利于农业生产的发展，但从与青苗法共同"建立庶政"的整体性目标来看，农田水利法内含着将农民与山、水、农、田、湖、草有机结合并纳入王朝治理体系的政策目标，并在此过程中促使各地的农田水利工程常态化、规范化，形成地方州、县政府改善地理条件、发挥当地自然禀赋（地利）的常规职能。接下来，我们将综合漆侠先生和邓广铭先生的整理和分类，具体介绍农田水利法四个方面的主要内容[4]，进而说明其在"建立庶政"意义上的治理内涵。

第一，农田水利的主要项目包括：垦辟"荒废田土"、兴修"陂湖河港""沟洫""圩埠堤堰"、保障水流"均济疏通"。[5]

第二，无论官民，只要熟谙农业耕种或水利修浚技术，都可以向诸路、州、县各级政府呈报意见，经核查有利的直接实施，需要连州跨郡的较大工程，奏明朝廷裁定。施工完成后，按功行赏，功劳极大者量才擢升录用。[6]

第三，核查荒田和兴修水利工程的过程中，需要进行详细调查，绘制成图，并

---

① 李金水：《熙丰时期农田水利法取得的主要成果及其原因》，《中国社会经济史研究》2006年第3期，第37-44页。

② 陈晓珊：《北宋农田水利法推行中的区域差异观》，《中国文化研究》2014年夏之卷，第88页。

③ 王曾瑜：《王安石变法简论》，《中国社会科学》1980年第3期，第147-148、153页。

④ 漆侠：《王安石变法》，第141-142页。

⑤ "应官吏诸色人，有能知道土地所宜、种植之法，及可以完复陂湖河港；不可兴复，只可召人耕佃；或元无陂塘、圩埠、堤堰、沟洫，而即今可以创修；或水利可及众而为人占擅；或土田去众用河港不愿，为人地界所隔，可以相度均济疏通者；但干修农田水利事件，并许经管勾官或所属州、县陈述。"参见：脱脱：《宋史·河渠五》，徐松：《宋会要辑稿·食货一》，转引自：刘成国：《王安石年谱长编（第三册）》，第955页。

⑥ "管勾官与本路提刑或转运商量，或委官按视，如是利便，即付州、县施行；有碍条贯，及计工浩大，或事关数州，即奏取旨。其言事人并籍定姓名、事件，候施行讫，随功利大小酬奖；其兴利至大者，当议量才录用。"徐松：《宋会要辑稿·食货一》，转引自：刘成国：《王安石年谱长编（第三册）》，第955-956页。

说明修建的具体方法，呈报上级政府。①

第四、各项工程支出先由地方民力自办，所有庶民按户等出工出料；如无力自办，由官府贷以青苗钱，依照青苗钱纳息；如官府青苗钱不足，则劝使富户出钱贷于贫民，依照惯例纳息，官府为之担保督理；私人直接出钱雇工兴建水利者，按功行赏。②

与青苗法深入"庶政"是以单一农户为对象、调查各户户等财力不同，农田水利法针对的是地方州、县兴修基础设施的集体事务，并将其作为地方各级政府的共同职能而予以扩展和规范。结合第一、第二项的规定，可以看出诸路、州、县各级政府在农田水利事务上的不同侧重。具体而言：县级以下的乡村社会对应小规模的改良灌溉、整理淤田以及其他"圩埠堤堰"等工作；州、县一级对应中等规模的"陂湖河港"的修缮；路级行政区则对应跨州连郡的大规模项目，如兴建运河、移民开荒等。第三项要求地方政府（以县级为主）详细调查当地农田水利情况，将兴修计划绘制成图并呈报州级政府，这是为了上级政府（以州级为主）具体掌握辖区内各县的农田水利工程情况，从而有利于长期持续的监管、统筹，实现常态化治理。

在这个意义上，我们得以理解王安石"欲富天下则资之天地"的治理意涵。在农业社会，广大农民日常的生产方式和生活习惯与当地山水农田湖草的自然禀赋息息相关，因而需要政府力量将农业生产与当地自然禀赋有效整合起来，从而发展生产力。③通过对农田水利的常态化治理，各地官民在调查过程中不断明确和改善本地的自然禀赋，也将建设与修缮工作作为当地集体事务的主要内容。如果能因地制

---

① "应逐县各令具本管内有若干荒废田土，仍须体问荒废所因，约度逐段顷亩数目，指说著望去处，仍具今来合如何擘画立法，可以纠合兴修，召募垦辟，各述所见，具为图籍，申送本州。"徐松：《宋会要辑稿·食货一》，转引自刘成国：《王安石年谱长编（第三册）》，第 956 页。

② "应有开垦废田、兴修水利、建立堤防、修贴圩埠之类，工役浩大、力所不能给者，许assistance 利人户，于常平、广惠仓系官钱斛内，连状借贷支用。仍依青苗钱例，作两限或三限纳税。如是系官钱斛支借不足，亦许州、县劝谕物力人出钱借贷，依例出息，官为置簿，及时催理。"参见徐松：《宋会要辑稿·食货一》，转引自刘成国：《王安石年谱长编（第三册）》，第 957 页。

③ 关于传统中国以兴修水利工程为治理重点的观点较多，其中以魏特夫"东方专制主义"或"东方治水型社会"最为著名。魏特夫认为传统中国社会的特征是"小农经济与发达商业相结合，以及水利灌溉治渠浚河等公共事业"，王毓铨先生是在"东方专制主义"理论下研究王安石变法的代表人物，突出水利工程在王安石变法中的重要作用。相关文献参见魏特夫：《东方专制主义》，徐式谷、奚瑞森、邹如山译，中国社会科学出版社，1989；王毓铨：《王安石的改革政策》，《政治经济学报》1937 年第 5 卷第 2 期，第 94、96、98 页。

宜地发挥自然禀赋，那么将真正实现农民与山水农田湖草的有机结合，也将有效推动基层社会生活与农业生产的稳定发展。

尽管兴修农田水利为农民生产、生活所必需，但在王安石变法以前，各地的农田水利工程主要依凭地方长官的治理自觉，这也是皇权委托制下的治理现实。[①] 在第三章中，我们已经介绍了王安石在鄞县主持农田水利建设的经历以及他在通判舒州时仍被延请到苏州勘测水利的事例，这说明一些地方官员确实具有改善农田水利的意愿，但王安石在知常州任上却未能如愿兴修运河，这也说明运河等一些大型水利工程由于在路级层面缺乏有效统筹而难以施行。变法以后，随着农田水利法以法令形式被确定下来，这类集体事务不再依凭"得人"，而成为北宋王朝深入"庶政"并加以治理的常规事务。

值得注意的是，由于农田水利工程前期投入巨大、直接收益微薄，所以在执行过程中存在较明显的区域差异。陈晓珊在《历史地理视角下的王安石变法》中专门讨论了这一现象，她选取南阳盆地和太湖平原两个案例，指出区域发展程度与农田水利建设阻力之间的正相关性。具体而言，经济较发达地区——如太湖平原——由于已经具备较完备的农田水利设施，当地社会关系和经济收入也相对稳定，因而难以动员，即便可以动员也持续受到阻力；而经济落后地区，如地广人稀的南阳盆地正在大力招徕移民开辟荒土，在地方政府的积极干预下充分动员民力，大力兴修农田水利并取得较大成果。[②] 区域差异虽然与不同地区的发展收益有关，但深层次问题在于当时差役制度下民力自办、资金自筹的制度局限性。

农田水利法在熙宁二年（1069）十一月秋收后推行，并在闰十一月设置提举常平官直接监管，同时管理青苗、差役。[③] 之所以需要专设官员同时管理差役，是因为农田水利法需要地方政府在冬季农闲时动员每家每户派出男丁参与集体役务[④]，但

---

① 虞云国：《对王安石县政思想的历史思考》，《杭州学刊》2017年第4期，第165-167页；范立舟：《王安石的为官之道》，人民出版社，2017。

② 陈晓珊：《历史地理视角下的王安石变法》，北京大学博士论文，2011，第110-123页。

③ 刘成国：《王安石年谱长编（第三册）》，第964页；徐松：《宋会要辑稿·职官四三》，《提举常平仓农田水利差役》，上海古籍出版社，2014，第4111页。

④ 漆侠认为王安石变法所要解决的重点在于残余劳役制，使农民能够集中于农业生产，不必投身劳役。熙宁二年（1069）役法改革尚未开始，此时的农田水利工程仍然延续残余劳役制。参见漆侠：《王安石变法》，河北人民出版社，2001，第348-349页。

如果没有持续的财政支持，仅凭民众自行承担劳役支出，农田水利工程必然严重扰民，显然难以形成"庶政"常规。[①] 由此，王安石尝试以国家调拨官钱、招募工人的方式来支持各地的农田水利工程，并着手推进更为全面的役法改革。熙宁三年（1070）十月以后，各地官民完成了青苗法第一个完整年度的试验，并在秋收后组织开启第二年的农田水利工程。从当时的廷议记录来看，对这两项基础性法规在实际运作层面的质疑大幅减少，反映出新法深入基层农村社会、"建立庶政"的目标取得了阶段性成果。而王安石也在此基础上着手推进下一项法规：免役法。

总体而言，农田水利法促使地方政府将开垦荒地、整理淤田、兴修水利、连通运河规范化、常态化。一方面，扩展地方政府职能，代表皇权直接治理基层农村的农田水利；另一方面，则将农户生活、农业生产与当地山、水、农、田、湖、草等自然禀赋有效整合起来，进一步引导农民因地制宜发展农业生产。王安石变法期间，农田水利工程取得良好效果，不仅将大量淤田转化为耕地，而且疏浚河道，将全国范围内的基础水路网连通起来，极大扩展北宋王朝的运河体系，使北宋后期的商贸运输达到了新的高度。[②]

三、免役法

正如一些农田水利工程因地方百姓不愿服役而受阻，当时的役法制度难以支撑基层社会较大规模的集体事务。因此，以"建立庶政"为目标，要想真正贯通"皇帝—庶民"的"为政之体"，使北宋王朝的治理重心下沉，役法改革势在必行。王安石变法以前，北宋实行差役法，除要求所有纳税户缴纳赋税外，还需按照户等高低轮流去各级政府承担差役。[③] 这些差役包括：

---

① 对于差役制度下集体事务难以推行的问题，存在道德规训和制度改革两种方式。道德规训方面，王安石、宋神宗常对基层官民有"小人可与乐成，难与虑始"的批评，批评他们不顾长远利益；制度改革方面，王安石将役法改革作为重点，"以钱代役"解除劳役制度对农民的人身约束。参见徐松：《宋会要辑稿·食货七》，第 4915-4916 页；李焘：《续资治通鉴长编·熙宁五年五月壬辰》，第 5656 页。

② 关于王安石变法对北宋王朝运河体系的改善，以及北宋运河体系和农业生产在传统中国社会中的最高水平，参见 William Guanglin Liu, *The Chinese Market Economy, 1000-1500*. Albany: State University of New York Press，2015，pp. 1-22.

③ 宋朝役法制度沿革多为公论，本书中差役法和免役法的基本内容主要参据漆侠先生的《宋代经济史》，并部分引用王安石变法的专著。

衙前——运输官府货物、看管府库粮仓或管理各级长官厨房。

里正、户长、乡书手——督促农户赋税。

承符、人力、手力、散从官——在州、县衙门灵活待命。

耆长、弓手、壮丁——管理治安、抓捕盗贼。[①]

这些差役根据户等分配给上四等户（共九等），而下五等户免役；此外，官户免役，衙门挂职的人家、进士及第的人家免役，僧、道、女、单丁户免役，城市坊郭户、商户也免役[②]，所以大量差役集中到庶族中小地主富户和自耕农身上，承役负担很不平均。具体而言，"衙前、里正由一等户担任，户长、乡书手、耆长由二等户担任，弓手、壮丁由三、四等户担任"。由于官府货物耗损难以避免，农户赋税不足时有发生，抓捕盗贼也需要置办兵器[③]，所以衙前、里正、耆长等役务对承役者造成极重的负担和赔付压力。长此以往，这些庶族富户和自耕农或者倾家荡产，或者千方百计地改换身份、逃避承役，形成恶性循环，承役不均现象也更加突出，这使基层社会改善"庶政"举步维艰。

尽管役法改革势在必行[④]，但相较青苗法、农田水利法，役法改革则更为复杂。这是因为青苗法、农田水利法是新生政策，类似于基层社会治理的增量，其制度设计也强调"从其所欲"[⑤]，符合大多数农民应对青黄不接、改善基础设施、发展农业生产的实际需要，只要前期执行有力、使农民得到利益，就易于推广。而差役法长期存在，类似于基层社会治理的存量，承役不均表象下既有大量既得利益者，又客观上存在部分难以承役的民户，所以对承役结构的调整相当复杂，王安石也对役法

---

① 漆侠：《宋代经济史》，中华书局，2009，第459-461页；邓广铭：《北宋政治改革家王安石》，第184页。

② 漆侠：《宋代经济史》，第473页。

③ 邓广铭：《北宋政治改革家王安石》，第185-186页。

④ 在变法前夕有许多官员都支持役法改革，既包括李复圭、钱公辅、张诜等地方官员，也包括司马光、韩绛等中央财政部门（三司）官员。相关政务建议参见脱脱：《宋史·李复圭传》，第9744页；《宋史·钱公辅传》，第10422页；《宋史·张诜传》，第10650页；司马光：《论财利疏·司马温公集》，转引自邓广铭：《北宋政治改革家王安石》，第187页。

⑤ 杨仲良：《皇宋通鉴长编纪事本末·三司条例司废置》，李之亮校点，黑龙江人民出版社，2006，第1206-1210页；刘成国：《王安石年谱长编（第三册）》，第1003页。

改革格外谨慎。[①]

免役法从熙宁二年（1069）三月开始讨论、调查、制订，到熙宁四年（1071）十月颁布[②]，许多地区大致在熙宁五年（1072）才开始推行，前后历时3年多。王安石之所以如此审慎，其目的在于实现"家至户到、均平如一"[③]，不仅追求无差别的普遍实施，还必须准确对应每家每户的现实情况，避免承役不均。免役法的原始行文已佚失大半[④]，现根据前人研究[⑤]，将免役法的具体做法概括为以下四个方面：

第一，仍为差役部分，只设耆长、壮丁。耆长由一等户、二等户和部分三等户担任，壮丁由四、五等户担任，承役期间免除役钱。

第二，改为募役部分，包括衙前、典吏、弓手，供给雇佣费用。衙前只负责照管官府货物，减除一切服务官员、运送货物、管理坊场等例外职务和额外支出。典吏、弓手分别考察其职务水平，合格后充役。

第三，各地根据实际支出需要，征收"免役钱"和"助役钱"供给雇佣费用。此前承担差役的纳税户改出"免役钱"，并重新调整乡村、坊郭户等，乡户分上、中、下共九等，坊郭户分为十等，乡户自四等、坊郭户自六等以下不收取任何"役钱"。此前不承担差役的免役户，如官户、女户、僧道等按照本来户等缴纳"免役钱"的一半，称为"助役钱"。"免役钱""助役钱"和"夏税""秋粮"等常规赋税同时征收。此外，为防备潜在的灾荒和额外支出，各地方州、县政府在雇佣费用的基础上另外征收20%，即"免役宽剩钱"。

第四，各地方州、县须每隔3年核实勘定坊郭户户等，每隔5年核实勘定乡户户等，检查物业置业，考核贫富财力，并根据其实际变化调整户等升降，维持役钱

---

① 王安石对役法改革的谨慎可以体现在试点方式和改革重点的不同侧重上，在改革过程中有"免役法""助役法""募役法""雇役法"等多种称谓，分别对应役法改革在不同阶段的特征，参见聂崇歧：《宋役法述》，载于《宋史丛考》，中华书局，1980，第22—39页。由于本书强调直接免除庶民的承役负担的特征，故文中统称为"免役法"。

② 刘成国：《王安石年谱长编（第四册）》，第1318页。

③ 王安石：《临川先生文集（卷四一）·上五事札子》。

④ 王曾瑜：《王安石变法简论》，第133页。具体文字为"据《历代名臣奏议》卷二五六冯山奏，当时免役令前后共发布了四道，而后三道免役令的原始行文今已佚失。"

⑤ 本书主要参照邓广铭、漆侠对王安石变法中新法的分析和周良霄对于新法在历史中的前后源流，其中，邓广铭、漆侠对免役法的总结，主要根据：马端临：《文献通考·职役考》；李焘：《续资治通鉴长编》，《熙宁四年十月壬子朔、陈傅良》，《转对论役法札子》，《陈傅良先生文集》等，整理而成。

承担的相对平均。①

后世学者对免役法往往强调上述第二、第三项中的"以钱代役",并认为这一做法极大改善了承役不均的问题,从而予以高度评价。邓广铭先生就指出,在实行免役法时,王安石尽管对富贾豪强有所妥协和让步,但总体上起到了抑制兼并的效果。②他详细分析了反对派对免役法的抨击,认为司马光、苏辙等反对派所谓世家大户不服役、赋税繁重等理由实际上是维护官绅大户等既得利益,而王安石征收免役钱的方法增加了他们的负担。漆侠先生指出:"免役法给中下级地主,特别是小地主和较富裕的上层农民带来最多的好处……仅使他们缴纳为数不多的役钱,从而大大减轻原来的承役负担,使他们的岌岌可危的经济地位稳定下来③。"并使国家扩大赋税征收范围,从而获得更大的财政收益。④周良霄先生梳理了实行免役法在当时的必要性以及对元明以后的长期影响⑤;他也从承役均等化出发,指出免役法的四项益处:"第一,按田产的一定比例纳钱免役,比旧制从丁产分等应役更简便合理。第二,向官僚形式等户征收助役钱,扩大了承役的基数。第三,纳钱或谷物以代身役,使社会上一大部分人从这一沉重的负担中解脱出来,有利于社会经济文化的发展。第四,输钱本身,必然刺激商品经济的发展。"⑥胡寄窗、谈敏以及孙文学均认为,役法的改革暂时缓和了社会内部各阶层的矛盾,并且是解决当时财政困难的重要手段。⑦

还有不少学者关注免役法推行的实际过程,他们认为王安石"以钱代役"的做法并未能解决承役不均的问题,反而增加了农民负担,因而予以否定。其中,王曾瑜先生认为,"王安石考虑役法改革的出发点在于如何富国,待到役钱收入固定下来以后,宋廷却以保甲制变相恢复差役"⑧,且雇役征收费用过大,反而加重了民众的负担。汪圣铎先生指出财富管理与平均分配的实际困难,"免役钱的合理摊征

---

① 邓广铭:《北宋政治改革家王安石》,第189页;漆侠:《王安石变法》,第131-132页;周良霄:《王安石变法纵探》,第27页。

② 邓广铭:《北宋政治改革家王安石》,第192、204页。

③ 漆侠:《王安石变法》,第137页。

④ 漆侠:《王安石变法》,第138页。

⑤ 周良霄:《王安石变法纵探》,第28-31页。

⑥ 周良霄:《王安石变法纵探》,第28页。

⑦ 胡寄窗、谈敏:《中国财政思想史》,第365页;孙文学:《中国财政思想史(上)》,第299页。

⑧ 王曾瑜:《王安石变法简论》,《中国社会科学》1980年第3期,第135-136页。

收始终是个未能很好解决的问题。再者就是防止官吏营私舞弊的问题"①。程念祺认为，免役钱并非减轻农民的负担，相反，由于"迫使农民和地主按纳税多少缴纳役钱，就使役钱成为一种累退性质的税收，地主按占地的较小比例出钱，农民按较大比例出钱"②，免役法实际上加重了农民的税收。方宝璋指出，评等户等高低成为免役法能否公平的关键所在，但"实际宋代评定户等没有设定统一的标准，不论是按家业还是按税收进行评定，都为不法官员的操作留下空间"③，此外，宋廷以征收宽剩钱的名义攫取一大批钱财。可见，在具体执行过程中，免役法并不能完全取代差役法，基层社会户等与土地、财力对应关系的核查效果也对役法改革形成制约。

不过，黄敏捷近年的多篇研究指出"免役法在役钱征收的环节赋予了地方较多的变通权限"，即王安石改革役法时主动预估到免役法在地方的适应性问题，故而允许地方政府"随宜立法"④，因此，所谓执行不力或者承役不均是役法改革过渡阶段的正常现象。"以钱代役"的做法，特别是第三项中的"免役宽剩钱"直接归属地方州、县支配，盘活了地方财权而受到欢迎，逐渐形成"宋代地方财政理性化、行政专业化"的趋势。⑤

从本书所论"建立庶政"来看，免役法的直接效果——正如黄敏捷的研究发现——体现为对地方州、县政府职能的激活与扩展。尽管"以钱代役"确实具有克服承役不均的目标，但这一目标难以很快达成，需要地方政府长期尽职尽责的户等勘察，使承役负担逐渐均等化，而其前提条件正是户等勘察等事务成为地方政府的常规职能和治理常态。由此可以看出，在征收"免役宽剩钱"的驱动下，地方政府致力于将尽可能多的民户纳入承役范围，使上述第四项的户等勘定——城镇坊郭户3年一勘、乡村农户5年一勘——成为"庶政"的重要事务，不仅打破了行差役法期间的诸多免役特权，而且揭发隐匿的逃户，不断趋近于王安石所谓"家至户到、

---

① 汪圣铎：《王安石是经济改革家吗》，《学术月刊》1989年第6期，第68-69页。

② 程念祺：《国家力量与中国经济的历史变迁》，第301-302页。

③ 方宝璋：《试论宋代免役法》，《闽江学院学报》2013年第1期，第96-97页。

④ 黄敏捷：《宋代役钱计征方式的演变——兼论朝廷与地方在财政变革中的作用与关系》，《中国经济史研究》2018年第2期，第97-108页；黄敏捷：《北宋熙丰时期的役钱征收与地方权限——兼评雇役法》，《文史哲》2018年第4期，第93-109页；黄敏捷：《私雇代役——宋代基层社会与朝廷役制的对话》，《安徽史学》2017年第6期，第62-69页。

⑤ 黄敏捷：《北宋熙丰时期的役钱征收与地方权限——兼评雇役法》，《文史哲》2018年第4期，第93-94页。

均平如一"的理想。

对此,南宋浙东学派陈傅良有这样一段描述,颇值得玩味,也反映出历史情境中宋代士人对役法改革的深切感受:"自国初以行举诱致偏方之士,而聚之中都,向之为闽、蜀、唐、汉伪官者,往往慕化从顺,愿仕于本朝。由是家不尚谱牒,身不重乡贯,以此得人,而其流弊在于今日。又自熙丰变役法,而乡邑之豪无以自见,鬻度牒而隐逸之路塞,罢学究而椎鲁之徒无所入,若此类不可偏举,于是举世悉由于进士。合四渎之流为一川而归之海,其不放而被原野乎!"①

这段话说明:北宋初期为实现统一,采用妥协的方式延揽天下诸色人等、诸方势力,导致变法之前的户等谱牒缺乏规范化的统筹管理,客观上使人口流动较自由,人身依附相对松散,隐匿、逃役时常发生;但王安石改革役法以后,乡野豪强、僧人道士、鲁钝学究之人的免役特权都被取消,他们的户等、财力、生产方式被重新核实并纳入王朝治理体系加以常态化管理。免役法的推行不仅很大程度上规避了隐匿、逃役,而且使天下所有人都归属于皇权统治之下,均以考取进士作为人生追求。

由此,我们得以理解王安石追求"家至户到、均平如一"的深刻用意:免役法取代差役法不仅是为了解决隐匿、逃役、承役不均等役法本身的弊端,更是为了"建立庶政"——恢复皇帝代表的国家权力对全体庶民的统治。

在王安石"皇帝—庶民"贯通的"为政之体"构想中,免役法与青苗法、农田水利法深入庶民生产、生活的重要环节的内在理路相同,也是针对北宋时期民户必须参与的承役环节而展开。它一方面将尽可能多的庶民纳入承役范围,另一方面,通过"以钱代役"使大多数庶民不直接承役而专注于农业生产②,从而提高社会总体的生产效率。而在基层社会治理方面,这三项法令的常态化运作使地方政府全面掌握庶民的户等、社会生活、经济生产诸方面变化并加以有效治理,形成皇权垂直下贯并直接统治庶民的治理格局。

---

① 陈傅良:《止斋先生文集·答林宗简(卷三五)》,四部丛刊影印本。此外,陈傅良与浙东学派对王安石变法的评价,参见李华瑞:《王安石变法研究史》,2004,第49-62页。

② 在变法过程中,王安石始终认为农事是变法急务,在其制度设计中,减少疾苦、减少兼并、专注于农业生产是主要事务。具体记载参见刘成国:《王安石年谱长编》,第1224-1225页。

四、方田均税法

在对广大基层农村社会构建常态化治理的四项新法法令中，方田均税法最晚推行，它于熙宁五年（1072）八月颁布。实际上，通过前述三项法令可以看出，随着地方政府对于基层社会户等、财力、承役等重要事务的勘察转向治理常态化，进一步地对土地和税赋——农业社会主要的生产资料和财政来源——的勘察与管理也势在必行，于是方田均税法得以推行。但这项法令很快便宣告停止，根据周良霄先生的梳理："方田均税法从熙宁五年（1072）八月开始实行，到元丰八年（1085）十月停止，在京东、河北、陕西、河东等路首次较大规模地进行了履亩清丈，已方而见于籍者二百四十八万四千三百四十九顷。"[1]所以留下的记录是"四法"中最少的。

方田均税法分为两个主要部分[2]：

第一，方田法。以东西南北千步见方的土地（等于四十一顷六十六亩一百六十步）为清查田亩的计量单位，称为一方。从当年九月秋收后到次年三月春耕前，县级长官组织官吏丈量土地，并在方庄账籍上具体描绘陂原、平泽等土地形状、赤淤、黑垆等土壤色质，丈量完成后将土质肥瘠情况分为五等，并以此确定每方的相应税额。次年三月在地方公示并在一个季度内听取农民意见，之后交付各户户贴、庄账，作为与户等匹配的"地符"[3]。

第二，均税法。在各县清丈方田后，重新均定田税，并明确开荒经营的若干问题。各县禁止征收未达到额定税赋最低标准的粮、绢零头；禁止征收超过额定税赋最高标准的货物；方田以外无人耕种的荒地、盐碱地都允许农民耕种且不需交税；山林、陂塘、路沟、坟墓都不许官府征税。在方田四角堆土种树，以示清丈标记。设立方账、庄账（土地名册）和甲帖、户贴（户籍名册）。在分家、土地买卖中，

---

①　周良霄：《王安石变法纵探》，第 23 页。

②　马端临：《文献通考·田赋考（卷四）》，参见邓广铭：《北宋政治改革家王安石》，第213-217页；漆侠：《王安石变法》，第138-141 页。

③　"方田之法：以东西南北各千步，当四十一顷六十六亩一百六十步，为一方。岁以九月，县委令佐，分地计量；随陂原平泽而定其地，因赤淤黑垆而辨其色。方量毕，以地及色，参定肥瘠，而分五等，以定税则。至明年三月毕，揭以示民。一季无讼，即书户帖，连庄帐付之，以为地符。"参见马端临：《文献通考（卷四）》，转引自邓广铭：《北宋政治改革家王安石》，第 215 页；漆侠：《王安石变法》，第 138 页。

官府审核并提供土地、户籍名册，县内置簿登记，均以方田为依据。①

简言之，该法包括两项内容，一是方田法，即按方丈量土地；二是均税法，即以县原租税数为定额，按土地等级确定税率，将一县之税分摊到方田之中。②

除上述两种总体规定之外，在实施过程中，方田均税法形成了法规中未标示的几种具体做法。比如在推行范围方面，仅局限在京东、河北、河东、陕西和京畿开封府界五路黄河流域的北方大平原地区，没有深入长江流域和南方丘陵地区。③ 比如在推行方式和推行次序上，以各州五年为一个周期，管辖五个县以内的州每年清丈一县土地，管辖超过五个县的州每年至多清丈二县土地。④ 还比如在灾异等意外事件上，如果受灾超过30%，则取消清丈，如果丈量均定后仍发生大量上访案件，则重新清丈。⑤

方田均税法虽然推行时间短，但在成效和方法上得到不同程度的肯定。邓广铭肯定了方田均税法推行的成果："在推行方田均税法期间，所清查过的土地数字，占当时全国纳税土地总面积的54%左右。这些已经清查过的土地，其土质的肥瘠、产权的归属，既都已验明和确定，则'诡名挟佃''隐产漏税''产去税存'等弊端也必然部分地得到了清除和纠正，北宋政府在赋税的征敛方面也可得到较多的保证。"⑥ 漆侠认可方田均税法具有打击豪强和鼓励农民这两方面的作用：一方面，清丈田亩打击了隐田漏赋的豪强地主⑦；另一方面，使"'贫者以苦瘠之亩，荷数倍之输'的现象得到改变，从而有利于占有一块土地的农民……在不同程度内刺激了农

---

① "均税之法：县各以其租额税数为限。旧尝取蠲零，如米不及十合而收为升，绢不满十分而收为寸之类，今不得用其数均摊增展，致溢旧额。凡越额增数皆禁之。若瘠卤不毛，及众所食利，山林、陂塘、路沟、坟墓，皆不立税。凡田方之角，立土为峰，植其野之所宜木，以封表之。有方帐，有庄帐，有甲帖，有户帖。其分烟析生，典卖割移，官给契，县置簿，皆以今所方之田为正。"参见马端临：《文献通考（卷四）》，转引自邓广铭：《北宋政治改革家王安石》，第215-216页；漆侠：《王安石变法》，第138-139页。

② 孙文学主编：《中国财政思想史（上）》，第302页。

③ "王安石变法中的方田均税法，推行十几年，其范围在京东路、开封府界、河北、陕西等四路的'平土'之地，即不包括'多山崎'的河东路。"参见马玉臣：《关于王安石变法中方田法的几个问题》，《甘肃农业》2006年第3期，第203页。

④ "凡所管不满五县的州，每年内只择取其中税赋最不平均的一县，加以清查和均定；五县以上的州，每年也只能在两个县境内加以清查和均定。"参见邓广铭：《北宋政治改革家王安石》，第216页。

⑤ "某县某州某县如遭受到三分以上的灾伤，即将方田均税的工作停罢。如在丈量均定之后，又发生了大量词讼，上诉不实不均等事情，那就要重新丈量均定。"参见邓广铭：《北宋政治改革家王安石》，第216页。

⑥ 邓广铭：《北宋改革家王安石》，第217页。

⑦ 漆侠：《王安石变法》，第140页。

民生产，从而有助于农业生产的发展"①。胡寄窗、谈敏具体说明土地清丈方法的巧妙之处："王安石的清丈办法最巧妙处在于利用较科学的方法进行大片土地丈量，使工作能较顺利而迅速地进行。在一'方'的土地内，对于谁的土地应缴租额及有无漏税等问题，均在一'方'的土地所有者共同参与下决定，就决不会出现逃税情况。因为本'方'内一户的税额减少必然是别户的税额增多。"②叶坦同样对方田均税法的推行结果予以肯定："此法有利于增进国家税收，而且是通过平均赋税、按亩纳税的合理方式来实现的。"③

由此可知，方田均税法的确在多方面有利于国家权力整顿土地。但由于土地作为农业社会生产、生活的主要基础和传统国家的重要税基，长期以来已经形成错综复杂的利益纠葛，所以方田均税法与免役法相似，它们的推行标志着变法进入深水区，直面既得利益集团的土地特权并揭露"隐田漏赋"的种种现象。④此外，北宋商业发展也加深了对农业的侵害，程念祺指出，方田均税法的另一个主要目标是调节农业生产与商业发展之间的矛盾。即通过勘定土地和税额，减少土地兼并中的隐匿、抛荒等现象，规避商业发展对农业的侵害，充分利用土地，增加国家财政收入，使之适应经济关系正在发生的变化。⑤

正是由于直面特权顽疾，使方田均税法在推行过程中屡遭掣肘，其影响始终有限，这也是后世学者对其诟病之处。"方田均税推行速度缓慢、施行区域有限，所带来的震荡、冲击不大"⑥，且王安石变法之时"距均田制的废除已有两个世纪之久，不抑兼并即不限民户田产规模的政策早已深入人心"⑦。这说明当时"不抑兼并"的社会风气并不利于方田均税法的展开。⑧

①　漆侠：《王安石变法》，第 140-141 页。

②　胡寄窗、谈敏：《中国财政思想史》，第 366 页。

③　叶坦：《大变法》，第 84 页。

④　漆侠：《王安石变法》，第 141 页。

⑤　程念祺：《国家力量与中国经济的历史变迁》，第 299 页。

⑥　马玉臣：《关于王安石变法中方田法的几个问题》，第 203 页。

⑦　葛金芳、马强：《近二十年来王安石变法研究述评》，第 14-15 页。

⑧　有关北宋前期"田制不立""不抑兼并"问题，学界议论颇多，本书不专门讨论相关研究，故仅引出其中代表研究，杨际平：《宋代"田制不立""不抑兼并"说驳议》，《中国社会经济史研究》2006 年第 2 期，第 6-15 页；薛政超：《也谈宋代的"田制不立"与"不抑兼并"——与〈宋代"田制不立""不抑兼并"说驳议〉一文商榷》，《中国农史》2009 年第 2 期，第 56-65 页；李治安：《中近古"士农工商"较自由发展政策模式探研》，《文史哲》2019 年第 1 期，第 30-35 页；程念祺：《王安石变法的几个经济问题》，载于程念祺：《国家力量与中国经济的历史变迁》，新星出版社，2006，第 297-298 页。

方田均税法直面土地和税赋，这是传统社会农民生产、生活的重中之重，其清丈田籍、均平赋税的做法也直接挑战错综复杂的既得利益集团。虽然这是皇帝代表的国家权力深入庶民农业生产的一次重要尝试，但无论在条例法规还是具体实施方面，方田均税法相比青苗法、农田水利法、免役法都显得更为保守和谨慎，在历史上的争议与影响也相对较小。虽然直接的史料记载较少，但方田均税法在制度设计之初的大致定位是针对传统农业生产区的区域性法令①，是其他"庶政"三法在传统农业区，尤其是北方广大平原地区的补充性条例，意在构建皇权直接管理和保障农村土地和税赋的常态化制度。特别是各州每年集中清丈一县土地（五年至少清丈辖内五县）的做法，意味着方田均税法不仅是县级政府也是州级政府的常规职能，体现出地方政府行政专业化的趋势。

第二节　庶民礼：王安石未竟事业的"延续"

王安石变法期间，北宋王朝的政治主题在于"变法"，对广大农村中庶民生产、生活的常态化治理也集中于经济社会方面。但熙宁九年（1076）十月王安石罢相，似乎宣告变法运动结束。但如果沿着深入庶民、"建立庶政"的线索，变法并未结束，而是以另一种形式延续下去。在宋神宗元丰年间（1078—1085）和宋徽宗政和年间（1111—1118），"建立庶政"开始转向思想文化方面，对庶民生产、生活重要环节的治理推进到规范庶民日常生活礼仪的新阶段②，特别是宋徽宗朝的《政和五礼新仪》是历史上绝无仅有的"礼下庶民"的一代礼典。

---

① 新法在传统农业区和非传统农业区的制度安排侧重不同，大致分为青苗法、农田水利法、免役法、方田均税法和均输法、市易法两个大类。

② 雷博：《试论"熙丰变礼"及其思想史意义》，《政治思想史》2015 年第 3 期，第 30-46 页。

一、熙丰变礼：依托新"体要"的礼制改革 [①]

在推行"庶政"四法过程中，王安石往往引用经学古籍和三代礼制来阐述诸项新法的意义。比如在青苗借贷是否兴利的问题上，王安石就引用《周官》"国服为息"之说来说明青苗属于"贷"而不是"赊"，证明设立 20% 以上的利息既符合"王道"，又利于实际操作。[②] 比如在用免役代替差役的问题上，王安石引《周官》"府史胥徒"和《王制》"庶人在官"证明，古时地方州、县的大量官吏实际上由庶民出任，胥吏应成为"庶政"的治理主体。政府也应遵循士、农、工、商的不同职责来安排政务，使农民"农时不夺而民力均"[③]。熙宁五年（1072）八月八日，在类似的地方胥吏问题上，王安石又强调"吏士合一"的古礼，表明应以官府财力供给胥吏俸禄，并确定以"青苗蕃息"（利息）和"免役宽剩钱"作为胥吏俸禄来源。[④]

对于上述这些现象，各代学人似乎只拘泥于王安石引经据典"牵强附会"，甚至讥讽"介甫学术大抵支离"，以至于割断了经学与治国理政之间的深刻联系[⑤]，反

---

① 雷博基于礼学、礼文视角对王安石变法期间的史料进行了较为详细地梳理，对笔者很有启发。本书在雷博研究的基础上，从"建立庶政"的角度将王安石变法期间和北宋晚期宋徽宗朝对北宋礼法的设置及其治理意涵予以重新解释。参见雷博：《试论"熙丰变礼"及其思想史意义》，《政治思想史》2015 年第 3 期，第 30-46 页；雷博、俞菁慧：《饶之以财、裁之以法——北宋熙丰时期养育与约束并重的吏治体系改革》，《天津社会科学》2015 年第 4 期，第 144-154 页；雷博：《北宋神宗朝熙宁时期的礼文建设考论》，《青岛科技大学学报（社会科学版）》2013 年第 2 期，第 105-109 页。

② 就青苗借贷是否兴利的问题，王安石与韩琦展开论辩；双方观点参见王安石：《画一申明青苗事》，载于杨仲良：《皇宋通鉴长编纪事本末·青苗法上（卷六八）》，第 571 页；韩琦：《上神宗论条例司画一申明青苗事》，载于赵汝愚：《宋朝诸臣奏议（卷一一二）》第 1219-1223 页。有关"国服之息"的详细讨论，参见俞菁慧、雷博：《北宋熙宁青苗借贷及其经义论辩》，《历史研究》2016 年第 2 期，第 26-33 页。

③ 王安石：《上五事札子》，参见王安石：《临川先生文集（卷四一）》。

④ 刘成国：《王安石年谱长编（第四册）》，第 1490-1491 页。

⑤ 关于王安石重视经学杂学学术思想史中的地位，不少学者已有讨论，参见邓广铭：《王安石在北宋儒家学派中的地位》，《北京大学学报（哲学社会科学版）》1991 年第 2 期，第 23-28 页；葛兆光：《中国思想史（第二卷）》，复旦大学出版社，2001，第 185-217 页；［美］包弼德：《斯文：唐宋思想的转型》，江苏人民出版社，2001，第 222-265 页；刘成国：《尊经卑史——王安石的史学思想与北宋后期史学命运》，《四川大学学报（哲学社会科学版）》2006 年第 1 期，第 109 页；夏长朴：《"介父之学，大抵支离"——二程论王安石新学》，《东方文化》2009 年第 42 卷第 1、2 期合刊，第 123-148 页；余英时：《朱熹的历史世界（自序二）》，生活·读书·新知三联书店，2011，第 8-15 页。

对于宋朝理学对王安石新学的批判，李华瑞先生在《王安石变法研究史》的第一部分已作详尽梳理，并涵盖南宋、元、明、清四代传统士人的看法。参见李华瑞：《王安石变法研究史》，2004 年，第 1-20、69-156 页。

而忽视了他之所以引经据典的基本关切，即王安石反复强调王朝权力必须深入基层社会、有效管理庶民才能长治久安的制度内核。正是在这个意义上，王安石和新党意识到有必要将诸项新法政策与经学古籍从根本的礼法上对应起来，从而论证"皇帝—庶民"贯通的"为政之体"及其"治事之要"在"先王法度"中的正当性和治国理政中的合理性。

熙宁、元丰变礼以前，北宋王朝长期未能系统确定礼法、礼典。在传统中国王朝中，编修礼典是证明王朝受命于天、得到正统的标志，也是规范皇室、臣民生活礼仪的法理依据。但在宋神宗以前，北宋王朝部分采用唐代礼仪，部分混用各代礼仪。宋仁宗时，欧阳修主持编修《太常因革礼》，这一礼典完全局限于以皇室为中心的礼仪上，并主要记录北宋立国以来的礼制沿革，所以相比礼典性质，《太常因革礼》更接近于判例性质的礼制史书。时至宋神宗朝，这一因循"祖宗之法"的礼典显然有违"法尧舜"路线和"回向三代"的时代任务，因而成为北宋王朝亟须重构的重要环节。①

熙宁七年（1074）三月，由王安石牵头、沈括代笔的《进南郊式表》写道："盖闻孝以配天为大，圣以飨帝为能。越我百年之休明，因时五代之流弊。前期戒具，人辄为之骚然；临祭视成，事或几乎率尔。盖已行之品式，曾莫纪于官司。故国家讲燎禋之上仪，而臣等承撰次之明诏。迨兹弥岁，仅乃终篇，犹因用于故常，得删除其纷冗……固将制礼作乐，以复周唐之旧；岂终循诵习传，而守秦汉之余？则斯书也，譬大辂之椎轮，与明堂之营窟。推本知变，实有补于将来；随时施宜，亦不为乎无补。"②

在这封进表中，王安石和沈括明确表达了比肩"周唐礼乐"、摒弃"秦汉法制"的基本精神。而且所谓"譬大辂之椎轮，与明堂之营窟"意在说明修订"南郊式"仅是改革礼法的第一步，之后还有全面重构礼制的长远目标。③

---

① 关于王安石变法时期"变礼"运动的介绍，雷博形成专论，此外，张文昌对唐宋之际礼制变革的历史梳理形成专论，有助于理解王安石时代变礼和北宋晚期在王安石变法精神下变礼运动的历史地位。参见雷博：《试论"熙丰变礼"及其思想史意义》，《政治思想史》2015年第1期，第30-46页；张文昌：《制礼以治天下——唐宋礼书与国家社会》，台湾大学出版中心，2012，第205-206页。

② 沈括：《进南郊式表》，载于沈括：《长兴集（第十三卷）》，四库全书别集类，浙江巡抚采进本。转引自雷博：《试论"熙丰变礼"及其思想史意义》，《政治思想史》2015年第1期，第33页。

③ 雷博：《试论"熙丰变礼"及其思想史意义》，《政治思想史》2015年第1期。

　　然而，或是由于王安石很快罢相而礼法改革未能全面展开，熙宁年间（1068—1077），变礼并不处于治国理政的首要目标，因此只涉及《南郊式》《明堂》《祫享》等皇家赐赏、宫室、祭祀礼仪。[①] 除了这些最为必要的、具有公器性质的礼仪，类似"恭谢、籍田、东封、西祀"等大量礼文由于长期弃置、"难以搜究"而被排除。[②] 由此可见，尽管熙宁年间的变礼运动范围有限、影响有限，但罢废了一大批皇室礼仪中形式上的繁文缛节，更加突出了皇帝、皇室作为国家公器的实用意义。

　　在王安石罢相后的熙宁十年（1077）至元丰元年（1078）间，宋神宗主持了更为系统的礼制改革。元丰元年二月，宋神宗于太常寺设置"详定礼文所"，开始主持变礼："详定礼文所言：'有事于南郊、荐飨景灵宫、朝飨太庙，大率皆蹈唐礼，至于坛壝、神位、大驾、舆辇、仗卫、仪物，亦兼用历代之制。若概以先王之礼，固已不同，必兼用历代之制，则其间情文讹舛甚众。盖有规摹苟略，而因循已久，重于更制者，有事出一时之仪，而不足以为法者。'"[③] "详定礼文所"的基本精神仍是比肩"周唐礼乐"、摒弃"秦汉法制"，也是在熙宁礼制改革基础上的进一步展开。从元丰元年（1078）到元丰五年（1082）四月，历经五年的论议裁决，前后20卷的《郊庙奉祀礼文》终于完成，并于元丰六年（1083）南郊大礼中行用，这是"元丰新礼"的标志性文本和事件。[④]《郊庙奉祀礼文》的内容如今大多散佚，但在有限的记载中可以看出其扬弃"汉唐旧制"、力求"回向三代"的基本祈向以及以《周礼》为主体依据具体指导实践的核心理念。比如在确定宗庙制度上，就强调"周制，由命士以上，父子异宫，祖祢异庙，所以致恭而不渎也……后汉光武俭不中礼，合高祖以下至平帝为一庙，异室同堂，屈万乘之尊，而俯同周之下士，历代因循不革"的历史现实，进而提出"以《仪礼》求其迹，以《尔雅》辩其名，以《考工记》约其广深，谨图上八庙异宫，以始祖居中，昭穆为左右以进。"[⑤]

　　由此可知，这种以周代制度和经学文本为典范指导变法的做法几乎贯穿整个宋神宗时期，不仅体现为《周礼》等文本对诸项新法的具体解释和编制，而且反映为

---

　　① 脱脱：《宋史·礼志》，中华书局，1977，第2423-2424页。

　　② 李焘：《续资治通鉴长编》，熙宁七年七月乙巳条，第6221页。

　　③ 李焘：《续资治通鉴长编》，元丰元年二月庚戌条，第7042页。

　　④ 雷博：《试论"熙丰变礼"及其思想史意义》，《政治思想史》2015年第1期，第34-36页。

　　⑤ 李焘：《续资治通鉴长编·元丰元年九月己丑条》，第7138-7139页，转引自：雷博：《试论"熙丰变礼"及其思想史意义》，《政治思想史》2015年第1期，第34-36页。

北宋王朝对最高礼法制度的改造。这种改造并非简单地"附会"或者寻求合法性的举动，而是与历朝历代普遍采用的经验主义治国方略拉开差距，从治国理政的系统性和整体性出发。① 一方面勘磨和重注经学古籍，另一方面调适诸项政策法规，在理论上明确"皇帝—庶民"贯通的"为政之体"及其"治事之要"，进而使天下士人能够从中学习治国理政的基本道理，真正构建后世沿行的理想政治秩序。②

从构建"皇帝—庶民"贯通的"为政之体"的目标看，熙丰变礼的重心在于皇帝一端，但没能在礼制上"建立庶政"、规范庶民一端的礼法制度，因而王安石对新"体要"的礼制重构尚不完整。张文昌在《制礼以教天下》一书中指出"元丰新礼"首先是针对群臣朝仪部分进行讨论，之后才涉及祭祀和对外蕃国的相关礼制。他认为，宋神宗虽然已经开出"回向三代"的改革方向，但仍然没有真正摆脱北宋"祖宗之法"的约束，所以显示出的是变礼并不彻底的局面，抑或许是"神宗朝未能形成新世代国家礼典"的原因。③

不过从后续的历史发展来看，面向庶民的礼制构想在宋徽宗朝步入实践，展现出另一种形式上的"建立庶政"。

二、《政和五礼新仪》：礼下庶民的实践

宋徽宗一直以王安石的《三经新义》《洪范传》《字说》《老子注》等经学注疏

---

① 相比信奉历史连续性的司马光等人所推崇的逐步改良的政治路线，王安石的学理路径和思维方式深受经学文本影响，促使他走向更为彻底的、追求一致性的变法改制。参见 R. Hartwell, Historical Analogism, Public Policy, and Social Science in Eleventh and Twelfth Century China. *American Historical Review*，1971，No.3，pp.690-727；刘成国：《尊经卑史——王安石的史学思想与北宋后期史学命运》，《四川大学学报（哲学社会科学版）》2006年第1期，第106、108页。此外，王安石诸多文章中，直接体现王安石"尊经卑史"取向以及推崇"三代"记录的文章见：王安石：《王文公全集·答邵州张殿丞书》，第99页。

② ［美］包弼德：《王安石与〈周礼〉》，方笑一译，《历史文献研究》2014年第1期，第78页。包弼德指出，《周官》等三代经学文本是王安石变法的指导思想，在其中，世间万事万物都符合一个完美的系统，新法的诸项政策也共同服务于一个一致性的整体。在北宋中期士大夫阶层"回向三代"的思潮下，王安石注意到《尚书·洪范》《周礼》等经学文本所描绘的"为政之体"与汉唐各朝的政治制度——如前述皇权委托制、郡县制等截然不同，并派生出迥异的治理方略，这些经学文本中指向庶民的治理方略或能有效解决北宋王朝基层社会治理简化后的诸方面治理难题。所以，王安石在君臣初次对话时提出的"法尧舜"路线并非简单地讲求道德教化，而是在"皇帝—庶民"贯通的"为政之体"构想下对北宋王朝治理体系的深刻改造。这是王安石变法精神在"熙丰变礼"运动上的思想基础。本书第三章《周官新义》部分曾予以详细探讨，此处仅作补充性说明。

③ 张文昌：《制礼以治天下——唐宋礼书与国家社会》，台湾大学出版中心，2012，第205-206页。

为治国理政的精神源流和实践依据①，在"建立庶政"的治理目标上用力颇深，他在政和三年（1113）四月颁布《政和五礼新仪》，是为北宋一朝最完备的一套礼典。

《政和五礼新仪》最初主要面向官僚士人，但自政和六年（1116）闰正月开始，向广大基层社会推行："礼止邪于未行，先王作仪以范民而教之中，其意微矣。《五礼新仪》，州、县推行，未臻厥成，可依所奏，令诸路监司因按部考察虔惰，岁则一二以闻，当议赏罚，以观忠厚之俗②。"从这封皇帝亲笔的诏书中，明显可以看出《政和五礼新仪》的目的在于推行州、县，教化庶民，特别是"礼止邪于未行，先王作仪以范民而教之中"与王安石在《洪范传》中的思考如出一辙③，都意图皇帝代表的国家权力在基层社会实行的教化和引导，形成持续的有效治理。

从《政和五礼新仪》的内容来看，涉及"庶民礼"的主要有：《嘉礼·庶人昏（婚）》《嘉礼·庶人子冠》《凶礼·庶人丧仪》以及诸多地方州、县以下祭祀祖宗、先王、贤明、天地以及国家军事岁纪等多种礼制规定。④其中，庶人婚礼是"礼下庶民"的起手仪礼。以京畿地区为例，政和八年（1118）十二月开封府尹盛章清查民间从事媒妁卜祝的人的户籍账本，将这些媒妁卜祝集中起来并安排礼生具体教导他们《新仪》的礼数规定。⑤但在执行过程中，"庶民礼"出现问题：一是在制度设计上，并未全面照顾到广大农村不同户等的经济水平，不同地区的房屋设置和居住习惯各不相同，无法适配"庶人婚"中对堂、寝、陛、户的礼制要求；二是在推行方式上，执行礼制的礼生并未与地方州、县政府形成制度上的合作关系，所以缺乏其他政策工具来缓冲制度设计缺陷所导致的民情反弹。⑥之后，《政和五礼新仪》的"庶民礼"停止推行，但未及修订，宋金战争爆发，北宋旋即灭国。"庶民礼"在传统中国历史长河中也就昙花一现，再未出现了。

①　关于宋徽宗对王安石的推崇与继承，参见伊沛霞：《宋徽宗》，广西师范大学出版社，2018。方诚峰在《北宋晚期的政治体制与政治文化》一书中也充分探讨了王安石的精神对宋徽宗朝治理方略的深刻影响。

②　司义祖：《宋大诏令集·政事一·礼乐上》，中华书局，1962，第548页，转引自张文昌：《制礼以治天下——唐宋礼书与国家社会》，第210页。

③　王安石：《王文公文集·洪范传》，第285-286页。

④　郑居中等撰：《政和五礼新仪》，载于纪昀：《钦定四库全书总目·史部·政书类二·典礼（卷八二）》，中华书局，1997，转引自：张文昌：《制礼以治天下——唐宋礼书与国家社会》，第2211-212页。

⑤　徐松：《宋会要辑稿·刑法二》，中华书局，1957，第6518页。

⑥　陆游：《先君言蔡京设礼制局及颁五礼新仪之弊》，载于姚宽、陆游：《西溪丛语·家世旧闻》，孔凡礼 点校，中华书局，1993，第203页。

本节指出北宋晚期的"庶民礼"并不是要说明"礼下庶人"的荒谬，而是要揭示宋徽宗在新法既有轨道上的深化与实践。如果从历史结果倒推，北宋灭亡、《政和五礼新仪》暂停似乎都可以证明新法试图"建立庶政"并构建基层社会礼制的错误，但这种论断显然过于粗糙。一来，新法在北宋中后期历经多次变化，部分新法政策的实施内容已经脱离王安石的本来计划，多项新法共同服务的"建立庶政"也有所变形，"庶政"所反映的基层社会情况也未必真实，所以新的礼制改革很可能错估了基层社会的实际情况而难以推行。二来，我们无法推测王安石在礼制方面"建立庶政"的构想。一定程度上，青苗法、农田水利法等四项法令已经能够在经济社会方面对广大农民的生产、生活进行规范和引导，如果王安石来得及在基层社会继续"建立庶政"，他的推行方式与内容或许与这四项法令勾连更深，即满足庶民、中人处理日常生产、生活重要事务的基本需求，而不是在婚、丧、嫁、娶等重大项目上确立统一制度并予以规制。当然，我们对王安石对礼制的处理方法仅仅是一种推测，或许他的"建立庶政"确实止于经济社会方面的诸项新法，而新党后人误解了他的意图而推行"庶民礼"①。那么，究竟什么是王安石"建立庶政"的完整版本，这或许就是桩历史悬案了。

小结

本章展现了新法的第一重"治事之要"，即对广大农户生产、生活的常态化治理。所涉法令包括青苗法、农田水利法、免役法、方田均税法这四项法令共同服务于皇权垂直下贯农村社会并"建立庶政"的总目标，并针对农户生产、生活的重要环节而设立制度，使地方政府根据农时、地理条件调整职能，积极干预农户生产、生活，从而构成对基层社会的常态化治理。

其中，青苗法通过向农民借出常平仓中的官方钱粮，既确保当地农业生产的稳

---

① 宋徽宗以继承宋神宗、王安石的变法精神为自我期许，他高度认可王安石对儒家、道家等诸多经典文本的注释。以《道德经》为例，宋徽宗自己注释的《宋徽宗道德真经解义》与现存王安石的《王安石老子注辑佚会钞》多处相合，亦有相近的"变礼"目标。参见王安石：《王安石老子注辑佚会钞》，罗家湘辑校，华东师范大学出版社，2013；赵佶：《宋徽宗道德真经解义·章安解义》，万曼璐点校，华东师范大学出版社，2017。

定，又能抵御青黄不接和灾荒对农民日常生活的冲击；农田水利法促使地方政府将开垦荒地、整理淤田、兴修水利、连通运河等事务规范化、常态化，引导农民与当地山、水、林、田、湖、草深度结合，并根据自然禀赋发展生产；免役法针对民户必须参与的承役环节，"以钱代役"的做法将绝大多数民户纳入承役范围而不直接承役而专注于农业生产；方田均税法则直接核查广大农村土地与赋税，其清丈田籍、均平赋税的做法直接打击了既得利益集团的土地特权。在这四项法令推行过程中，北宋王朝地方州、县政府的职能不断扩展，并对全体民户的户等、主要生产方式、财力、役务、土地和税赋等重要事务构成常态化的核查和管理，将地方政府的治理事务与基层社会的广大农民紧密地联系在一起，有力地推动皇权在基层农村社会的垂直下贯。

时至北宋晚期，新法对广大农户生产、生活的常态化治理展现为另一种形式——庶民礼，即皇帝代表的国家权力统一规范庶民日常生活重要环节的礼法制度，并对庶民施加直接教化。这一"礼下庶民"的尝试一定程度上延续了新法"建立庶政"的基本祈向，但相较王安石在经济社会方面对庶民进行常态化治理，新党后人则试图在思想文化层面确立规范，在宋徽宗朝政和年间（1111—1118）的《政和五礼新仪》中，历史上罕见地对庶民的"婚""子冠""丧礼"等重要环节以及地方州、县以下祭祀祖宗、先王、贤明、天地以及国家军事岁纪等多种礼仪进行规范，从而教化庶民。虽然庶民礼并不符合广大基层农村的实际情况而未能成功推行，但这一"变礼"尝试从侧面证明王安石变法将北宋王朝治国"体要"扩张到基层农村社会的治理格局已经形成，也展现出"建立庶政"的基本精神在北宋晚期的延续。

第五章

对基层农村社会的制度化重建

　　在针对广大农民生产、生活重要环节设立制度并加以引导的基础上，如何将这些"建立庶政"的治理成果奠定下来？如何使"皇帝—庶民"贯通的"为政之体"成为后人治国理政的制度基础？如何避免再次出现王朝权力简化基层社会治理后基层资源流失、管理弱化的政治安全危机和治理困境？成为王安石着重处理的新问题，这也是王安石对北宋王朝政治安全危机的关切所在。由此，"建立庶政"——对农村社会的制度化重建——势在必行。

　　这一方面的核心法令是保甲法，保甲法同时具有延伸"为政之体"和扩展"治事之要"两方面作用：不仅在农村社会扩展治安管理、民兵组织等多重职能，将广大农民编织起来，在基层社会发挥亦农亦兵亦警的作用；而且以"都保—大保—保"的制度化组织形态代替了原有的"乡镇—自然村—邻里"的自然组织形态，便于统一指挥、组织集体行动，也将青苗法、农田水利法等四项法令共同"建立庶政"的成果制度化地奠定下来。

　　保甲法以外，王安石也颁布仓法来支持对乡村社会的制度化重建，即把胥吏纳入国家官僚体系并给予吏禄，建立基层官僚，使其在广大农村的基层事务中发挥重要作用。通过观察变法前、后富民与胥吏在基层社会的地位变化，可以看出：新法对富民主导的基层自治形态的冲击，以及"建立庶政"过程中胥吏阶层的兴起。虽然胥吏阶层在新法罢废后式微，但保甲法的制度化组织形态却长久保留下来，并把"建立庶政"的治理惯性深刻嵌入到王朝治理体系之中。

第一节　重建基层：王安石应对政治安全危机的思考

　　在熙宁二年至熙宁五年（1069—1072）青苗法、农田水利法等四项法令深入乡村社会，对广大农户生产、生活的重要环节实现有效治理之后，王安石开始着手编织和重建基层社会，这也是他长期关切的北宋王朝的政治安全危机。

　　王安石对基层社会的危机感由来已久，早在嘉祐四年（1059）结束外任后，他就根据自己在地方的观察和体会，向宋仁宗皇帝呈递了《万言书》，道出他对于基层社会缺乏控制的警惕和忧虑：

> 夫在位之人才不足矣，而闾巷草野之间，亦少可用之才，则岂特行先王之政而不得也，社稷之托，封疆之守，陛下其能久以天幸为常，而无一旦之忧乎？盖汉之张角，三十六方同日而起，所在郡国莫能发其谋；唐之黄巢，横行天下，而所至将吏无敢与之抗者。汉、唐之所以亡，祸自此始。唐既亡矣，陵夷以至五代，而武夫用事，贤者伏匿消沮而不见，在位无复有知君臣之义、上下之礼者也。当是之时，变置社稷，盖甚于弈棋之易，而元元肝脑涂地，幸而不转死于沟壑者无几耳。夫人才不足，其患盖如此。而方今公卿大夫，莫肯为陛下长虑后顾，为宗庙万世计，臣窃惑之。昔晋武帝趣过目前，而不为子孙长远之谋，当时在位亦皆偷合苟容，而风俗荡然，弃礼义，捐法制，上下同失，莫以为非。有识固知其将必乱矣，而其后果海内大扰，中国列于夷狄者二百余年。伏惟三庙祖宗神灵所以付属陛下，固将为万世血食，而大庇元元于无穷也。[①]

虽然《万言书》全文的中心思想是劝诚宋仁宗皇帝从人才的"教、养、取、任"入手调整政策、改善治理，但仅就这一段话而言，王安石重在点出历史上汉、唐等强大王朝衰亡的根本原因，即忽视基层社会治理导致的政治安全危机。由于忽视基层社会治理，汉、唐两朝政府缺乏对基层人才的控制、引导和吸收，这使张角能够在一天之内带领三十六万人起兵，黄巢能够横行天下无阻，而地方州、县政府却无人能够预警，无人能够组织抵抗，于是来自庶民的反叛导致强权崩溃。那么，在同样基层社会治理简化、弱化的北宋，如何规避这些来自庶民中的政治安全危机呢？

王安石借助孟子和主父偃的例子提出了自己的初步方案。他首先援引《孟子·梁惠王》："臣始读《孟子》，见孟子言王政之易行，心则以为诚然。及见与慎子论齐、鲁之地，以为先王之制国，大抵不过百里者，以为今有王者起，则凡诸侯之地，或千里，或五百里，皆将损之，至于数十百里而后止。于是疑孟子虽贤，其仁智足以一天下，亦安能毋劫之以兵革，而使数百千里之强国，一旦肯损其地之十八九，比于先王之诸侯？"[②]

---

① 王安石：《王文公文集·上仁宗皇帝言事书》，第 13 页。
② 王安石：《王文公文集·上仁宗皇帝言事书》，第 13 页。

在这里，王安石陈述了他的困惑："先王之政"虽然被人推崇，但三代时期的王者所统治的疆域"不过百里"；而到了春秋战国诸侯林立的时期，仅仅一个诸侯占据的疆域就达到五百里甚至或千里以上，威胁王者的统治，那王者必然整日提防战乱，那还如何维持"先王之政"？王安石从西汉主父偃的"推恩令"中看到了"王政"的制度补充：

> 观汉武帝用主父偃之策，令诸侯王地悉得推恩封其子弟，而汉亲临定其号名，辄别属汉。于是诸侯王之子弟，各有分土，而势强地大者，卒以分析弱小，然后知虑之以谋、计之以数、为之以渐，则大者固可使小，强者固可使弱，而不至乎倾骇变乱败伤之衅。[①]

在汉武帝时期，"推恩令"要求诸侯王给每个子弟分封土地，进而逐渐分化、弱化诸侯王的疆域，以彻底化解诸侯王盘踞一方、威胁中央的政权隐患。对此，王安石予以更为一般化的现实解读，即通过制度设计将广大疆域分化为无数个小的地块单元，不仅瓦解了占据较大疆域的地方势力的政治威胁，也在制度层面使王朝治理体系恢复对整个疆域的实际统辖。结合北宋的治理现实，这一方案从根本上规避了中央对基层社会缺乏控制、地方势力崛起并挑战中央的政治安全危机。

由此，我们可以概观王安石的基本思考：一方面，实行"先王之政"，对广大庶民予以"教、养、取、任"，针对庶民生产、生活的重要环节进行治理；另一方面，构建小的制度单元，使皇权通过这一普遍性的制度单元中直面万千庶民，并以此为基础进行规范与治理，反过来引导庶民在"先王之政"下尽性成才。从这两方面观察王安石变法中的制度设计，以广大农村社会为例，青苗法、农田水利法等四项法令接近于"先王之政"下的引导和治理，而本章的保甲制度和仓法则指向对基层制度单元的构建。

可见，早在嘉祐四年（1059），王安石就已经形成了应对北宋王朝简化基层社会治理后基层资源流失、管理弱化的政治安全危机的初步方案。结合《万言书》的历史背景来看，时至北宋中期，北宋王朝已经对辽和西夏等外敌形成了较为有效的应对方案，而历史上那些强有力的诸侯或政治势力也在"事为之防，曲为之制"的政治体制中被有效遏制。显然，王安石所关切的政治安全危机并不在于地方州、县以上，而在地方州、县以下，这并非理论推理，而具有事实依据。

---

① 王安石：《王文公文集·上仁宗皇帝言事书》，第13-14页。

北宋仁宗朝，农民起义和流寇劫掠时常发生。漆侠认为，宋夏战争的巨额军费是农民起义爆发的导火索：从宋仁宗中后期直至宋神宗即位的 20 年里，大的起义和暴动就有京东王伦，京西张海、郭邈山，贝州王则等，小股起义和骚乱更是在全国范围内屡禁不止。一些大的都市，比如北宋南京（商丘）、河东解州、淮南池州、南阳邓州、建昌府、滑州、许州等处，都有农民与"军贼"相互勾连引发的骚乱，还有桂阳军和夔峡等地羁縻州、县的少数民族起义。[①] 这些小规模的起义难以禁绝，但此起彼伏的态势似乎宣告着更大规模的政治安全危机。

透过"农民起义"的外衣，我们看到这些暴动大多发生在诸州、县粮草集中的港口或者交通要道[②]，至于暴动的原因，一方面是由于承役不均、赋税不均或者负担过重导致的农民反抗，另一方面则是基层治理简化、弱化的问题。由于基层社会治理无力，乡野庶民中有能力者——那些"英雄好汉"——往往不受地方政府的防范和约束，他们既能煽动农民，又能勾结驻守城邑的军人，其中多数还是犯罪流放之人。[③] 至于民族地区的暴动[④]，显然也是由于地方州、县政府或管理机构职能简化后缺乏必要的暴力手段所致。由于地方州、县的无力和软弱，一些本可以通过文攻武和来缓解、压制的矛盾，被无节制地放大了，这是"农民起义"外衣下治理缺失的本质所在。

在这个意义上，我们再来看王安石在《万言书》中的思考和应对方案[⑤]，就能

---

① 漆侠：《王安石变法》，河北人民出版社，2001，第51页。漆侠先生从阶级斗争的角度集中分析了北宋仁宗朝前后的农民企业，充分展现出王安石变法前基层社会缺乏有效治理的社会现实。

② 商丘、解州、池州、邓州等地都处于交通要道，并设有官军，但在农民起义过程中，这些官军或直接参与农民起义，或闻风而逃，或被解除武装。参见漆侠：《王安石变法》，河北人民出版社，2001，第52页。

③ 欧阳修：《论募人入贼以坏其党札子、再论置兵御贼札子、再论王伦事宜札子》，《欧阳文忠公文集（卷九八、一〇〇、一〇二）》，转引自漆侠：《王安石变法》，河北人民出版社，2001，第52页。

④ 张泽洪：《宋代开梅山及梅山教研究》，《广西民族研究》2017年第2期，第124-131页；郭声波：《试论宋朝的羁縻州管理》，《中国历史地理论丛》2000年第1期，第71-79页。

⑤ 这一方案不仅应用于应对内患，也是王安石处理外部威胁的基本思路。在熙宁三年（1070）九月讨论西夏用兵时，王安石指出"文王当商末，故有昆夷；宣王当周之衰，故有猃狁"，当文彦博反驳他早在尧舜时就有蛮夷华夏之分，王安石则回答说：尧舜时蛮夷华夏就由士师皋陶与"王道"一并统治。在王安石的构想里，北宋王朝治理体系没有明显的蛮夷、华夏之分，只是看能否有效地将天下庶民纳入普遍的"王道"统治。结合王安石主张对西夏用兵的意图来看，他的目标是将西夏境内的庶民和土地也按照北宋境内通行的治理模式予以普遍治理，这体现出他处理政治安全危机的一贯思路。

相关文字参见"彦博言：'昆夷、猃狁，自古有之。'安石曰：'古之治世，守在四夷。文王当商末，故又昆夷；宣王当周之衰，故有猃狁。'彦博曰：'尧、舜亦有蛮夷猾夏。'安石曰：'尧、舜时蛮夷猾夏，则使士师治之尔。'"参见李焘：《续资治通鉴长编（卷二五〇）》，第5233页；刘成国：《王安石年谱长编（第三册）》，第1166页。

理解他的目标在于实现国家权力对基层社会强有力的控制。一方面，按照"先王之政"对庶民加以引导和管理；另一方面，构建基层制度单元，将基层社会制度化地纳入王朝治理体系之中。

那么回到王安石变法，如何理解王安石对基层社会的制度化重建？它对应哪些制度？形成了何种制度单元？又是如何实现的？

第二节　保甲制度：新法的基层制度单元及其职能的扩展

变法以前，北宋旧有的"为政之体"是"皇帝—中央朝廷各机构（含中书、枢密院、御史台、三司、审官、审刑主要部门）—各路级使者—地方（知州—知县）"的政治等级体结构。[①] 其中，县级政府处于官僚体系最基层，其职能直接对应基层农村社会的广大农民。但由于北宋王朝治理体系始终未能对"庶政"进行系统整顿，这导致县级政府在农村社会的治理职能日渐式微，基层社会治理简化、弱化的态势已经难以挽回。

王安石变法致力于恢复北宋王朝在基层社会的常态化治理。前述青苗法、农田水利法、免役法、方田均税法等四项法令使北宋王朝在短短几年内重新深入庶民、"建立庶政"，而保甲法则意味着新法在地方州、县以下开辟出更为基础的制度单元。这一以"保甲经制"为内核的制度单元，一方面，在基层社会发挥亦农亦兵亦警的作用，将农户重新编织在制度化的农庄共同体中；另一方面，能够在乡村中有效执行地方州、县乃至中央朝廷的法令安排，有利于维护对农民生产、生活的常态化治理。

---

① 司马光：《上神宗论体要》，载于赵汝愚编：《宋朝诸臣奏议（全二册）》，北京大学中国中古史研究中心校点整理，上海古籍出版社，1999，第69页。

一、保甲法作为治安条例

保甲法于熙宁三年（1070）十二月九日在京畿开封、祥符二县率先试点推行，计划在开封府界各县编排保甲完毕后，再向京东、京西、河北、陕西、河东诸路推广，最后覆盖全国。[①] 保甲法的法规条例及其实际操作中形成的具体办法历经多次调整，呈现为职能不断扩展的三个主要阶段，首先是治安条例，其次是民兵制度，最后发展为普遍意义上乡村社会的新制度单元。但保甲法的主体框架并未脱离熙宁三年（1070）的《畿县保甲条例》。在《畿县保甲条例》中，保甲法包括六个方面内容：

第一，10家邻近的农户结为一保，选取其中有威望能力的人担任保长；50家结为一大保，同样选取有威望、能力的人担任大保长；10大保（500家户，约1500～2500人）合为一都保，仍然选取众望所归的两人担任都保正和副保正。[②]

第二，一家无论主户还是客户，只要有两个成年男性，就需要编入保甲、充当保丁。单丁、老幼、疾患、女户等特殊情况不安排充当保丁，但就近安排附保。每家除两丁以外，年富力强者也安排附保，如果具有武艺勇力和充足家财则充当保丁。除去违禁兵器，所有人都可以配置弓箭、学习武艺。[③]

第三，每夜，每一大保轮流安排5名保丁在保内巡视警戒，遇到盗贼就击鼓通报警情，大保长和所有保丁参与追捕；如果盗贼逃至其他保甲，则击鼓通报，相互配合策应，追捕盗贼。每次抓获盗贼的保丁，除了编排规定的赏赐，如果告发盗贼

---

① "十二月九日，行畿县保甲法，因与神宗论寓兵于农。……仍乞选官行于开封、祥符两县，团成保甲，候成次序，以渐及他县。从之。"参见李焘：《续资治通鉴长编（卷二一八）·熙宁三年十二月》，第5293页，转引自刘成国：《王安石年谱长编（第三册）》，第1184-1185页。"既行之畿甸，遂推之五路，以达于天下。"参见脱脱：《宋史（卷一九二）》，转引自刘成国：《王安石年谱长编（第三册）》，第1187页。

② "凡十家为一保，选主户有材干心力者一人为保长；五十家为一大保，选主户最有心力与物力最高者一人为大保长；十大保为一都保，仍选主户最有行止，心力材勇为众人所伏，及物力最高者二人为都、副保正。"参见李焘：《续资治通鉴长编（卷二一八）·熙宁三年十二月》，第5293页。亦参见徐松：《宋会要辑稿（卷二之六）》。

③ "应主客两丁以上，选一人为保丁；单丁、老幼、病患、女户等，不以多少，并令附就近附保；两丁以上，更有余人身力少壮者，亦令附保，内材勇为众所伏，及物力最高者，充逐保丁。除禁兵器不得置外，其余弓箭等并许从便自置，习学武艺。"参见李焘：《续资治通鉴长编（卷二一八）·熙宁三年十二月》，第5293页；转引自刘成国：《王安石年谱长编（第三册）》，第1184页。

家财，流放盗贼则每名保丁获赏赐三千钱，杖刑盗贼则每名保丁获赏赐一千钱。[①]

第四，保内有人犯"强窃盗、杀人、谋杀、放火、强奸、略人（拐卖人口）、传习妖教（食菜事魔教等邪教）、造畜蛊毒（制造巫毒）"等案件，如果知情不报，按照伍保律连坐。如果与本保内无关，除非敕令允许告密，不得随意告密，无论是否知情都无罪。如果有三个以上强盗在保内居住三天，即便保内无人知情，也要因不警觉而受到处罚。[②]

第五，保内有人户逃荒、移出、死绝户，向县政府申报。如果保内不足 5 户，（就近）并入其他保中。保内有外来人移入，也向县政府申报。如果保内达到 10 户，先允许附保，之后达到 10 户再成立新的一保。保内有外来的"行止不明之人"，必须警觉并抓捕递送官府。每个保要设置名牌，说明保内具体人户和保丁姓名。如需要向县政府通报信息，由保长安排保丁轮流送信。[③]

第六，在开封、祥符二县试点，一旦组成保甲，形成次序流程，逐渐向京畿其他县推广。

由此看出，初期的保甲法是以防盗除盗为具体的制度目标，但在整体的制度设计上，已经显现出重构州、县以下基层社会的格局。王安石在县以下的乡村社会建构起一种新的"保—大保—都保"的制度化组织形式，极大程度上代替了原有的"邻里—自然村—乡镇"的自然组织形式。

相比自然因循形成的农村、乡镇，保甲法按照人户数字重新编排，有序结成三级结构：十大保 500 户，大约 1500～2500 人，接近于乡镇的平均规模，但更便于

[①] "每一大保，逐夜轮差五人，于保分内往来巡警。遇有贼盗，画时声鼓，告报大保长以下。同保人户即时前去救应追捕。如贼入别保，递相击鼓，应接袭逐。每获贼，除编敕赏格外，如告获窃盗，徒以上，每名赏钱三千；杖以上一千。"参见李焘：《续资治通鉴长编（卷二一八）·熙宁三年十二月》，第 5293-5294 页；转引自刘成国：《王安石年谱长编（第三册）》，第 1184-1185 页。

[②] "同保内有犯强窃盗、杀人、谋杀、放火、强奸、略人、传习妖教，造畜蛊毒，知而不告，并依从保伍法科罪。其余事不干己者，除依律许诸色人陈告外，皆不得论告。知情不知情，并不科罪。及居停强盗三人以上，经三日，同保内邻人虽不知觉，亦科不觉察之罪。"参见李焘：《续资治通鉴长编（卷二一八）·熙宁三年十二月》，第 5294 页；转引自刘成国：《王安石年谱长编（第三册）》，第 1185 页。

[③] "保内如有人户逃移死绝，并令申县。如同保不及五户，听并入别保。其有外来入户保居住者，亦申县收入保甲。本保内户数足，且令附保收系，候及十户，即别为一保。若本保内有外来行止不明之人，并须觉察，收捕送官。逐保各置牌，拘管人户及保丁姓名。如有申报本县文字，并令保长轮差保丁赍送。"参见李焘：《续资治通鉴长编（卷二一八）·熙宁三年十二月》，第 5295 页；转引自刘成国：《王安石年谱长编（第三册）》，第 1185 页。

统一指挥，组织集体行动。一大保 50 户，相当于一个自然村的规模，所以按照一大保来巡夜警戒，符合自然村落散居的形态；5 户或 10 户组成一保的农庄共同体，他们是日常生活、生产中接触最为频繁的邻里乡亲，既容易相互庇护也容易意气用事，这也是在一保以内规范保密原则的主要原因。一定程度上，保甲法已经将基础农村社会中的所有人都囊括进来并有效地组织起来。

由于人们面对安全威胁时具有天然的服从性，所以，相比青苗法等其他"建立庶政"的法令，强调治安的保甲法更能被普遍接受，也更容易吸纳基层社会所有庶民。因此，在驱除盗贼的治安目标下，保甲法重构基层社会组织形式的策略与意图获得极大进展。王安石在《上五事札子》清楚地预见到"保甲之法成，则寇乱息而威势强"的治理效果。[1] 时至熙宁九年（1076），全国保甲民兵总数达到可观的693000 人，来自庶民中的暴动也在编排保甲的过程中遭到强力压制，以最早推行的京畿地区为例，在保甲法实施不到一年的熙宁五年（1072），"盗贼"等现象就比以往少了 70% ～ 80%。[2]

二、作为民兵制度的保甲法

保甲法之所以发展迅速，除在基层社会起到治安作用外，还在区域军事行动中产生良好效果，证明了北宋兵制以民兵制度代替募兵制度或民兵募兵混用的必要性，遂促使各地加强保甲建设，向"兵农合一"的制度方向有步骤地发展。这也是保甲法发展的第二阶段。在这一治安条例扩展为民兵制度的过程中，借助漆侠先生的整理[3]，我们可以看出几个标志性事件：

（1）熙宁四年（1071）九月，为规范和加强京畿地区的保甲训练，由开封府界保甲提点司主管，准备旗鼓组织教阅。当中明确规定：每当农闲间隙，集中保丁、试验骑射、步射以及其他武艺。按武艺高低，分四等奖励，第一等授予小的武职。

---

[1] 王安石：《临川先生文集（卷四一）·上五事札子》，中华书局，1959，第 440 页。
[2] "盗贼比之昔时十减七八。"参见李焘：《续资治通鉴长编·熙宁五年闰七月辛亥》，第 5737 页；转引自刘成国：《王安石年谱长编（第三册）》，第 1464 页。
[3] 漆侠先生具体梳理了王安石在保甲法中"兵农合一"的理念和重要事件，本书认为这是从治安条例向民兵制度转化的标志性事件，并主要分析其中四项。相关来源参见漆侠：《王安石变法》，第 119-120 页。

这里的保甲法已经从辖区治安转向民兵制度。

（2）熙宁五年（1072）七月，要求主户保丁参与各地巡检司的巡逻任务，10天轮流更换，官府提供巡逻期间的口粮和薪菜钱。官府提供薪水、口粮，并使部分保甲代替巡检司兵士，这意味着部分保甲具有了正规军队的性质。

（3）熙宁八年（1075）九月，保甲自主管新法的司农寺转隶主管军事的兵部，听从枢密院指挥，使保甲成为有节制的民兵，主管部门的变化也意味着民兵制常态化、正规化。

（4）熙宁九年（1076），枢密院规定保甲都、副保正和沿边地区义勇军校，开始"三年一比选"的军事训练制度。元丰二年（1079），京畿开封府界集中训练大保长。元丰三年（1080），设立"团教法"，集中训练开封府界保丁，并把"团教法"推广于河北、河东、陕西三路。由此，从都保正、副保正到大保长，再到保长、保丁，所有编排保甲的人都受到较严格的军事训练，在开封府界、河北、河东、陕西等北方四路"胜过正兵"的保甲，超过60万。这说明保甲的民兵已经在战斗力上超过了原有的募兵制兵员。

以上记录主要涉及京畿地区的保甲制度，而在真正具有边患的帝国外围，保甲制度同样适行。对此，陈晓珊在《历史地理视角下的王安石变法》[1]一文中做了较详细的论述，对本书颇有益处。接下来，以地处岭南的广南东路和广南西路为例，说明保甲法在当地作为民兵制度的治理意涵。

广南东、西二路在仁宗时期遭受侬志高之乱，损失很大，因此成为军事防御的重点地区。[2]但与京畿地区将治安条例改为民兵制度不同，这些地区本身就有将当地士兵正规化的改革意愿。

这一方面是因为中央朝廷直接指挥、驻防岭南各地的禁军难以适应当地水土，战斗力也大打折扣，因此不宜作为当地的军事主力。比如广南西路的南仪州就因为地理气候条件不宜驻守，官吏军民经常得病死亡，故而迁址重建。[3]蔡襄就指出了水土不服对驻军的负面影响："近年置诸路安抚、钤辖，添屯禁军，自京西、江南东

---

[1]　陈晓珊：《历史地理视角下的王安石变法》，北京大学博士论文，2011，第58-76页。

[2]　罗彩娟：《侬智高研究综述》，《广西民族研究》2009年第3期，第96-103页。

[3]　徐松：《宋会要辑稿·方域七之二三》，第7436页；脱脱：《宋史·仁宗三》，第221页；转引自陈晓珊：《历史地理视角下的王安石变法》，北京大学博士论文，2011，第60页。

西、广南东西、两浙、福建等驻泊禁军,皆是北人。南方风土异宜,水行不知舟楫之利,山行不堪阻厄之险,一往三年,死亡殆半。"[1] 在这种条件下,无论诸路安抚使还是中央朝廷,都必然选择减少长途跋涉、减少驻军。仁宗朝全国禁军共 1732 个指挥,陕西路占 329 个指挥,而广南东、西二路只有 8 个指挥[2],便是出于这一原因。

但北宋中期以后,广南当地的卫戍压力很大,若要保持必要的军力存在,必然起用当地士兵。但如何节制士兵,防止前述地方势力形成进而威胁北宋王朝的政治安全隐患?王安石通过推行保甲法使士兵正规化,既加强了北宋在边境地区的战斗力,又维护了北宋王朝在当地的统治地位。这些效用使保甲制度在岭南诸地颇受地方官员欢迎。

熙宁三年(1070)七月,保甲法还未推行前,王安石就建议宋神宗:"至于广南,尤不可缓,今中国募禁军往戍多死,此害于仁政。陛下诚罢军职,以所得官十二三,鼓舞百姓豪杰,使趋为民兵[3]。"王安石允许当地士兵担任禁军编制中的一部分军职,从而鼓舞当地百姓自愿加入民兵。熙宁六年(1073),这一方案被广南西路经略使沈起以保甲法的形式直接推行,"邕州五十一郡峒丁,凡四万五千二百。请行保甲,给戎械,教阵队。艺出众者,依府界推恩补授"[4],其内容与北方各地推进的保甲训练制度如出一辙。元丰二年(1079),广南东路提举常平林颜申请在军事压力较小的广南东路也全面推行保甲法,相关记载如下:

> "窃闻广西缘边稍已肄习武艺。东路虽间有枪手,然保甲之教尚阙。欲乞本路沿江海诸州,依西路法训阅,使其人既熟山川之险易,而又知夫弓矢金鼓之习,则一方自足为备,可以不劳北兵矣。"诏下广南东路经略、转运、提举、钤辖司相度,皆言广、惠、潮、封、康、端、南恩七州皆并边及江海,外接蛮贼,可依西路保甲教习武艺。从之。[5]

---

① 蔡襄:《端明集·论并十事(卷二二)》,影印文渊阁四库全书本,第14页;转引自:陈晓珊:《历史地理视角下的王安石变法》,北京大学博士论文,2011,第60页。

② 王曾瑜:《宋朝兵制初探》,中华书局,1983,第34-54页;转引自陈晓珊:《历史地理视角下的王安石变法》,北京大学博士论文,2011,第61页。

③ 李焘:《续资治通鉴长编·熙宁三年七月丙申》,第5171页;转引自刘成国:《王安石年谱长编(第三册)》,第1111页。

④ 脱脱:《宋史·兵志五》,第4747页。

⑤ 李焘:《续资治通鉴长编·元丰二年十二月辛亥》,第7331页;转引自陈晓珊:《历史地理视角下的王安石变法》,北京大学博士论文,2011,第63页。

在林颜这段话中，我们看到了保甲法至少三方面的治理效用：一是用保甲法将当地士兵"枪手"转为正规民兵，进行集中管理并负责地方治安，二是训练常态化、在地化以增强士兵的战斗力，三是减轻禁军驻扎的供给费用。由此可知，在保甲法推行不久，在岭南大片地区，其整理治安、强军、省兵的复合治理效果①已经显现。

三、保甲制度对农村社会的制度化重建

保甲法发展的第三阶段是它对基层农村社会的制度化重建，这一态势在熙宁八年（1075）初见雏形，体现为保甲法与免役法的制度"合流"。

所谓制度"合流"，指的是保甲法设立的保长、保丁一方面取代了役法中乡村耆长、壮丁的治安职能，另一方面，则超出治安职能而催收赋税，取代了役法中乡村户长的督税职能。换句话说，由保长、保丁全面取代乡村社会内部的主要差役。这就引出一个问题，此时免役法已经推行，要求百姓上缴免役钱来支付户长、耆长、壮丁的俸禄，一旦罢黜户长、耆长、壮丁，而让保长、保丁承担他们的职能，相当于既收了免役钱、又安排了实质差役。对于这种现象及其渊源，南宋的陈傅良进行了系统梳理：

> 免役钱者，本以恤民，使出钱雇役而逸其力也。自罢募户长壮丁而取其钱，今隶总制之类，于是役者白著，而法不得不坏。保长正催科，是以保甲法乱役法而行之也。熙宁自有役法，五等簿是也。自有保甲法，鱼鳞簿是也。五等则通县计之，鱼鳞以比屋计之。保甲但以讥察盗贼而已，与免役初不相关。熙宁七年（1074）始以保丁充甲头催税，而耆户长壮丁之属以次罢

---

① 陈晓珊还介绍了保甲法在北方——河北、河东、陕西三路军政前沿大区推行的基本情况，以及其中民兵制度的作用。在王安石变法前，这些区域长期处于备战状态，当地士兵的制度建设始终保持，并具有"强壮"和"义勇"两种士兵组织。这些士兵除了善于弓马、熟悉地形水土，而且耕战灵活、自带口粮，并不增加粮草军费负担，因而在战备工作中作用突出。此外，北方诸路多年水旱不止，常有移民迁出，要想掌握基层社会的基本情况并稳定局势，北宋王朝亟须对家户重新排查并编排保甲。这也促使保甲法在此三路地区全面推开。随着保甲法的全面推开，特别是熙宁八年（1075）、熙宁九年（1076），其作为更为健全、普及的民兵制度相对成熟起来，"强壮""义勇"等民兵制度逐渐被保甲所整合，在管理机构和职能上也实现统一。此外，北方诸路多年水旱不止，常有移民迁出，要想掌握基层社会的基本情况并稳定局势，北宋王朝亟须对家户重新排查并编排保甲。这也促使保甲法在河北、河东、陕西三路地区全面推开，这逐渐展现出保甲法发展的第三阶段的职能。参见陈晓珊：《历史地理视角下的王安石变法》，北京大学博士论文，2011，第63-66页；孙远路：《北宋的强壮和义勇》，河南大学硕士论文，2002，第8页。

募，利其雇钱，而封桩之法起矣。元丰遂着为令，以甲头同大保长催科……诚能不以保甲法乱役法，虽未足以尽宽民力，亦可谓至恩矣。①

盖自熙宁变古役法，不以主户敏愿之士上公给事，而浮食与政者类皆恶少，州、县不胜其弊，里居者同患之。②

陈傅良首先认可单项新法政策的用意和效果：免役法虽然改革力度很大，执行过程中多有冲突，但本意是为了纾困民力，仍是良法；保甲法如果仅作为治安条例和民兵制度，也是良法。但熙宁七年（1074）二者混同后则出现弊端，由于保长、保丁的行政素质较低，而且不如原来督税的户长熟悉服役过程中的尺度和要点，往往对百姓造成私敛和滋扰，也无法与地方州、县维持良好关系，在这种情况下，保长代替户长督税就是更为严苛的聚敛，最终只充实了皇帝的封桩库。相比二者分立情况下的纾解民力和治安防弊的实效，二者"合流"后反倒增加了民力负担。陈傅良对"合流"的批评在历史上具有典型意义。

但在历史情境中，王安石对"合流"弊端似乎不以为意。早在熙宁八年（1075）闰四月，面对宋神宗的质疑，他就已经给出答案。

上曰："已令出钱免役，又却令保丁催税，失信于百姓。又保正只合令习兵，不可令贰事。"安石曰："保丁、户长，皆出于百姓为之。今罢差户长充保丁催税，无向时勾追牙集科校之苦，而数年或十年以来方一次催税，催税不过二十余家，于人无所苦。若谓保丁只可令教阅，即《周官》什伍其民，有军旅，有田役，至于五沟、五涂、封植，民皆有职焉。若止令习兵，不可贰事，即不知余事令谁勾当。"上曰："周公之法，因积至成王之时，非一代之力，今岂可遽如此。"安石曰："先王作法，为趋省便？为趋烦扰？若趋省便，则至周公时极为省便，然尚不能独令习兵而无贰事，则今日欲止习兵，无贰事，恐不可得。"③

这段话中，王安石首先并不同意保丁催税等现象是治理常态，这说明南宋陈傅良对保甲法的批评并非王安石的本意，而是后来实施过程中的变形。其次，王安石指出保甲法与免役法"合流"符合实际操作中的"省便"原则，即尽可能地在基层

---

① 陈傅良：《陈傅良先生文集（附录二）·宋故金谟阁待制赠通议大夫陈公神道碑》，周梦江点校，浙江大学出版社，1999，第687页；详见陈傅良：《陈傅良先生文集》，第289-291页。

② 陈傅良：《陈傅良先生文集·承务郎陈公墓志铭》，浙江大学出版社，1999，第593页。

③ 李焘：《续资治通鉴长编·熙宁八年闰四月甲寅》，第6450-6451页；刘成国：《王安石年谱长编（第五册）》，第1824页。

治理中简化政策。更重要的是，王安石在这段话中揭示出保甲法和免役法"合流"表象之下的本意，即基于《周官》"什伍其民"的制度设计：将基层社会按照10家农户或5家农户为单元进行重构，从而实现战备（亦兵）、农耕（亦农）和农田水利（亦役夫）的制度化组织形态。

接下来，我们以保甲法在南方诸路推行为例，说明保甲法将基层组织予以制度化重构的治理内涵，而这一内涵远远超过治安条例与民兵制度。

首先看两浙路，新法名臣沈括曾监理两浙路水利，他这样评论保甲法："两浙州、县民多以田产诡立户名，分减雇钱夫役，冒请常平钱斛及私贩禁盐。乞依京东、淮南排定保甲，保甲一定，则诡名、漏附皆可根括，以至请纳、和买、常平钱斛、秋夏苗税及兴调夫役、捕察私盐贼盗，皆有部分，不能欺隐①。"沈括是王安石极信任的大臣，从他通过编排保甲来普查人口、清丈田土的表述中，完全可以看出，在地处东南的两浙路，保甲法的治安和军事意义相对较弱，而社会管理和经济意义才是沈括所看重的。

不仅当地官员不重视治安和军事意义，宋神宗也对于南方的保甲法态度相近。熙宁十年（1077），福建私盐商人廖恩兴兵暴动，对福建、两浙路的社会安全造成冲击。当时两浙提点刑狱司上奏请求调发保丁戍守备战，但宋神宗则下诏驳回："东南之民虽近联以什伍，然未尝教之武事，驱以捍贼，实难收功，徒废生业，并令放散。江南、福建路亦依此②。"在宋神宗的认知体系里，东南地区的两浙路、江南东、西路、福建路不应承担军事职能，反而在地方暴动发生时要坚持放散归农，不应影响农业生产。显然，东南诸路的保甲法在设计之初就偏向社会管理和经济意义。

此外，保甲法在荆湖南路、荆湖北路也体现出核查人口、收编移民的作用。比如章惇在荆湖南路发现，推行保甲后人口呈倍数增长，这显然是以往隐匿人口在编排保甲过程中被揭露的结果③；比如蒲宗孟在核验保甲时看到，荆湖两路民众大量移民至荆湖北路的沅州，说明该州田土荒地较多。④而这是以往中央朝廷难以察觉的

---

① 李焘：《续资治通鉴长编·熙宁六年八月丁丑》，第5990页。

② 李焘：《续资治通鉴长编·熙宁十年八月辛巳》，第6946页。

③ 李焘：《续资治通鉴长编·熙宁六年十月辛巳》，第6024页；转引自刘成国：《王安石年谱长编（第五册）》，第1663页。

④ 李焘：《续资治通鉴长编·熙宁九年四月庚寅》，第6704页。

基层变化，如不加以调整则必然加重不同州、县之间的赋税不均问题。

而在西南山区的夔州路①、梓州路②以及今天的海南岛这些地方，保甲法还起到了边民内附的经略作用，少数民族百姓被编入保甲，甚至与中原汉民杂居共事，将潜在的土汉冲突消弭于无形。"黎峒宽敞，极有可为良田处，欲候将来事定选官，拣愿耕少壮之人，籍成保甲，与黎人杂处分耕。各限以顷亩，教以弓矢武艺，足以枝梧边寇。"③

从这些区域差异的案例看出，要真正理解保甲法，不应拘泥于治安条例或民兵组织的解读，而要看到保甲法所隐含的真正目的是对基层农村社会的制度化重建。这才是变法期间保甲法能在各地迅速推开的普遍意义，也是保甲法相较其他"庶政"四法在南宋至明清的传统社会始终保留的原因所在。④

对于王安石设计保甲法对基层农村社会的制度化重建的思想渊源，俞菁慧指出，保甲法源自王安石《周官》中"比闾什伍"的治民理念的发挥，但保甲法并非照搬周朝"比闾什伍"的制度外观，背后更有王安石在北宋中后期"整齐散民"的必要性的深刻体会。⑤俞菁慧对保甲制度理论渊源的梳理对本书大有裨益，"整齐散民"之"散"也与本书中王安石对北宋王朝基层治理简化、弱化的深刻忧虑相合。那么，如何理解"整齐散民"？俞菁慧的文章虽然点出了保甲法作为基层农村组织结构来"整齐散民"的制度内涵，但未能系统阐述保甲法在新法的治国"体要"中的作用与意义。而这一问题不能仅从保甲法中找答案，还要结合其他新法政策的作用与意义来通盘考虑。

从本书改造治国"体要"的分析来看，保甲制度与青苗法等四项法令共同服务于"建立庶政"的总体目标，但又展现出不同侧重。

前述"四法"方面，青苗法通过向农民借出常平仓中的官方钱粮，既确保当地

---

① 李焘：《续资治通鉴长编·熙宁六年三月辛酉》，第5920页。

② 李焘：《续资治通鉴长编·熙宁七年正月甲子》，第6073页。

③ 李焘：《续资治通鉴长编·元丰三年十一月庚申》，第7520页。

④ "如果说王安石变法之关键问题失败了，那么它似乎还是留下了深刻的痕迹，以后要讨论的中国的'自治制度'就是通过这种多次提到的十家与百家联合体（应为10家保、50家大保、500家都保）的理性化保存至今仍在发挥作用的形式。政府对土地分配的深刻干预，后来也曾多次出现。"参见韦伯：《儒教与道教》，商务印书馆，1995，第131页。

⑤ 俞菁慧：《〈周礼〉"比闾什伍"与王安石保甲经制研究》，《中国史研究》，2016年第2期，第111-131页。

稳定的农业生产，又抵御青黄不接和灾荒对农民日常生活的冲击；农田水利法促使地方政府将开垦荒地、整理淤田、兴修水利、连通运河等事务规范化、常态化，引导农民与当地山、水、农、田、湖、草深度结合，并根据自然禀赋发展生产；免役法针对民户必须参与的承役环节，"以钱代役"的做法将绝大多数民户纳入承役范围而不直接承役而专注于农业生产；方田均税法则直接核查广大农村土地与赋税，其清丈田籍、均平赋税的做法直接打击了既得利益集团的土地特权。显然，这四项法令在推行过程中，都起到了"整齐散民"的作用，并分别从户等、主要生产方式、财力、役务、土地和税赋等维度将复杂而松散的农户"整齐"起来，进而予以持续的引导和治理。

保甲法方面，"整齐散民"是对农村社会的制度化重建。面对自然因循形成的自然村和乡镇，保甲法较严格地按照数字重新编排基层社会，并有序结成三级结构：10 大保 500 户，大约 1500～2500 人，接近于乡镇的平均规模，但更便于统一指挥、组织集体行动；一大保 50 户，相当于一个自然村的规模，所以按照一大保来巡夜警戒，符合自然村落散居的形态；10 户或 5 户组成一保的农庄共同体，他们是日常生活、生产中接触最为频繁的邻里乡亲，既容易相互庇护也容易意气用事，这也是在一保以内规范保密原则的主要原因。[1]一定程度上，保甲法已经将全国范围内基础农村社会中的所有人都囊括进来并有效地组织起来。

综合来看，"建立庶政"既包括对"治事之要"的扩展，这在"四法"和保甲法身上都有体现，展现出地方治理的多重职能，又包括对"为政之体"的延伸，即保甲制度对农村社会的制度化重建。[2]

---

[1] 关于保甲制度以具有强制性的"都保（500 户，1500～2500 人）—大保（50 户）—保（5 或 10 户）"的制度化的基层组织形态取代"乡镇—自然村—邻里（5 或 10 户）"的自然组织形态的内容，本节第一部分已经说明。

[2] 关于"国家权力对基层社会的制度化改造"，以此观点来分析保甲法的学者并不多，代表人物是吴泰和刁培俊。但他们均认可王安石变法代表着国家权力渗透基层乡村社会并扩大王朝治理体系的做法。其中，刁培俊指出"学界涉及宋朝保甲法的研究中，多数研究关注南宋史料，对于北宋保甲法，特别是将乡役和乡村管理体制视为一个系统两个方面而展开综合观察者，只有吴泰等极少数学者。"转引自刁培俊：《宋朝"保甲法"四题》，《中国史研究》2009 年第 1 期，第 70 页，脚注 1。此外，刁培俊的多篇研究均针对宋代地方社会，并基本呈现出宋代国家权力在地方社会的变迁线索。相关研究参见吴泰：《宋代"保甲法"探微》，载于《宋辽金史论丛（第二辑）》，中华书局，1991，第 178-200 页；刁培俊、张国勇：《宋代国家权力渗透乡村的努力》，《江苏社会科学》2005 年第 4 期，第 205-210 页。刁培俊：《宋朝"保甲法"四题》，《中国史研究》2009 年第 1 期，第 69-81 页；陈伟：《东西方近代化比较视野中的王安石变法——以国家问题为中心的新考察》，《南京社会科学》2002 年第 8 期，第 41-49 页。

正是在制度化的基层社会中，前述"建立庶政"的多重成果才得以奠定下来。结合前述"四法"可以看出，诸项新法构成了地方治理的制度周期：比如，青苗法针对的是每年春耕、夏耕前的钱粮借贷；比如，农田水利法针对的是秋收以后的兴修水利的集体工程，乡村社会小规模工程一经地方政府认可便可实施，工程所需款项也直接由常平使者和县级政府从当年青苗的夏秋两次还贷中拨出，接近半年即可投入使用，并不影响农时；再比如，方田均税法的清丈过程也是从前一年九月秋收后到当年三月春耕前的半年时间完成，并预留出一个季度的时间来核验清丈效果，前后接近一整年，每隔 5 年清丈一次；还有免役法勘定户等的方式也是每隔 5 年进行。显然，这些精确到户、到人的事务的持续运行需要在"都保（500 户，1500 ～ 2500 人）—大保（50 户）—保（5 户或 10 户）"的制度化基层组织形态才能有效监管和实施。反之，如果基层社会仍然延续相对自然的组织形态，"建立庶政"的阶段性成果则难以继承下去。

第三节　基层社会制度化中富民与胥吏的地位变迁

一、"自然理势"：富民主导的基层自治

在过去 900 多年时间里，"摧抑富民"一直是学人解读王安石变法的重要"题眼"[①]。近代以前，"富民"在传统中国的广大乡土社会中扮演极重要角色，而王安石打击土地兼并、抑制商业兼并、消除贫富不均的种种言行在宋明理学的罪名化包装下，为富民阶层所深刻警惕。[②] 近代以后，社会主义思潮长期占据王安石变法研究的主流地位，王安石"摧抑富民"的名声得以逆转，成为中国历史上打击大地主、

---

① 李华瑞先生在《王安石变法研究史》中多处指出了"摧抑富民""摧抑兼并"等内容，几乎贯穿王安石变法的每一阶段，此处不专门罗列，将在下文行文中具体说明。参见李华瑞：《王安石变法研究史》，2004。
② 李华瑞：《九百年来社会变迁与王安石历史地位的沉浮（上）》，《河北学刊》2004 年第 2 期，第 172-173 页。

大商人的先驱人物，反倒把王安石变法"摧抑富民"的变法目标进一步坐实。[①] 以本书改造治国"体要"的观点，王安石确实具有打击兼并、"摧抑富民"的思想，但并非变法的根本目标，而是变法过程中——特别是对基层社会制度化改造的过程中——基层组织形式及其治理主体变化的客观结果。一旦宋神宗决意变法、深入基层社会"建立庶政"的格局形成，那么，这一格局将不以人的意志为转移。

在王安石变法以前，富民已经在地方州、县政府与乡村社会的沟通过程中成长起来，成为基层政务中不可或缺的行政主体。比如，王安石自己在知鄞县、通判舒州的时候，就依赖于富民在乡村社会中的组织、周转与救济[②]，而这些富民也对集体事务相当重视，协助王安石兴办学校、兴修水利道路。显然，这种由富民主导的基层自治形式反映出北宋时期地方治理的惯例与自然状态。

但意在"建立庶政"的新法却对富民群体造成客观冲击。很多新法反对者之所以批评新法，并非真正看出新法在乡村社会推行得不合理，而是维护一种对乡村社会组织形式的预设，即由富民主导的基层自治相对合理且没有改革必要。[③] 在这种预设下，王安石变法反而是挑战合理现状，容易对整个政治体结构造成破坏。所以我们看到在熙宁二年（1069）、熙宁三年（1070）青苗法刚刚推行的时候，北宋朝野一片反对声音，这是因为民间高利贷占据富民收入的大部分，青苗法这一官方低利贷相当于切断了富民的生产外经济来源，很可能激发官民矛盾进而失控。但到了熙宁五年（1072）保甲法推行后，朝野绝少反对意见，这不仅是因为很多反对者在"党争"中被驱离行政中枢[④]，更是因为"建立庶政"的变法格局已经形成。诸项新法对户等、主要生产方式、财力、役务、土地和税赋等社会经济条件的常态化核查和管理挤压了富民阶层操纵基层事务的空间，也将富民阶层或隐或现的特权揭露出来，极大遏制了富民阶层主导基层社会的地位，从而为新的制度化的基层社会组织

---

① 李华瑞：《九百年来社会变迁与王安石历史地位的沉浮（下）》，《河北学刊》2004 年第 4 期，第 155-156 页。

② 前文已经具体探讨的文中不再专门注释。此处引自本书第三章第二节。

③ 王安石同期、司马光、苏辙、文彦博均持此意见。参见范镇：《论青苗之害疏》，司马光：《乞罢条例司常平疏》，均载于赵汝愚：《宋朝诸臣奏议》，北京大学中国中古史研究中心校点整理本，上海古籍出版社，1999。苏辙的意见下文详述。

④ 关于王安石变法后对谏官的排斥和反对，这方面的研究已有很多，代表专论包括王世农：《台谏、舆论与北宋改革的命运》，《文史哲》2004 年第 3 期，第 108-112 页；沈松勤：《北宋台谏制度与党争》，《历史研究》1998 年第 4 期，第 26-43 页。

形态铺平了道路。

作为变法的亲历者，苏辙晚年对于 20 年前的青苗法仍然耿耿于怀，他在《诗病五事》中说：

> 州、县之间，随其大小皆有富民，此理势之所必至。所谓"物之不齐，物之情也"。然州、县赖之以为强，国家恃之以为固。非所当忧，亦非所当去也。能使富民安其富而不横，贫民安其贫而不匮。贫富相恃，以为长久，而天下定矣。
>
> 王介甫，小丈夫也。不忍贫民而深疾富民，志欲破富民以惠平民，不知其不可也。方其未得志也，为《兼并》之诗……及其得志，专以此为事，设青苗法，以夺富民之利。民无贫富，两税之外，皆重出息十二，吏缘为奸，至倍息，公私皆病矣。①

苏辙这段话极有代表性，他把富民视为合乎"自然理势"的必然现象，暗示历史上均贫富的政治理念并不符合人类天性。他认为，要想治国安民，恰恰需要富民在州、县治理中发挥更大作用，而不是在富民没有发挥更大作用前就否定其意义，这是苏辙与王安石的路线分歧之所在。②

苏辙所谓富民是自然之理势，在无政府等外在干预的条件下，确实如此。在贫富相对均等的初期，许多农民生活在同一片区域，随着时间推移，由于一部分农民主观或客观上取得一定的财富积累，他们相对其他农民的物质优势逐渐显现出来，而在灾时或者青黄不接之时，这种物质上的优势会越拉越大，遂形成明显的贫富差距。贫民出于生活以及生存压力，自然转向就近的富民寻求保护和耕地，这时富民、贫民的物质差别就转化为了北宋中期主户、客户的人身依附关系的差别。由于富民、贫民以及中间的自耕农主要从事农业生产，长期一同生活，所以富民在乡村社会中的物质优势就逐渐转化为权力优势和文化优势。在相对平和、稳定的日常生活中，乡村之间的婚姻关系和人际往来加深了所有家庭的依赖感和信任感，因而富民主导的基层组织形式接近于一种大家长制的管理模式，一些矛盾都可以在乡村农庄内部得以调和、解决。比如在南宋叶适的这段话中，富民的重要作用体现在乡村

---

① 苏辙：《栾城集·诗病五事》，上海古籍出版社，1987，第 1555 页。

② 苏辙揭示出富民主导和胥吏主导的两种基层社会组织形态，这也是王安石与司马光路线分歧之所在，本书第一章、第三章已充分讨论，此处不再赘述。

社会生产生活的方方面面。

> 小民之无田者，假田于富人，得田而无以为耕，借资于富人；岁时有急，求于富人；其甚者，庸作奴婢，归于富人；游手末作，俳优伎艺，传食于富人。而又上当官输，杂出无数，吏常有非时之责无以应上命，常取具于富人。然则富人者，州、县之本，上下之所赖也。①

对上，富民是"州、县之本"，对下，富民承担"养民"的责任。只有依赖富民群体，王朝权力对州、县以下的控制和管理才得以建立。也正由于富民的存在，州、县以上的官僚士大夫逐渐依赖于这种代理制度，而放弃了亲力亲为的管理模式，北宋王朝治理体系的基层社会治理也逐渐简化、弱化。②

二、仓法与胥吏的兴起

要将广大农村社会重新纳入王朝治理体系，那么，面对深深植根于既有官僚体系中"皇权委托制"，王安石显然不能仅仅要求地方州、县官僚士人奋力工作，还必须深入基层社会，从农村社会生产、生活的方方面面"建立庶政"。在这个大目标下，富民主导的基层自治形式就成为变法阻碍，王安石必须选择其他的治理主体来取代富民。所以，王安石一方面系统施行"庶政"四法和保甲制度，实现皇权在农村社会的垂直下贯，针对农户生产、生活的重要环节进行常态化治理；另一方面，大规模起用胥吏群体，辅佐使者在各地强力推行新法，确保诸项新法政策"家至户到、均平如一"③。

许多学者注意到新党多数都出身胥吏等中下级官员。④但王安石启用胥吏出身的官员、提高胥吏群体在治理体系中的地位，并非结党营私之说那么简单，而是在"建立庶政"目标下选取能臣干吏的必然结果。

宫崎市定曾在《王安石的吏士合一政策》一文中详细介绍了王安石的"吏士合

---

① 叶适：《叶适集·民事下》，第657页。

② 虞云国：《对王安石县政思想的历史思考》，《杭州学刊》2017年第4期，第165-167页。

③ 王安石：《临川先生文集（卷四一）·上五事札子》。

④ 刘成国、杨天保均论述了王安石门人的情况，刘子健则撰文论述了王安石与新党官僚的不同类型，参见刘成国：《荆公新学研究》，上海古籍出版社，2006；杨天保：《金陵王学研究——王安石早期学术思想的历史考察（1021—1067）》，上海人民出版社，2008；[美]刘子健：《王安石、曾布与北宋晚期官僚的类型.两宋史研究汇编》，联经出版事业公司，1987，第134-142页。

一"理想。北宋时,士人与胥吏分离的现象日益显现:唐代以来士人由科举考试形成,精通文学而不通政事,处于上层社会;胥吏无需通过科举,是各级衙门的事务官,熟悉政事,但处于下层社会,相对贫寒。这种阶级、流品上的差别带来许多政事上的弊病,最典型的例子是:居于高位的士人不长居地方,往往三年或五年一换,而胥吏长期处于固定职务,既熟悉政务又没有约束,这就造成基层"政事不免决于胥吏"的格局。在王安石推行新法前,朝廷基本不负责胥吏的俸禄,所以胥吏的生活资料必然来自民间,必然索贿、受贿,产生滋扰百姓的种种弊端,并造成州、县政务的消耗和低效;尽管胥吏索贿行为往往为士人所不齿,但中央朝廷始终缺乏整顿吏治的动力和手段,实际上默许了胥吏受贿行为,这进一步激化了官僚体系内部的矛盾,士人与胥吏的分化似乎难以逆转。[①]

随着王安石变法向基层社会扩张,原本已在北宋官僚体系中边缘化,甚至接近罪名化的胥吏也重新被重视起来。尤其在基层事务与州、县政务的互通中,这些世袭的、掌握专业管理技术的胥吏善于在正式与非正式之间进行转换,也善于调和、疏通基层政务的各个要害环节。这时老问题出现了,大量新法事务需要胥吏,但胥吏如果不从民间获取俸禄、粮布等生活资料,则新法难以可持续运作,也难免走向索贿、受贿的行政陷阱中。熙宁三年(1070)八月,在新法推行一年以后,王安石决定推行仓法以彻底解决胥吏的管理问题[②],从而由中央朝廷负责胥吏群体的俸禄、升迁、教育等全方位的事务,真正实践"吏士合一"理想。

所谓仓法,即《河仓条贯》,是北宋内陆河道上大型谷仓管理条例,严肃惩戒胥吏贪污。同时,转由其他新法所收纳的坊场、河渡、市例、免行、役剩、息钱等处供给河仓吏俸禄,进而逐渐推及各级政府的胥吏阶层之中,并确定了胥吏的俸禄额度[③],基本达到了一人俸禄可供一家支出的水平。其基本内容包括三个方面:

第一,政府制定吏禄,每月给胥吏发放俸禄。吏禄发放从熙宁三年(1070)八月三司试行开始,到熙宁六年(1073)十二月在各级官僚机构达到全覆盖。到熙宁

---

① [日]宫崎市定:《王安石的吏士合一政策》,索介然译,载于刘俊文主编:《日本学者研究中国史论著选译(第五卷)》,中华书局,1993,第444-465页。

② "(熙宁三年)八月二十七日,立仓法。"参见李焘:《续资治通鉴长编·熙宁三年八月癸未》,第5197页;转引自刘成国:《王安石年谱长编(第三册)》,第1153页。

③ 邓广铭与漆侠对仓法的讨论较少,漆侠认为仓法重在澄清吏治。

八年（1075），吏禄岁支达到 371533 贯的最高水平。[①] 吏禄以现钱为主，并全部来自坊场、河渡、市例、免行、役剩、息钱等，这些钱基本来自诸项新法收取的管理费用，中央朝廷并没有额外支出吏禄。[②]

第二，设立处罚条例惩戒胥吏贪污。索贿受贿按照"100 钱以内徒罪一年""100 钱充当士卒""100 钱以上每 100 钱多加徒罪一等""1000 钱流罪 2000 里，每 1000 钱多加流罪一等""十贯钱刺配沙门岛""从犯在首犯基础上减罪两等，徒罪一律发配至离京城 500 里以上的牢城，流罪一律流放离京城 1000 里以上的地方""索贿未能实施，首犯和从犯各减罪一等，刺配距离减一等"惩戒之。[③]

第三，奖励告密、告发，允许自首。告发他人情节越严重，赏赐越多，并且提高官阶。[④]

总的来看，仓法一方面提供胥吏必要的生活资料和俸禄，一定程度上也展现出"以中人为制"的治理意涵；另一方面，也采取严酷刑罚来惩治索贿受贿问题，其"行重法、给重禄"的做法大大减少了过往胥吏牟利、犯罪的现象。

除了采用仓法将胥吏纳入官僚俸禄体系，王安石进一步要求考"试刑法"，作为士、吏升迁的必要标准。这项考课的要求很快也在贵族子弟、军人出身的官僚中推开，其目的是使所有官吏学习新法法规、增进现实政务的理解和处理能力。从长远看，王安石希望"自此善士或肯为吏，善士肯为吏则吏士可复如古，合而为一。吏与士、兵与农合为一，此王政之先务也"[⑤]。王安石还在《周官新义·天官冢宰》注疏道："府史胥徒虽非士，而先王用人无流品之异，其贱则役于士大夫而不耻，其贵则承于天子而无嫌[⑥]。"着意强调北宋朝野所默认的士吏分离是误入歧途，是南北朝以来崇尚流品的巨大错误，而新法大规模起用胥吏更符合先王之道。

尽管胥吏在基层社会如何处理政务的记录寥寥，但从仓法的实行以及王安石的

---

① "初时京师赋吏禄岁仅四千缗，至八年三十八万有奇。"载于马端临：《文献通考（卷一二）》；转引自：[日]宫崎市定：《王安石的吏士合一政策》，第 460 页。

② [日]宫崎市定：《王安石的吏士合一政策》，索介然译，载于刘俊文主编：《日本学者研究中国史论著选译（第五卷）》，中华书局，1993，第 460 页。

③ [日]宫崎市定：《王安石的吏士合一政策》，第 461 页。

④ [日]宫崎市定：《王安石的吏士合一政策》，第 463-464 页。

⑤ 李焘：《续资治通鉴长编·熙宁五年八月甲申》，第 5788 页；转引自刘成国：《王安石年谱长编（第三册）》，第 1491 页。

⑥ 王安石：《周官新义（天官一）》，杨小召校点，四川大学出版社，2015，第 3 页。

上述表述来看，胥吏在地方州、县与基层农村社会的行政事务之间扮演重要角色，这也从侧面说明王安石"建立庶政"对整个北宋王朝治理体系的重塑。但是这一新格局未能坚持许久，与保甲法延续后世不同，到南宋时，胥吏作为一个群体再次式微，而士人与富民重新占据基层社会的主导权。① 国家权力深入基层社会并"建立庶政"的治理格局再受阻碍并难以恢复起来。不过，由于保甲法和仓法对基层社会的制度化重建，"建立庶政"的治理经验得以延续并深刻嵌入地方治理的逻辑中，虽然富民阶层在南宋再次占据基层广大农村的主导地位②，但深耕地方、发展生产的历史惯性被保留下来。③

---

① 对新法"摧抑富民"的批判声也在寂静了半个世纪以后重新出现并且甚嚣尘上。浙东学派的陈亮和叶适就是其中的代表人物。陈亮指出"青苗之政，惟恐富民之不困也；均输之法，惟恐商贾之不折也"，叶适则指出"（王安石）为市易之司以夺商贾之赢，分天下以债而取其什二为息"。二人直接挑明市易法、青苗法、均输法这些新法用意就是打击富民。相比新法期间兼并土地、发放高利贷的富有农户，陈亮和叶适的"摧抑富民"的内涵扩展为打击不同行业的有钱人，即新法试图从根本上阻断有钱人获取财富的方式。陈亮和叶适这种扩大化的解释在南宋很有市场，这并不一定代表他们处于阶级利益为富民辩护，但却从侧面展现出南宋王朝治理极为依赖富民，甚至比北宋王安石变法前所依赖的行业更多、体量更大。参见陈亮：《上孝宗皇帝第一书·陈亮集》，中华书局，1987，第 6 页；叶适：《叶适集·财计上》，中华书局，1961，第 658 页。

② 本书不专门论述南宋的地方治理，仅指出王安石变法对基层社会制度化重建对传统社会治理的影响。但简单比较北宋富民与南宋富民的差异：A. 南宋王朝在制度上退出乡村社会的同时，试图与当地精英构建一种道德文化共识，并以此来确保基层稳定，所以南宋富民相较北宋富民，更有一种教化百姓的文化自觉，也更有一种在基层社会进行政治实践的自我期许。B. 对于基层治理，南宋富民已经充分吸收新法实施过程中的利弊得失，他们几乎将青苗法、农田水利法、保甲法的许多做法应用于实践。C. "都保—大保—保"的制度化组织形式数字明确、管理便利，而且地方州、县进一步减少对于基层自治的介入，均有利于基层自治的实现。D. 南宋王朝重视商税等工商业收入和城市建设收益，所以经营商业的富民多数进入城市、城镇，对乡村社会的管理聚焦于农民的生产、生活，相对单纯而稳定。参见包弼德：《唐宋转型的反思——以思想的变化为主》，载于刘东主编：《中国学术（第三辑）》，商务印书馆，2000，第 77 页；R. Hymes, *Statesmen and Gentlemen: The Elite of Fu-Chou, Chiang-Hsi in Northern and Southern Sung*. Cambridge University Press，1986，pp. 74-75.

③ 关于南宋士人对"建立庶政"的延续，我们不妨参考一下美国学者郝若贝的说法，他在《750—1550 年间中国的人口、政治及社会转型》一文中点出了唐宋转型过程中社会精英身份的转变脉络：由唐代的世袭精英阶层发展到北宋的职业精英（官僚）阶层，再到南宋地域精英（士绅家族）。在郝若贝的分析中，王安石变法代表着北宋立国以来专职官府的职业精英发动的对政府与政策的全国性制度变革，但是职业精英在处理全国性事务的同时，他们对家族发展、经济利益和社会地位等自私性诉求使他们偏离了政府管理的轨道。"地方性的、亲属的、利益集团的、恩主与受庇护的以及意识形态关系的复杂混合体形成了派系"，这些派系之间的斗争导致"作为独立身份群体的职业精英的消亡"，精英阶层逐渐转向地方性事务。参见郝若贝：《750—1550 年间中国的人口、政治及社会转型》，载于伊沛霞、姚平：《当代西方汉学研究集萃（中古史卷）》，上海古籍出版社，2012，第 220-222 页。

小结

本章讨论的问题是如何将"建立庶政"的成果制度化地留存下来，以避免再次出现王朝权力简化基层社会治理后基层资源流失、管理弱化的政治安全危机和治理困境。王安石对这一问题的思考由来已久，在《万言书》中，他已经形成重建基层社会的初步方案。一方面，按照"先王之政"对庶民加以引导和管理；另一方面，构建基层制度单元，将基层社会制度化地纳入王朝治理体系之中。

在变法过程中，王安石的方案首先展现为对广大农民生产、生活的常态化治理，进而表现为对基层社会的制度化重建，其核心在于重建基层社会的制度单元，即推行保甲法。保甲法最初的职能是治安条例，按照"10 户一保、50 户一大保、10 大保"一都保的形式编排保甲，组织治安巡查、抓捕盗贼。编排保甲要求将所有人都予以囊括。保甲法后来发展出民兵制度的职能，这是在治安条例基础上，使保丁参与军事训练并转化为民兵，主要见于边疆各地，部分代替禁军，在保证战斗力的同时减少禁军驻屯的供给费用。保甲法在全国范围内的深层次作用是基层社会的制度单元，这体现在保甲法与役法"合流"现象中。保甲法中的保长、保丁不仅代替了役法中乡村社会的耆长、壮丁的治安职能，也代替了役法中乡村社会的户长的督税职能，实现了保甲制度对乡村社会主要差役的全面取代。在此过程中，具有强制性的"都保（500 户，1500～2500 人）一大保（50 户）一保（5 户或 10 户）"的制度化的基层组织形态也取代了"乡镇一自然村一邻里（5 户或 10 户）"的自然组织形态，实现了王朝权力对州、县以下乡村社会的制度化重构。

本章还以变法前、后富民与胥吏在基层社会的地位变化为线索，说明诸项新法政策对农村社会的制度化重建极大打击了富民主导的基层社会自治形态。与此同时，王安石颁布仓法，将胥吏纳入国家官僚体系并给予吏禄，建立基层官僚，使其在广大农村的基层事务中发挥重要作用。虽然胥吏阶层在新法罢废后式微，但保甲法的制度化组织形态却长久保留下来，并把"建立庶政"的治理惯性深刻嵌入到王朝治理体系之中。

第六章

对商贸、商人的一体化统筹

在传统社会中，北宋社会经济的重要特点是其发达的商业贸易。那么，王安石变法在历史上扮演何种角色？新法对于北宋商业贸易起到正面还是负面作用？近代以来众说纷纭。本章将从治国"体要"视角对新法与北宋商业贸易的关系提出一种新的解读。在王安石的七项主要新法中，与其他新法侧重于农业、农村、农民领域不同，均输法和市易法侧重于商业、城镇、商人领域。

尽管侧重不同，但均输法和市易法同样服务于"建立庶政"的总目标，并同样在延伸"为政之体"和扩展"治事之要"两方面发挥作用。在"为政之体"方面，皇帝代表的国家权力深度介入贸易与商业，在商贸要地建立市易务等机构，不仅是交通要道上的商贸中心，而且在边境等非传统农业区充当区域行政中心。在"治事之要"方面，国家全力吸纳商人、控制商人，并对贸易、交通、仓储、信息等重要环节予以规范和引导，并对全国的商业贸易进行一体化统筹。

第一节 均输法：整顿北宋王朝商贸运输体系

由于涉及均输法的史料相对较少，以往学者对均输法的意见较为一致，即将其作为调配国家资源的重要手段。邓广铭讨论了北宋实行均输法的原因以及作用，他认为："通过均输法的施行，一则可以把东南六路日益富饶的物资生产的优势，尽量加以利用发挥；二则可以从豪商富贾手里'稍收轻重敛散之权归之公上，而制其有无'[1]；三则可以'便运输，省劳费'；四则可以'去重敛，宽农民'；这样就可最终达到'庶几国用可足，民财不匮'的目的[2]。"漆侠详细梳理了均输法的具体执行过程，以说明这项改革的效果主要在于对商人资本活动的限制，但均输法的局限在于仅实施于东南六路，限于对汴京的物资供应，因此需要和市易法等其他改革法令

---

[1] 叶坦同样提到了均输法对于限制豪强商贾的作用，参见叶坦：《大变法》，第76-77页。
[2] 邓广铭：《北宋政治改革家王安石》，第171-172页。

配合。① 胡寄窗、谈敏比较了王安石与桑弘羊均输法的不同之处，因为王安石的均输法有国家专用资金支持且仅在东南富庶省份施行，所以说明"王安石的均输法更加具有商业经营性质"②。周良霄对均输法的实行时间和产生效果予以质疑，他认为均输法在元丰年间（1078—1085）已逐步停滞，并未产生预想的效果。然而李晓认为，均输法在颁行之初已得到支持："朝廷立即拨给了在江淮发运司用于市籴的本钱，京师所需与江淮发运司上供的信息沟通机制迅速建立起来，江淮发运司增辟管理、建立了专门的行政机构。"③ 由此，均输法在熙丰年间（1068—1085）产生了一定的效果："（均输法）使漕运制度发生变化，并使市籴购买成为漕粮的主要来源④。"另外，李晓指出："王安石的均输与桑弘羊的均输有着显著差别，桑弘羊的均输目的是在抑制豪富牟利的同时充实国家财政，而王安石的均输最主要的出发点乃是保障政府的消费需求、节省开支、提高财政资金的利用效率⑤。"综合上述学者的观点，均输法的作用不仅在于财政手段和商业机构，实际上，王安石意在通过制度设计，将内陆地区统筹于王朝经济体系之中，而均输法的限度也由此产生。

一、北宋王朝的经济命脉：内陆水路体系及其均输法改革

传统中国历朝历代中，宋代城市的规模最大，北宋京城汴梁的人口达到150万，在京畿地区还驻扎着超过70万的禁军。大量脱产人口汇集京畿使财政供给压力很大，并极其依赖华北、江淮、长江中下游等平原区稳定的农业生产和内陆水路体系。⑥ 因而，内陆水路体系是否通塞是整个北宋王朝的经济命脉所在。

王安石早在通判舒州之时就指出汴河通塞在北宋王朝治理中牵一发而动全身的作用："今岁东南饥馑如此，汴水又绝，其经画固劳心。私窃度之，京师兵食宜窘，薪刍百谷之价亦必踊。以谓宜料畿兵之弩怯者就食诸郡，可以舒漕挽之急。古

---

① 漆侠：《王安石变法》，第 150-151 页。
② 胡寄窗、谈敏：《中国财政思想史》，第 359-360 页。
③ 李晓：《论均输法》，第 80 页。
④ 李晓：《论均输法》，第 81 页。
⑤ 李晓：《论均输法》，第 82 页。
⑥ 全汉昇：《北宋的立国与运河》，载于全汉昇：《唐宋帝国与运河》，台湾"中研院"历史语言研究所，1995，第 93-113 页。

人论天下之兵，以为犹人之血脉，不及则枯，聚则疽，分使就食，亦血脉流通之势也。"[1]

王安石描述的是皇祐三年（1051）汴河短暂堵塞的情况，此时他所处的淮南路舒州正遭遇旱情和饥荒。在江淮、长江中下游平原第五优先供应京畿粮草的前提下，一旦汴河堵塞，内陆水路沿线的粮价、生火用的柴草价、军马所需的草料、谷物的价格以及整体的物价自然上涨。如果不加以调控，显然在几年内百姓生活和军备的必需支出难以恢复汴河堵塞前的价格，这对于从事农业生产的农户和按照额定要求完成赋税的地方州、县政府均造成一定打击，而从事商业、漕运的商贾则能够借机投机得利，进一步挤压甚至威胁农业生产，造成恶性循环。

王安石当时的建议是将禁军安排到内陆水路沿线的地方州、县驻军就食。这一建议在新法时期也得以施行，但总体而言是治标之策，不能根本性地解决汴梁等大城市脱产人口的供给问题。这一问题牵涉面极广，同样涉及边疆军政大区的军粮物资供给，以及更为宏观的如何建设全国资源统筹与调配体系。

所以，怎样使汴梁和边境地区始终保持稳定、健康的物资供给，成为王安石重构"皇帝—庶民"贯通的"为政之体"所必须解决的现实问题。上文中讨论了新法推行伊始就深入农村社会，并在两年内奠定了"建立庶政"的基本格局，其标志性事件是熙宁二年（1069）四月二十一日，王安石由制置三司条例司派遣刘彝、谢卿材、王广廉、侯叔献等八位使者分别前往诸路州、县，调查当地农田水利税赋科率徭役的现状与主要问题。[2] 仅仅在诸路使者深入地方的三个月后，王安石就设立了淮、浙、江、湖六路均输法，并由曾任陕西转运副使的薛向总领[3]，意在全面统筹东南诸路财务。均输法极具针对性，淮、浙、江、湖六路是淮南路、两浙路、江南东路、江南西路、荆湖南路、荆湖北路，这些地区常年供给京畿粮食货物且无军事压力，占据全国耕地的 60% 以上。[4] 如果这六路对京畿地区的供给能够保证，那么，

---

[1]　王安石：《王文公文集·与马运判书》，第 61 页。

[2]　"四月二十一日，遣侯叔献、程颢等八人分行天下，相度诸路农田水利税赋科率徭役利害。"参见刘成国：《王安石年谱长编（第三册）》，第 869 页。

[3]　"数为神宗言均输法。七月十七日，立淮、浙、江、湖六路均输法，以薛向领之。"参见刘成国：《王安石年谱长编（第三册）》，第 907 页。

[4]　韩茂莉：《宋代农业地理》，第 168 页；梁方仲：《中国历代户口、田地、田赋统计》，中华书局，2008，第 399 页。

全国范围内的资源统筹与调配也能够逐渐铺开并得以重构。

关于内陆水路体系对北宋王朝的重要作用，刘光临在《The Chinese Market Economy》一书中予以具体说明。他认为，北宋经济发展的奥秘在于水路体系与国内市场兴起的复合效果，其核心是水路方面的改革，即降低运输费用、扩展水路体系以及将它们结合起来促进货物流通。[①] 此外，刘光临也援引宫崎市定基于军事财政视角对北宋王朝水路及经济体系的研究，指出水路的扩展与财政收入的提高呈现正相关关系。[②] 那么，水路体系改革究竟意味着什么？

由于均输法并未留下具体条例，而且均输法的管辖范畴也随着新法推进而不断扩展，所以我们接下来将主要介绍王安石在《乞制置三司条例》中的基本思想，进而在此基础上阐明均输法的制度设计。

在《乞制置三司条例》中，王安石在具体阐述均输法之前，对北宋王朝的财政困顿具有这样一段论述：

> 今天下财用，窘急无余，典领之官，拘于弊法，内外不以相知，盈虚不以相补。诸路上供，岁有定额，丰年便道，可以多致，而不敢不赢；年俭物贵，难于供备，而不敢不足。远方有倍蓰之输，中都有半价之鬻。三司发运使按簿书、促期会而已，无所可否增损于其间。至遇军国郊祀之大费，则遣使铲刷，殆无余藏，诸司财用事，往往为伏匿，不敢实言，以备缓急。又忧年计之不足，则多为支移折变，以取之民，纳租税数，至或倍其本数。而朝廷所用之物，多求于不产，责于非时，富商大贾，因时乘公私之急，以擅轻重敛散之权。[③]

在这段话中，王安石沿着乡村社会向"皇极"逐层上供的基本脉络，反思北宋政治等级体结构的各层级的现实问题。首先，在地方州、县上供物资时，由于"祖宗之法"的制度约束，不敢在农业丰收和交通疏通时多上供或进行储备，也不敢在农业歉收和（交通阻塞导致的）物价高涨时少征收或动用储备；其次，从边远地区运输上供的耗损倍于物资的自然价值，但到达京畿后的市场价值只有自然价值的一

---

① G.W. Liu, *The Chinese Market Economy 1000-1500*，Albany: State University of New York Press，2015，p.143.

② G.W. Liu, *The Chinese Market Economy 1000-1500*，Albany: State University of New York Press，2015，p.144；［日］宫崎市定：《东洋的近世》，黄约瑟译，载于刘俊文主编：《日本学者研究中国史论著选译（第一卷）》，中华书局，1992，第153-241页。

③ 王安石：《王文公文集·乞制置三司条例》，第364页。

半^①（造成极大的价值出入）；理论上主管运输上供的三司发运使也仅仅照本宣科，并未发挥合理调配区域资源的作用；如果遇到大型专项支出，各级政府均从内部搜集财物却不敢说明机构财政匮乏的实际状况。如此，在担忧财政收入不足的情况下，各级政府又巧立名目征收百姓财物，使百姓的实际税负倍于名义税负。此外，中央朝廷所需要的多数支用既非农产品，也不合乎农时，能够提供物资的只有富商大贾，他们借机从中牟利，成为市场上的价格操纵者，反而轻易地掌控"轻重敛散之权"。王安石系统梳理了北宋王朝旧有政治体结构各层级财政困顿的表现，虽然地方州、县、路级转运使和中央朝廷所呈现的问题各不相同，但均指向商贸环节。

由此，王安石提出要掌控"轻重敛散之权"来整顿和统筹商贸运输环节，并具体论述均输法的实施方案："臣等以谓发运使总六路之赋入，而其职以制置茶盐矾税为事，军储国用，多所仰给，宜假以钱货，继其用之不给，使周知六路财赋之有无，而移用之。凡籴买税敛上供之物，皆得徙贵就贱，用近易远，令在京库藏年支见在之定数所当供办者，得以从便变卖，以待上令。稍收轻重敛散之权，归之公上，而制其有无，以便转输，省劳费，去重敛，宽农民，庶几国用可足，民财不匮矣。所有本司合置官属，许令辟举，及有合行事件，令依条例以闻，奏下制置司参议施行。"^②

这段话涉及以下内容：

（1）发运使总领六路所有财赋，包括普通的夏税、秋粮、漕运情况以及茶、盐、酒、矾等专卖收入。并从宋神宗内藏库中拨出 500 万贯钱和 300 万石米作为发运使的"籴本"介入诸项物资的征收和采购工作。薛向担任发运使。^③

（2）发运司除了要了解东南六路的产出与价格，还需要了解京畿的库存与需求情况，以便及时供应。^④

（3）发运司需要遵循"徙贵就贱，用近易远"的原则，尽量在产地和交通就近的地区低价征收，节省不必要的运输损耗。在执行中，沿用唐代刘晏的具体做法：

---

① 关于自然价值、自然财富等传统概念，目前最为精当的论述，参见刘志伟：《贡赋体制与市场：明清社会经济史论稿》，中华书局，2019，代序：中国王朝的贡赋体制与经济史，第 2-19 页

② 王安石：《王文公文集·乞制置三司条例》，第 364-365 页。

③ 邓广铭：《北宋政治改革家王安石》，河北教育出版社，2000，第 171 页。

④ 邓广铭：《北宋政治改革家王安石》，河北教育出版社，2000，第 171 页。

一方面，统计过去十年各地物价和籴买数量，形成五等分的统计表，另一方面，依凭驿卒的报告第一时间了解各地的物价变动。当粮价确定后，在粮少价高的地区较少购买，在粮多价低的地区较多购买，以相对稳定的征购行动保持市场始终流通，减少商贾压价、农民涨价等物价波动事件。[①]

（4）允许歉收地区将实物转成货币上缴给发运司，该地区原本定额的上供实物由发运司拨出库存，代为上供；而发运司利用缴纳的货币到其他丰收地区收购实物，填补库存。[②]

总体而言，王安石以统筹商贸的均输法使东南六路的自然财富保持相对稳定的价值，避免自然财富在远距离的水路运输中出现价格虚高、交通损耗等现象。所以，要理解均输法，需要看到王安石设计均输法的本意是尽可能恢复各地上供的物资在当地的本来价值，而不是借此机会在流通、贸易、定价等环节追求利益最大化。[③]尽管在王安石变法中后期一些市易务官吏确实追求牟利[④]，但从王安石对均输法的制度设计出发，他的着眼点仍在于整个经济体系平稳、有序的运行。

二、均输法职能的扩展及其与青苗法、农田水利法的关联互通

除了在内陆水路体系上疏通商贸运输、平抑物价、抑制投机等作用，均输法在熙宁二年（1069）四月推行后，经历几次调整，其职能也得以扩展和丰富。我们举其中三例，着重说明均输法在推行过程中与其他新法的关联互通。

---

① 邓广铭：《北宋政治改革家王安石》，河北教育出版社，2000，第 171 页。

② 漆侠：《王安石变法》，河北人民出版社，2001，第 149 页。

③ 这一部分涉及现代市场经济与传统中国经济体系的比较。在这方面，刘志伟先生指出传统中国以"食货"为核心的经济原理及其理性，纠正和补充了诸如希克斯（John Hicks）《经济史理论》等西方经济史著作中对传统中国经济体系的解读，如指令／岁入经济等。刘志伟对传统中国"自然财富观"的提法和论述非常接近于王安石的理财思想，遗憾的是，刘志伟先生和本书都没有继续深入下去。王安石的理财思想是否确实体现出"自然财富观"需要专文深入分析，本书只涉及均输法的原理部分，故不进一步展开。而这是未来传统中国经济史研究的重要方向。参见刘志伟：《贡赋体制与市场：明清社会经济史论稿》，中华书局，2019，代序：中国王朝的贡赋体制与经济史，第 2-19 页。

④ 关于市易务执行脱离本意的研究，参见 Luo Yinan, *Ideas in Practice: The Political Economy of Chinese State Intervention During the New Policies Period (1068-1085).* PhD diss., Harvard University, 2015, p.320; P. J. Smith, Taxing Heaven's Storehouse: Horses, Bureaucrats, and the Destruction of the Sichuan Tea Industry 1074-1224. Brill, 1991。

一是熙宁二年（1069）九月十六日，皇帝下诏任命薛向兼都大提举江淮、两浙、荆湖、福建、广南等路银、铜、铅、锡坑冶、市舶等。[1]这一安排使薛向[2]在原有六路的基础上，又兼领广南东路、广南西路和福建路的财富，在统筹原有茶、盐、酒、矾等商业专卖的基础上，又兼管银、铜、铅、锡等矿产坑冶以及泉州、广州等地的海外贸易机构市舶司。也就是说，除了淮河以北的中原和边疆军政诸路、交通不便的四川和西南羁縻州、县，薛向几乎完全统领全国范围内的经济区域及其运行体系。

这一事件一方面说明均输法的推行初见成效，无论宋神宗还是王安石都希望扩大均输体系的规模，宋神宗在熙宁三年（1070）六月褒奖薛向"皆得消息盈虚，翕张敛散之"[3]，足见当时薛向对东南财富物资的整理颇为得力。而另一方面，也体现出均输法在国民经济体系中不断扩展职能的排他性或者主导性，即一旦决定发挥均输法的"轻重敛散之权"，就需要不断扩张其管辖范围和内容，用均输法来涵盖、管理整个经济体系。如果不扩张，即经济体系中所未能涵盖的环节和区域将集中富商大贾的资金，或出现更为剧烈的物价波动；如果扩张，即经济体系各环节和区域由官府主导，则官府引入商人参与商贸活动。所以从均输法来看，国家权力需要始终保持对商贸的规制与引导，这是王安石"建立庶政"在商贸领域中的表现。此外，薛向曾在漕运环节引入商船，使商船与官船共同负责水路运输，双方相互竞争检查[4]，极大地规避了原先官船包办的种种弊端，节省了大量运输费用和交通损耗。

二是熙宁三年（1070）八月十六日，委托发运司每年从东南六路所得货物中取出 200 万缗用于常平新法。[5]这一做法是将均输法与青苗法关联起来。从这一时间点看，熙宁三年八月正是青苗法结束第一个整年，虽然在全国的大部分地区得以推

---

① "是日，乞以薛向兼都大提举江淮、两浙、荆湖、福建、广南等路银铜铅锡坑冶、市舶等，神宗从之。"参见刘成国：《王安石年谱长编（第三册）·熙宁二年九月十六日》，第 940 页。

② "薛向（公元1016—1081年），字师正，北宋河中万泉（今山西万荣县南）人，北宋神宗朝曾历任江淮等东南六路发运使、三司使、知定州等职。"参见郭志安、王娟：《略论薛向的理财才能——以北宋熙丰年间为例》，《保定师范专科学校学报》2005 年第 18 卷第 3 期，第 78 页。

③ 李焘：《续资治通鉴长编（卷二百十二）·熙宁三年六月辛巳条》，第 5150 页，转引自刘成国：《王安石年谱长编（第三册）·熙宁三年六月二十二日》，第 1098 页。

④ 漆侠：《王安石变法》，河北人民出版社，2001，第 150 页。

⑤ "八月十六日，议权三司使吴充之奏，乞以委发运司每岁于东南六路变易所得轻货二百万缗用于常平新法，神宗从之。"参见刘成国：《王安石年谱长编（第三册）·熙宁三年八月十六日》，第 1139 页。

行，但仍遭不少非议，为了在下一年将更多百姓以更大的借贷数量纳入青苗法中，确实有必要扩大青苗法的借贷储备。此外，"江淮发运司增辟官吏，建立了专门的行政机构"[①]，这也可说明均输法的实行成效。

从均输法和青苗法的融合来看，均输法原本的制度设计是全部上供，但仍然遗留出来200万缗用于青苗法，说明薛向在第一年工作中很可能超额完成约200万缗。这200万缗的物资如果仍然投入京畿地区的市场，那么很可能造成区域间的物价失衡，如果留在东南诸路分散借贷，或许能刺激农业生产、提高农民的单位生产量并增加次年的农业产出总量，这对于依赖农业供给大量禁军、边军的北宋王朝，实属更为有效的经济政策。这一举动再次证明王安石的制度设计及其调整的用意均非聚敛财富，而是维持物价在全国范围内的相对平衡。

三是均输法极大开拓了北宋内陆水路体系，其实质是均输法与农田水利法的互通。我们借用刘光临在《The Chinese Market Economy》一书中绘制的图例，可以看出北宋时期的内陆水路体系及其沿岸城市的人口规模和分布情况。

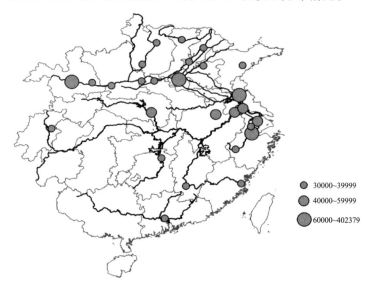

图一　1077年，北宋内陆运河体系及其沿岸城市的人口规模和分布情况[②]

---

①　李晓：《论均输法》，《山东大学学报（哲学社会科学版）》2001年第1期，第80页。

②　G. W. Liu, *The Chinese Market Economy 1000-1500*, Albany: State University of New York Press, 2015, p. xii, map 1. 该图例已获得刘光临教授授权使用，2020年12月7日。

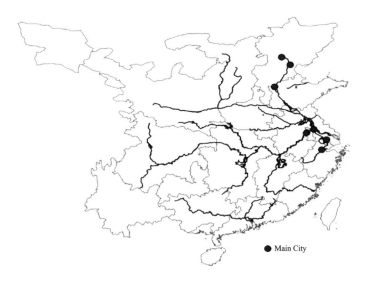

● Main City

图二　16 世纪晚期，明朝内陆运河体系及其沿岸城市的人口规模的分布情况 [1]

（以上两图复制与使用已获得刘光临教授授权，2020 年 12 月 7 日。）

相比 16 世纪末的明朝，熙宁十年（1077）正是新法改善内陆水路体系成效初显之时，在庞大的内陆水路体系的支持下，北宋王朝的市场规模和经济发展水平也达到了前所未有的高度（见图一、图二）。而在诸多新法中，发挥直接作用的就是均输法和农田水利法。

由于安排薛向总领南方地区除四川外的所有财赋，以往一些跨州、县的难以办成的大型水利工程，比如王安石知常州任上兴修运河失败的案例，在制度层面得以规避诸路转运使彼此掣肘的潜在约束。所以，在熙宁三年（1070）八月十九日，即要求发运司每年从东南六路均输货物中拨出 200 万缗用于常平新法 [2] 后的第三天，宋神宗下诏东南地区加速兴修农田水利 [3]，这 200 万缗或有相当一部分预备支付跨

①　G. W. Liu, *The Chinese Market Economy 1000-1500*, Albany: State University of New York Press, 2015, p. xiii, map 2. 该图例已获得刘光临教授授权使用，2020 年 12 月 7 日。

②　"（熙宁三年）八月十六日，议权三司使吴充之奏，乞以委发运司每岁于东南六路变易所得轻货二百万缗用于常平新法，神宗从之。"参见刘成国：《王安石年谱长编（第三册）》，第 1139 页。

③　"（熙宁三年八月十九日）是日，论治东南水土不可缓。"参见刘成国：《王安石年谱长编（第三册）》，第 1141-1142 页。"是日，上又问东南民力如何，安石言其窘急，上以为生齿多故也。又问东南荒辟如何，安石言：'荆湖、淮南固地有不辟，兼陂塘失修治，或修治不完固，或沟洫圩埠废坏，州、县吏失提辖，此地利所以未尽也。养民在六府，六府以水土为终始，治水土诚不可缓也。"参见李焘：《续资治通鉴长编》，第 5197 页；转引自刘成国：《王安石年谱长编（第三册）》，第 1141-1142 页。

州、县水利工程的兴修费用。

除了敦促南方广大地区兴修水利，王安石把水利兴修的重点放在京畿地区。他先在熙宁二年（1069）十二月二十三日，差遣侯叔献、杨汲兴修汴河水利、灌溉民田。[①]又在次年八月二日，使二人全面负责京畿府界水利、农田，从联通东南的主干道汴河扩展为整个京畿地区的水利工程。[②]杨德泉曾总结熙丰年间（1068—1085）较大的农田水利工程，在京畿的开封府界以及邻近地区就有"汴河沿岸，汴南诸水，京、索、金、汜、洛、蔡、惠民、广济等河，房家、黄家、孟王等大型陂塘，许州邢山溃水、石限等河，济阴县古堤河，共城县三渡河，金州西城县长乐堰，唐州东西邵渠等沟渠陂塘，襄州古淳河"[③]等，这还不包括诸州、诸县以内的中小型水利工程。

而在军政前沿的河北路和陕西路方面，重点在于疏浚主要航道和交通线。王安石分别在熙宁三年（1070）八月十七日差遣新法干将王广廉兼管河北漳河水利[④]、八月十九日要求陕西提举常平苏涓报告陕西漕运情况。[⑤]从时间上看，均输法与农田水利法融合的制度设计大致形成于熙宁三年（1070）八月中旬，王安石尝试在全面推行均输法，构建起北宋王朝整个疆域内的自然财富的上供和调配体系。但这一依托于均输法的普遍性尝试未能完全实践，一方面，河北路和陕西路等地仍然处于较大军事压力下，即难以广泛铺开水利工程建设，只能集中疏浚相对安全的航道和交通线；另一方面，这些区域主要是粮食等物资的主要输入地，而非输出地，只需保证物资有效输入到州军治所，并无必要供给到地方州、县以下的乡村社会。

总体而言，均输法是在北宋内陆水路体系基础上对商贸环节的治理，体现出皇帝代表的国家权力对远距离物资的统筹和调配。而在此过程中，均输法同时具有降低运输费用、扩展水路体系以及促进货物流通的多重职能。此外，国家权力规制商

---

① "（熙宁二年）十二月二十三日，差侯叔献、杨汲于夹河引汴水以溉民田。"参见刘成国：《王安石年谱长编（第三册）》，第 972 页。

② "（熙宁三年）八月二日，以侯叔献、杨汲并兼都水监丞，专提举沿汴淤溉民田。"参见刘成国：《王安石年谱长编（第三册）》，第 1133 页。

③ 杨德泉、任鹏杰：《论熙丰农田水利实时的地理分布及其社会效益》，《中国历史地理论丛》1998 年第 1 期，第 79-100 页。

④ "（熙宁三年）八月十七日，遣王广廉相度漳河等水利。"参见李焘：《续资治通鉴长编》，第 5212 页；转引自刘成国：《王安石年谱长编（第三册）》，第 1140 页。

⑤ "（熙宁三年）八月十九日，以提举陕西常平苏涓等言陕西缘边粮草可漕运，因白神宗促宁麟等相度。"参见李焘：《续资治通鉴长编》，第 5215 页；转引自刘成国：《王安石年谱长编（第三册）》，第 1141 页。

贸环节使东南六路的自然财富保持相对稳定的价值，避免自然财富在远距离的水路运输中出现价值虚高、交通损耗等现象。所以，要理解均输法，需要看到王安石设计均输法的本意是尽可能恢复各地上供的物资在当地的本来价值，而不是借此机会在流通、贸易、定价等环节追求利益最大化。

遗憾的是，均输法在薛向以后的记录逐渐消失。我们未能看到均输法在全国推行的历史记载，很有可能均输法自始至终都是局限于联通东南－京畿内陆水路体系的一个区域性商贸网络。而要在全国范围内对商贸环节、商人活动"建立庶政"，采取更大规模和范围的规制、引导，王安石遂延续均输法的制度设计，推出市易法。

第二节　市易法：规制商人行动与商业区域

市易法的实行过程是诸项新法中较为复杂的一项，历来有诸多学者对此展开讨论。

邓广铭通过展示王安石与反对派的争论[1]，说明了市易法自推行之初的曲折历程，此外，邓广铭指出"市易法的目的之一是要对于城市的豪商富贾兼并之家起一些限制和抑制的作用，意在使政府管理市场"[2]。漆侠叙述市易法的推行过程，他认可市易法带来的成效，"市易法在一定程度限制了大商人的投机活动，缓和了市场价格的波动，给商业的繁荣带来有利的条件。在这一基础上，商税就因商业的繁荣而大有增加，这就对宋封建国家的财政有了帮助"[3]。廖大珂以熙丰年间（1068—1085）市舶制度改革为例，说明了市易法在港口地区的执行细节。他指出，市易法与市舶改革的推行"便利了各港口进出口商品的流通，并增加了政府的市舶

---

[1]　关于市易法的斗争，亦参见漆侠：《王安石变法》，第190-200页；俞兆鹏：《论北宋熙丰时期的市易法》，《江西社会科学》1988年第2期、第3期；［美］刘子健：《王安石、曾布与北宋晚期官僚的类型》，载于《宋史研究集》（第三辑），中华书局，1966。

[2]　邓广铭：《北宋政治改革家王安石》，第208、212页。

[3]　漆侠：《王安石变法》，第155-156页。

收入"①。

然而，对市易法呈批判态度的学者多认为市易法看似打击商业兼并，实际上与富商大贾勾结牟取暴利，因此不仅影响了商品经济发展，还未增加国家财政收入。20 世纪 80 年代的学者多对王安石施行的市易法持反对态度，主要是由于市易法的措施抑制了商业的正常发展。例如，王曾瑜指出，"市易司和市易务作为垄断型商业机构，向商人发放贷款，很多缺少本钱的中小商人向市易机构赊贷钱货，往往因无法偿还利息和罚款而哄抬物价，严重者甚至破产"②，从而影响了重要城市商业的正常发展。俞兆鹏认为，市易法未能成功的重要原因在于市易法本身包含专制取利的动机，另外，由于缺乏吏治改革，参与市易法的官吏们刻意聚敛财富，激化了社会矛盾。③ 汪圣铎认为，市易法意图虽好，但以市易法的利息收入课官吏，使市易法的收入不敷开支，因而对国家财政收入没有好处④，但他将根本原因归结于"封建国家对于营利性经营的不适应"⑤则忽视了当时经济的发展状况。梁庚尧注意到："市易经营以财利为优先的目标，为了达成此一目的，市易机构不惜自为兼并，垄断市场造成生产者的损失与消费者负担的增加，为民生带来困扰。而对于商人兼并的裁制，以川茶的征榷为例，却未必收到实效。市易法的立法本意，在实际的市易经营中完全无从表现⑥。"魏天安梳理了市易法从最初施行到最后罢废的过程，以说明市易法的经营模式逐渐产生变化而非本意是垄断市场，他指出："市易法的主旨是遇价贱增价买进，价贵则低价卖出，此价高低是与当时市价相比较而言，按市易法是'出入不失其平'，既不亏蚀本钱，也不谋求盈利。但是市易务违法强买强卖是很普遍的⑦。"此外，魏天安指出："王安石要推行市易法则需要增加财政收入，无法完全禁止强买强卖，另外庞大的行政开支压力促使市易务不择手段地增加收入⑧。"

---

① 廖大珂：《北宋熙宁、元丰年间的市舶制度改革》，《南洋问题研究》1992 年第 1 期，第 94 页。
② 王曾瑜：《王安石变法简论》，第 13-14 页。胡昭曦亦持此观点，参见胡昭曦：《熙丰变法经济措施之再评价》，第 36 页。
③ 俞兆鹏：《论北宋熙丰变法时期的市易法（续）》，《江西社会科学》1988 年第 2 期，第 137-138 页。
④ 汪圣铎：《王安石是经济改革家吗》，《学术月刊》1989 年第 6 期，第 70-71 页。
⑤ 汪圣铎：《王安石是经济改革家吗》，第 71 页。
⑥ 梁庚尧：《市易法述》，载于梁庚尧：《宋代社会经济史论集》，第 198 页。
⑦ 魏天安：《宋代市易法的经营模式》，《中国社会经济史研究》2007 年第 2 期，第 25 页。
⑧ 魏天安：《宋代市易法的经营模式》，第 27 页。

　　根据上述的讨论可知，之前众多学者的关注点主要在于市易法对于打击豪强和朝廷经济权力加强的问题，却未将重点放在市易法统筹调配各地财赋，实现皇权从中央到地方、边疆的下贯过程。实际上，在经济作用之外，部分学者对于市易法作为制度改革的案例予以认可。例如，李晓肯定了市易法的制度创新性："市易务承担政府购买职能并大规模推行承包制，终究是宋朝政府购买史上的重大制度创新[①]。"陈晓珊特别指出："设置市易机构并非仅仅为了经济目的，而是与各地的具体特点相结合，形成了经济、政治、军事目的并重的局面[②]。"因此，本节将讨论市易法使王朝权力进一步渗透到不同地区的贸易流通环节的具体做法。

　　我们认为，理解市易法的关键在于把握市易法对均输法理念层面的延续和现实层面的扩张。这实际上构成一个问题：既然市易法与均输法的设计理念都是恢复王朝权力对"轻重敛散之权"或"开阖敛散之权"的控制，那么，为何还要在均输法存在的情况下，推行市易法？均输法在哪些环节或者哪些区域无法恢复"轻重敛散之权"？市易法的制度设计又如何形成补充？当我们回答完这些问题后，或能整体把握市易法在整个新法的治国"体要"中的定位和作用。

　　由于市易务具有京城与京外两个部分，其形成时间和职能设计各有侧重，所以我们接下来将按照京城市易务和京外市易务两部分说明。

一、京城市易务：从规范商贸运输到规范商人行动

　　市易法作为新法的一部分，其正式推行的时间熙宁五年（1072）三月，也就是京城市易务设立之时。当时，一位普通民众（"草泽人"）魏继宗上书首先提出建议：

> 京师百货所居，市无常价，贵贱相倾，或倍本数。富人大姓皆得乘伺缓急，擅开阖敛散之权。当其商旅并至，而物来于非时，则明抑其价，使极贱而后争出私蓄以收之；及舟车不继而京师物少，民有所必取，则往往闭塞其蓄藏，待其价昂贵而后售，至取数倍之息。以此，外之商旅，无所牟利而不愿行于途；内之小民，日愈朘削而不聊生。其财既偏聚而不泄，则国家之用

---

　　① 李晓：《王安石市易法与政府购买制度》，《历史研究》2004 年第 6 期，第 54 页。

　　② 陈晓珊：《熙丰变法时期各地市易机构的分布特征与作用分析》，《中国经济史研究》2015 年第 4 期，第 25 页。

亦尝患其窘迫矣。古人有言曰：富能夺，贫能予，乃可以为天下。则当此之时，岂可无术以均之也。

况今榷货务自近岁以来，钱货实多余积，而典领之官，但拘常制，不务以变易平均为事。宜假所积钱别置常平市易司，择通财之官以任其责，仍求良贾为之辅，使审知市物之贵贱，贱则少增价取之，令不至伤商；贵则少损价出之，令不至害民。出入不失其平，因得取余息以给公上，则市物不至于腾踊，而开阖敛散之权不移于富民。商旅以通，黎民以遂，国用以足矣。①

魏继宗这段话与熙宁二年（1069）的《乞制置三司条例》一脉相承，均针对北宋王朝经济运行的"茂迁有无"环节和"开阖敛散之权"。但相比《乞制置三司条例》，魏继宗更关注人的因素，即广义上的商人——无论是大商人还是小商人——在自然财富上供过程中的作用，并直指现实中身处京城的"富人大姓"对整个经济体系的危害。

在上节均输法部分，我们已经指出，如果王朝权力决定掌控并发挥"轻重敛散之权"，就需要不断扩张其管辖范围和内容，最终用均输法涵盖整个经济体系。如果不扩张，经济体系中未能涵盖的环节和区域将集中富商大贾的资金，或造成更为剧烈的物价波动甚至政治安全危机。而魏继宗提意见的时机恰恰是均输法推行三年后，此时，均输法已经与农田水利法和青苗法相结合，几乎涵盖了乡村社会自然财富上供的所有环节和大部分地区，富商大贾的资金无论是寻求政治保护还是追逐牟利空间，都必然汇集京城，我们也看到魏继宗使用的措辞是"富人大姓"而非"富商大贾"，说明大商人已经与京畿地区的"形势之家"达成联合。这种联合，一定程度上印证了王安石在变法前对"大商、大农、大工"威胁北宋王朝政权的担忧。

那么，在与"富人大姓"的矛盾逐渐显现的情况下，王安石等新法支持者准备采取何种策略？魏继宗的意见相对激进，他直接揭露王朝权力与"富人大姓"的矛盾，并挑明"富能夺贫能与，乃可以为天下"的政治安全危机，把改革目标指向"抑兼并"。但随后由中书颁布的市易法相关条例却相对温和，其改革目标似乎并不在打击富商的"抑兼并"问题上，而是具体规范市易务中商人参与交易的主体环节及其准则：

①　李焘：《续资治通鉴长编·熙宁五年三月丙午》，第5622-5623页；转引自邓广铭：《北宋政治改革家王安石》，第205-206页。

①欲在京置市易务，监官二员，提举官一员，勾当公事官一员。②以地产为抵官贷之钱。③货之滞于民者为平价以收之。④一年出息二分，皆取其愿。⑤其诸司科配、州、县官私烦扰民被其害者，悉罢之，并于市易计置。⑥许召在京诸行铺户牙人充本务行人、牙人，内行人令供通己所有或借他人产业金银充抵当，五人以上为一保。⑦遇有客人物货出卖不行，愿卖入官者，许至务中投卖。⑧勾行、牙人与客人平其价。⑨据行人所要物数，先支官钱买之，如愿折博官物者仍听。⑩以抵当物力多少许令均分赊请，相度立一限或两限送纳价钱。若半年纳，出息一分；一年纳即出息二分。⑪以上并不得抑勒。⑫若非行人见要物而寔可以收蓄变转，亦委官司折博收买，随时估出卖，不得过取利息。⑬其三司诸司库务年计物若比在外科买省官私烦费，即亦一就收买。①

这段《宋会要辑稿》记录了京城市易务的具体内容，我们将其分解为以下四个方面②：

（1）京城市易务人员构成：①在京城设置市易务，安排监官二人、提举官一人、勾当公事官一人。个别市易务的监官和勾当公事官由大商人担任，并参与市易务内交易，提举官予以监察。③②允许京城市易务从在京各色商行店铺的牙人充当市易务的行人和牙人，担任货物买卖、调配的具体工作。

（2）京城市易务运作方式：①参与市易务的大商人以地产抵押，可借贷大量官钱以平价收购市场滞销货物，每年需支付 20% 利息。②参与市易务的行人以自己所有的或借用他人的地产、金银作为抵押，可向官府贷钱，需 5 人结成一保。③一般商行店铺也可以向官府贷钱。

（3）京城市易务运作环节：①如果有客商由于市价较低、货物滞销，自愿到市易务卖出，由行人、牙人和客商一同商定价格，根据行人所需数量完成交易，并根据客商所需或直接支付货币或用官府其他实物商品折合交易。②取得货物后，市易务根据不同商行店铺的抵押物力"均分赊请"，由这些商行代为出售，（允许酌加一

---

① 徐松：《宋会要辑稿·食货三八之十五》；转引自俞菁慧：《〈周礼·泉府〉与熙宁市易法——〈泉府〉职细读与王安石的经世思路》，《首都师范大学学报（社会科学版）》2014 年第 4 期，第 29 页。

② 漆侠先生将市易法分为三个方面，本书结合李晓对市易法中政府购买制度的认识，将市易法分为四个方面。参见漆侠：《王安石变法》，第 152-153 页；李晓：《王安石市易法与政府购买制度》，《历史研究》2004 年第 6 期，第 54 页。

③ 漆侠：《王安石变法》，第 152 页。

定利润）但要求以半年或一年为期，缴纳 10% 或 20% 的利息。③如果客商的货物并无商行需要但能够储蓄变卖，由市易务按时价收购，（委托商行）随时卖出，但不收取利息。

（4）政府的物资购买方式：①取消原有中央诸司、地方州、县政府购买物资的"科买"方式，改由市易务统计购买。②三司预估购买物资数量，如果"市易"较"科买"便宜，则改为"市易"。

纵观这些不同方面的条例安排，其共同点恰恰在于政府，或者王朝权力对商人的吸纳与任用。由此，市易法介入并逐步规范商人贸易、交通、仓储、信息等重要环节[①]，由于王朝权力在这些环节的相对优势，使参与市易务运作的商人由少及多，最终形成所有商人纳入王朝治理体系的趋势。

京城市易务的另一个重点是用"结揽"代替"科买"，见条例的第⑤和第⑬项，其核心是以承包代替传统的强制买卖、强制运输的政府购买方式。李晓曾就此问题详细讨论，他在《王安石市易法与政府购买制度》中列举了一份市易务购买一些上供物品的清单，清楚地反映出市易务的经营情况：

> 结揽：市易司每年结揽三司住抛买炭、墨、席、枣木、荔支等，计一百五十二万九千五百六斤挺领颗。
>
> 歙墨，六百挺。
>
> 蒲席，三万领，京东。
>
> 茧席，一万六千八百五十五领，京西。
>
> 甘草，二千八百九十余斤，环州。
>
> 黄蓑席，一万三千七十四领，京西。
>
> 枣木，二万四千八百五斤，河北、京东。
>
> 榛叶，六千九百四十七斤一十四两，京西。
>
> 乌梅，六千二百五斤，洪州等处。

---

① 俞菁慧对此有段较精当的论述：王安石以"官买程序"为结点，结合了现世多方面的经济因素和经济机构职能，对官营经济进行全面深化与拓展。市易收购致力于在政府掌握的优势资源和平台——仓储（官方仓储空间）、信息（客商与行商的供需诉求）、交通或物流（一定程度上利用客商的运力以及首都开封在全国经济网络上的枢纽作用）、专业经理人（牙人、勾行）——的基础上，建立一个巨大的、通过市场收购完成的"物资资源库"，从而实现政府层面的各项经济职能：采购、借贷、分销、折博、零售、科买等。参见俞菁慧：《〈周礼·泉府〉与熙宁市易法——〈泉府〉职细读与王安石的经世思路》，《首都师范大学学报（社会科学版）》2014 年第 4 期，第 30 页。

槐花，六千二百零九十四斤，西京等。

黄芦，一万七千七十五斤，金、商州。

篮靛，二万五千六十七斤，河北、京东。

黄薜，七千二百一十四斤，筠、房、金、商州。

炭，九十三万九千八百秤。

乌李梅，一万二千八百三十七斤半。

林檎片子，八千九百三十斤。

杏梅片子，一万八千七十三斤。

荔支，旧二十万至二十五万颗。

龙眼，二十万至三十万颗，见每年承揽三十万颗。[①]

这些采购项目原本由三司负责，并经诸路州、县逐层下达，最终的采办由当地服役的各等农户完成。但清单对品种、数量、产地均提出明确要求，而且在储存、长距离转运和农时等多方面也存在隐性要求，采办难度很大。推行市易法后，这些采购项目转由市易务负责后，市易务将项目分别承包给熟悉各地特产和储存、转运事务的商行。这项清单虽未说明市易务分包采购的施行效果，但据史料记载和李晓分析，市易务分包采购的规模很大，"系百余州供送"至少占据北宋诸州总数的1/3[②][元丰年间（1078—1085）府州军一级总数为293个[③]]，完全可以想见全年不同时段商人递送各地特产向京城转运的一番情景。

从吸纳商人、规范商人行动和推行承包制，我们发现市易法作为均输法理念的延伸，与均输法存在不少差别。相较均输法所涉及的内容是东南诸路广大乡村、大宗农产品和矿产为主的自然财富、时令性、直接税性质的上供物资，京城的市易法涉及的内容则是：京城等商贸核心地区、小宗商品、非时令性、间接税性质的市场产品。一定程度上，王安石通过市易法把广大地区自然财富上供过程中的竞争性或例外因素一并纳入统治，这实际上是对商人主导的无政府的市场行为的纠正。而市易法的本质则是由政府介入市场交易的重要环节，其最终的目标是：使王朝权力始

---

① 徐松：《宋会要辑稿·食货三四之三九》，载于李晓：《王安石市易法与政府购买制度》，《历史研究》2004年第6期，第56-57页。

② 徐松：《宋会要辑稿·食货三四之三九》，载于李晓：《王安石市易法与政府购买制度》，第57页。

③ 徐松：《宋会要辑稿·食货三四之三九》，载于李晓：《王安石市易法与政府购买制度》，第57页。王存等人所上《元丰九域志·表》云：其时"总二十三路，京府四，次府十，州二百四十二，军三十七"。参见王存：《元丰九域志》，中华书局，1984，第7页。

终掌控各地自然财富，并在大的疆域的流通过程中也尽可能维持其自然价值，这仍是王安石设计均输法的内在理路。

二、京外市易务：不同区域的针对性布局及其设置特点[①]

尽管在现实层面，京城市易务的设立将北宋王朝大商人与王朝权力的深刻矛盾彻底暴露出来，并导致熙宁七年（1074）王安石第一次罢相；尽管在理论层面，京城是掌管"开阖敛散之权"的"皇极"所在，也是自然财富上供体系的最终目标，但京城市易务并不能代表市易法运作的主要内容。回顾王安石在《乞制置三司条例》和《度支副使厅壁题名记》中的恳切陈词，他始终考虑的是王朝权力对疆域内万事万物的统治。在他的整体设计中，均输法和市易法用于统筹和调配全国物资，而京外市易务恰恰体现出这种统筹和调配的针对性布局。正如陈晓珊指出，"宋代熙宁变法时期市易机构各自具有不同的区位特点和工作重心：西北的各市易机构与开疆固土的目标紧密联系，一旦有新区域开辟，市易机构也随之设立；西南的夔路市易司重点，在于邻近的民族地区贸易，东南运河经济带诸市易机构是为了实现对首都的物资供给，广州市易司的设置与海外贸易直接相关；而北方河北境内的各市易机构，则以宋辽边境的后勤粮饷和国防建设为主要工作"[②]。陈晓珊对京外市易务的设立过程与基本作用已有具体论述，对本书很有启发，本节在其研究的基础上结合王安石"建立庶政"的整体性方案，说明市易法对商贸环节和商人活动的规制、引导和一体化统筹。

（一）西北市易务

设立市易法的意见出自北宋著名将领王韶。他在熙宁三年（1070）二月管勾秦凤路经略司机宜文字任上，提出一项以市易务为核心经略方案："沿边州郡，惟秦凤一路与西蕃诸国连接，蕃中物货四流而归于我者，岁不知几百千万，而商旅之利尽归民间。欲于本路置市易司，借官钱为本，稍笼商贾之利，即一岁之入，亦不下

---

    ① 陈晓珊基于历史地理视角对于京外市易务的史料进行了较为详细地梳理，对笔者很有启发。本书在陈晓珊研究的基础上，从"建立庶政"的角度将京外市易务的设置及其治理内涵予以重新增补、解释。参见陈晓珊：《历史地理视角下的王安石变法》，北京大学博士论文，2011，第38-57页。

    ② 陈晓珊：《熙丰变法时期各地市易机构的分布特征与作用分析》，《中国经济史研究》2015年第4期，第25页。

一二千万贯。"①

与对边境地区肃杀萧瑟的刻板印象不同，王韶的意见反映出北宋与蕃部（青海地区）边境日常频繁的贸易活动。②而在不加政府管制、引导的情况下，百万缗以上的贸易顺差流入民间。这种现象亦证明王安石所长期警惕的北宋王朝在基层社会的结构性的政治安全危机在西北边境地区主要表现为商贸失控，在这种条件下，大商人由于缺乏约束或形成地方势力，而且西夏与秦凤路、蕃部均接壤，如果不加以控制，部分财富也可能转向西夏方，造成对北宋的更大压力。而这也显露出一个机会，即一旦北宋能够对边境贸易加以有效控制，那么在稳固秦凤路军政的同时，也可能使边民和蕃部少数民族大量内附，最终使蕃部土地、人口转化为北宋疆域、子民。王韶的这一开边计划得到王安石的大力支持。③

同年七月十一日，王韶提出了更为进取的方略④，把原本设置于秦州（今甘肃天水）的市易务向西迁移到古渭寨（今甘肃陇西），更接近于宋蕃、宋夏的军政前沿。这一意见在朝堂上遭致强烈反对，理由一是建设市易务必须积存钱财货物，古渭寨距离边境太近，会诱引蕃部众羌前来抢劫；二是古渭寨建设市易务会吸引秦州百姓移民，导致秦州酒税减少。⑤这两个理由本质上并非经济因素，而都是国防安全因素，反映出当时一些大臣并无降服蕃部众羌的信心。王安石对此不以为意，他看到了在古渭寨设置市易务的核心，通过增加经济贸易活动增加商税，以商税作为军费巩固北宋在边境的军事存在，再通过军事存在换取更大的政治资源和对话空间，构筑中原王朝在边境地区对蕃部部落的绝对优势。⑥

---

①　徐松：《宋会要辑稿·食货三七之一四》，第 5455 页上 a-b，《宋会要辑稿·食货五五之三一》，第 5763 页上 a-b。两组记载相互校对，前者中 "一二十万贯" 应为 "一二千万贯"，后者中 "商旅之利" 应为商旅之利。据五五之三一条记，王韶此建议系于神宗熙宁三年（1070）二月十一日作；转引自陈晓珊：《历史地理视角下的王安石变法》，北京大学博士论文，2011，第 39 页脚注 2。

②　"韶又言：'渭源至秦州，良田不耕者万顷，愿置市司，颇笼商贾之利，取其赢以治田。'帝从其言，改著作佐郎，仍命韶提举。" 参见脱脱：《宋史·王韶传》，第 10580 页。

③　"二月十一日，以王韶提举蕃部兼营田、市易。" 参见刘成国：《王安石年谱长编（第三册）》，第 1009 页。

④　刘成国：《王安石年谱长编（第三册）》，第 1113 页。

⑤　"李若愚等以为古渭寨不可置市易司，聚三十万货物必启戎心，又妨秦州小马、大马家私交易，且私交易多赊贷，今官市乃不然，兼市易就古渭，则秦州酒税课利必亏。曾公亮、文彦博、冯京皆以若愚等所言为是。" 参见刘成国：《王安石年谱长编（第三册）》，第 1114 页。

⑥　"安石更白上曰：'今蕃户富者，往往有三二十万缗钱。彼尚不畏劫夺，岂朝廷威灵乃至衰弱如此？臣愚以为今欲连生羌，则形势欲张，应接欲近。就古渭置市易，则应接近。古渭商旅并集居者多，因建以为军，增兵马，择人守之，则形势张矣。" 参见刘成国：《王安石年谱长编（第三册）》，第 1114-1115 页。

通过市易务来吸附蕃部的做法在王韶后续经略西北过程中体现得淋漓尽致。在战术上，王韶对诸羌分而治之，一方面，吸纳部分少数民族部落内附，另一方面，组织对敌对部落的军事打击；在战略上，则始终推进市易务，不仅在熙宁三年（1070）从秦州推进到古渭寨[①]，熙宁五年（1072）八月也在新占据的镇洮军（后为熙州，今甘肃临洮）设立市易务[②]，迅速巩固扩张成果。此后，北宋王朝又延续这一方略，在青唐、兰州分别设立市易务，不断巩固内附的新领地，并在此基础上明确路、州、军等行政区划和区域中心，使军事扩张成果转化为政治统治事实。

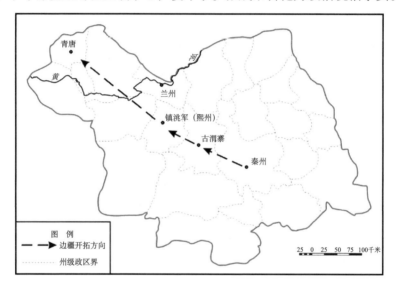

图三　熙宁、元丰年间（1078—1085）西北地区市易务设立路线图[③]

（该图例复制与使用已获得陈晓珊研究员授权，2020 年 12 月 8 日。）

除了战略扩张，在边境地区设立市易务本身也符合治理非传统农耕区域的现实需要，这是北宋王朝在该地构建常态化统治的重要制度。与中原王朝绝大多数百姓

---

①　"（熙宁三年）二月二十一日，以王韶提举蕃部兼营田、市易。"参见刘成国：《王安石年谱长编（第三册）》，第 1009 页；"（熙宁三年）七月十一，诏陕西转运司详度移市易于古渭寨利害以闻。先是，王韶召对，言边事，请于古渭寨置市易司，许之。"参见徐松：《宋会要辑稿·食货五五》；转引自刘成国：《王安石年谱长编（第三册）》，第 1115 页。

②　"王安石曰：'洮西必为内地，武胜更移市易，即必为都会。洮河据夏国上游，足以制其死命。'上令擘画，更与武胜钱物。"李焘：《续资治通鉴长编·熙宁五年八月壬辰》，第 5759 页；转引自：刘成国：《王安石年谱长编（第四册）》，第 1495 页。

③　陈晓珊：《历史地理视角下的王安石变法》，北京大学博士论文，2011，第 40 页。该图例已获得陈晓珊研究员授权使用，2020 年 12 月 8 日。

从事农耕不同，宋蕃、宋夏边境地区的人口多为牧民或者商人，统治这些人口无法照搬中原王朝的"庶政"四法和保甲制度，需要设立市易务并具体管理茶、马、盐、铁等商品交易。针对边境地区特殊的社会经济条件，王安石曾与宋神宗进行了如下讨论：

> "韶欲于古渭置市易，非特一利而已。使蕃部得与官司交关，不患边人逋欠，既足以怀来蕃部，又可收其赢以佐军费。古渭固宜聚兵，但患财谷不足，若收市易之赢，更垦辟荒土，即将来古渭可以聚兵决矣。"上曰："市易、耕田与招纳，乃是一事尔。"[1]

这段对话说明，王安石和宋神宗都看到，王韶在古渭寨设置市易务的做法具有查缴边地商税、吸纳蕃部、充实军费、增强军事存在、招纳农民开荒等多重作用。由于设立市易务，古渭寨周边地区得以负担大量人口的商贸需求，而这些地区的荒田也将吸引秦凤路其他内地农民前往拓荒开垦，成为该地区的编户齐民，从而把边境的非传统农业区逐步转化为农业区，便于北宋王朝更为深入地控制和更为长久的统治。这些多重作用反映出边地市易务作为区域行政中心的实际作用，而其行政建设与军事扩张一体两面的战略规划及其吸纳边民的作用，在中国古代战争史上也颇具典型意义。

在熙宁三年（1070）八月古渭寨率先设立市易务后，西北地区又先后设立镇洮军（熙宁五年）、秦州、永兴军、凤翔府、兰州（熙宁八年）等市易务。自此，京外市易务也全面铺开，大致分为三种类型：一是西南地区羁縻州、县的市易务，比如夔州（今重庆彭水）；二是原来均输法所覆盖东南诸路的主要州、县，比如杭州、楚州（今江苏淮安）、润州（今江苏镇江）等，还包括海外贸易中心广州；三是北方宋辽边境及其后方转运中心，比如安肃军（今河北徐水）、沧州（今河北沧州）、大名府（今河北大名）、郓州（今山东东平）等。这些市易务的布置也具有极强的针对性，以下稍作说明。

（二）西南市易务

西南四路包括成都府路、梓州路、利州路、夔州路，除成都府路所在的成都平

---

① 李焘：《续资治通鉴长编·熙宁三年八月辛未》，第5205页；刘成国：《王安石年谱长编（第三册）》，第1136页。

原农耕经济发达,其他三路或者自然地理条件恶劣,或者是少数民族聚居地,当地与中原王朝的交往、中原王朝对当地的管控的主要手段是通商贸易。熙宁六年(1073),中央朝廷在夔州路黔州设置市易务,黔州(今重庆彭水)治所地处武陵山区。在这样一个位置偏僻、远离经济中心的地方设置市易务,有何意图?

首先,从《元丰九域志》、《宋书·地理志》和谭其骧的《中国历史地图集》综合来看,黔州市易务主要面向西南部羁縻州、县的换货贸易。黔州西南部大片山区是少数民族传统聚居区,虽然法理上属于北宋疆域,但长期处于自治状态,该地区与北宋王朝的交往模式主要是"以盐换粟""以缯换马"的边境贸易。这种边境贸易并不追求获利,庆历年间(1041—1048),益州路转运使袁抗就指出:"朝廷与蛮夷互市,非以取利也。今山前、后五部落仰此为衣食[1]。"显然,"互市"的主要目的在于"羁縻",维持区域的政治社会稳定,并通过长期的贸易让利使少数民族百姓更深刻地内附于北宋统治。

其次,黔州市易务也有利于羁縻州、县的行政建设,以维持区域治安。皇祐四年(1052)广南地区(今广西境)爆发侬志高之乱,战乱波及大量地区边民,这使朝廷意识到仅仅以贸易控制南方民族地区并不稳定,应进一步加强国防和统治力度。王安石变法时,夔州路设立乡兵以吸收少数民族部众,为了满足乡兵的粟、盐等俸禄需求,则将其驻扎在具有盐井、盐泉的黔州地区[2],这也是夔州路市易务设在黔州的重要原因。随着乡兵组织的常态化存在,黔州地区同时区域商贸和军事治安作用,成为北宋王朝统御西南少数民族的前沿行政中心。时至政和元年(1111),黔州所领羁縻州、县达49个,遍布贵阳、都匀、凯里、长顺等今贵州中东部地区[3],足见黔州市易务对民族地区的管辖力度和治理效果。

在整个西南地区,除了黔州市易务在羁縻州、县上的作用,成都府路也在市易体系中扮演重要角色。虽然出于种种原因,成都府路未能设立市易务,但成都作为西南—西北茶马贸易的必经之路,成为西南、西北沿边市易务大宗商品的转运中心,为实现西南、西北两大区的战略联结发挥重要作用,极大加强了西北军政的后

---

[1] 李焘:《续资治通鉴长编·庆历四年十一月壬午》,第3721页。

[2] 乐史:《太平寰宇记·江南西道·黔州》,王文楚点校,中国古代地理总志丛刊本,中华书局,2007,第2396页;转引自陈晓珊:《历史地理视角下的王安石变法》,北京大学博士论文,2011,第44页。

[3] 谭其骧:《中国历史地图集(第六册)》,中国地图出版社,1982,第29-30页。

勤保障和战略纵深。

历代中原王朝长期经营成都平原，当地经济水平远高于西南各地。但由于北宋王朝定都汴梁，更为倚重联结东南广大地区的内陆运河体系，并且距离成都—汉中—长安的传统物资转运路线更远，所以，成都府路更符合区域转运中心的贸易地位。新法开始后，成都府路虽然严厉推行青苗法等"庶政"四法，但始终没有纳入以常规农业为主的均输体系。熙宁六年（1073）十二月，关于成都府路是否设立市易务的讨论展开，宋神宗顾忌成都地区曾爆发过的王小波、李顺等茶农起义，因而最终没有同意在成都设立市易务。[①] 但从史料和后世分析来看，成都府路设立了茶场司（茶马司）这一更具针对性的专职机构，在避免储存大量钱货的情况下，充分发挥了成都中转大宗商品的作用。王晓燕在《官营茶马贸易研究》[②] 中指出，成都汇聚了大量蜀中茶货转向西北蕃部贸易。得到马匹、获取蕃部良马、培育马种是北宋王朝战略储备的重要一环，但陕西路、秦凤路等西北诸府州军并没有受蕃部商人欢迎的商品，北宋货币也在蕃部难以通行，所以北宋王朝决意大规模组织茶马的换货贸易。

熙宁八年（1075），担任成都府利州路茶场司主官的李杞分管西北渭州、秦凤、阶州、成州、熙河等路的榷茶事务，他提出"卖茶、博马，乃是一事，乞同提举买马"[③]，点明茶、马是宋蕃贸易一体两面的重要项目，此证明通过成都对于茶马贸易的中转作用，北宋王朝得以全面统筹、调配两地资源。从更宏观的战略布局上，茶马司的设立从侧面表明成都平原及西南四路广大地区是宋夏、宋蕃边境军政物资的主要来源。不仅西南四路，广南东、西路的部分物资也由成都府路转向西北，如广西提供给陕西铸币用的 400 余万斤（非法定单位，1 斤 =500 克，全书同）铜铅原料[④]，这些不在运河体系中的南方地区均直接转运到成都，由成都统一调拨西北，减去了运送至京师的大量损耗和运费。[⑤]

由此可见，成都府路作为区域转运中心，不仅使西南、部分广南地区与西北边

---

①　徐松：《宋会要辑稿·职官四三之四七》，第 3297 页；转引自陈晓珊：《历史地理视角下的王安石变法》，北京大学博士论文，2011，第 44 页。

②　王晓燕：《官营茶马贸易研究》，民族出版社，2004，第 120 页。

③　李焘：《续资治通鉴长编·熙宁八年八月壬子》，第 6553 页。

④　李焘：《续资治通鉴长编·熙宁三年七月辛丑》，第 5178 页。

⑤　李焘：《续资治通鉴长编·熙宁三年十一月己酉》，第 5281 页。

境构成战略联结，也将这些远离中原的广袤地区以大宗商品贸易的方式纳入北宋王朝的市易体系中，使王朝权力进一步渗透到不同地区的生产、生活的重要环节。

（三）东南运河及海港市易务

东南运河和海港市易务是在均输法体系上建立的，包括杭州、楚州、广州、润州、越州（今浙江绍兴）、真州（今江苏仪征）六个市易务。其中，楚州、润州、越州、真州是运河市易务；杭州和广州是海港市易务，之后哲宗时期板桥镇（今山东青岛）也设立市易务，也归属海港市易务。[①]这类市易务与京城市易务性质相近，并未起到边境市易务的行政建设作用，其主要目的在于规管商人贸易、交通、仓储、信息沟通以及承包购买等重要环节，尽可能将所有商人纳入王朝治理体系。下面以两例说明这类市易务的特点。

运河市易务方面。熙宁七年（1074）四月，监楚州市易务王景彰违反了市易条例中的自愿原则，他要求商人不得去其他地方买卖，还让商人"白纳息钱"[②]，就是用限定贸易区域和预付承包利息的做法将商人的主要活动限制在楚州市易务中。楚州一事虽然是市易务运作过程中的负面事件，但这种做法从侧面显示出市易务的基本原则，即避免商人从事政府规管以外的商业活动。

海港市易务方面。广州是北宋海外贸易的中心，以往就设置市舶司负责货物的买入与卖出。熙宁六年（1073），广州市易务设立，负责广州地区的政府购买、发包、转运，在职能上与市舶司形成重叠。仅仅一年后，市舶司陷入亏损："广州市舶司顿亏岁课二十万缗，或称缘市易司之故，致舶客不至，未知虚实，可体量推究以闻。"[③]朝廷对这市易务与市舶司冲突的定论是："广州市易务勾当公事吕邈擅入市舶司拘拦蕃商物。"[④]从市易务和市舶司两套体系的运行方式上看，市易务官员之所以能够在市舶司截得外商货物，或在于市易务的行人更了解市场价格和销售渠道，能提供给外商更高的出价，并把货物更快地分包出去，这就造成了市舶司业务的大幅下降。

此外，还有一个现象值得思考。在运河市易务和海港市易务的设置上，无论是王安石还是宋神宗均表现得很谨慎，始终没有批量式地开设。在运河体系不断扩展

---

① 陈晓珊：《历史地理视角下的王安石变法》，北京大学博士论文，2011，第49页。

② 李焘：《续资治通鉴长编·熙宁七年四月丙戌》，第6171页；漆侠：《王安石变法》，第155页；徐松：《宋会要辑稿·食货三七之十九》。

③ 李焘：《续资治通鉴长编·熙宁七年四月己丑》，第6173页。

④ 李焘：《续资治通鉴长编·熙宁七年六月甲寅》，第6223页。

的背景下，运河市易务的数量一直为熙宁八年（1075）以前确定的四个；而在海港市易务上，除了杭州、广州，山东半岛上的密州（今山东诸城）自行设置市易务，但被朝廷否决，并撤除相关官员。[①]朝廷此举显然不是因为密州缺乏海外贸易的基础，或要结合新法的整体布局来理解。密州所在的京东路（今山东大部）是北方农业生产的重要地区且无军政压力，熙宁二年至七年（1069—1074），京东路也全面推行"庶政"四法和保甲编排。在这样的区域条件和时代背景下，王安石与宋神宗很可能并不希望由于设立市易务导致传统农业区变为非农业区、农民转为商人。反倒在宋哲宗时，出于汲取财政收入的目的，中央朝廷在密州下辖的板桥镇设立市舶司，这前后两个时代的不同做法之间存在着微妙的变化。

由此可见，设置运河市易务和海港市易务的目的是对北宋王朝业已成熟的商贸路线加以常态化规管。后世许多研究注意到王安石变法后，北宋晚期乃至南宋的商税占据国家财政收入的比重增大，并以此作为王安石的重商倾向的依据。这种解释或许有些激进，从我们的分析来看，商税扩张应是市易法覆盖全国商贸路线和交易环节后的客观结果[②]，其重点应在于把商人和农民一样尽可能地纳入王朝治理体系中。

（四）河北市易务

河北路地处宋辽边境，是京畿以外北宋禁军驻屯最多的地区。熙宁八年（1075），河北路连续设立了七所市易务，分别是大名府、真定府、瀛州、定州、安肃军、沧州以及京东境内靠近河北的郓州。[③]七所市易务中，大名府、真定府、瀛州、定州、郓州五所均是当时安抚司治所，是区域军政指挥中心。[④]由此可知，熙宁八年这次大批量的市易务布局目的明确，即针对宋辽边境军政统筹而展开。

河北地区的军粮供给是北宋王朝治理的重要事务。由于北宋立国以来就没能掌握燕云长城一线，导致宋辽对峙的军事前线直接设在广阔的河北平原，直接威胁京城汴梁，使北宋陷入战略被动，必须在河北地区驻守大量军队。河北路在宋以前一直是传统中国的农业大区，受军事压力之影响，在北宋时期大量人口迁出，致使当地粮食产量大减，难以同时供应当地居民与军队。对此，北宋王朝采取了利用商人

---

① 李焘：《续资治通鉴长编·熙宁七年八月癸酉》，第 6223-6224 页。
② 漆侠：《宋朝经济史》，中华书局，2009；黄纯艳：《宋代财政史》，云南大学出版社，2013。
③ 陈晓珊：《历史地理视角下的王安石变法》，北京大学博士论文，2011，第 49 页。
④ 陈晓珊：《历史地理视角下的王安石变法》，北京大学博士论文，2011，第 49 页。

运送内地粮草的"沿边入中"做法，以维持军队后勤保障。但由于对商人缺乏监管，供应军队的粮食的质量和数量明显下降。

因此，设立这七所市易务本质上是对传统商贸路线的制度化重置。中央朝廷设立市易务，使军粮的贸易、转运直接连接前线军政要地，避免内地粮食集中到大名府、真定府等中心城市，而造成前线统筹的混乱和损耗。

小结

本章展现出王安石"建立庶政"的另一个维度，即对商业贸易的一体化统筹。其中，均输法是在北宋内陆水路体系基础上对商贸运输环节的规制，市易法则面向更大范围的商贸行动而予以引导和统筹，二者虽然侧重不一，但均体现出皇帝代表的国家权力对商人、商业的介入和规范的治理意涵。

具体而言，均输法体现出国家权力对远距离物资运输的统筹与调配。在此过程中，均输法同时具有降低运输费用、扩展水路体系以及促进货物流通的多重职能。此外，国家权力规制商贸环节使东南六路的自然财富保持相对稳定的价值，避免自然财富在远距离的水路运输中出现价值虚高、交通损耗等现象。所以，要理解均输法，需要看到王安石设计均输法的本意是尽可能恢复各地上供的物资在当地的本来价值，而不是借此机会在流通、贸易、定价等环节追求利益最大化。

市易法则重在治理商人行动的重要环节。在京城市易务，市易法介入并逐步规范商人贸易、交通、仓储、信息等重要环节，在此过程中对官营经济机构进行全面深化与拓展。相较商业兼并的大商人，市易务在贸易、交通、物流、信息等多个环节具有优势，不断吸纳中小商人参与市易务运作，最终形成将所有人纳入王朝治理体系的趋势。在规范和引导商人行动的重要环节的同时，构建起国家权力统筹下商人参与政府购买和市场流通的市易体系。而京外市易务的设置呈现出区域性特征，西北、西南等地区的边境市易务强化对边境非农业事务和以非农业人口的商贸管理和行政建设，海港和运河市易务管理和统筹区域商业和政府购买活动，河北市易务则主要统筹军费、粮草的输送和转运。这些不同区域的市易务所构成的市易体系也共同服务于国家权力对商业贸易的一体化统筹。

第七章
结论与讨论

本研究通过揭示《宋朝诸臣奏议》中隐含的治国“体要”之争，指出王安石与司马光等同时代精英争论的深层次问题是“治国之体要”，亦即双方关于北宋王朝治理体系的“为政之体”——政治等级体结构、“治事之要”——各层级的行动纲要、政治体运作的核心机制等主要问题的认知差异。在治国“体要”视角下，本研究认为：王安石变法在历史上的核心问题是对北宋王朝治理体系的改造，其特征与实质是深入基层社会并“建立庶政”，进而重构“皇帝—庶民”贯通的“为政之体”及其“治事之要”。前述章节分别从王安石“体要”观的思想形成与实践展开出发，分析了王安石对北宋王朝治理体系的构想的思想基础与现实指向，以及青苗法、保甲法、市易法等七项新法在新“体要”中制度设计的内在理路。

本章将在之前各章研究发现的基础上，进一步总结王安石变法改造治国“体要”的制度逻辑和“建立庶政”的特征。本章还将阐明在治国“体要”视角下对于王安石变法中一些基本问题的新认识，如国家权力介入基层社会是王安石变法的主要特征，如王安石的核心关切是北宋王朝基层治理简化、弱化后的政治安全危机，如王安石变法的思想雏形和指导纲领是《洪范传》和《周官新义》等经学文本，他从中发现“皇帝—庶民”贯通的“为政之体”并进一步形成结构完整、内在互动的变法方案。

本章还将从传统中国治理思想史的视角与分析框架、传统中国治理思想的研究方法、公共行政理论本土化、超大型国家有效治理理论等方面讨论本研究。从而定位治国“体要”问题与王安石变法的理论与现实意义，阐述本研究在视角、理论、方法等多方面的阶段性成果，并在公共行政学领域如何进一步挖掘和提炼传统中国治理智慧提出反思与意见。

第一节　研究发现

相较财政政策、经济思想、士大夫文化、党争、社会阶级冲突等传统分析视角，治国"体要"视角着眼于北宋王朝治理的政治等级体结构及其各层级的行动纲要，因而更关注全局性和整体性的问题。综合以王安石、吕惠卿为代表的变法派和司马光、范纯仁为代表的反变法派对新法的评价来看，"建立庶政"是理解王安石变法的"题眼"所在，它既是王安石铺陈新法、改造"体要"的切入点，又是诸项新法政策共同服务的整体性目标，还是新旧"体要"诸多矛盾的交会。

一、"建立庶政"：重构"为政之体"的变法切入点和总体目标

历经百年变迁，北宋王朝以"祖宗之法"为核心的治国"体要"业已定型，包括"皇帝与士大夫共治天下"的"为政之体"以及皇权委托制下"得人""异论相搅"等"治事之要"，在有效化解和规避内部隐患的同时，也陷入国家行政滞缓无力的泥沼。长期主政地方的王安石对北宋各层级政府的治理要点与弊端均具有深刻体认，并在担任三司度支判官之际逐渐明确了北宋王朝治理体系的深层次危机所在，即皇权委托下基层社会治理简化、弱化后基层资源流失的政治安全问题，并由此形成了重构"为政之体"进而展开制度施设的变法思路。

王安石理想的"为政之体"是以皇帝与广大庶民贯通并有序互动为蓝本，这一构想在《洪范传》和《周官新义》均有体现：《洪范传》成文于变法前，是具有一般意义的理论雏形，在其中，庶民服从于皇帝的直接统治与教化、引导，而皇帝掌控天下万物成就庶民好的命运；《周官新义》则是变法开始后更具实践意义的指导纲领，强调深入"皇帝—庶民"贯通的"为政之体"的庶民一端，实现皇权向基层社会的垂直下贯并直接治理天下庶民的生产、生活。诸项新法的制度施设也在"建立庶政"的指导精神下逐步展开。变法推行一段时间后，随着青苗法、农田水利法、保甲法的实施与试行，文彦博等老臣意识到新法深入基层社会背后王安石重构"为政之体"的变法目标，于是发生了"孰与皇帝治天下"的著名廷议，展现出"皇帝与士大夫共治天下"和"皇帝—庶民"贯通的两种"为政之体"的重大分歧。

作为王安石铺陈新法、改造"体要"的切入点，深入庶民的策略大致在熙宁三年底（1070）取得阶段性胜利，并在青苗法、农田水利法和其他配套政策的推动下，基本实现了三种实际效果：皇帝代表的国家权力垂直下贯到基层农村社会；调

整并扩大地方州、县政府参与"庶政"的职能;政府引导农民精耕细作、发展生产,既加强对基层社会的治理又扩大税基。在变法格局奠定下来后,其他新法发挥各自的治理功用,进一步完成"建立庶政"的共同目标,体现出王安石新"为政之体"中不同的"治事之要"。

二、"建立庶政":诸项新法实践展开的"治事之要"

王安石变法中的七项主要新法政策推行次序不一、涉及内容各异。但在"建立庶政"的共同目标上大致分属于三方面治理功用,展现出新法重构的新"体要"中基层社会治理的"治事之要"。

青苗法、农田水利法、免役法、方田均税法等四法面向广大的农村社会,分别根据农户生产、生活的重要环节而设立制度,使地方政府根据农时、地理条件发挥职能,形成治理农村社会、推动农业生产的"治事之要"。青苗法意在青黄不接之时提供生活救济,提高农户单位生产效率,向农户出贷钱粮,确保农村的春耕、夏种如常推行;农田水利法意在兴修水利、疏浚河道、开垦荒地以改善农业生产条件,使秋收后农村的农田水利工程成为治理常规;免役法"以钱代役",使农民按照户等纳钱以免除劳役,意在解除大部分农民的劳役而致力于农业生产,按田产纳钱、取消免役特权使基层社会的承役负担更均等、合理,将核查户等、财力作为地方政府的常规工作;方田均税法意在丈量土地、编制账册,以消除赋税不均现象,核查农户实际的税、地情况。上述四项新法共同服务于皇权垂直下贯农村社会并"建立庶政"的总目标。在加强对农村社会和农民生产的管理后,地方政府的职能得以扩展和规范,并通过扩大税基增加了中央的财政收入。

王安石"建立庶政"、对庶民生产、生活进行常态化治理并纳入王朝治理体系的思想,一方面,源自他"皇帝—庶民"贯通的"为政之体"构想,另一方面,来自他"以中人为制"的政治理念。王安石对庶民生产、生活进行常态化治理的"治事之要"也体现在礼法改革方面,可惜宋神宗在位时没能完全践行,这一"建立庶政"的精神在北宋末期由宋徽宗沿袭并试行"庶民礼"。这是中国历史上第一次"礼下庶民"的实践,虽然这一实践失败了,但仍然清晰地展现出王安石以王朝国家权力深入庶民生产、生活的重要环节并进行常态化治理的"治事之要"。

保甲法也面向农村社会,除了在不同地区具有明确的治安条例、民兵制度等"治事之要",在广大疆域内还具有重构基层制度单元的制度内涵,使皇权下贯农村社会和前述青苗法等四法对庶民生产、生活常态化治理的阶段性成果制度化地奠定下来,体现出直接扩展"为政之体"的特定功用。重构农村社会的基层制度单元主要体现在两个方面:保甲法的保长、保丁综合,取代了役法中耆长、壮丁的治安职能和户长的督税职能,具有强制性的"都保(500户,1500~2500人)—大保(50户)—保(5户或10户)"的基层社会的制度化组织形式也取代了"乡镇—自然村—邻里(5户或10户)"的自然组织形式,实现了王朝国家权力对基层社会的制度化重建。

重构基层制度单元的过程中,富民与胥吏在基层社会事务中的地位发生较大变化,变法以后"庶政"事务大幅增加,胥吏群体发挥重要作用并被纳入王朝治理的官吏体系中。由仓法进行管理和养育,进一步说明基层社会在王安石"皇帝—庶民"贯通的"为政之体"中得以制度化地组织起来。

均输法和市易法是面向商贸运输的"治事之要",在"建立庶政"从而有效整顿基层社会资源的基础上,实现王朝国家权力对天下财富的一体化统筹,并加强对商人群体的管理和引导。在王安石"皇帝—庶民"贯通的"为政之体"构想中,皇帝代表的国家权力始终保持对天下财富的控制与统筹是整"为政之体"运转的必要机制,在具体实践中则展现为均输法和市易法。

均输法建立于北宋王朝运河体系的基础上,尽可能减少因运输损耗、信息闭塞、商人操纵导致的物价波动,并提高运输效率。其原理是官府根据过去10年各地粮食的平均价格形成五等份的统计表,在粮价确定后,在粮少价高的地区较少购买,在粮多价低的地区较多购买,以相对稳定的征购行动保持市场流通。在均输法和农田水利工程的有效推动下,北宋王朝运河体系得以极大发展。市易法具有京城市易务和京外市易务两种。京城市易务的理念与均输法相近,但在均输法基础上扩展了对小宗商品、非时令性、间接税性质的市场产品的管理,并加强了对商人行动的规范和引导,构建起国家权力统筹下商人参与政府购买和市场流通的市易体系。而京外市易务的设置呈现出区域性特征,西北、西南等地区的边境市易务强化对边境非农业事务和以非农业人口的商贸管理和行政建设，海港和运河市易务管理和统筹区域商业和政府购买活动，河北市易务则主要统筹军费、粮草的输送和转运。这些不同区域的市易务所构成的市易体系共同服务于国家权力对天下财富的一体化统筹。

三、治国"体要"视角下对王安石变法的新认识

治国"体要"视角下，本书也对王安石变法研究的一些关键问题形成了新的认识。

本书的核心发现是以"建立庶政"概括王安石变法的基本特征。实际上，许多学者都注意到王安石变法中国家权力深入基层社会的事实，并提出了多种解读。比如梁启超指出，新法具有打击富民、扶助贫民的"干涉政治"特征和"社会主义"因素，比如漆侠把青苗法、免役法、方田均税法、农田水利法四项法令归类为调节农业生产关系和发展农业生产的措施，又比如王曾瑜认为新法深入基层实际上是搜刮全国编户齐民的"聚敛""富国"之术，还比如刁培俊基于国家—社会视角分析保甲法体现出国家公权力向基层乡村社会的渗透，等等。①

但从改造治国"体要"出发，我们认为王安石变法是在"皇帝—庶民"贯通的"为政之体"构想下展开的，因而需要弥补"为政之体"的庶民弊端，即"建立庶政"，从而使皇权垂直下贯基层社会，并对农民、商人、官吏在内的所有庶民的生产、生活予以规范与引导。所以在王安石变法中，国家权力向基层社会的渗透是全方位的，不局限于保甲法等单一法令或者农业等单一领域，而是对整个王朝治理体系的重构。因此，本书指出新法中七项主要法令在"建立庶政"目标下不同维度的治理意涵，即对农民生产、生活的常态化治理、对基层农村社会的制度化重建和对商人、商贸的一体化统筹，展现出国家权力深入基层社会并规范和引导庶民生产、生活的重要环节的实质。至于增加财政收入、打击富民阶层、发展农业生产，这些

---

① 梁启超：《王安石传》，商务印书馆，2015，第104-105、114、136页；漆侠：《王安石变法》，河北人民出版社，2001，第122-146页；王曾瑜：《王安石变法简论》，载于《中国社会科学》1980年第3期，第133、139、150页；刁培俊、张国勇：《宋代国家权力渗透乡村的努力》，载于《江苏社会科学》2005年第4期；刁培俊：《宋代"保甲法"四题》，载于《中国史研究》2009年第1期。

历史上不同解读则是王安石"建立庶政"、改造"体要"后，王朝治理体系向基层社会扩张的客观结果或连带效应。

总体而言，本书对王安石"建立庶政"思想的挖掘和实践的阐发是传统社会治理思想研究的首例，而本书对王安石变法的研究也是社会科学领域中传统中国国家权力深入基层社会的一个重要案例与系统论述。

除了"建立庶政"这一核心发现，本书在治国"体要"视角下对王安石变法的许多现象和问题产生了新的认识，以下列举重要的两例。

其一，本书认为王安石变法的动机或核心关切并非聚敛短期的财政收入，而是在于政治安全危机，即北宋王朝基层社会治理简化、弱化下，基层资源流失的政治安全问题。王安石对于这一问题的关注由来已久，首先在《万言书》中警惕庶民中产生张角、黄巢等人物危及政权，之后在"理天下之财"的论述中也提出政治安全问题。王安石的"理天下之财"意涵丰富，包括发展农业生产创造财富、国家主导并统筹天下财富、抑制大农、大商等特权的产生，以及为皇帝汲取足够的财政收入。这些效果无一不需要皇权深入基层社会、扩展"为政之体"，如果不能成功扩展"为政之体"，任何短期的财政政策都无法持续发挥效用。因此，政治安全问题及加强基层治安和制度化控制的应对之策是理解王安石变法的重要前提。在这个意义上，我们可以将王安石从理财的简单认识中解脱出来[①]，也可以扩展传统中国财政思想的丰富意涵，形成更为广义或者更具整体性的财政观。[②]

其二，本书指出王安石变法的思想雏形和指导纲领分别是《洪范传》和《周官

[①] 财政政策与经济思想维度的主要研究，参见谷霁光：《王安石经济思想若干问题试析》，《中国史研究》1980 年第 1 期，第 88-98 页；叶坦：《大变法》，生活·读书·新知三联书店，1996，第 73-108 页；钱穆：《国史大纲》，商务印书馆，1996，第 569 页；赵益：《王霸义利——北宋王安石改革批判》，南京大学出版社，2000，第 128-133 页；孙文学：《中国财政思想史》，上海交通大学出版社，2008，第 294-309 页；胡寄窗、谈敏：《中国财政思想史》，中国财政经济出版社，2015，第 356 页；刘守刚：《中国财政史十讲——基于财政政治学的历史重撰》，复旦大学出版社，2017，第 157-177 页。这些研究或基于"王霸义利"的传统评价，或基于现代国家的解读，但并不能完全解释王安石"理天下之财"的内涵。

[②] 近年来，在传统中国经济史研究方面，刘志伟着眼于认识与市场经济体制并列的非市场经济体制，指出传统中国以"食货"为核心的经济原理及其理性，纠正和补充了诸如希克斯（John Hicks）《经济史理论》等西方经济史著作中对传统中国经济体系的解读，如指令／岁入经济等。刘志伟对传统中国"自然财富观"的提法和论述非常接近于王安石的理财思想，遗憾的是，刘志伟先生和本书都没有继续深入下去，这是未来传统中国经济史研究的重要方向。参见刘志伟：《贡赋体制与市场：明清社会经济史论稿》，中华书局，2019，代序：中国王朝的贡赋体制与经济史，第 2-19 页。

新义》。这两个经学文本均预设了"皇帝—庶民"贯通的"为政之体",并具有结构完整、内在互通的制度设计,王安石从中找到遏制北宋王朝结构性危机的治理方案。在王安石变法前、后的重要论议中,可以看出"建立庶政""以中人为制"的概括性表述,这些表述与《洪范传》《周官新义》一脉相承。虽然王安石常常援引《周礼》来解释诸项新法,但这不仅仅是谋求正当性,更是因为《周礼》是传统中国整体性和一致性的典范文本,诸项新法虽然涉及经济、社会、官僚制和文化等方方面面,但在制度设计之初即从属于一个一致的整体而相互适应,这是王安石推崇《周礼》、颁布《周官新义》教育天下士人的根本原因。这一认识是对既有研究中对王安石对《周礼》"附会说"的批评[1],也是对将经学概念与具体政策对应的研究路径的补充[2],还是对包弼德对王安石思想中"一致性"特征的扩展。[3]

第二节　理论贡献与进一步对话的设想

一、治国"体要"视角对传统中国治理思想史的透视

在传统中国国家治理思想史方面,本书提出了一个新的分析视角和分析框架。

---

[1]　历史上持"附会"说者较多,其中影响最深远的是朱熹和四库馆臣,二者均认为王安石推崇《周礼》是假、借《周礼》权威推行新法是真,这一观点迄今仍有市场。参见朱熹:《晦庵先生朱文公文集·朱子全书(第二十三册)》,上海古籍出版社,2002,第3382页;永瑢:《四库全书总目》,中华书局,1965,第150页;转引自潘斌:《王安石〈周礼〉诠释的新义》,《唐都学刊》2016年第6期,第93页。但总体来看,朱熹与四库馆臣的观点具有肯定理学、打击新学的意图,相对片面。

[2]　俞菁慧和雷博的多篇研究试图把《周官新义》与新法政策对应起来,如俞菁慧:《〈周礼·泉府〉与熙宁市易法——〈泉府〉职细读与王安石的经世理路》,《首都师范大学学报(社会科学版)》2014年第4期,第23-33页;俞菁慧:《〈周礼〉"比闾什伍"与王安石保甲经制研究》,《中国史研究》2016年第2期,第111-131页;俞菁慧、雷博:《北宋熙宁青苗借贷及其经义论辩》,《历史研究》2016年第2期,第20-39页。

[3]　[美]包弼德:《王安石与〈周礼〉》,方笑一译,《历史文献研究》2014年第1期,第65-78页。包弼德的学生罗祎楠在他的博士论文中指出,王安石在具体新法推行中始终援引经典,以维持新法的内在一致,但为了追求这种一致,往往与社会现实和行政细节相脱节,最终在执行过程中失去了官员的忠诚。参见 Yinan Luo, *Ideas in Practice: The Political Economy of Chinese State Intervention During the New Policies Period (1068-1085)*. PhD diss., Harvard University, 2015, pp.44-47。

虽然治国"体要"问题最初是司马光、赵汝愚一脉批判王安石变法的思想阵地,但"体要"问题不只局限于两宋时期,而是贯穿中国历史的重要问题。如果沿着治国"体要"变迁的思路来梳理整个传统中国国家治理思想史,我们可以观察不同历史阶段"为政之体"与"治事之要"的发展、变化与冲突,在"体要"的张力中体会传统政治智慧对治国理政的认知与应对,从而对历史进程的动力与阻力总结出一种新的结构性评价。

治国"体要"的分析视角和分析框架直击传统中国几千年沉淀的治理智慧的核心问题,进而展现出传统中国治理的丰富内涵与内在张力。历史上的治国者在不同的"为政之体"构想下,包含他们对人的日常生活、生产的重要环节、对基层社会的组织形态、对中央与地方的关系、对经济运行结构等一系列问题的不同理解,并在此基础上给出不同的治理方略。这极大扩展了研究者对传统中国治理智慧的丰富性的认识,为进一步研究开辟了新的路径。

治国"体要"的分析视角和分析框架也有助于把握治国者的整体性思考,从而厘清治国理政的本与末。这很大程度上可以避免研究者限于一部分历史人物的观点,比如宋明理学对王安石变法的意识形态化曲解;避免研究者过度纠缠现代学术体系强调的经济、社会因素,使研究回归政治或者目的更为明确的治理因素,揭示出历史变革的深层动因;避免采用以单一政策、单一地区、单一环节管窥社会全体的片面理解,而对整个国家的有序运行形成系统认识。

二、"建立庶政"与超大型国家有效治理的对话

在公共行政理论本土化方面,本书提供了一个"广土众民"的中国语境下大型王朝治理① 的经典案例。公共行政学者关于王安石变法以及传统中国国家治理的理

---

① 关于"广土众民"的大型王朝治理的研究近年不断涌现并引发关注,代表研究有黄仁宇:《中国大历史》,生活·读书·新知三联书店,1997;周黎安:《转型中的地方政府:官员激励与治理》,格致出版社,2008;曹正汉:《中国上下分治的治理体制及其稳定机制》,《社会学研究》2011年第1期,第1-40页;周雪光:《从"黄宗羲定律"到帝国的逻辑:中国国家治理逻辑的历史线索》,《开放时代》2014年第4期,第108-132页;泮伟江:《如何理解中国的超大规模性》,《读书》2019年第5期,第3-11页。另有王国斌:《中国的人口和空间规模对中国历史的意义》,厦门大学讲座公开记录,2018年4月17日。

论建构目前较少，其他社会科学学者讨论的一个重点是官僚制。[①] 但王安石变法作为传统中国国家治理中的"异类"，变法程度之深、范围之广远超官僚制层面的改革与调适，而是深入到基层社会，即同时从"治官"与"理民"两方面进行改革[②]，并试图贯通皇帝与庶民之间的政治等级体结构，随即引发了如何将"广土众民"囊括于王朝治理体系并施以有效治理的问题。在这个意义上，王安石改造治国"体要"的实质是构造长期有效应对"广土众民"等复杂治理条件的王朝治理体系，其核心在于"建立庶政"。

"建立庶政"从根本上挑战了"皇帝与士大夫共治天下"的皇权委托制的治理逻辑，在"广土众民"的复杂条件下治理成本高，因此，王安石变法是传统中国历史上的"异类"。从治理逻辑上看，"建立庶政"的基本做法是皇权垂直下贯基层社会，深入控制庶民生产、生活重要环节并加以规范和引导。维系"庶政"有效治理的要点在于统治者能否持续掌控天下万物的复杂变化，从管理的角度说，是将天下万物行政化，从结构的角度说，是将天下万物组织化。[③] 王安石的诸项新法分别指向天下中人（农民、商人、官吏等不同职业）的生产、生活等重要环节，这和王安石"理天下之财""以中人为制"的口号相通，都充分体现出将基层社会行政化和组织化的重要特征。但在传统社会，"建立庶政"无法克服物质通信技术的局限性，因而难以持续掌控天下万物的复杂变化。如果统治者对天下万物失控，或者说皇帝代表的国家权力失去对基层社会的控制，那么，"建立庶政"、引导和教化庶民尽性成才的政治理想将转化为对庶民的专制与苛政，这也是传统社会推崇简约统治、奉行皇权委托制的主要原因。

总之，新法"建立庶政"确实开出了超大型国家有效治理的一条道路。本书从

---

① 韦伯对王安石变法在内的传统中国官僚制的研究影响深远，其中王安石变法部分参见马克斯·韦伯（Max Weber）：《世界宗教的经济伦理·儒教与道教》，王容芬译，广西师范大学出版社，2008，第121-124页。

② "中央治官－地方理民"的上下分治体制是分析传统中国王朝治理体系及其官僚制的重点，描述这种治理形态的"皇权不下县""天高皇帝远"的俗语流传千年，费孝通先生的《乡土中国》亦点出这种上下分治现象。曹正汉是近年论述中国上下分治治理体制的代表人物。以上文献参见费孝通：《乡土中国》，生活·读书·新知三联书店，2013，第73-85页；曹正汉：《统治风险与地方分权：关于中国国家治理的三种理论及其比较》，《社会》2014年第6期，第52-69页。

③ "行政化""结构化"的提法来自陈明明对传统中国大型王朝治理经验的概括性表述，参见陈明明：《作为知识体系建构的中国政治学：经验、历史及其意义》，《江苏社会科学》2020年第5期，第88页。

"为政之体"——政治等级体结构、"治事之要"——治理基层的重点与纲要、"以中人为制"——治理庶民的人性基点、《洪范传》与《周官新义》——作为理论雏形与指导纲领的经学文本等，多维度丰富了研究者对这条道路的系统认识，与超大型国家有效治理的其他道路展开对话、进行比较，理解政治、经济、社会、文化、思想等不同维度的力量对历史走向的深刻影响。

王安石"建立庶政"的得失也可以以古鉴今。在物质通信技术约束被极大突破的今天，在超大型国家"建立庶政"已经不是难题，但是国家治理或者基层社会治理要将广大人民引向何处？是引导人民"尽性成才"、施行王道？还是设立法制规范，构建"中人"社会？还是有力控制基层社会和天下万物的复杂变化，以规避潜在隐患？这些历史上"建立庶政"的多重意涵指向了不同的治理目标与治理效果，在今天仍有意义，为我们冷静识别超大型国家治理的本与末、轻与重、机遇与隐患提供了成体系的历史参照。

三、对传统中国国家治理思想史的研究方法的探索和调适

如导论所述，斯金纳"历史语境主义"的政治思想史研究方法是目前较符合传统中国治理思想的研究方法。然而在行文中，笔者却不断意识到：这一生发于阐释马基雅维利、霍布斯等西方早期近代政治思想家的研究方法，并不完全适用于分析王安石等传统中国士大夫的治理思想。因此，需要在研究过程中警惕以下三种主要的思维误区：

一是中西方治理（政治）思想表现形式的差异。斯金纳所分析的马基雅维利、霍布斯等人都具有反映完整思想体系的经典文本，如《君主论》《论李维》《利维坦》等，而且始终将其定位为一个政治哲学或者科学的政治学著作[1]，与现代西方哲学、政治学、社会科学理论大多内在相通，便于斯金纳等后人阐发。而王安石并没有史上公认的反映其完整思想体系的经典文本，《上仁宗皇帝言事书》内容相对有限且与变法时隔多年，《周官新义》则被南宋理学家定性为附会《周礼》之作，而且中国的传统士大夫或长于诗文，或致力政务，类似《利维坦》的系统性著作罕见

---

① 刘海川：《语境主义的文本解释观念以及斯金纳的滥用》，《现代哲学》2019 年第 4 期，第 98-99 页。

于世，这些历史因素均不便于我们锚定经典文本来洞察王安石的政治思想，更何况王安石毕生之真正心血在于变法治理而非政论文章。显然，斯金纳直接回归经典文本分析治理思想的做法并不"放之四海而皆准"。

二是传统中国自身不同治理思想的深刻分歧。本书引论已经指出王安石与司马光等同时代精英之间的冲突绝不仅仅是"政见之争"那么简单，而通过行文更可以看出，双方在深层次的学理、方法论、认知体系和相应的治理方案上亦彼此分殊。①这种治理思想的分歧并不局限于王安石与司马光之间，南宋以降，理学主导的儒家正统确立下来，虽然极贬斥王安石，但也不完全认同司马光。中华人民共和国成立后，王安石的思想理念在"儒法斗争"中被归为典型的法家，而真正回顾王安石的文章，却发现他始终以儒家自居。②因此，在分析传统中国的治理思想时，常常陷入一种似是而非的误会之中：相同的儒家治理理念或传统政治价值——如"以义为利""王道"——在不同历史人物处很可能指向截然不同的治理结果。③显然，仅仅深入文本，而不充分理解历史人物的思想源流和他们在历史情境中的核心关切，也无从把握传统中国不同治理思想的实质内涵。

三是古今之间的思想隔阂。如何处理现代人不可避免的现代意识与历史人物的本来思想之间的龃龉本来就是思想史研究的难题所在，这在传统中国治理思想史研

---

① 郝若贝、包弼德、刘成国等海内外学者都注意到王安石与司马光等人的分歧不在治理的具体事务，而在于深层次的理念和认知结构。郝若贝专文论述了王安石与司马光、与二程的学理分歧，即王安石采用古典主义的经学路径，司马光代表历史类比的史学路径，二程发展道德规训的理学路径；包弼德则认为《周礼》等三代经学文本是王安石变法的指导思想，其中世间万事万物都符合一个完美的系统，新法的诸项政策也共同服务于一个一致性的整体，而信奉史学的司马光则推崇逐步改良的政治路线；当代学者刘成国也专文论述王安石"尊经卑史"的学术思想取向，他指出王安石将历史分为三代前和三代后两种，三代后史官的取材局限于"尊爵盛位"并往往缺乏客观公正的"史德"，因而难以反映古人古事的真实面貌，而最完整反映古人智慧和永恒真理的则蕴藏在儒家六经中。参见 R. Hartwell, Historical Analogism, Public Policy, and Social Science in Eleventh and Twelfth Century China. American Historical Review, 1971, No.3, pp.690-727；［美］包弼德：《王安石与〈周礼〉》，方笑一译，《历史文献研究》2014年第1期，第78页；［美］包弼德：《斯文：唐宋思想的转型》，刘宁译，江苏人民出版社，2000，第232-233页；［美］包弼德：《政府、社会与国家——关于司马光和王安石的政治观点》，第133页；刘成国：《尊经卑史——王安石的史学思想与北宋后期史学命运》，《四川大学学报（哲学社会科学版）》2006年第1期，第106、108页。此外，王安石诸多文章中，直接体现王安石"尊经卑史"取向以及推崇"三代"记录的文章，参见王安石：《王文公文集·答邵州张殿丞书》，第99页。

② 邓广铭：《王安石在北宋儒家学派中的地位——附说理学家的开山祖问题》，《北京大学学报（哲学社会科学版）》1991年第2期，第25-30页。

③ 李华瑞：《九百年来社会变迁与王安石历史地位的沉浮（上）》，《河北学刊》2004年第2期，第172-173页。

究上更要小心。相较霍布斯等西方早期现代政治思想流变、演化至今的连续性，传统中国治理思想在近代以后更体现出一种断裂性。许多历史事件的地位与意义在古今之间得以颠覆，王安石变法就是典型，近代以来，诸项新法和他的变法精神在现代性解读中被捧得很高[1]，尽管变法在政治上失败了，但却被视为传统中国现代化的先声。[2] 那么，如何解释诸项新法与现代国家社会、经济政策之间的这种暗合？这种时空穿越的古今际会究竟从何而来？显然，我们无法像斯金纳一样非常自然地把霍布斯置于西方历史贯通的君主制与共和制的张力中来分析，许多中国学者实际内心非常清楚，王安石真正的思想源泉并非某种现代性，而是来自传统社会之中。如果强行用现代观念来套用古代思想，无非是为当下的某种目标来辩护[3]，而错失对古人智慧的体认与领会。

上述三种误区不仅出现在王安石治理思想的分析过程中，而且还普遍存在于传统中国治理思想史研究中。通过指出这些问题并予以廓清，我们认为：要深入传统中国的治理思想，必须领会古人在历史情境中的核心关切。相较斯金纳的政治思想史研究方法关注经典作家的经典文本——这些经典文本往往构建更具一般性的普适观念，治理思想史研究方法则需要首先挖掘历史情境中的核心关切，将现实政治中的复杂现象有序编织起来，从而系统理解历史人物的治理思想。换句话说，在研究治理思想史时，要明确历史人物的地位与意义取决于对核心关切的理解与应对，而所谓经典文本则是核心关切的外延，甚至部分看起来闻名的文本并不反映历史人物的核心关切，只会造成后人认知上的干扰。因此，必须警惕所谓经典文本掩盖核心关切的本末倒置。那么，如何捕捉历史人物在历史情境中的核心关切呢？笔者认为，可以从研究材料和研究取向两方面入手。

在研究材料方面，除了整理历史人物的思想集、诗文集以及年谱等生平记载，还要着重整理他的奏议、政论和朝堂论辩，特别是尽可能挖掘他与同时代人在治理方法上的分歧与冲突。在本书中，《宋朝诸臣奏议》中司马光的《论体要》一文就

---

① 王曾瑜：《王安石变法简论》，《中国社会科学》1980 年第 3 期，第 131 页。

② 相关讨论参见本书第二章，这种现代化或近代化解读普遍存在于海内外的王安石变法研究中。

③ 对现代意识套用于古代思想的批判，参见赫希曼：《欲望与利益：资本主义胜利之前的政治争论》，冯克利译，浙江大学出版社，2015，第 133 页；罗祎楠：《中国国家治理"内生性演化"的学理探索——以宋元明历史为例》，《中国社会科学》2019 年第 1 期，第 136 页。

点出了他对新法的深刻忧虑,笔者随即按图索骥,不断追问王安石的治国"体要",从而领会王安石在历史情境中"建立庶政"以弥补北宋王朝基层社会治理简化、弱化后基层资源流失的政治安全危机和结构性隐患的核心关切。很多时候,各朝各代的奏议、论辩往往包含大臣们最直接的关切和方案,其中争议最集中、论辩范围最广的部分很可能隐藏着历史变迁的深刻动因。

在研究取向方面,则要尽可能跳出现代人的"后见之明"而深入历史机制本身。一些在思想史研究上颇有建树的学者也提出了相近的看法,比如罗祎楠指出,需要"深入对历史机制的研究,会看到儒家文化如何在时空中'活化'成历史人物的家国认同、彼此间的信任、为学的信心、改造社会的驱动力"[1];刘海川认为,需要"不断熟悉经典作家的思想,习得他领会和思考世界、人性、道德、政治的方式,毋宁说,我们逐渐将自己提升到经典作家领会和思考世界、人性、道德、政治的那种高度"[2]。这两种说法都强调历史机制分析,即首先回到历史情境本身的复杂机制之中,而不是基于现代意识主导的历史目的论,再不断迫近历史人物的深层次关切。在本书中,王安石正是在长期地方任职过程中发现了历史机制中"祖宗之法"的政治惯例与基层社会治理的现实需要之间的结构性矛盾,他的变法方案和变法后来的曲折走向都是历史机制不断演化的结果,具有实在的现实基础与思想源流,而不能以某种时空错置的历史评价来概括。

在这个意义上,本书对王安石变法及其治理智慧的挖掘兼顾了奏议等新的研究材料和历史机制的研究取向。由此两方面提炼出历史语境中的重点概念并不断延展、磨勘,从而将"建立庶政"、"以中人为制"、《洪范传》、《周官新义》和诸项新法在治国"体要"下重新编织起来,呈现出王安石在历史机制中对治国理政的整体性思考。

本书对"历史语境主义"研究方法的调适,也有利于研究者打破传统中国治理思想研究中价值理念与具体制度的认知隔阂。前文提到,李文永和弗里德里克森等国外学者都认识到传统中国的治理智慧有其独到之处,但他们对传统中国治理智慧

---

[1]　罗祎楠:《中国国家治理"内生性演化"的学理探索——以宋元明历史为例》,《中国社会科学》2019年第1期,第136页。

[2]　刘海川:《语境主义的文本解释观念以及斯金纳的滥用》,《现代哲学》2019年第4期,第100页。

的挖掘仍限于伦理等有限的点上。[①] 实际上，价值理念与具体制度的认知隔阂也是广大中国社会科学学者，特别是公共行政学者面临的主要挑战[②]，如果能把传统儒家、法家、道家等流派或历史上政治家的治国思想和历朝历代具体的制度建设有机融合起来，并予以创造性转化，将极大帮助我们理解传统中国治理智慧同治理实践的内在关联，从而形成更具体系性、更深刻的规范理论。而对历朝奏章论议等材料和历史机制分析的强调为这种有机融合提供了一种新的研究方向，本书也是这一方向上的一次尝试。如果在此基础上不断调适，或能形成适合分析传统中国治理思想的研究方法，有利于真正揭示传统中国的治理智慧，要义所在。

四、在公共行政学领域的启示

"公共行政学是一门治国之学，它就必须有自己的更高层次的规范理论"[③]，在这个意义上，如何将传统中国的治理思想深刻嵌入公共行政学，从而构建符合数千年中国治理情态的规范理论，始终是发展中国公共行政学必须回答的课题。在研究王安石变法的过程中，笔者不断意识到王安石其人、其法在传统中国国家治理思想史上的特殊地位，也意识到王安石治理思想中的一些特征对于丰富公共行政学的宝贵价值，有助于我们拓宽理论视野、推进思想纵深。以下列出主要三例。

第一，王安石对诸项新法法令的制度设计体现的不是经济和社会因素，而是治理因素或者说是一种治理本位、一种治理的逻辑。在这种治理的逻辑中，面对疆域广大、生民众多、生态不均、生产生活方式多样的复杂社会，治国者必须以"民生

[①] 李文永：《〈论语〉〈孟子〉与行政学》，宣德五等译，东方出版社，2000；H. Frederickson, *George. Confucius and The Moral Basis of Bureaucracy.* Administration & Society，2002，Vol. 33，no. 4，pp. 610-628.

[②] 少数公共行政学者已经注意到王安石变法的公共行政意义，但研究仅触及《万言书》(《上仁宗皇帝言事书》) 等文本，分析也较表面，没能深入王安石变法的具体政策或行政伦理等问题。有关王安石《万言书》的讨论，参见 Wolfgang Drechsler, *Wang Anshi and The Origins of Modern Public Management in Song Dynasty China. Public Money & Management*，2013，no. 5，pp. 353-360. Xu Yunxiao，Caichen Ma，and L. James，*Chan. New Development: Wang Anshi's Wanyanshu as the Origins of Modern Public Management?* Public Money & Management 34，2014，no. 3，pp. 221-226.

[③] 马骏：《公共行政学的想象力》，《中国社会科学评价》2015 年第 1 期，第 34 页。

为第一要务，均衡为秩序之基，治理为万事之首"①。而王安石"建立庶政"恰恰展现这种治理的逻辑，青苗借贷指向的是青黄不接之时提供生活救济、增加生产投入，确保农村的春耕、夏种如常推行；农田水利工程改善了基层社会农业生产的基础设施，并扩展了内陆水运体系；免役法则"以钱代役"，使大部分农民从纷杂的劳役中解脱出来而致力于农业生产，按田产纳钱也使百姓的承役负担更为均等、合理……虽然这些新法可以从经济、社会方面寻得意义，但王安石设计这些新法的主要目的仍是使北宋王朝的治理体系能够对广土众民的复杂条件形成回应和治理，仍是一种治理的逻辑。②

在这种治理逻辑中，国家权力（王安石变法时由皇帝代表）或政府应当不断囊括经济、社会等方面的变化，充实国家治理的"工具箱"并用于改善民生、均衡秩序、治理万方。这也要求国家权力应始终保持治理逻辑来思考经济、社会等方面的问题，而不应进入经济、社会等逻辑而偏离治理本位。比如史乐民就指出，王安石在解释茶马贸易的问题上，不断强调治理的逻辑，但新党官僚和专业人士（少部分大商人）在和私人资本竞争时不可避免地采用经济的逻辑，而脱离了国家权力的控制。③罗祎楠也指出王安石变法过程中政府难以控制自身的现象，一定程度上也是治理的逻辑被经济的逻辑侵蚀的问题。④为什么会出现这种问题？相较于"经济的逻辑或者现代经济学普遍承认的市场经济逻辑是在生产分工的基础上通过市场交换和流通来实现的"⑤，在生产、流通、分配中追求资源配置效率并实现利益最大化，王安石设计均输法和市易法的重要基础则是在定价、运输、仓储、信息等环节规范商人的行动，尽可能规避长距离的水路运输中定价虚高、运输损耗等现象，从而保

---

① 陈明明：《作为知识体系建构的中国政治学：经验、历史及其意义》，《江苏社会科学》，2020年第5期，第90页。

② 而经济、社会、文化诸方面因素的变化，比如北宋商品经济、市场经济的发达，士、农、工、商的较自由发展，印刷技术和世俗文化的兴起或是王安石在历史情境中改善治理的工具，或是王朝治理体系变化的客观结果或连带效应，因此，经济或社会的逻辑不足以概括整个新法制度设计的内在理路，对这些因素的过分拔高也不利于理解历史情境的深层次冲突。

③ P. J. Smith，State Power and Economic Activism During the New Policies，1068-1085: *The Tea and Horse Trade and The Green Sprouts Loan Policy*，1993，pp. 107-108.

④ Yinan Luo，*Ideas in Practice: The Political Economy of Chinese State Intervention During the New Policies Period (1068-1085)*. PhD diss.，Harvard University，2015，pp.28-29.

⑤ 刘志伟：《贡赋体制与市场：明清社会经济史论稿》，中华书局，2019，代序：中国王朝的贡赋体制与经济史，第2-19页。

持各地集中到京城的物资在当地的本来价值。[①] 王安石对经济的构想是以皇帝代表的国家权力主导的对自然资源的控制、获取和支配，这显然是一种治理的逻辑，而不是我们今天所共识的经济的逻辑。

王安石变法中这种治理的逻辑让位给经济的逻辑而偏离治理本位的现象在当前的公共行政学中亦不少见。这当然不是完全排斥经济、社会等维度的逻辑，而是强调公共行政学有必要建立或者回归治理的逻辑。在这一问题上，公共行政学者不应陷入"小政府""有限政府"的自我约束，而要承认治国之学必然具有控制、干预、渗透、引导和教化等手段和概念[②]，认识到这些手段是传统中国治理智慧的重要表现。在此基础上冷静思考这些手段在改善国家治理，应对世界复杂局面中能够产生何种现实效用与理论意义，这是无法回避的问题。

第二，王安石的治理思想展现出一种多元—普遍主义的思路，或者说"杂多一体"（多元一体）的特征。相较于普遍主义下对人性、对政治体制、对经济体系、对社会文化的普世规训和一元论，相较于多元主义下对特殊性和多元论的宽容[③]，王安石所谓"以中人为制""一道德、同风俗"等理念和他对诸项新法在地方的分类施策、因势利导则充分反映出传统中国治国者的多元—普遍主义的治理思路。

面对一个"广土众民"的超大型国家，如何将复杂多元的条件始终归于一体，在王安石处——如何始终保持皇帝对万事万物的统治与教化，这是治理真正的挑战所在。[④] 纵观王安石治理思想的内涵与外延，其中一个重要特征是他能对天下万

[①] 本书第六章论述均输法和市易法时提到这一问题，但出于整体结构的考虑，并没有进一步挖掘王安石对天下财富的想象。在以后的研究中会继续深入这一问题。刘志伟先生关于"贡赋体制与市场"和"自然财富观"的讨论是分析传统中国经济思想史的经典，对本书分辨（现代）经济的逻辑和治理的逻辑很有启发。

[②] 关于国家权力的控制、干预、引导、教化等概念和手段，王安石专门有《三不欺》《夔》《九变而赏罚可言》《大人论》《王霸》《勇惠》等文章论及，贯穿其中的是"先王"代表的国家权力对这些手段的掌控和运用。参见：王安石：《王文公文集》，上海人民出版社，1974。

[③] 陈明明：《作为知识体系建构的中国政治学：经验、历史及其意义》，《江苏社会科学》2020年第5期，第91页。

[④] 这一挑战不仅是传统中国的治理挑战，也是欧洲大陆型国家，如德国在现代国家建立过程中的主要挑战。在德国古典哲学中的中心问题也是解决如何将杂多归为一体，即康德"先验统摄"的问题和黑格尔"杂多文化主义"的问题，康德的意见是建立自我，通过建立自我作为主体统摄杂多的问题。关于康德与黑格尔对"杂多一体"的问题意识，参见甘阳：《读汪晖〈现代中国思想的兴起〉》，《开放时代》2006年第2期：第5-11页。

贺麟作为中国著名的西方哲学学者，在分析王安石时，直接提出王安石的思想特征在于"建立自我"，也捕捉到了王安石变法对"杂多一体"问题的长期思考。参见贺麟：《文化与人生》，商务印书馆，1988，第288-296页。

事万物予以分类、归纳和统合。包弼德说王安石试图对万事万物提出一种一致性解释[①]，本书则具体论述王安石之所以统合万事万物是基于"皇帝—庶民"贯通的"为政之体"的基础结构和他归纳万事万物的"治事之要"。在王安石解释新法所造成的社会变化时，常常上溯《周官》和历史上各朝各代的经验与教训，都证明他对万事万物的理解与重新归纳。而在具体的新法施行中，我们看到：王安石的诸项新法极具针对性，直指农民生产、生活，商人商贸活动，官吏俸禄与执行等重要环节，而且诸项新法层累推进，形成了复合治理的局面，牢牢将最广大的群体统合在王朝治理体系下。在治理过程中，王安石还根据不同区域的治理重心调整并不断扩展新法的职能，确保诸项新法在各地"家至户到、均平如一"，这种因地制宜、因势利导、分类施策的做法贯穿王安石变法全程。[②]

在公共行政学领域，无论规范研究还是实证研究，都在深化与精细化的道路上不断发展，对不同区域、专业、领域、层次的研究均取得丰富成果，但如何将这些成果予以有力统合、共同服务于建立自身的经典规范理论，这也是中国公共行政学崛起的必经之路和难点所在。在这个意义上，采取多元—普遍主义的思路及其视角、方法和分析框架，有利于我们从当今多样化的社会、经济、制度、文化中提炼出人类社会通约的一些共识与关切，从而尽可能地包容广阔天地中的复杂情态并予以有效的解释和应对。因此，多元—普遍主义下的公共行政学不易陷入偏颇之于普遍主义或虚之于多元主义的思维误区之中，而始终以国家公权力为起点，保持对复杂情态的解释、处置与应用，这也是公共行政学未来发展必要的一种思想基础。

理论构建无法脱离现实。在国家治理的现实层面，在"杂多一体"和超大型国家治理语境下，面对"人民日益增长的美好生活需要和不平衡不充分的发展之间的矛盾"的我国社会主要矛盾，中国公共行政学也需要把握整体性、全局性和系统性的问题。而在缺少相关系统性案例和规范理论以前，一些整体性的问题与研究

---

① ［美］包弼德：《王安石与〈周礼〉》，方笑一译，《历史文献研究》2014 年第 1 期，第 65-78 页。

② 关于王安石变法中分类施策的做法，笔者认为反映了王安石变法过程中的治理技术，比如整合—分类—再整合的治理过程和立法原则等，对此，笔者将形成进一步的研究。王安石的相关做法实际上反映出多元—普遍主义的方法论，目前尚未见到这方面的探讨或案例研究，期待一些专文专著的推出，将中国公共行政学面对的国家治理的重要特征揭示出来，并形成经典的规范理论。

难以锚定、展开。在这方面，虽然今人也有真知灼见，但或是停留在理论层面而缺少实践支撑，或是实践层面的行动由于种种现实原因无法完全概念化、理论化，系统把握治理方案仍有很大难度。而王安石变法恰恰提供了贯通宏观、中观、微观三个层面、理论与实践兼具的治理方案，并与司马光的治理方案构成深刻的冲突和意味无穷的历史张力，对于我们整体把握治国理政的全局和要点具有一定之启发。

第三，王安石变法展现出传统国家权力下沉、强化基层治理的完整方法论。抛开一切思想史概念，王安石变法的本质就是国家权力下沉，这是中国传统王朝国家或者说世界上普遍的前现代国家期望实现却始终难以实现的要害所在。一般而言，前现代国家会采用不同形式的委托制，比如在财政方面就体现为多样的包税制[①]，传统国家治理的多数事务也就此展开。[②]现代人认为王安石的种种治理行动颇似现代国家的主要原因：王安石变法突破了委托制和包税制的限制，直接深入每个庶民身边进行常态化治理。然而，王安石变法是否近似现代国家深入基层社会，或者说王安石变法是否体现出现代国家的汲取形式和汲取能力，这样的问题不能显现其真正的历史价值。王安石变法的突出意义不仅在于他勾勒出完整的针对庶民生产、生活的重要环节的治理方案，而且隐藏着他通过变法改制潜移默化地影响天下人的价值观念，乃至重塑文化的最终目标。这或许是王安石变法深刻动力之所在，也是新法与现代国家治理理念相近的根本原因。

通过系统梳理《洪范传》《周官新义》等经学文本和主要的七项新法法令可以看出，王安石想让"皇帝—庶民"贯通的"为政之体"永久奠定下来。除了以保甲法对基层社会进行制度化重构，他所念兹在兹的还包括"以中人为制"和"一道德、同风俗"，即对价值观念和文化风俗的重构。受研究问题和主题结构所限，本书中的"以中人为制"更多强调的是新法实施背后的制度意涵，而未能深入探讨"以中人为制"的文化意涵，也没有展开对"一道德、同风俗"的具体分析，但二

---

① Jun Ma，Revenue Production and Transaction Costs: Contractual Choices of Tax Collection. PhD diss.University of Nebraska，2002.

② 欧树军曾对国内外社会科学领域主要的包税制研究进行综述，包括迈克尔·曼、熊彼特、马斯格雷夫、王绍光、胡鞍钢等学者的规范理论，也包括库朗热、布洛赫、汤普逊、龙秀清、马克垚、黄洋等学者的历史归纳（以上学者的文献不再专门列出），进而指出国家财产认证与个体逃避之间的矛盾及其对国家汲取能力的影响。参见欧树军：《财产认证与国家税收》，《经济社会体制比较》2010年第3期，第13-22页。

者所指向的对天下人价值观念、思想文化的改造却是王安石对变法更深层次的思考，即如何在文化上也能够实现皇帝代表的国家权力对庶民社会的有力控制和持续有效治理。因此，变法不仅包括制度层面生产、生活重要环节的规范，还包括文化层面的礼法和教育的引导，而且内在互通、彼此复合，将整个新法深刻嵌入庶民身边的每个环节，进行认知控制和引导，从而真正实现国家权力下沉和对基层的持续有效治理。这是未来研究王安石变法和思考中国国家治理的一个重要方向。

对于公共行政学而言，我们目前对于国家权力下沉的理解大多数还保持在制度层面，而且大多是单一制度，而非多项针对人的生产、生活重要环节的复合制度组合，更遑论深层次的文化引导了。然而，在新生事物持续萌发的今天，基层治理的意涵不断扩展，国家公权力也需要不断向新领域延伸，从而始终保持对全领域的有效治理，规避潜在的政治安全风险——这依然反映出王安石"皇帝—庶民"贯通的"为政之体"的运行机制。因此，除了借助多种科技手段协助治理的深化和精细化，使国家权力下沉到大多数人身边，公共行政学者还应把文化引导或者更广义的认知治理、观念治理作为公共行政学的一个重要发展方向，思考如何使有效治理和被有效治理成为一种普遍共识，这种对文化、观念的引导和治理很有可能改变未来治理的逻辑和模式。[①]

总之，王安石变法在多个层次对于中国公共行政学的发展均具有深刻启示。本节的结论和讨论虽然以宏观与中观层面为主，但在整体把握王安石变法之后，也能在微观层面的治理技术上收获真知，不会流于历史表面。正如"中国特色社会主义制度是在我国历史传承、文化传统、经济社会发展的基础上长期发展、渐进改进、

[①] 对于认知观念的治理，笔者还想起欧洲经济史名家 Jan De Vries 的一段话，他认为英国在工业革命之前其实发生了一场涵盖社会、经济、文化等多方面的革命，可以称为"勤勉革命"。简单来说，因为一些原因，人们开始主动地、更加勤劳地工作，以期待改善生活，正是这些观念或心态的改变，为工业革命的到来奠定了劳动力和购买力的基础。参见 Jan De Vries, *The IndustrialRevolution and The Industrious Revolution*, *The Journal of Economic History*, Vol. 54 No. 2 (Jun. 1994)；转引自刘景华、张松韬：《用"勤勉革命"替代"工业革命"——西方研究工业革命的一个新动向》，《史学理论研究》2012 年第 2 期，第 79-89 页。同样，日本经济史学者速水融也提出过幕府晚期日本的"勤勉革命"。参见速水融：《产业革命对勤勉革命》，载于《近世日本经济社会史》，汪平、李心悦译，南京大学出版社，2015。以上解释与我对王安石未来来得及展开的变法部分的理解和推测颇为相似，仅仅制度层面的国家权力下沉难以持续，只有在人的文化和观念上的变法才能真正实现国家权力下沉期待的良政善治，将国家治理推向更高的层次。

内生性演化的结果"[1]这一论断所示，向历史经验和古人思想中寻求养分并予以创造性转化，是中国数千年国家治理渐进改进、生生不息的原本精神。期望在不久的将来，传统中国治理思想史能够成为"治国之学"中国公共行政学的重要组成部分，并深刻作用于国家治理规划和方略。

---

[1]　习近平：《习近平谈治国理政·不断提高运用中国特色社会主义制度有效治理国家的能力》，外文出版社，2014，第105页。

参考文献

古籍

[1] 班固 . 汉书 [M]. 北京：中华书局，2007.

[2] 蔡上翔 . 王荆公年谱考略 [M]. 上海：上海人民出版社，1973.

[3] 蔡襄 . 端明集 [M]. 影印文渊阁四库全书本 .

[4] 陈傅良 . 陈傅良先生文集 [M]. 杭州：浙江大学出版社，1999.

[5] 陈均 . 皇朝编年纲目备要 [M]. 北京：中华书局，2007.

[6] 陈亮 . 陈亮集 [M]. 邓广铭点校 . 北京：中华书局，1987.

[7] 程颢，程颐 . 二程集 [M]. 北京：中华书局，1981.

[8] 黄以周 . 续资治通鉴长编拾补（共四册）[M]. 北京：中华书局，2004.

[9] 纪昀 . 钦定四库全书总目 [M]. 北京：中华书局，1997.

[10] 黎靖德 . 朱子语类 [M]. 北京：中华书局，1986.

[11] 李焘 . 续资治通鉴长编 [M]. 北京：中华书局，1979—1990.

[12] 马端临 . 文献通考 [M]. 北京：中华书局，2006.

[13] 欧阳修 . 欧阳修全集 [M]. 北京：中华书局，2001.

[14] 脱脱等 . 宋史 [M]. 北京：中华书局，1977—1985.

[15] 沈括 . 长兴集 [M]. 四库全书别集类，浙江巡抚采进本 .

[16] 苏辙 . 诗病五事·栾城集·三集（卷八）[M].

[17] 王安石 . 临川先生文集 [M]. 北京：中华书局，1959.

[18] 王安石 . 王文公文集 [M]. 上海：上海人民出版社，1974.

[19] 王安石 . 王安石老子注辑佚会钞 [M]. 罗家湘点校 . 上海：华东师范大学出版社，2013.

[20] 王安石 . 王安石全集 [M]. 王水照主编 . 上海：复旦大学出版社，2016.

[21] 王安石 . 王安石日录辑校 [M]. 孔学辑校 . 成都：四川大学出版社，2015.

[22] 王安石 . 周官新义 [M]. 杨小召校点 . 成都：四川大学出版社，2015.

[23] 王存 . 元丰九域志（上下）[M]. 北京：中华书局，1984.

[24] 王夫之 . 宋论 [M]. 北京：中华书局，2008.

[25] 王令 . 王令集 [M]. 沈文倬注解 . 上海：上海古籍出版社，2011.

[26] 王昭禹 . 周礼详解·钦定四库全书（经部四·礼类一），四十卷 [M].

[27] 徐松 . 宋会要辑稿（全八册）[M]. 北京：中华书局，1957.

[28] 徐自明 . 宋宰辅编年录校补（卷一九）[M]. 王瑞来校补 . 北京：中华书局，1986.

[29] 杨时 . 龟山先生文集 [M]. 明万历十九年林熙春刻本，傅增湘校 . 载四川大学古籍研究所主编《宋集珍本丛刊》第 29 册，北京：线装书局，2004.

[30] 杨亿口述，黄鉴笔录，宋庠整理 . 杨文公谈苑倦游杂录 [M]. 上海：上海古籍出版社，1993.

[31] 姚宽，陆游 . 西溪丛语·家世旧闻 [M]. 孔凡礼 点校 . 北京：中华书局，1993.

[32] 叶适 . 叶适集 [M]. 刘公纯，王孝鱼，李哲夫点校，北京：中华书局，1961.

[33] 王文楚 . 中国古代地理总志丛刊本乐史·太平寰宇记 [M]. 北京：中华书局，2007.

[34] 詹大和，顾栋高，蔡上翔 . 王安石年谱三种 [M]. 裴汝诚，译 . 北京：中华书局，1994.

[35] 赵佶 . 宋徽宗道德真经解义·章安解义 [M]. 万曼璐点校 . 上海：华东师范大学出版社，2017.

[36] 赵汝愚 . 宋朝诸臣奏议 [M]. 北京大学中国中古史研究中心校点整理 . 上海：上海古籍出版社，1999.

[37] 郑玄，孔颖达 . 礼记正义 [M]. 上海：上海古籍出版社，2008.

中文文献

[38] 安乐哲 . 中国古代的统治艺术：《淮南子·主术》研究 [M]. 滕复，译 . 南京：江苏凤凰文艺出版社，2018.

[39] 白自东 . 从《上仁宗皇帝言事书》看王安石的人才政策 [J]. 西藏民族学院学报，1984，4.

[40] 包弼德 . 历史上的理学 [M]. 王昌伟，译 . 杭州：浙江大学出版社，2009.

[41] 包弼德 . 斯文：唐宋思想的转型 [M]. 刘宁，译 . 南京：江苏人民出版社，2001.

[42] 包弼德 . 唐宋转型的反思——以思想的变化为主 [M]. 载于刘东主编 . 中国学术（第三辑）. 北京：商务印书馆，2000.

[43] 包弼德 . 王安石与《周礼》[J]. 方笑一，译 . 历史文献研究，2014，1：65-78.

[44] 包伟民 . 精英们"地方化"了吗？——试论"地方史"研究方法与韩明士的《政治家与绅士》[J]. 唐研究，2005，11：653-671.

[45] 包伟民 . 宋代地方政治史研究 [M]. 北京：中国人民大学出版社，2010.

[46] 贝淡宁 . 贤能政治是个好东西 [J]. 当代世界，2012，8：5-8.

[47] 贝淡宁，李扬眉 . 从"亚洲价值观"到"贤能政治" [J]. 文史哲，2013，3：5-11.

[48] 卜正民，等 . 哈佛中国史 [M]. 北京：中信出版社，2016.

[49] 程仰之 . 王安石与司马光 [J]. 文史杂志，1942，1（2）.

[50] 程元敏 . 三经新义辑考汇评 [M]. 上海：华东师范大学出版社，2011.

[51] 曹正汉 . 中国上下分治的治理体制及其稳定机制 [J]. 社会学研究，2011，1：1-40.

[52] 曹正汉 . 统治风险与地方分权：关于中国国家治理的三种理论及其比较 [J]. 社会，2014，6：52-69.

[53] 蔡崇禧 . 论梁启超的《王荆公》[J]. 人文中国学报，2004，10：303-341.

[54] 蔡乐苏，刘超 . 政术、心术、学术——梁启超、严复评王安石之歧异探微 [J]. 浙江大学学报（人文社会科学版），2010，40（3）：180-191.

[55] 陈峰. 宋代治国理念及其实践研究 [M]. 北京：人民出版社，2015.

[56] 陈焕章. 孔门理财学 [M]. 韩华，译. 北京：商务印书馆，2015.

[57] 陈明明. 作为知识体系建构的中国政治学：经验、历史及其意义 [J]. 江苏社会科学，2020，5：86-92.

[58] 陈伟. 东西方近代化比较视野中的王安石变法——以国家问题为中心的新考察 [J]. 南京社会科学，2002，8：41-49.

[59] 陈晓珊. 历史地理视角下的王安石变法 [D]. 北京：北京大学出版社，2011.

[60] 陈晓珊. 北宋农田水利法推行中的区域差异现象——以南阳盆地的水利事业与河北移民为线索 [J]. 2014，2：75-88.

[61] 陈晓珊. 熙丰变法时期各地市易机构的分布特征与作用分析 [J]. 中国经济史研究，2015，4：15-25.

[62] 陈智超.《宋朝诸臣奏议》及其点校本 [J]. 中华典籍与文化，1992，2：56-57.

[63] 陈振. 关于北宋前期的宰相制度 [J]. 中州学刊，1985,6:95-99.

[64] 程民生. 论宋代士大夫政治对皇权的限制 [J]. 河南大学学报（社会科学版），1999（03）：59-67.

[65] 程念祺. 国家力量与中国经济的历史变迁 [M]. 北京：新星出版社，2006.

[66] 邓广铭. 中国大百科全书·中国历史·辽宋西夏金史 [M]. 北京：中国大百科全书出版社，1988.

[67] 邓广铭. 王安石在北宋儒家学派中的地位——附说理学家的开山祖问题 [J]. 北京大学学报（哲学社会科学版），1991，2：25-30.

[68] 邓广铭. 邓广铭治史丛稿 [M]. 北京：北京大学出版社，1997.

[69] 邓广铭. 北宋政治改革家王安石 [M]. 石家庄：河北教育出版社，2000.

[70] 邓小南. 走向活的制度史：以宋代官僚制度史为例的点滴思考 [J]. 浙江学刊，2003，3：99-103.

[71] 邓小南. 近年来宋史研究的新进展 [J]. 中国史研究动态，2004，9：19-22.

[72] 邓小南. 祖宗之法：北宋前期政治述略 [M]. 北京：生活·读书·新知三联书店，2006.

[73] 邓小南. 创新与因循："祖宗之法"与宋代的政治变革 [J]. 河北学刊，2008，28（05）：61-63.

[74] 东一夫. 各国对王安石的评价 [J]. 中国史研究动态，武铁兵摘译，1982，2：20-21.

[75] 刁培俊，张国勇. 宋代国家权力渗透乡村的努力 [J]. 江苏社会科学，2005，4：205-210.

[76] 刁培俊. 宋朝"保甲法"四题 [J]. 中国史研究，2009：69-81.

[77] 杜常顺，杨振红. 汉晋时期国家与社会论集 [M]. 桂林：广西师范大学出版社，2016.

[78] 范文澜. 中国通史简编 [M]. 石家庄：河北教育出版社，2000.

[79] 方宝璋. 试论宋代免役法 [J]. 闽江学院学报，2013，1：95-98.

[80] 方诚峰. 北宋晚期的政治体制与政治文化 [M]. 北京：北京大学出版社，2015.

[81] 方诚峰. 司马光《潜虚》的世界 [J]. 清华大学学报（哲学社会科学版），2017，1：167-182.

[82] 方笑一. "经义"考 [J]. 华东师范大学学报（哲学社会科学版），2002，6：31-39.

[83] 方笑一. 从《诗》《礼》相解》论王安石的《诗经》学 [J]. 古代文学理论研究（第二十一

辑），2003：223-232.

[84] 方笑一. 论王安石与佛教 [M]. 觉群学术论文集，北京：宗教文化出版社，2005,12：51-64.

[85] 方笑一. 王安石《尚书新义》初探 [J]. 华东师范大学学报（哲学社会科学版），2007，1：121-125.

[86] 方志远. 关于青苗法的推行及其社会效果 [J]. 南开学报（哲学社会科学版），1988，6：40-49.

[87] 费孝通. 乡土中国 [M]. 北京：生活·读书·新知三联书店，2013：73-85.

[88] 费正清，赖肖尔. 中国：传统与变革 [M]. 陈仲丹，等译. 南京：江苏人民出版社，1996：131-133.

[89] 费正清. 中国的思想与制度 [M]. 郭晓兵，等译. 北京：世界知识出版社，2008.

[90] 福兰阁. 中国上古中古之国家社会主义经济政策·食货 [J]. 苏乾英，译. 1936，7（3）：336-346.

[91] 郭沫若. 王安石 [J]. 青年知识（重庆），1945：27-29，32.

[92] 郭值京. 应正确理解列宁关于土地问题（涉及王安石）的一条脚注 [J]. 马克思主义研究资料. 1987，3，218-222.

[93] 甘阳. 读汪晖《现代中国思想的兴起》[J]. 开放时代，2006，2：5-11.

[94] 高聪明. 宋代货币与货币流动研究 [M]. 保定：河北大学出版社，1999.

[95] 葛金芳，金强. 近二十年来王安石变法研究述评 [J]. 中国史研究动态，2000，10：11-20.

[96] 葛金芳. 熙宁新法的富民与富国之争 [J]. 晋阳学刊，1988，1.

[97] 葛金芳. 王安石变法新论 [J]. 湖北大学学报（哲学社会科学版），1990，5：87-93.

[98] 葛兆光. 中国思想史（第二卷）[M]. 上海：复旦大学出版社，2009.

[99] 葛兆光. 道统、系谱与历史——关于中国思想史脉络的来源与确立 [J]. 文史哲，2019，3：48-60.

[100] 宫崎市定. 东洋的近世 [M]. 黄约瑟，译. 载刘俊文主编《日本学者研究中国史论著选译》第一卷. 北京：中华书局，1992.

[101] 宫崎市定. 王安石的吏士合一政策 [M]. 索介然，译. 载刘俊文主编：《日本学者研究中国史论著选译》第五卷. 北京：中华书局，1993.

[102] 宫崎市定. 北宋史概说 [M]. 宫崎市定全集（第 10 卷）. 东京：岩波书店，1999.

[103] 宫崎市定. 宋代的士风 [M]. 宫崎市定全集（第 11 卷）. 东京：岩波书店，1999.

[104] 龚若栋，邱永明. 王安石的整体性人才陶冶观 [J]. 学术月刊，2001，8：65-71.

[105] 谷霁光. 王安石变法与商品经济 [J]. 中华文史论丛，1978，7：240-244.

[106] 谷霁光. 王安石经济思想若干问题试析 [J]. 中国史研究，1980，1：88-98.

[107] 谷霁光. 谷霁光史学文集经济史论（第二卷·经济史论）[M]. 南昌：江西教育出版社，1996.

[108] 古丽巍. 变革下的日常：北宋熙宁时期的理政之道 [J]. 文史，2016，3：209-234.

[109] 顾全芳. 司马光与王安石变法 [J]. 晋阳学刊，1984，2：69-76.

[110] 顾全芳. 评王安石变法 [J]. 晋阳学刊，1985，1：11-18.

[111] 顾全芳. 评王安石变法期间的顽固派 [J]. 学术月刊，1986，6.

[112] 顾全芳 . 评王安石的抑兼并政策 [J]. 北方论丛，1988，3：86-90.

[113] 顾全芳 . 青苗法研究 [J]. 西南大学学报（社会科学版），1990，3：92-99.

[114] 顾全芳 . 重评司马光与王安石变法 [J]. 学术月刊，1990，9.

[115] 顾全芳 . 重评市易法 [J]. 学术月刊，1993，6：51-55.

[116] 关素华 . 治法与治人：论王安石与司马光法度思想之异同 [J]. 理论界，2018，537（05）：75-84.

[117] 郭声波 . 试论宋朝的羁縻州管理 [J]. 中国历史地理论丛，2000，1：71-79.

[118] 龚延明 . 宋代官制辞典 [M]. 北京：中华书局，1997.

[119] 郝若贝 . 750—1550 年间中国的人口、政治及社会转型 [M]. 易素梅，林小异，等译 . 载伊沛霞主编《当代西方汉学研究集萃》（中古史卷）. 上海：上海古籍出版社，2012.

[120] 贺麟 . 文化与人生 [M]. 北京：商务印书馆，1988.

[121] 赫希曼 . 欲望与利益：资本主义胜利之前的政治争论 [M]. 冯克利，译 . 杭州：浙江大学出版社，2015.

[122] 何忠礼 . 也论王安石变法的失败原因——纪念王安石（1021—1086）逝世九百周年 [J]. 浙江大学学报（人文社会科学版），1986，2：95-107.

[123] 何平立 . 宋真宗"东封西祀"略论 [J]. 学术月刊，2005，2：89-95.

[124] 侯外庐 . 侯外庐著作与思想研究 [J]. 张岂之主编 . 长春：长春出版社，2016.

[125] 侯外庐，邱汉生 . 唯物主义者王安石 [J]. 历史研究 . 1958，10.

[126] 胡寄窗，谈敏 . 中国财政思想史 [J]. 北京：中国财政经济出版社，2015.

[127] 胡适 . 胡适文集·欧阳哲生编 [M]. 北京：北京大学出版社，1998.

[128] 胡昭曦 . 熙丰变法经济措施之再评价 [J]. 西南大学学报（社会科学版），1984，4：30-37.

[129] 黄纯艳 . 宋代财政史 [M]. 昆明：云南大学出版社，2013.

[130] 黄敏捷 . 私雇代役——宋代基层社会与朝廷役制的对话 [J]. 安徽史学，2017，6：62-69.

[131] 黄敏捷 . 宋代役钱计征方式的演变——兼论朝廷与地方在财政变革中的作用与关系 [J]. 中国经济史研究，2018，2：97-108.

[132] 黄敏捷 . 北宋熙丰时期的役钱征收与地方权限——兼评雇役法 [J]. 文史哲，2019，4：93-109.

[133] 黄仁宇 . 赫逊河畔谈中国历史 [M]. 北京：生活·读书·新知三联书店，1992.

[134] 黄仁宇 . 中国大历史 [M]. 北京：生活·读书·新知三联书店，1997.

[135] 黄怡容 . 福兰阁的中国史观述论 [J]. 史学月刊，2012，4：119-125.

[136] 黄晓巍 . 宋代赈贷初探 [J]. 中国经济史研究，2014，3：84-97.

[137] 梁方仲 . 中国历代户口、田地、田赋统计 [M]. 北京：中华书局，2008.

[138] 蒋卫荣 . 论赵汝愚《国朝诸臣奏议》及其档案文献编纂思想 [J]. 档案学通讯，1999，6：59-61.

[139] 季平 . 王安石和司马光的政治思想探源 [J]. 四川师范大学学报（社会科学版），1985（3）：9-15.

[140] 季平 . 论司马光反对青苗法 [J]. 西南大学学报（社会科学版），1985，4：15-27.

[141] 基佐 . 欧洲文明史 [M]. 程洪逵，译 . 北京：商务印书馆，2005.

[142] 葭森键介 . 唐宋变革论于日本成立的背景 [M]. 马彪，译 . 史学月刊，2005，5：20-23.

[143] 金生杨 . 王荆公《易解》考略 [J]. 古籍整理研究学刊，2001，3：13-20.

[144] 金生杨 . 论王安石《淮南杂说》中的"异志"思想 [J]. 四川大学学报（哲学社会科学版），2002，6：89-93.

[145] 贾玉英 . 试论王安石变法时期的仓法 [J]. 河南大学学报（哲学社会科学版），1990，1：33-36.

[146] 柯昌颐 . 生前事与身后名：王安石评传 [M]. 北京：华文出版社，2018.

[147] 拉铁摩尔 . 中国简明史 [M]. 陈芳芝，林幼琪，译 . 北京：商务印书馆，1962.

[148] 雷博 . 试论"熙丰变礼"及其思想史意义 [J]. 政治思想史，2015，3：30-46.

[149] 雷博，俞菁慧 . 饶之以财、裁之以法——北宋熙丰时期养育与约束并重的吏治体系改革 [J]. 天津社会科学，2015，4：144-154.

[150] 李存山 . 关于列宁评价王安石的一个误引 [J]. 光明日报，2004-8-10.

[151] 李昌宪 . 司马光评传 [M]. 南京：南京大学出版社，1998.

[152] 李超民 . 常平仓——美国制度中的中国思想 [M]. 上海：上海远东出版社，2002.

[153] 李超民 . 论美国新政"常平仓计划"受王安石经济思想的影响——兼与卜德先生商榷 [J]. 西南师范大学学报（人文社会科学版），2002，6：96-100.

[154] 李存山 . 关于列宁评价王安石的一个误引 [J]. 光明日报，2004-8-10.

[155] 李国强 . 北宋熙宁年间政府机构改革述论 [J]. 中华文史论丛，2010，3：169-186.

[156] 李国强 . 论北宋熙宁变法的实质 [J]. 史林，2011，2：66-71.

[157] 李华瑞 . 九百年来社会变迁与王安石历史地位的沉浮 [J]. 河北学刊，2004，2：4.

[158] 李华瑞 . 关于《青苗法研究》中的几个问题 [J]. 西南大学学报（社会科学版），1992，3：44-49.

[159] 李华瑞 . 王安石变法研究史 [M]. 北京：人民出版社，2004.

[160] 李华瑞 . 宋神宗与王安石共定"国是"考辩 [J]. 文史哲，2008，1：73-78.

[161] 李华瑞 . 王安石变法的再思考 [J]. 河北学刊，2008，5：70-73.

[162] 李华瑞 . "唐宋变革"论的由来与发展 [M]. 天津：天津古籍出版社，2010，1-39.

[163] 李华瑞 . 改革开放以来宋史研究若干热点问题述评 [J]. 史学月刊，2010，3：24-25.

[164] 李华瑞 . 论北宋后期六十年的改革 [J]. 华中国学，2017 年春之卷，199.

[165] 李华瑞 . 唐宋史研究应当翻过这一页——从多视角看"宋代近世说（唐宋变革论）" [J]. 古代文明，2018，1：14-37.

[166] 李金水 . 熙丰时期农田水利法取得的主要成果及其原因 [J]. 中国社会经济史研究，2006，3：37-44.

[167] 李金水 . 王安石经济变法研究 [M]. 福州：福建人民出版社，2007.

[168] 李猛 . 理性化及其传统：对韦伯的中国观察 [J]. 社会学研究，2010，5：1-30.

[169] 李文永 . 论语、孟子和行政学 [M]. 宣德五，等译 . 北京：东方出版社，2000.

[170] 李普国 .《周礼》的经济制度与经济思想 [M]. 郑州：中州古籍出版社，1987.

[171] 李强．斯金纳的"语境"[J].读书，2018，10：97-106.

[172] 李祥俊．王安石学术思想研究 [M].北京：北京师范大学出版社，2000.

[173] 李晓．论均输法 [J].山东大学学报（哲学社会科学版），2001，1：78-83.

[174] 李晓．王安石市易法与政府购买制度 [J].历史研究，2004，6：54-68.

[175] 李晓菊．南宋赵汝愚《宋朝诸臣奏议》辅文研究 [J].档案学通讯，2004，4.

[176] 李勇先，王蓉贵校点．范仲淹全集 [M].四川大学出版社，2007.

[177] 李治安．中近古"士农工商"较自由发展政策模式探研 [J].文史哲，2019，1：23-39.

[178] 李之亮．王荆公文集笺注（上、中、下）[M].成都：巴蜀书社，2005.

[179] 李志学．北宋差役制度的几个问题 [J].史学月刊，1983，3：35-43.

[180] 梁庚尧．宋代社会经济史论集 [M].台北：允晨文化，1997.

[181] 梁启超．王安石传 [M].北京：商务印书馆，2015.

[182] 梁涛．王安石政治哲学发微 [J].北京师范大学学报（社会科学版），2016，3：96-107.

[183] 廖大珂．北宋熙宁、元丰年间的市舶制度改革 [J].南洋问题研究，1992，1：89-97.

[184] 列宁．列宁全集（第十二卷）[M].北京：人民出版社，1987.

[185] 林文勋．唐宋社会变革论纲 [M].北京：人民出版社，2011.

[186] 刘成国．尊经卑史——王安石的史学思想与北宋后期史学命运 [J].四川大学学报（哲学社会科学版），2006，1：106-112.

[187] 刘成国．荆公新学研究 [M].上海：上海古籍出版社，2006.

[188] 刘成国．王安石年谱长编 [M].北京：中华书局，2018.

[189] 刘海川．语境主义的文本解释观念以及斯金纳的滥用 [J].现代哲学，2019，4：92-100.

[190] 刘景华，张松韬．用"勤勉革命"替代"工业革命"——西方研究工业革命的一个新动向 [J].史学理论研究，2012，2：79-89.

[191] 刘力耘．王安石《尚书》学与熙宁变法之关系考察 [J].中国史研究，2019，1：119-137.

[192] 刘力耘．作为士大夫政治实践的宋代经学——范纯仁《尚书解》解读 [J].文史哲，2019，2：152-164.

[193] 刘守刚．中国财政史十讲——基于财政政治学的历史重撰 [M].上海：复旦大学出版社，2017.

[194] 刘泽华．中国政治思想史 [M].杭州：浙江人民出版社，2020.

[195] 刘子健．两宋史研究汇编 [M].台北：联经出版事业公司，1987.

[196] 刘子健．中国转向内在：两宋之际的文化转向 [M].赵冬梅，译．南京：江苏人民出版社，2012.

[197] 刘志伟．贡赋体制与市场：明清社会经济史论稿 [M].北京：中华书局，2019.

[198] 罗彩娟．侬智高研究综述 [J].广西民族研究，2009，3：96-103.

[199] 罗家祥．熙丰变法之初两派纷争缘起新探 [J].华中师范大学学报（人文社会科学版），1993，3：96-101.

[200] 罗家祥．朋党之争与北宋政治 [M].武汉：华中师范大学出版社，2002，84-89.

[201] 罗斯托．这一切是怎么开始的：现代经济的起源 [M].黄其祥，纪坚博，译．北京：商务印书

馆，2014.

[202] 罗祎楠 . 模式及其变迁——史学史视野中的唐宋变革问题 [M]. 中国文化研究，2003，夏之卷：18-31.

[203] 罗祎楠 . 思想史视野中的质性研究：以方法意涵的构建为例 [J]. 社会，2019，1：98-128.

[204] 罗祎楠 . 中国国家治理"内生性演化"的学理探索——以宋元明历史为例 [J]. 中国社会科学，2019，1：123-136.

[205] 吕思勉 . 史学与史籍七种 [M]. 上海：上海古籍出版社，2009.

[206] 吕振羽 . 简明中国通史 [M]. 北京：民主与建设出版社，2018.

[207] 蓝莉 . 请中国作证：杜赫德的《中华帝国全志》[M]. 许明龙，译 . 北京：商务印书馆，2015：219-220，356.

[208] 路育松 . 试论王安石对吏禄的改革 [J]. 安徽史学，1999，2：3-5.

[209] 马骏 . 公共行政学的想象力 [J]. 中国社会科学评价，2015，1：17-35.

[210] 马新 . 试论宋代的乡村建制 [J]. 文史哲，2012，5：108-121.

[211] 马玉臣 . 关于王安石变法中方田法的几个问题 [J]. 宋史研究论丛，2007，1：35-44.

[212] 马振铎 . 政治改革家王安石的哲学思想 [M]. 武汉：湖北人民出版社，1984.

[213] 迈克尔·曼 . 社会权利的来源 [M]. 陈海宏，等译 . 上海：上海人民出版社，2007.

[214] 蒙文通 . 蒙文通文集（第五卷）[M]. 成都：巴蜀书社，1999.

[215] 内藤湖南 . 概括的唐宋时代观 [M]. 黄约瑟，译 . 载刘俊文主编《日本学者研究中国史论著选译》第一卷 . 北京：中华书局，1992.

[216] 聂崇歧 . 宋史丛考 [M]. 北京：中华书局，1980.

[217] 欧树军 . 财产认证与国家税收 [J]. 经济社会体制比较，2010，3：13-22.

[218] 泮伟江 . 如何理解中国的超大规模性 [J]. 读书，2019，5：3-11.

[219] 潘斌 . 王安石佚书《礼记发明》辑考 [J]. 古代文明，2010，2：61-70.

[220] 潘斌 . 王安石《周礼》诠释的新义 [J]. 唐都学刊，2016，6：89-94.

[221] 普列汉诺夫 . 论俄国土地问题 [M]. 载于《普列汉诺夫机会主义文选（1903—1908 年）》（上），虚容，译 . 北京：读书·生活·新知三联书店，1964.

[222] 亓小荣 . 日本有关王安石的记载与研究 [D]. 浙江工商大学硕士论文，2015.

[223] 漆侠 . 范仲淹集团与庆历新政——读欧阳修《朋党论》书后 [J]. 历史研究，1992，3：130-133.

[224] 漆侠 . 宋太宗与守内虚外 [M]. 载于宋史研究论丛（第 3 辑）. 保定：河北大学出版社，1999.

[225] 漆侠 . 唐宋之际社会经济关系的变革及其对文化思想领域所产生的影响 [J]. 中国经济史研究，2000，1：95-108.

[226] 漆侠 . 王安石变法 [M]. 石家庄：河北人民出版社，2001.

[227] 漆侠 . 宋代经济史（上、下）[M]. 北京：中华书局，2009.

[228] 钱穆 . 关于荆公传说之闻鹃、辨奸两案 [J]. 天津益世报，1936-11-5.

[229] 钱穆 . 宋明理学概述 [M]. 北京：九州出版社，2011.

[230] 钱穆 . 国史大纲 [M]. 北京：商务印书馆，1996.

[231] 钱穆 . 中国历代政治得失 [M]. 北京：九州出版社，2012.

[232] 钱婉约 . 从汉学到中国学 [M]. 北京：中华书局，2007.

[233] 全汉昇 . 略论宋代经济的进步 [J]. 大陆杂志（台北），1962，2：39-46.

[234] 秦晖 . 传统十论——本土社会的制度、文化及其变革 [M]. 上海：复旦大学出版社，2003.

[235] 邱汉生 . 王安石的新学和变法思想的原则 [J]. 历史教学，1959，3.

[236] 萨林斯 . 石器时代经济学 [M]. 张经纬，郑少雄，张帆，译 . 北京：生活·读书·新知三联书店，2009.

[237] 桑兵 . 近代中国的新史学及其流变 [J]. 史学月刊，2007，11：5-28.

[238] 寺地遵 . 日本宋史研究的基调 [M]. 王晓波，译 . 宋代文化研究（第六辑），1996，315-332.

[239] 斯金纳 . 霍布斯与共和主义自由 [M]. 管可秾，译 . 北京：生活·读书·新知三联书店，2011.

[240] 斯金纳 . 观念史中的意涵与理解 [M]. 任军锋，译 . 载于丁耘等主编《思想史研究（第1卷）》. 桂林：广西师范大学出版社，2005.

[241] 斯考切波 . 找回国家——当前研究的战略分析 [M]. 方立维，等译《找回国家》. 北京：生活·读书·新知三联书店，2009.

[242] 速水融 . 产业革命对勤勉革命 [M]. 载于《近世日本经济社会史》，汪平，李心悦，译 . 南京：南京大学出版社，2015.

[243] 孙文学 . 中国财政思想史 [M]. 上海：上海交通大学出版社，2008.

[244] 孙远路 . 北宋的强壮和义勇 [D]. 河南大学，2002.

[245] 谭其骧 . 中国历史地图集（全八册）[M]. 北京：中国地图出版社，1982.

[246] 陶希圣 . 中国政治思想史（上下）[M]. 中国大百科出版社，2011.

[247] 陶希圣 . 王安石的社会思想与经济政策 [J]. 北大社会科学季刊，1935，（5）3.

[248] 谭丕模 . 李觏、王安石与北宋小地主阶级解放运动 [J]. 清华周刊，1935，（42）11：73-82.

[249] 田浩 . 从宋代思想论到近代经济发展 [J]. 中国学术，2002，002：167-192.

[250] 田浩 . 宋代思想史论 [M]. 杨立华，译 . 北京：社会科学文献出版社，2003.

[251] 田余庆 . 东晋门阀制度 [M]. 北京：北京大学出版社，2012.

[252] 王德领 .《历代名臣奏议》（宋代部分）研究 [D]. 河北大学，2010.

[253] 王棣 . 北宋差役的变化和改革 [J]. 华南师范大学学报（社会科学版），1984，2：87-95.

[254] 王沪宁 . 创造性再生：中国传统文化的未来地位 [J]. 复旦大学学报（社会科学版），1991，3：67-72.

[255] 王明荪 . 王安石的王霸论 [J]. 中华文化复兴月刊（台北），1982，2：6-12.

[256] 王启发 . 在经典与政治之间——王安石变法对《周礼》的具体实践 [J]. 湖南大学学报（社会科学版），2007，21（2）.

[257] 汪圣铎 . 王安石是经济改革家吗 [J]. 学术月刊，1989，6：67-75.

[258] 汪圣铎 . 宋真宗 [M]. 长春：吉林文史出版社 .

[259] 王绍光，马骏 . 走向"预算国家"——财政转型与国家建设 [J]. 公共行政评论，2008，1：5-8.

[260] 王瑶 . 王令与王安石交往综论 [J]. 北方文学，2012，11：22-24.

[261] 王晓燕 . 官营茶马贸易研究 [M]. 北京：民族出版社，2004.

[262] 王毓铨 . 王安石的改革政策 [J]. 政治经济学报，1936（5）1.

[263] 王曾瑜 . 王安石变法简论 [J]. 中国社会科学，1980，3：13-14，132-155.

[264] 汪晖 . 现代中国思想的兴起（上卷）[M]. 北京：生活·读书·新知三联书店，2004.

[265] 汪家伦 . 熙宁变法期间的农田水利事业 [J]. 晋阳学刊，1990，1：72-77.

[266] 韦伯 . 儒教与道教 [M]. 北京：商务印书馆，1995.

[267] 韦伯 . 支配社会学 [M]. 康乐，简惠美，译 . 桂林：广西师范大学出版社，2007.

[268] 韦伯 . 世界宗教的经济伦理·儒家与道教 [M]. 王容芬，译 . 桂林：广西师范大学出版社，2008.

[269] 魏特夫 . 东方专制主义 [M]. 徐式谷，奚瑞森，邹如山，译 . 中国社会科学出版社，1989.

[270] 魏天安 . 宋代青苗钱利率考实 [J]. 中国经济史研究，2006，1：155-160.

[271] 魏天安 . 宋代市易法的经营模式 [J]. 中国社会经济史研究，2007，2：20-29.

[272] 魏峰，刘成国，郭红超 . 王安石鄞县足迹 [M]. 北京：人民出版社，2017.

[273] 汪荣祖 . 康章合论 [M]. 北京：新星出版社，2006：1-2.

[274] 习近平 . 习近平谈治国理政：不断提高运用中国特色社会主义制度有效治理国家的能力 [M]. 北京：外文出版社，2014.

[275] 希克斯 . 经济史理论 [M]. 厉以平，译 . 北京：商务印书馆，1998.

[276] 夏青，刘伯兰 . 王夫之法律思想研究 [M]. 北京：中国人民公安大学出版社，2007，21-22.

[277] 夏长朴 ."介父之学，大抵支离"——二程论王安石新学 [J]. 东方文化，2009，42：123-148.

[278] 萧公权 . 中国政治思想史 [M]. 北京：商务印书馆，2017.

[279] 熊公哲 . 王安石政略 [M]. 北京：商务印书馆，1936.

[280] 许沛藻 . 宋高宗与神哲实录 [M]. 载田余庆主编《庆祝邓广铭先生九十华诞论文集》. 石家庄：河北教育出版社，1997.

[281] 薛政超 . 也谈宋代的"田制不立"与"不抑兼并"——与《宋代"田制不立""不抑兼并"说驳议》一文商榷 [J]. 中国农史，2009，2：56-65.

[282] 王栻 . 严复集 [M]. 北京：中华书局，1986.

[283] 虞云国 . 对王安石县政思想的历史思考 [J]. 杭州学刊，2017，4：165-167.

[284] 杨德泉，任鹏杰 . 论熙丰农田水利法实施的地理分布及其社会效益 [J]. 中国历史地理论丛，1988，1：79-100.

[285] 杨际平 . 宋代"田制不立""不抑兼并"说驳议 [J]. 中国社会经济史研究，2006，2：6-23.

[286] 杨倩描 . 从《易解》看王安石早期的世界观和方法论——以《井卦·九三》为中心 [J]. 中国文化研究，2003，1：62-68.

[287] 杨倩描 .《易》学对王安石变法思想的理论支撑 [J]. 河北学刊，2004，4：159-164.

[288] 杨天保 . 金陵王学研究——王安石早期学术思想的历史考察（1021—1067）[M]. 上海：上海人民出版社，2008.

[289] 杨新勋，刘春华 . 论王安石援道入儒的思想体系 [J]. 船山学刊，2005，4：115-117.

[290] 杨仲良. 皇宋通鉴长编纪事本末 [M]. 黑龙江：黑龙江人民出版社，2006.

[291] 叶坦. 大变法：宋神宗与十一世纪的改革运动 [M]. 北京：生活·读书·新知三联书店，1996.

[292] 伊沛霞. 宋徽宗 [M]. 桂林：广西师范大学出版社，2018.

[293] 余英时. 朱熹的历史世界——宋代士大夫政治文化的研究 [M]. 北京：生活·读书·新知三联书店，2011.

[294] 俞菁慧. 《〈周礼·泉府〉与熙宁市易法——〈泉府〉职细读与王安石的经世理路》[J]. 首都师范大学学报（社会科学版），2014，4：23-33.

[295] 俞菁慧. 《周礼》"比闾什伍"与王安石保甲经制研究 [J]. 中国史研究，2016，2: 111-131.

[296] 俞菁慧，雷博. 北宋熙宁青苗借贷及其经义论辩 [J]. 历史研究，2016，2：20-39.

[297] 俞兆鹏. 论北宋熙丰变法时期的市易法 [J]. 江西社会科学，1988，1：171-178.

[298] 俞兆鹏. 论北宋熙丰变法时期的市易法（续）[J]. 江西社会科学，1988，2：135-143.

[299] 俞兆鹏. 评欧阳修"止散青苗钱"问题——兼论北宋熙丰新法中之青苗法 [J]. 南昌大学学报（人文社会科学版），1998，29(02)：104-110.

[300] 俞宗宪. 宋史论集 [M]. 郑州：中州书画社，1983.

[301] 姚瀛艇. 论"庆历新政"对宋代吏治的改革 [J]. 史学月刊，1988，1：33-38.

[302] 詹子庆. 中国古代史参考资料 [J]. 北京：高等教育出版社，1987.

[303] 张邦炜. 从社会流动看宋代社会的自我调节与活力 [J]. 光明日报，2017-1-2.

[304] 张呈忠. 近三百年来西方学者眼中的王安石 [J]. 史学理论研究，2016，4：133-141.

[305] 张呈忠. "抑配民户"与"形势冒请"——北宋青苗法五十年的官贷困境 [J]. 人文杂志，2016，7：91-101.

[306] 张呈忠. 从《管子·轻重》到《周官·泉府》——论王安石理财思想的形成 [J]. 管子学刊，2017，3：16-21.

[307] 张呈忠. "以中人为制"——王安石政治思想的人性基点与制度理念 [J]. 政治思想史，2017，4：19-35.

[308] 张呈忠. 元丰时代的皇帝，官僚与百姓——以"京东铁马，福建茶盐"为中心的讨论 [J]. 社会科学，2017，8：137-152.

[309] 张其凡. "皇帝与士大夫共治天下"试析——北宋政治架构探微 [J]. 暨南学报：哲学社会科学版，2001，6：114-123.

[310] 张其凡，白效咏. 乾兴元年至明道二年政局初探——兼论宋仁宗与刘太后关系之演变 [J]. 中州学刊，2005，3:190-193.

[311] 张祥浩，魏福明. 王安石评传 [M]. 南京：南京大学出版社，2011.

[312] 张新红. 王安石与忘年交王令 [J]. 边疆经济与文化，2005，10：76-78.

[313] 张文昌. 制礼以教天下——唐宋礼书与国家社会 [M]. 台北：台大出版中心，2012.

[314] 张煜. 王安石与佛教 [J]. 聊城大学学报（哲学社会科学版），2004，1：64-66.

[315] 张泽洪. 宋代开梅山及梅山教研究 [J]. 广西民族研究，2017，2：124-131.

[316] 张佐. 治国"体要"之争——《宋朝诸臣奏议》与王安石变法研究的新视角 [J]. 开放时代，

2020，5：135-149.

[317] 赵益 . 王霸义利：北宋王安石改革批判 [M]. 南京：南京大学出版社，2000.

[318] 中国社会科学院历史研究所宋辽金元史研究室（编）. 宋辽金史论丛 [M]. 北京：中华书局，1985.

[319] 朱伶杰，安慰 .《宋朝诸臣奏议》编纂特色研究 [J]. 档案学研究，2011，1：89-93.

[320] 朱瑞熙 . 范仲淹 "庆历新政" 行废考实 [J]. 学术月刊，1990，2：50-55.

[321] 朱瑞熙 . 中国政治制度通史：宋代卷 [M]. 北京：社会科学文献出版社，2011，6.

[322] 朱瑞熙 . 20 世纪中国王安石及其变法的研究 [J]. 安徽师范大学学报（人文社会科学版），2003，31（2）：151-165.

[323] 周黎安 . 转型中的地方政府：官员激励与治理 [M]. 上海：格致出版社，2008.

[324] 周雪光 . 从 "黄宗羲定律" 到帝国的逻辑：中国国家治理逻辑的历史线索 [J]. 开放时代，2014，4：108-132.

[325] 周良霄 . 王安石变法纵探 [J]. 史学集刊，1985，1：19-37.

[326] 周良霄 . 王安石变法纵探（续完）[J]. 史学集刊，1985，2：9-17.

[327] 周良霄 . 有关王安石变法思想的几个问题 [J]. 历史教学，1964，3.

[328] 周振鹤 . 行政区划史研究的基本概念与学术用语刍议 [J]. 复旦学报（社会科学版），2001，3：31-36.

[329] 诸葛忆兵 . 范仲淹与北宋士风的演变 [J]. 中国人民大学学报，2006，5：150-156.

外文文献

[330] Drechsler, Wolfgang. Wang Anshi and The Origins of Modern Public Management in Song Dynasty China[J]. Public Money & Management, 2013, no. 5, pp. 353-360.

[331] Ferguson J. C. "Wang An-shih", Journal of the Royal Asiatic Society[J]. North China Branch, 1903, 35(4): 65-75.

[332] Frederickson, H. George. "Confucius and the moral basis of bureaucracy."[J]. Administration & Society, 33, no. 6: 610-628.

[333] Homer Lea G. "How Socialism Failed in China"[J]. Van Norden's Magazine, 1908, pp. 107-113.

[334] Hymes R., Statesmen and Gentlemen: The Elite of Fu-Chou, Chiang-Hsi in Northern and Southern Sung[J]. Cambridge University Press, 1986.

[335] Hymes R., Schirokauer C. Ordering the World: Approaches to State and Society in Sung Dynasty China[J]. University of California Press, 1993.

[336] Hartwell R., Demographic, Political and Society Transformations of China, 750-1550[J]. Harvard Journal of Asiatic Studies, 42, No. 2, 1982, pp. 365-442.

[337] Hartwell R., A Revolution in the Chinese Iron and Coal Industries During the Northern Sung, 960-1127[J]. Journal of Asian Studies, 21, No. 2, 1962, pp.153-62.

[338] Hartwell R., Iron and Early Industrialism in Eleventh-century China[J]. "Preface", Ph.D.diss.,

University of Chicago, 1963.

[339] Hartwell R., Historical Analogism, Public Policy, and Social Science in Eleventh and Twelfth Century China[J]. American Historical Review, No. 3, 1971, pp. 690-727.

[340] Lu D. J. Book Review[J]. The Journal of Asian Studies, 1964, No.1, pp.138-139.

[341] Liu W. G. The Chinese Market Economy, 1000-1500[J]. Albany: State University of New York Press, 2015: 1-22.

[342] Liu James. T.C. Reform in Sung China, Wang An-shih (1021-1086) and His New Policies[M]. Harvard University Press, 1959.

[343] Luo Yinan. Ideas in Practice: The Political Economy of Chinese State Intervention During the New Policies Period (1068-1085)[M]. PhD diss., Harvard University, 2015.

[344] Ma, Jun. Revenue Production and Transaction Costs: Contractual Choices of Tax Collection[M]. PhD diss, University of Nebraska, 2002.

[345] Maverick L. A. Eastern Quarterly[J]. "Review", Vol. 1, No. 1, 1941, pp. 80-84.

[346] Sariti, Anthony William. Monarchy, bureaucracy, and absolutism in the political thought of Ssu-Ma Kuang[J]. The Journal of Asian Studies, 1972: 53-76.

[347] Smith P. J. Taxing Heaven's Storehouse: Horse, Bureaucrats, and the Destruction of the Sichuan Tea Industry, 1074-1224[M]. Harvard University Council on East Asian Studies, 1991.

[348] Smith P. J. State Power and Economic Activism During the New Policies, 1068-1085: The Tea and Horse Trade and The Green Sprouts Loan Policy. In Hymes R., Schirokauer C[M]. Ordering the World: Approaches to State and Society in Sung Dynasty China, University of California Press, 1993: 76-127.

[349] Smith P. J. State Power and Economic Activism During the New Policies, 1068-1085: The Tea and Horse Trade and The Green Sprouts Loan Policy[M]. 1993: 107-108, 110-111.

[350] Smith P. J. State Power and Economic Activism During the New Policies, 1068-1085: The Tea and Horse Trade and The Green Sprouts Loan Policy[M]. 1993: 77.

[351] Williamson H. R. Wang An Shih: a Chinese Statesman and Educationalist of the Sung Dynasty, Arthur Probsthain, 1935-1937.

[352] Xu Yunxiao, Caichen Ma, and James L. Chan. New development: Wang Anshi's Wanyanshu as the Origins of Modern Public Management?[J]. Public Money & Management, 34, 2014, no. 3, pp. 221-226.